TEXTOS CLÁSSICOS DO DESIGN GRÁFICO

# TEXTOS CLÁSSICOS DO DESIGN GRÁFICO

Michael Bierut, Jessica Helfand,
Steven Heller e Rick Poynor
(orgs.)

Tradução
*Fernando Santos*
Revisão da tradução
*Aníbal Mari*

SÃO PAULO 2019

Esta obra foi publicada originalmente em inglês com o título
*LOOKING CLOSER 3*
por Allworth Press, N. York
Copyright © 1999 Michael Bierut, Jessica Helfand, Steven Heller e Rick Poynor
Todos os direitos reservados. Este livro não pode ser reproduzido, no todo ou em parte,
armazenado em sistemas eletrônicos recuperáveis nem transmitido por nenhuma forma
ou meio eletrônico, mecânico ou outros, sem a prévia autorização por escrito do Editor.
Copyright © 2010, Editora WMF Martins Fontes Ltda.,
São Paulo, para a presente edição.

1ª edição 2010
2ª tiragem 2019

**Tradução**
FERNANDO SANTOS

**Revisão da tradução**
Aníbal Mari
**Acompanhamento editorial**
Márcia Leme
**Preparação do original**
Márcia Menin
**Revisões gráficas**
Maria Luiza Favret
Ana Paula Luccisano
**Edição de arte**
Adriana Maria Porto Translatti
**Produção gráfica**
Geraldo Alves
**Paginação**
Studio 3 Desenvolvimento Editorial

---

Dados Internacionais de Catalogação na Publicação (CIP)
(Câmara Brasileira do Livro, SP, Brasil)

---

Textos clássicos do design gráfico / Michael Bierut, Jessica Helfand, Steven Heller e Rick Poynor (orgs.) ; tradução Fernando Santos ; revisão da tradução Aníbal Mari. – São Paulo : Editora WMF Martins Fontes, 2010.

Título original: Looking closer 3, Classic writings on graphic design.
Vários autores.
ISBN 978-85-7827-281-4

1. Arte comercial 2. Artes gráficas I. Bierut, Michael. II. Helfand, Jessica. III. Heller, Steven. IV. Poynor, Rick.

10-03878                                                                          CDD-741.6

---

Índices para catálogo sistemático:
1. Design gráfico    741.6

*Todos os direitos desta edição reservados à*
**Editora WMF Martins Fontes Ltda.**
*Rua Prof. Laerte Ramos de Carvalho, 133  01325-030 São Paulo SP Brasil
Tel. (11) 3293-8150  e-mail: info@wmfmartinsfontes.com.br
http://www.wmfmartinsfontes.com.br*

# SUMÁRIO

Prefácio .................... ix
Agradecimentos ............... xiii
Introdução .................. xv

1893
O LIVRO IDEAL
*William Morris* ............... 1

1913
DESTRUIÇÃO DA SINTAXE –
IMAGINAÇÃO SEM LIMITES –
PALAVRAS EM LIBERDADE
*F. T. Marinetti* ............... 6

1921
PROGRAMA DO PRIMEIRO
GRUPO DE TRABALHO
CONSTRUTIVISTA
*Alexander Rodchenko e Varvara
Stepanova* .................... 13

1922
UM NOVO TIPO DE IMPRESSÃO
PEDE UM NOVO DESIGN
*W. A. Dwiggins* ............... 15

1923
À FRENTE DE VINTE E CINCO
SOLDADOS, EU CONQUISTEI
O MUNDO
*Francis Meynell* ............... 20

1923
A NOVA TIPOGRAFIA
*László Moholy-Nagy* ........... 22

1923
TOPOGRAFIA DA TIPOGRAFIA
*El Lissitzky* ................. 24

1925
TIPOFOTO
*László Moholy-Nagy* ........... 25

1926
NOSSO LIVRO
*El Lissitzky* ................. 28

1927
O QUE É A NOVA TIPOGRAFIA?
*Walter Dexel* ................. 33

1927
EU SOU O TIPO
*Frederic W. Goudy* ............ 36

1928
A IMPRESSÃO HOJE
*Aldous Huxley* ................ 37

1929
A FILOSOFIA MODERNISTA
NA TIPOGRAFIA
*Douglas C. McMurtrie* ......... 41

1929
ESBOÇO DO MANIFESTO DA
ARTE DA PROPAGANDA
*Fortunato Depero* ............. 44

1930
VIDA NOVA NA TIPOLOGIA
*Jan Tschichold* ............... 46

1930
O QUE AGRADA AO HOMEM
MODERNO
*Alexey Brodovitch* ............ 51

1930
O QUE TORNA UMA REVISTA
"MODERNA"?
*M. F. Agha* ................... 55

1932
A TAÇA DE CRISTAL OU A
IMPRESSÃO DEVE SER INVISÍVEL
*Beatrice Warde* ............... 58

1935
RUMO A UMA TIPOLOGIA
UNIVERSAL
*Herbert Bayer* .................. 62

1936
A ARTE DA PROPAGANDA
NOS ESTADOS UNIDOS
*Earnest Elmo Calkins* ........... 65

1938
EXPRESSÃO VISUAL
*Ashley Havinden* ............... 70

1940
PALAVRAS DURAS
*T. M. Cleland* ................... 79

1941
UMA TÉCNICA PARA LIDAR
COM OS ARTISTAS
*W. A. Dwiggins* ................. 89

1946
A ARTE NA INDÚSTRIA
*Walter P. Paepcke* .............. 99

1949
INTEGRAÇÃO, A NOVA
DISCIPLINA DO DESIGN
*Will Burtin* .................... 101

1949
A FUNÇÃO NO DESIGN MODERNO
*György Kepes* .................. 104

1954
O QUE É UM DESIGNER?
*Alvin Lustig* ................... 112

1956
O DESIGNER E O CLIENTE
*Misha Black* ................... 115

1958
TRADIÇÃO: CLICHÊ, PRISÃO OU
BASE PARA O CRESCIMENTO?
*Herbert Spencer* ............... 118

1959
O TIPO É PARA SER LIDO
*William Golden* ................ 123

1959
O QUE HÁ DE NOVO NA
TIPOGRAFIA NORTE-AMERICANA?
*Herb Lubalin* ................... 129

1959
O IMENSO FUTURO DA NOVA
TIPOGRAFIA
*Ladislav Sutnar* ................ 132

1959
O AMBIENTE VISUAL DA
PUBLICIDADE
*William Golden* ................ 137

1959
A TIPOGRAFIA DA ORDEM
*Emil Ruder* .................... 142

1960
ANÚNCIO: *AD VIVUM* OU
*AD HOMINEM*?
*Paul e Ann Rand* ............... 146

1963
POESIA CONCRETA
*Dom Sylvester Houédard* ........ 154

1964
ÀS VEZES TOCO COISAS QUE
EU MESMO NUNCA OUVI
*William Bernbach* .............. 159

1964
PRIMEIRO O MAIS IMPORTANTE
*Ken Garland* ................... 163

1964
AS RESPONSABILIDADES DA
PROFISSÃO DE DESIGNER
*Herbert Spencer* ............... 165

1965
EDUCAÇÃO PARA O DESIGN
VISUAL
*Gui Bonsiepe* .................. 171

1965
RETÓRICA VISUAL/VERBAL
*Gui Bonsiepe* .................. 177

1966
O DECLÍNIO DO VISUAL
*Marshall McLuhan* ............ 184

1967
A TIPOGRAFIA É UMA GRADE
*Anthony Froshaug* ............. 187

1967
DESIGN DE MARCAS
*Jay Doblin* ..................... 191

1967
EIS ALGUMAS COISAS QUE
PRECISAMOS FAZER
*Ken Garland* ................... 199

1967
*POP* VISUAL
*George Melly* ................... 206

1970
PÔSTER: ANÚNCIO, ARTE,
ARTEFATO POLÍTICO,
MERCADORIA
*Susan Sontag* .................. 210

1972
COMO ALGUÉM PODE FAZER
TIPOGRAFIA SUÍÇA?
*Wolfgang Weingart* ........... 236

1973
ALGUNS ASPECTOS DO DESIGN
DA PERSPECTIVA DE UMA
DESIGNER
*Sheila Levrant de Bretteville* ..... 258

1975
BOM DESIGN É BOM NEGÓCIO
*Thomas J. Watson Jr.* ............ 267

1975
EDUGRAFOLOGIA – OS MITOS
DO DESIGN E O DESIGN DE
MITOS
*Victor Papanek* ................. 272

1976
ESSA TIPOLOGIA ESTÁ
MUDANDO SUA VIDA
*Leslie Savan* .................... 278

1977
LAY IN – LAY OUT
*Piet Schreuders* ................ 283

1983
A ERA DO ROUBO
*Jon Savage* ..................... 291

1983
CONVITE À CRÍTICA
*Massimo Vignelli* .............. 298

Sobre os organizadores ........ 301
Índice remissivo ............... 303

# PREFÁCIO
## Steven Heller

O que apareceu primeiro: o design gráfico ou os textos sobre ele? No começo do século XIX, o design gráfico não era profissão. Os tipógrafos desenhavam boletins e promissórias por preço irrisório e compunham anúncios de jornal diretamente na "pedra", adotando formatos-padrão que exigiam pouca criatividade ou preparação. As publicações voltadas aos profissionais da impressão, lançadas na Europa e nos Estados Unidos na segunda metade do século XIX, traziam poucos artigos sobre a estética da tipografia e do layout. Foi apenas na última década do século, quando a publicidade por anúncios tornou-se atividade viável independente, que se publicou uma revista dedicada à arte comercial, com o apropriado título *Art in Advertising* [Arte na propaganda]. Pode-se afirmar, assim, que o design gráfico só veio a existir como profissão com o surgimento de uma publicação comercial que promovia suas virtudes.

Na Europa de fins do século XIX, os pôsteres publicitários – altamente colecionáveis – só ganhavam umas poucas linhas nas publicações voltadas aos colecionadores. Da mesma forma, a criação de tipos e os métodos de produção de livros, especialmente os praticados pelos defensores dos movimentos de artes e ofícios e estética na Inglaterra e nos Estados Unidos, eram discutidos em ensaios publicados em veículos especializados. No entanto, como se considerava que a arte comercial estava no mesmo nível da profissão de ferreiro, pouca coisa relevante sobre o assunto foi escrita antes do século XX. Diferentemente da caricatura e do cartum, que constituíam importantes mídias de massa e, portanto, eram incensadas em revistas e livros pelos principais gurus culturais e políticos, a arte comercial teve de início poucos defensores de alto calibre, o que fez com que os textos escritos sobre ela fossem muito superficiais.

Com sede em Nova York, a revista mensal *Art in Advertising*, lançada em 1893, foi a primeira a reconhecer a união entre estética e negócios. Embora a maior parte da tinta fosse gasta com tratados técnicos sobre como criar anúncios de jornal e cartazes para o comércio, seus editores propunham que o setor seguisse determinados critérios artísticos. Não obstante, apenas quatro anos depois surgiu uma publicação de análise crítica das artes gráficas. *The Billposter and Distributor* [O pregador de cartazes e distribuidor], publicação oficial da Associação dos Pregadores de Cartazes e Distribuidores dos Estados Unidos e Canadá, estreou em 1897 e, um ano depois, mudou o nome para *Advertising Outdoors: a Magazine Devoted to the Interests of the Outdoor Advertiser* [Publicidade externa: uma revista dedicada aos interesses do anunciante em espaços externos]. O título da revista mudou mais duas vezes: em 1910, para *The Poster: The National Journal of Outdoor Advertising and Poster Art* [O pôster: publicação nacional de publicidade externa e arte do pôster], e em 1930, para *Outdoor Advertising* [Publicidade externa]. Durante esse período, o outdoor emergiu nos Estados Unidos como importante veículo publicitário, empregando um grupo inteiramente novo de profissionais, entre eles, diretores de arte, designers e ilustradores. Assim que se tornou especialidade independente, ele passou a exigir um vocabulário distinto, induzindo a uma reavaliação do modo como o setor estava sendo tratado pela imprensa, o que resultou em uma linguagem profissional mais introspectiva. (Os artigos publicados nesses periódicos, no entanto, encaravam as preocupações profissionais de maneira limitada e prática, e não de modo amplo e filosófico, e são tão datados que os organizadores deste livro consideraram que sua republicação não seria relevante.)

Do final do século XIX até a década de 1930, os Estados Unidos e a Europa assistiram a um aumento significativo do número de periódicos de publicidade e design que procuravam o equilíbrio entre preocupações técnicas e estéticas. A arte comercial – da publicidade diária ao design de livros de alta qualidade – tinha evoluído para uma forma dominante de comunicação de massa com diferentes escolas, movimentos e estilos. Contudo, os textos sobre a área publicados na imprensa eram muitas vezes enigmáticos, repletos de jargão técnico. Além disso, a arte comercial tinha se transformado em uma indústria competitiva que, em busca da eficiência máxima, controlava grande volume de recursos; por essa razão, em vez de se preocupar com alguma nobre motivação estética ou filosófica, o setor estimulou mais espaços editoriais que servissem de vitrine, de análise e de crítica. Enquanto crenças divergentes acerca da natureza da atividade profissional eram defendidas no setor oficial e nos periódicos culturais alternativos, muitos autores dividiam sua atenção entre os aspectos técnicos da produção e as questões formais do tradicionalismo e do progressismo, bem como a reconciliação dos dois.

A expressão de opiniões diferentes abriu espaço para os profissionais exporem ideias que elevaram o nível do discurso sobre o setor e contribuíram para que passasse a ser percebido como atividade de rigor intelectual. Na década de 1920, a arte comercial era defendida por artistas progressistas que a consideravam não apenas um simples serviço prestado aos negócios, mas também uma força de transformação social. Na Europa, as publicações de vanguarda sobre design promoviam a união entre a arte pura e a arte aplicada. Os ensaios críticos nelas reproduzidos não eram uma lenga-lenga sobre cores modernas ou a tipologia da moda; tratavam da correção da forma, dos prós e contras dos ornamentos, das ramificações da propaganda e do conceito de plágio em contraposição à influência.

Nesses primeiros periódicos especializados, encontram-se as produções literárias que permitem traçar as origens do design gráfico como profissão. Os textos reunidos nas páginas de tais publicações – alguns danificados, outros bem preservados – foram escritos por jornalistas e ensaístas, que puseram em foco as questões que deram forma aos métodos de design do século XX. Neste livro, os organizadores fizeram uma antologia do que consideram ser algumas das fontes do discurso do design contemporâneo – textos conhecidos e menos conhecidos que, na literatura crítica atual e na história do design, são citados diretamente ou aos quais se alude indiretamente. Também procuraram textos do passado que fossem relevantes para a prática de hoje, mas que estavam perdidos nas pilhas de livros e periódicos em estado de deterioração.

Os organizadores vasculharam amplo conjunto de fontes norte-americanas e europeias do final do século XIX até o início da década de 1980, incluindo revistas do setor e publicações institucionais, as revistas e os jornais mais importantes, anuários e monografias, manifestos alternativos e de vanguarda, transcrições e documentos de convenções. Nesta retrospectiva, apresentam-se artigos e ensaios que enfatizam o modo como foi registrada a história do design gráfico no século XX e outros que ampliam a compreensão da comunicação gráfica no período do pós-guerra – questões que não são abordadas nas descrições genéricas da profissão e que se referem a tópicos como feminismo e resistência da ortodoxia comercial.

# PREFÁCIO

Esta antologia está organizada cronologicamente, para representar a continuidade de pensamento que tem contribuído para uma área em constante movimento. Os autores escolhidos discutem as diferenças fundamentais entre classicismo e modernismo, ofício e arte, serviço e servidão, intempestividade e adequação. Ao pesquisar quase um século de documentos, fica claro que, independentemente do nome que se dê à entidade – arte impressa, arte comercial, design gráfico ou comunicação visual –, ela inspirou e gerou críticas apaixonadas em todas as faixas do espectro formal e ideológico. Cada autor ajudou, com seu estilo de escrita, a elevar a prática da profissão além do lugar-comum. Portanto, o que aqui se considera "escrita clássica" são textos que merecem ser revisitados e relidos. Isoladamente, eles dizem muito sobre como certas pessoas enxergaram sua época e seu meio; coletivamente, fazem parte das inúmeras histórias que encerram o legado do design gráfico.

# AGRADECIMENTOS

Os organizadores têm uma dívida de gratidão com Nicole Potter, editora da Allworth Press, por todo o esforço e dedicação a este projeto. Agradecimentos ainda a Bob Porter e Nyier Abdou, também da Allworth, e a Tad Crawford, diretor da editora, pelo apoio e entusiasmo constantes.

Por terem autorizado a reimpressão de textos, os organizadores são gratos a:

Gabriella Belli
Paul Bernbach
Joan Black
Gui Bonsiepe
Sheila Levrant de Bretteville
Carol Burtin Fripp
Gwen Chanzit
Helene Fried
Ken Garland
Jennifer Havinden
Michael Havinden
Mark Holt
Jane Howard
Larry Keely
Juliette Kepes

Elaine Lustig Cohen
George Melly
Hattula Moholy-Nagy
Hamish Muir
Nicolette Papanek
Satu Papanek
B. Martin Pedersen
Marion Rand
Jon Savage
Leslie Savan
Piet Schreuders
Susan Sontag
Herbert Spencer
Massimo Vignelli
Wolfgang Weingart

Pela ajuda na localização de material e na obtenção de autorizações de publicação:

Dorothy Abbe
Ralph Caplan
William Drenttel
Robin Kinross
Victor Margolin

Philip B. Meggs
Katherine McCoy
Deborah Murphy
Dugald Stermer
Howard Weingrad

Os agradecimentos referem-se à autorização para usar as seguintes traduções:

DESTRUCTION OF SYNTAX – IMAGINATION WITHOUT STRINGS – WORDS-IN-FREEDOM
Trad. para o inglês de R. W. Flint. In: *Marinetti's Selected Writings*. New York: Farrar, Straus and Girous, 1971.

PROGRAM OF THE FIRST WORKING GROUP OF CONSTRUTIVISTS
Trad. para o inglês de Christine Lodder para a Open University. In: HARRIS, Charles Harris; WOOD, Paul (Orgs.). *Art in Theory*: 1900-1990. New York: Blackwell Publishers, 1993.

THE NEW TYPOGRAHY
Trad. para o inglês de Sibyl Moholy-Nagy. In: Kostelanetz, Richard (Org.). *Moholy-Nagy:* An Anthology. New York: Da Capo Press, 1970.

TOPOGRAPHY OF TYPOGRAHY
Trad. para o inglês de Robin Kinross. In: Kinross, Robin. *Modern Tipography: An Essay in Critical History.* London: Hyphen Press, 1992. (Adaptação da tradução feita por Helene Aldwinckle. In: Lissitzky-Küppers, Sophie. *El Lissitzky:* Life, Letters, Text. New York: Thames and Hudson, 1980.)

TYPOPHOTO
Trad. para o inglês de Janet Seligman. In: Moholy-Nagy, László. *Painting, Photography, Film.* London: Lund Humphries, 1969.

OUR BOOK
Trad. para o inglês de Helene Aldwinckle. In: Lissitzky-Küppers, Sophie. *El Lissitzky:* Life, Letters, Text. New York: Thames and Hudson, 1980.

WHAT IS NEW TYPOGRAPHY?
In: Neumann, Eckhard. *Functional Graphic Design in the 20's.* New York: Reinhold Publishing, 1967.

OUTLINE OF THE ART OF ADVERTISING MANIFESTO
In: Scudiero, Maurizio; Leiber; David. *Depero Futurista and New York:* Futurism and the Art of Advertising. Rovereto: Longo Editore, 1986.

LAY IN – LAY OUT
Trad. para o inglês para esta coletânea de Piet Schreuders, com a colaboração de Robin Kinross, 1998.

# INTRODUÇÃO
## Rick Poynor

O processo de extrair material para republicação de uma montanha de textos sobre determinado assunto é uma atividade que jamais pode ter a pretensão de ser totalmente abrangente ou definitiva, sobretudo quando o território está apenas em parte mapeado. *Textos clássicos do design gráfico* é, até onde os organizadores sabem, a primeira antologia desse tipo. Embora existam coletâneas de escritos históricos sobre tipografia, nunca houve – o que talvez seja surpreendente – um levantamento que reunisse textos mais antigos especificamente sobre design gráfico ou sobre tipografia do ponto de vista do design gráfico. Alguns artigos sobre tipografia, apesar de bastante conhecidos, ressurgem aqui em um terreno significativamente distinto.

Ainda que no início a tarefa nos parecesse assustadoramente ampla, nosso método exploratório foi bastante simples. Redigimos listas, fizemos pesquisas e leituras solitárias, partilhamos nossas descobertas com os colegas e aguardamos sua opinião. Para fazer parte do livro, era preciso que o texto contasse com a aprovação de no mínimo três dos quatro organizadores. Havia a possibilidade de reconsiderar, em um estágio posterior, à luz de descobertas mais urgentes, um artigo que já tivesse sido selecionado, assim como a de defender a inclusão de um texto que, da primeira vez, não houvesse recebido um endosso muito entusiasta. O processo de refinamento e exclusão prosseguiu até as fases finais do livro.

É fácil explicar os critérios gerais que nortearam nossa leitura. Nós nos propusemos incluir designers e comentaristas especializados em design importantes historicamente, ideias e temas fundamentais na evolução do design gráfico tanto na teoria como na prática e "momentos" significativos, como debates, conferências e manifestos. Embora, uma vez mais, não tenhamos nenhuma pretensão de sermos definitivos, também nos esforçamos em incorporar grande número de renomadas publicações de design (entre as quais *Merz, Commercial Art, Advertising Arts, PM, Typography, Graphis, Typographica, Penrose Anual, Ulm, Dot Zero* e *Icographic*), como um guia para as pesquisas complementares do leitor. Preocupamo-nos bastante com a qualidade literária de cada artigo, embora, a esse respeito, escolhas sejam inevitavelmente sujeitas à variação. Procuramos manter o equilíbrio entre textos mais conhecidos, que não podem faltar em nenhum levantamento significativo, e menos conhecidos, que são injustamente desprezados ou difíceis de encontrar fora das bibliotecas mais especializadas, ou ambos. Como maneira de abrir a disciplina do design gráfico – muitas vezes isolada e voltada para si mesma – a uma análise cultural mais ampla, incluímos vários textos importantes sobre o assunto de autoria de observadores não profissionais.

Além disso, cada um dos organizadores trouxe as próprias preocupações para a proposta e para a seleção dos textos, as quais ficam evidentes no breve comentário que introduz cada artigo.

No início, pretendíamos que o livro fosse dividido em seções temáticas, mas, à medida que a quantidade de textos foi aumentando, optamos por uma estrutura puramente cronológica. Em vez de amarrar de maneira ostensiva os materiais afins em categorias nítidas, consideramos mais sugestivo, mais fiel aos fluxos da história – e de certo modo mais revelador, dado o período de noventa anos que o livro abrange –

permitir que a estrutura cronológica determinasse as justaposições editoriais e deixasse que a data no alto de cada artigo falasse por si. Em situações específicas, pode parecer que há convergências de pontos de vista. Em outras ocasiões, esses textos – que têm significados diferentes e muitas vezes contraditórios – esbarram um no outro de tal forma que ficam claras as tensões, as incertezas e as controvérsias de sua época. Embora existam inúmeros temas recorrentes e nossa percepção disso nos tenha levado a incluir textos de temáticas afins, uma cronologia desorganizada resiste ao "fechamento" de uma estrutura temática claramente definida, dando liberdade para que se façam outras interpretações desse rico veio de fontes primárias.

Para esta coletânea de documentos históricos, examinamos apenas textos escritos em inglês ou que já tivessem sido traduzidos para essa língua (a única exceção é "Lay in – Lay out", de Piet Schreuder, que ele traduziu para nós). O principal foco do livro é o design gráfico norte-americano e europeu e seu inter-relacionamento, vistos essencialmente, mas não apenas, do ponto de vista norte-americano. Nos Estados Unidos, o design gráfico é resultado, em grande medida, de influências europeias filtradas pelos interesses e preocupações locais. Uma das questões que esta seleção põe em relevo é a natureza cada vez mais problemática, à medida que o design gráfico se desenvolve como profissão, do paradigma exemplificado pela abordagem comercial norte-americana. Se isso só ficou plenamente evidente há pouco tempo, é porque o design gráfico tendeu a gerar seus poucos historiadores dentro das próprias fileiras, e esses relatos tanto servem a uma análise "profissional" do pensamento e da prática do design gráfico como a legitimam. Apesar de a década de 1960 ter assistido ao surgimento, sobretudo na Europa, de pontos de vista discordantes sobre a disciplina, os quais o pesquisador não tem dificuldade de localizar, eles não caracterizaram fortemente as narrativas clássicas do design gráfico.

No entanto, como esta coletânea demonstra, as tensões tardias do pós-guerra no design gráfico estavam implícitas em algumas de suas primeiras declarações de princípio. Embora todos conheçam as formas pelas quais, nos Estados Unidos, o modernismo europeu foi despojado de seu propósito ideológico e realinhado com os objetivos e interesses corporativos, dois dos textos mais antigos aqui reproduzidos, um de F. T. Marinetti (1913) e outro de Alexander Rodchenko e Varvara Stepanova (1921), vêm nos lembrar, de maneira surpreendente, a estreiteza do processo gráfico concebido como suporte às vendas – conforme W. A. Dwiggins, criador do termo "design gráfico", o conceberia em 1922. O manifesto de Marinetti propõe nada menos do que uma nova poética revolucionária, a ser concretizada no ambiente do design tipográfico; Rodchenko e Stepanova colocam o design construtivista a serviço da política revolucionária e da transformação da sociedade.

No final da década de 1920, um sentimento de mudança muito mais generalizado permeia os textos dos designers. A poética e a política revolucionárias foram substituídas por algo muito mais exagerado e, comercialmente, muito mais maleável. Para o futurista italiano Fortunato Depero, tratado como celebridade em Nova York e maravilhado diante das visões dos pneumáticos, motores, ímãs e luzes, "A Arte do futuro será, sem dúvida, a ARTE PUBLICITÁRIA". Para Alexey Brodovitch, a tarefa do artista publicitário, como pioneiro e líder, é fazer que "o consumidor-espectador e a multidão" compreendam a beleza das novas imagens. Nessa reformulação, o modernismo não é mais concebido como instrumento para realizar a reconstrução fundamental do corpo político (ou poético); em vez disso, torna-se um novo modo de percepção de uma época de vertiginoso desenvolvimento social, urbano, comercial, tecnológico e científico. Confrontados com as energias vibrantes da indústria, da vida urbana e do sistema de comunicações norte-americanos, os adeptos do modernismo de meados do século XX indicaram inúmeras vezes a barreira de estímulos sensoriais e a "velocidade e intensidade incomparavelmente maiores para a experiência visual" (György Kepes) que o design deve ajudar a sociedade a canalizar, filtrar e absorver. Esforçando-se para visualizar a dramaticidade dessas mudanças, El Lissitzky havia previsto a "explosão" da forma tradicional do livro em outras estruturas, pressionada pela desmaterialização de uma nova era das comunicações. Quarenta anos depois, colocando a mesma ênfase na velocidade e na ampliação da percepção, mas invertendo a imagem, Marshall McLuhan partiu do princípio de que a eletricidade tinha "implodido" a paisagem da comunicação global: o mundo ligado pela eletricidade havia se contraído, tornando-se um novo tipo de aldeia experimental.

Em 1936, o publicitário norte-americano Earnest Elmo Calkins declarou que "o design comercial é, hoje, o maior campo de atuação profissional para o artista", e variações desse mantra passaram a ser repetidas não apenas pelos homens de negócios de maior visão – de Walter Paepcke, da Container Corporation, a Thomas Watson Jr., da IBM –, mas também pelos próprios designers. Embora Herb Lubalin e Paul Rand apresentem, nos textos aqui reproduzidos, uma visão bastante clara da função do design nas vendas, relatos mais apurados da relação designer-cliente aparecem no tratado irônico impecavelmente modulado de W. A. Dwiggin a respeito da negociação com os artistas, nos raros vislumbres de vida que Misha Black percebe no interior de um escritório de design e nas reflexões francas de William Golden sobre as atitudes dos designers com relação ao conteúdo das mensagens que eles criam para o mundo dos negócios.

Uma palavra-chave perpassa todos esses textos: "responsabilidade". Para Paul e Ann Rand, a responsabilidade social do designer gráfico repousa na ajuda que ele pode dar para vender os produtos, processos ou serviços de que dependem os empregos e o lucro. O ato de vender só é vergonhoso, sugerem os Rands, se essas comunicações não atendem aos padrões de integridade artística do designer (que parecem ser basicamente estéticos) ou se descrevem de maneira enganosa o que está sendo vendido, embora eles não deem exemplos. Nos negócios, defende William Golden, os executivos consideram que sua principal responsabilidade é com a empresa, não com a sociedade; contudo, ele justifica essa crença com o pressuposto de que aquilo que é bom para a empresa necessariamente deve ser bom para todos, em termos de emprego, bens de consumo e pagamento de impostos que vão financiar os serviços públicos. Outros profissionais opõem-se a essa visão simplista da função do designer, qual seja, a de alguém que atua principalmente como um "propagandista da empresa" (Golden). Escrevendo em 1949, de acordo com o espírito do modernismo revolucionário, György Kepes entende que a tarefa mais urgente do design é o design do próprio homem – como indivíduo e membro da sociedade –, e, apesar de essa visão utópica do design como modelo de engenharia social não ter sido amplamente defendida, a convicção de que o designer tinha outras obrigações além de fazer subir o gráfico de vendas cresceu na década de 1960, à medida que o design gráfico ganhava ritmo como atividade profissional independente. Em um ensaio sobre as responsabilidades da profissão de designer, Herbert Spencer, editor da revista *Typographica* e do *Penrose Annual*, critica a "mística profissional" fechada do processo de design, lembrando aos designers que "a saúde e a felicidade" da sociedade, bem como da economia, merecem sua atenção. A necessidade de inverter as prioridades e redistribuir os talentos e as energias dos designers talvez esteja expressa de maneira mais impressionante no manifesto *Primeiro o mais importante*, publicado na Inglaterra em 1964, o qual ataca explicitamente a dedicação do design ao "berro estridente da venda ao consumidor".

A inquietação de meados dos anos 1960 acerca da cumplicidade do design com a publicidade – perceptível também nas restrições de Gui Bonsiepe à "vulgaridade da conduta comunicativa" – intensificou-se na década de 1970. Em termos formais, os princípios norteadores da Nova Tipografia modernista, formulados por Jan Tschichold e aprimorados nos anos do pós-guerra por Emil Ruder e outros designers suíços, foram objeto de uma revisão pós-moderna por Wolfgang Weingart, cujos registros do importante ciclo de conferências apresentado por ele nos Estados Unidos, em 1972, são reproduzidos neste livro. Nesse mesmo ano, uma crítica feminista ainda mais fundamental do modernismo e dos mestres institucionais foi desferida pela designer norte-americana Sheila Levrant de Bretteville. Atacando os ensinamentos mais caros da profissão de designer gráfico, dominada pelos homens, seu marcante ensaio sugere que a simplicidade e a clareza defendidas pelos modernistas podem, na verdade, ser repressivas. "O impulso de controlar age, de maneira quase inevitável, por meio da *simplificação*", diz ela. "O controle é enfraquecido pela ambiguidade, pela escolha e pela complexidade, porque fatores subjetivos do usuário tornam-se mais efetivos, e ele é convidado a participar. *A participação enfraquece o controle.*"

Foi Victor Papanek, no ensaio que escreveu sobre o design de mitos e os mitos do design, quem revelou a certeza de que o design se tornara um sistema de controle destinado a manipular o mercado e beneficiar o próprio design, em vez de seus usuários. Para Papanek, os designers e os professores de design conspiraram ativamente para afastar o design – "uma capacidade humana básica que contribui para a autorrealização" – das pessoas comuns, escondendo-o, como Herbert Spencer sugerira anteriormente, sob o mistério e a mítica profissionais. Na visão de Papanek, assim como na de De Bretteville, era fundamental fazer com que o design se tornasse novamente participativo, religando-o ao curso dominante da vida diária. Utilizando uma ironia arrasadora em lugar dos gritos de denúncia dos manifestos, Piet Schreuders diz basicamente a mesma coisa quando, no final de suas notas de 1977 sobre o design gráfico, incita os leitores a simplesmente pegar um pedaço de papel e começar a fazer um layout. Para Schreuders, os apelos presunçosos dos designers à objetividade encobrem uma irracionalidade e uma confusão subjacentes. Como profissão, o design gráfico não tem nenhum direito de existir.

Se esses ataques polêmicos, ainda que provocativos, nunca conseguiram, provavelmente, fazer mais do que atormentar a consciência de uns poucos designers, os textos incluídos nesta coletânea mostram outros modos de participação do público no design. Embora até hoje o discurso do design gráfico tenha sido dirigido, em grande medida, por designers em benefício de seus colegas, por vezes observadores interessados apresentam seus pontos de vista. Um exemplo antigo, reproduzido aqui, é o argumento do romancista Aldous Huxley de que as formas retorcidas da Nova Tipografia não levam em conta a resistência do leitor comum à mudança revolucionária. Foi só na década de 1960, contudo, que o design gráfico começou a ser objeto de interesse jornalístico e mesmo da crítica cultural, fora da imprensa especializada. No artigo de George Melly sobre a arte gráfica *pop* britânica, publicado pela primeira vez em um jornal de domingo, a atenção do autor volta-se tanto para o modo como o público – para ele, uma "sociedade secreta" – consome e utiliza os designs quanto para os designers que produzem essas imagens, e, seja como for, eles são apresentados como participantes da mesma subcultura musical e jovem. O ensaio de Susan Sontag sobre os pôsteres cubanos expõe aspectos semelhantes no que diz respeito à maneira como a disposição de pôsteres no espaço privado da casa funciona como um código por meio do qual os membros de um "subgrupo" proclamam suas lealdades e se identificam mutuamente. Leslie Savan, discorrendo sobre a Helvética como o estilo corporativo mais difundido nos Estados Unidos na década de 1970, e Jon Savage, criticando severamente "a era do roubo" nas capas de discos inglesas, produzem ensaios de jornalismo crítico extremamente antenados com a ressonância social e os significados políticos das imagens gráficas na cultura contemporânea. Anos depois de terem sido escritos, qualquer um desses exemplos poderia servir de modelo para uma análise cultural não facciosa da comunicação gráfica, o que é raro acontecer na imprensa generalista.

Cada um dos artigos, ensaios e manifestos foi selecionado porque ajuda a esclarecer o desenvolvimento do design gráfico tal como ele tem sido pregado, praticado, disseminado e discutido. Embora esses documentos constituam uma fonte primária valiosa para o historiador e para aqueles que têm interesses históricos, muitos deles surpreendem pela importância que continuam a ter para o design gráfico de hoje. Os dilemas éticos enfrentados pelos designers na segunda metade do século XX, durante os anos de sua crescente profissionalização, tornaram-se, em alguns aspectos, ainda mais agudos. Cada um da sua maneira, autores como György Kepes, William Golden, Herbert Spencer e Ken Garland revelam clara percepção dos problemas e prioridades com que o design, a comunicação e a sociedade se defrontam, mostrando que ainda têm lições a nos transmitir.

O intenso debate crítico observado nos textos sobre design gráfico mais recentes torna este momento especialmente importante por recuperar documentos que foram deixados de lado na narrativa profissional e nos relatos históricos existentes: os textos de Sheila Levrant de Bretteville sobre mulheres no design, de Gui Bonsiepe sobre retórica, de Dom Sylvester Houédard sobre poesia concreta. Na poética dinâmica de Houédard, por exemplo, percebemos um elo perdido da tradição gráfica dissidente que liga as "palavras em liberdade" de Marinetti às experiências tipográficas da era digital. Atualmente, muitos estudantes e profissionais – e às vezes aqueles que são estranhos ao design – falam do design gráfico como se ele não tivesse nenhuma função ou finalidade viável senão a de diferenciar, embalar e promover os produtos para venda. Estamos deixando de perceber que, ao longo de sua variada história, a comunicação gráfica foi frequentemente visualizada de outras maneiras e utilizada para outros fins. Se esta antologia ajudar a enriquecer e sofisticar a imagem que temos dos inúmeros ramos entrelaçados do design gráfico, terá cumprido as expectativas e os objetivos de seus organizadores.

## OBSERVAÇÃO SOBRE OS TEXTOS

*A maioria dos textos desta coletânea foi republicada de maneira integral. Os casos em que houve cortes, por motivos de concisão ou espaço, estão assinalados com [...].*

# 1893
# O LIVRO IDEAL
## William Morris

WILLIAM MORRIS *(1834-1896) enxergava as tradições artesanais da Idade Média como uma maneira de revitalizar as artes aplicadas de seu tempo. Influenciado pelos escritos do crítico de arte John Ruskin, ele ajudou a dar origem a um renascimento do gótico que teve implicações tanto estilísticas quanto filosóficas. Morris acreditava fervorosamente na integridade dos materiais funcionais como forma de garantir padrões elevados de design. Suas ideias progressistas acerca de uma exatidão formal que transcende o mero estilo fazem dele, segundo Nikolaus Pevsner, um pioneiro do design moderno. Em 1888, Morris assistiu a uma conferência sobre tipologia feita por Emery Walker (1851-1933) na primeira Exposição de Artes e Ofícios em Londres. Ele ouviu o tipógrafo afirmar que os padrões de impressão dos séculos XV e XVI deveriam ser adotados para impedir a falta de qualidade dos livros contemporâneos. Três anos depois, Morris fundou a Kelmscott Press, com o objetivo de infundir qualidade e valor moral às obras impressas. Além de combater os resultados duvidosos da produção em massa, ele criticou os falsos renascimentos medievais que sua própria obra originara. Nesta conferência, dedicada exclusivamente ao livro, ele denuncia violentamente as vacas sagradas da impressão e do design tipográfico. – SH*

Por livro ideal, creio que devemos entender um livro que não esteja limitado pelas exigências comerciais de preço: podemos fazer com ele o que quisermos, segundo aquilo que sua natureza, como livro, exigir da Arte. Penso, contudo, que seu assunto nos limitará de alguma forma; uma obra sobre cálculo diferencial, um livro de medicina, um dicionário, uma coletânea de discursos políticos ou um tratado sobre fertilizantes, todos esses livros, embora possam ter uma impressão apropriada e bonita, dificilmente serão adornados de maneira tão exuberante como um volume de poemas líricos, um grande clássico ou algo semelhante. Uma obra *sobre* Arte, acredito, tolera menos ornamentos do que qualquer outro tipo de livro (*non bis in idem* é um bom lema); de outro lado, um livro que *precisa* ter *ilustrações*, mais ou menos práticas, não deve ter, creio, nenhum *ornamento* de verdade, porque os ornamentos e as ilustrações certamente entrarão em conflito. Não obstante, qualquer que seja a temática do livro e por mais despojado que ele seja, ainda assim ele pode ser uma obra de arte, se o tipo for adequado e se for dada atenção à organização geral. Suponho que todos os presentes hão de concordar com a opinião de que uma abertura da Bíblia de 1462 de Schoeffer é bela até quando não contém ilustrações nem rubricas; o mesmo se pode dizer de Schüssler, de Jenson ou, em resumo, de qualquer um dos *bons* antigos impressores; seus trabalhos, sem nenhum outro ornamento a não ser os derivados do design e da disposição das letras, são verdadeiras obras de arte. De fato, impresso ou escrito, o livro tende a ser um objeto belo, e o fato de hoje produzirmos livros em geral feios revela, receio, certa má intenção – uma *determinação* de desviarmos o olhar para nossos bolsos sempre que possível.

Bem, afirmo, primeiro, que um livro razoavelmente despojado pode, sem dúvida, parecer belo, e não apenas não feio, caso seja, por assim dizer, arquitetonicamente adequado – o que, a propósito, não deve aumentar muito seu preço, uma vez que não sai mais caro colar selos bonitos do que selos feios –, e o gosto e a prudência que conduzem à composição e ao posicionamento adequado, e assim por diante, se cultivados, logo se tornarão hábito e não exigirão muito tempo do mestre-impressor, quando comparados com suas outras ocupações.

Ora, examinemos então o que esse arranjo arquitetônico exige de nós. *Em primeiro lugar*, as páginas devem ser claras e de fácil leitura; isso dificilmente acontece, a não ser que, *em segundo lugar*, o tipo seja bem projetado; e, *em terceiro lugar*, sejam elas pequenas ou grandes, as margens têm de ser devidamente proporcionais à mancha.

Para uma leitura clara, é preciso estar atento a alguns aspectos. Primeiro, as letras devem ter corpo adequado e, especialmente, tem de haver pequenos espaços em branco entre elas. É curioso, embora seja evidente para mim, que a irregularidade de alguns tipos antigos, sobretudo a letra romana dos primeiros impressores de Roma – que é, entre todos os tipos romanos, o mais rústico –, *não* tende à ilegibilidade; o que provoca isso é a condensação lateral da letra, que acarreta inevitavelmente o adelgaçamento exagerado de sua forma. Não pretendo dizer, é claro, que a irregularidade aqui mencionada seja outra coisa senão uma falha a ser corrigida. Existe algo que *nunca* deve ser feito na impressão ideal: aumentar o espaçamento entre as letras, isto é, pôr mais branco entre elas; exceto nos trabalhos urgentes e triviais, como a impressão de jornais, isso é indesculpável.

Isso nos leva ao segundo assunto deste tópico: o espaçamento lateral das palavras (o branco entre elas). Para produzir uma página bonita, deve-se prestar muita atenção a isso, algo que, receio, nem sempre é feito. Não pode haver mais branco entre as palavras além do estritamente necessário para separá-las entre si; se o branco for maior do que isso, a tendência é tanto a ilegibilidade como a página ficar feia. Lembro-me de uma vez ter comprado um bonito livro veneziano do século XV; de início, não conseguia entender por que algumas de suas páginas eram tão difíceis de ler e tão comuns e vulgares de olhar, pois o tipo não apresentava nenhum defeito. Logo, porém, ficou claro que o motivo era o espaçamento; as páginas eram espacejadas como em um livro moderno, ou seja, o preto e o branco eram quase iguais. Portanto, se quiserem um livro legível, o branco deve ser claro e o preto, escuro. Quando o excelente jornal *Westminster Gazette* apareceu, houve uma discussão sobre as vantagens de seu papel verde, na qual foi dita muita bobagem. O Sr. Jacobi, um amigo meu que é impressor experiente, corrigiu aqueles doutos senhores – se é que repararam em sua carta, como temo que não – mostrando que o que eles tinham feito fora baixar o tom (não o tom moral) do jornal e que, portanto, a fim de torná-lo tão legível como o preto e branco comum, eles deviam deixar o preto mais escuro – o que, é claro, eles não fazem. Vocês podem ter certeza de que uma página cinza cansa demais a vista.

Como eu disse, a legibilidade também depende muito do design da letra, e uma vez mais me levanto contra o tipo condensado, especialmente na letra romana: as letras minúsculas normais *a*, *b*, *d* e *c* devem ser projetadas sobre algo semelhante a um quadrado para dar bom resultado; caso contrário, pode-se dizer sinceramente que não existe lugar para o design. Além disso, cada letra precisa ter seu desenho característico: o engrossamento do *b*, do *e* e do *g* não deve ser igual ao do *d*; o *u* não deve ser simplesmente um *n* de ponta-cabeça; o pingo do *i* não deve ser um círculo feito com compasso, mas um diamante delicadamente desenhado, e assim por diante. Resumindo, as letras têm de ser projetadas por um artista, não por um engenheiro. Quanto às formas das letras na Inglaterra (quero dizer, na Grã-Bretanha), tem havido muitos progressos nos últimos quarenta anos. A sufocante letra Bodoni, o tipo mais ilegível jamais gravado, com suas ridículas partes grossas e finas, foi relegada em grande parte a obras que não obedecem senão ao mais insignificante utilitarismo (embora eu não consiga perceber por que mesmo o utilitarismo deva utilizar tipos ilegíveis), e a Caslon – e o relativamente espigado, mas, a seu modo, elegante entalhe tipográfico de aparência antiga dos dias de hoje – ocupou amplamente seu lugar. É uma infelicidade, contudo, que um padrão baixo de excelência tenha sido aceito para o design do moderno tipo romano, na melhor das hipóteses, com a comparativamente deselegante e espigada letra Plantin, e que a Elzeviers tenha servido de modelo, em vez dos designs generosos e lógicos dos impressores venezianos do século XV, à frente dos quais se encontrava Nicholas Jenson; quando é tão evidente que esse é o melhor e mais claro tipo romano jamais cunhado, parece lamentável que devamos estabelecer como ponto de partida para uma possível nova largada qualquer período inferior ao melhor. Se algum de vocês duvida de que esse tipo é superior àquele do século XVII, creio que a análise de uma amostra ampliada cinco vezes os convencerá. Devo admitir, entretanto, que entra em cena aqui uma consideração de natureza comercial: as letras Jenson ocupam mais espaço que as imitações do século XVII; e isso esbarra em outra dificuldade comercial: não se pode ter um livro bonito ou de leitura clara impresso em caracteres pequenos. Quanto a mim, exceto quando se desejam livros menores dos que os oitavos habituais, eu lutaria contra qualquer coisa menor que a paica; seja como for, porém, a paica pequena parece-me o menor tipo a ser usado no corpo de qualquer livro. Sugiro aos impressores que, se desejarem aumentar a quantidade de texto, eles podem reduzir o tamanho das entrelinhas ou ignorá-las completamente. Isso, é claro, vale mais para alguns tipos do que para outros; a letra Caslon, por exemplo, que tem ascendentes e descendentes longas, nunca precisa de entrelinha, exceto quando há objetivos especiais.

Até agora eu trazia na memória um belo e generoso tipo romano, mas, afinal, um pouco de variedade sempre é desejável; além disso, quando se tem uma letra romana tão boa como a melhor que já existiu, não creio que se vá encontrar muita oportunidade de desenvolvê-la; por conseguinte, vou fazer uma observação a respeito de alguma forma de letra gótica a ser utilizada em nosso livro impresso aperfeiçoado. Ainda que isso possa chocar alguns de vocês, não se esqueçam de que, com exceção de um tipo extraordinário usado muito raramente por Berthelet, a English Black-Letter tem sido sempre, desde os dias de Wynkyn de Worde, a letra que surgiu na Holanda naquele período (excluo, é claro, as imitações modernas de Caxton). Ora, embora seja uma letra bonita e imponente, ela não apresenta boa leitura, é muito condensada, muito pontuda e, por assim dizer, muito premeditadamente gótica. No entanto, existem muitos tipos que têm uma natureza transicional e que apresentam todos os graus de transição, desde aqueles que só absorvem um pouco do estilo florido incisivo do gótico – como alguns dos Mentelin ou semi-Mentelin (que, na verdade, são exemplos de simplicidade graciosa) ou, digamos, como as letras Ulm Ptolemy, a respeito das quais é difícil dizer se são góticas ou romanas – até o esplêndido tipo Mainz, do qual, creio, o melhor exemplo é a Bíblia de 1462 de Schoeffer e que é quase inteiramente gótico. Como penso que isso já nos oferece um campo bastante variado, encerro esta parte do tema fazendo duas observações: primeiro, a dificuldade de ler os livros com tipo gótico deve-se, em grande parte, às inúmeras contrações nele existentes, uma herança do método dos escribas, e, em menor grau, ao excesso de letras unidas, dois empecilhos que, estou certo, estariam ausentes dos modernos tipos fundidos nessas letras semigóticas; em segundo lugar, em minha opinião, as maiúsculas são o lado forte da letra romana e as minúsculas, o da gótica, o que não deixa de ser natural, visto que a romana era, originalmente, um alfabeto de maiúsculas, e as minúsculas foram uma consequência gradual delas.

Chegamos agora à posição da página impressa no papel, aspecto muitíssimo importante que, até pouco tempo, era mal compreendido pelos impressores modernos – e sobre o qual os antigos raramente se enganavam – ou, na verdade, pelos produtores de todo tipo de livro. A respeito desse assunto, devo começar lembrando que só de vez em quando vemos uma página por vez; as duas páginas abertas compõem a unidade do livro, e os antigos produtores compreendiam isso muito bem. Creio que dificilmente vocês encontrarão um livro produzido antes do século XVIII – e que não tenha sido cortado pelo inimigo dos livros (e da espécie humana), o encadernador – que não respeite a seguinte regra: a margem interna (que é encadernada) tem de ser a menor das margens; a superior, maior do que ela; a externa, maior ainda; e a inferior, a maior de todas. Insisto que, para o olho de qualquer pessoa que saiba o que é proporção, isso parece satisfatório, o que não acontece com nenhuma outra disposição. O impressor moderno, porém, como regra, joga a página para baixo naquilo que ele chama de meio do papel, que muitas vezes nem chega a ser realmente o meio, uma vez que ele mede a página a partir da linha superior, se houver, embora ela não seja, de fato, parte da página, mas uma chusma de tipos que mancha de leve a parte superior do papel. Ora, posso afirmar o seguinte: qualquer livro cuja página seja bem produzida é tolerável ao olhar, por mais pobre que seja o tipo (levando em conta, sempre, que não haja nenhum ornamento que possa estragar o conjunto), enquanto qualquer livro cuja página seja mal produzida é *in*tolerável ao olhar, por melhor que sejam o tipo e os ornamentos. Tenho em minha estante o *Plínio* de Jenson, que, apesar do tipo gracioso e dos ornamentos vistosos, mal consigo olhar, porque o encadernador (faltam-me os adjetivos) cortou dois terços da margem inferior: isso é tão absurdo como um cavalheiro trajar paletó abotoado nas costas ou uma dama usar chapéu ao contrário.

Antes de concluir este segmento, gostaria de dizer algumas palavras a respeito dos exemplares em formato maior. Sou totalmente contrário a eles, embora eu próprio tenha cometido esse pecado com certa frequência, mas isso foi na época em que eu era ignorante, e é só por esse motivo que peço perdão. Se quiserem publicar uma edição de livro bonita e barata, tudo bem. No entanto, façam dois livros. Se vocês (ou o público) não tiverem recursos para tal, gastem sua criatividade e seu dinheiro para produzir o livro barato da maneira mais vistosa possível. Se fizerem o formato maior partindo do menor, vão deparar com um dilema, mesmo se diagramarem novamente as páginas para o novo formato, o que, acredito, muitas vezes não é feito. Se as margens estiverem corretas para o livro menor, estarão erradas para o maior, e vocês terão de oferecer ao público o livro pior por um preço mais alto; se estiverem corretas para o livro maior, estarão erradas para o menor, e, por conseguinte, vão *estragá-lo*, que é o que acaba acontecendo, como vimos – e isso parece bastante injusto para o público em geral (do ponto de vista da moralidade artística), que poderia ter disponível um livro agradável a um preço baixo.

Quanto ao papel a ser utilizado em nosso livro ideal, estamos em grande desvantagem com relação aos tempos passados. Até o final do século XV, ou melhor, até o primeiro quarto do século XVI, não se fabricava papel de má qualidade; muitos tinham, de fato, qualidade excelente. Hoje, a maioria dos papéis é muito ruim. Creio que nosso livro ideal deva ser impresso no melhor papel artesanal que se possa fabricar; a imperfeição, nesse caso, faria dele um livro medíocre. No entanto, se for preciso usar papel industrial, ele não deve obedecer às normas de beleza ou luxo, e sim apresentar-se por aquilo que é. Quanto a mim, no que diz respeito à aparência, prefiro, sem dúvida alguma, os papéis mais baratos usados nos jornais aos papéis espessos, lisos e falsamente elegantes nos quais são impressos livros respeitáveis; entre estes, os piores são os que imitam a estrutura dos papéis artesanais.

Assegurado o papel artesanal, existe algo a ser dito a respeito de seu corpo. Não se deve imprimir um livro pequeno em papel espesso, por melhor que ele seja. Queremos que o livro seja fácil de folhear e não se mexa durante a leitura, mas isso só é possível utilizando papel grosso em livros grandes.

Por falar nisso, gostaria de fazer um protesto contra a superstição de que apenas a leitura de livros pequenos é confortável. Alguns livros pequenos são razoavelmente confortáveis, mas a maioria não é tão confortável quanto um in-fólio grande, do tamanho, digamos, de um *Polyphilus* intato ou pouco maior. O fato é que o livro pequeno raras vezes fica imóvel; você tem de torcer a mão para segurá-lo ou, então, pô-lo na mesa com uma parafernália de objetos para mantê-lo para baixo – de um lado uma colher, do outro uma faca, e assim por diante –, e essas coisas acabam caindo em um momento decisivo, tirando-o da tranquilidade absolutamente necessária para a leitura. Já um in-fólio grande permanece imóvel e majestoso sobre a mesa, esperando respeitosamente que você lhe dê o prazer de vir até ele, com suas folhas estendidas e tranquilas, sem atormentar de modo algum seu corpo, de modo que sua mente fique livre para desfrutar a literatura que sua beleza conserva como uma relíquia.

Até aqui, portanto, falei de livros cujo único ornamento é a beleza necessária e fundamental que surge do ajuste de uma peça de arte à função para a qual foi criada. No entanto, se chegarmos até esse ponto, de tal arte, sem dúvida, surgirá o ornamento definitivo, o qual será usado algumas vezes de maneira sabiamente contida, outras com uma prodigalidade também sábia. Não obstante, se realmente nos sentirmos impelidos a pôr ornamentos em nossos livros, devemos, claro, experimentar o que for possível, mas nessa tentativa temos de nos lembrar de uma coisa: se pensarmos que o ornamento é, como tal, parte do livro simplesmente porque está impresso e encadernado com ele, estaremos cometendo um grande erro. O ornamento precisa fazer parte da página da mesma forma que o próprio tipo, senão perderá seu objetivo. Além disso, a fim de produzir resultado e ser ornamento, ele deve se sujeitar a certas restrições e tornar-se *arquitetônico*; uma simples imagem em preto e branco, por mais interessante que seja, pode estar longe de ser um ornamento em um livro, enquanto, de outro lado, um livro ornamentado com imagens que são adequadas a ele, e só a ele, pode tornar-se uma obra de arte que nada fica a dever a nenhuma outra, com exceção de uma bela estrutura devidamente decorada ou uma bela obra literária.

Esses dois últimos aspectos são, de fato, a única dádiva absolutamente indispensável que devemos exigir da arte. Embora o livro ilustrado talvez não seja absolutamente indispensável a nossa vida, ele nos oferece um prazer tão infinito, e está tão intimamente ligado à outra arte absolutamente indispensável, a literatura criadora, que precisa continuar sendo uma das coisas mais valiosas que os homens sensíveis deveriam se empenhar em produzir.

*Ensaio apresentado perante a Sociedade Bibliográfica em 19 de junho de 1893 e publicado em* Transactions of the Bibliographical Society.

# 1913
## DESTRUIÇÃO DA SINTAXE – IMAGINAÇÃO SEM LIMITES – PALAVRAS EM LIBERDADE
### F. T. Marinetti

EM UMA ÉPOCA EM QUE o *design gráfico* ainda não tinha surgido como atividade comercial plenamente definida, os artigos e as experiências do futurista italiano Filippo Tommaso Marinetti (1876-1944) encarnaram um vigoroso conjunto de possibilidades para a comunicação gráfica. Como poeta que reagia contra seus antecessores simbolistas, sua principal preocupação era com o potencial livre e expressivo da linguagem, e todas as suas pesquisas tipográficas visavam a esse objetivo (embora sua abordagem fosse aplicada mais tarde à publicidade por Fortunato Depero e outros). Atuando como propagandista de si próprio, Marinetti foi autor do primeiro hino futurista à velocidade, ao dinamismo, à guerra e à morte da tradição – publicado no jornal Le Figaro em 1909 – e, entre 1912 e 1914, expôs sua agenda estética radical em uma série de manifestos. Este resumo, que contém uma seção sobre a "revolução tipográfica", é o mais explícito em termos tipográficos. Nos poemas reunidos em seu livro Les mots en liberté futuristes *(1919)*, Marinetti colou letras e fragmentos em uma situação de extrema agitação, com as palavras movendo-se na velocidade de trens, aviões, ondas e átomos que inspiraram os futuristas. Ao mesmo tempo que seus aspectos materiais são exaltados, a linguagem verbal é desmaterializada, embora a sensibilidade que controla essas explosões encadernadas em papel seja cibernética. – RP

### PALAVRAS EM LIBERDADE

Rejeitando todas as fórmulas estúpidas e toda a verbosidade confusa dos professores, eu proclamo agora que o lirismo é a faculdade rara de embriagar-se com a vida, de encher a vida com a própria embriaguez. A faculdade de transformar em vinho a água barrenta da vida que nos arrasta e engole. A capacidade de colorir o mundo com as cores únicas de nossas personalidades mutantes.

Imagine que um amigo seu dotado dessa faculdade encontre-se em uma zona de intensa atividade vital (revolução, guerra, naufrágio, terremoto etc.) e comece, imediatamente, a contar-lhe suas impressões. Você sabe o que, por instinto, esse seu amigo lírico e agitado fará?

Ele começará a destruir brutalmente a sintaxe de seu discurso. Não vai perder tempo em construir frases. A pontuação e os adjetivos corretos nada significarão para ele. Ele desprezará sutilezas e nuances de linguagem. Sem fôlego, incomodará você com sensações visuais, auditivas e olfativas, no mesmo instante em que elas chegam até ele. A fúria da emoção-vapor explodirá a chaminé da frase, as válvulas da pontuação e a braçadeira adjetiva. Um punhado de palavras essenciais fora de qualquer ordem convencional. Única preocupação do narrador: exprimir cada vibração de seu ser.

Se a mente desse narrador lírico naturalmente dotado de tal faculdade também estiver povoada de ideias gerais, ele involuntariamente ligará essas sensações com o universo todo que conhece intuitivamente. E, a fim de expressar o verdadeiro valor e as verdadeiras dimensões de sua vida vivida, lançará imensas redes de analogia por todo o mundo. Dessa maneira, ele revelará a base analógica da vida, de modo telegráfico, com a mesma velocidade parcimoniosa que o telégrafo impõe aos repórteres e aos correspondentes de guerra em seus relatos rápidos. Essa concisão indispensável não responde apenas às leis da velocidade que nos governam, mas também à relação de séculos entre poeta e público. Na verdade, a relação entre poeta e público é a mesma que existe entre dois velhos amigos. Eles podem se fazer entender com uma simples palavra, um gesto, um olhar. Assim, a imaginação do poeta precisa combinar coisas distantes *sem nenhum fio que as una*, por meio de palavras *livres* fundamentais.

## A MORTE DO VERSO LIVRE

Embora tivesse outrora inúmeros motivos para existir, o verso livre está destinado agora a ser substituído pelas *palavras em liberdade*.

A evolução da poesia e da sensibilidade humana revelou-nos os dois defeitos incuráveis do verso livre.

1. O verso livre empurra fatalmente o poeta na direção dos efeitos sonoros fáceis, dos duplos sentidos vulgares, do ritmo poético monótono, da harmonia tola e da inevitável brincadeira de eco, interna e externa.
2. O verso livre canaliza artificialmente o fluxo da emoção lírica entre os altos muros da sintaxe e as represas da gramática. A inspiração intuitiva livre voltada diretamente à intuição do leitor ideal vê-se aprisionada e distribuída como água purificada para alimentar todas as inteligências detalhistas e impacientes.

Quando falo em destruir os canais da sintaxe, não sou nem categórico nem sistemático. Traços da sintaxe convencional e mesmo de frases verdadeiramente lógicas serão encontrados aqui e ali nas palavras em liberdade de meu lirismo liberto. Essa desigualdade de concisão e liberdade é natural e inevitável. Uma vez que a poesia nada mais é, na realidade, que uma vida superior, mais concentrada e intensa do que aquela que vivemos no dia a dia, como esta, ela é composta de elementos hipervivos e de elementos moribundos.

Por conseguinte, não precisamos ficar preocupados demais com esses elementos. Devemos evitar a todo custo, porém, a retórica e as banalidades expressas telegraficamente.

## A IMAGINAÇÃO SEM LIMITES

Imaginação sem limites significa para mim a liberdade absoluta das imagens ou analogias, expressas por meio de palavras soltas, sem ligação com nenhum elemento da sintaxe e sem nenhuma pontuação.

"Até agora, os escritores têm estado confinados às analogias imediatas, comparando, por vezes, um animal a um homem ou a outro animal, o que é quase o mesmo tipo de fotografia. (Por exemplo, eles têm comparado um *fox terrier* a um puro-sangue muito pequeno. Outros, mais avançados, podem comparar o mesmo trêmulo *fox terrier* a um pequeno aparelho de código Morse. Eu, de outro lado, comparo-o ao murmúrio da água. Há nisso uma *gradação de analogias cada vez mais vasta*, afinidades cada vez mais profundas e sólidas, ainda que remotas.)

"A analogia nada mais é que o amor profundo que reúne coisas distantes, aparentemente diferentes e opostas. Um estilo orquestral, ao mesmo tempo policromático, polifônico e polimorfo, só pode abarcar a vida da matéria por meio das analogias mais amplas.

"Quando comparei, em minha *Batalha de Trípoli*, uma trincheira cheia de baionetas a uma orquestra, uma metralhadora a uma *femme fatale*, introduzi intuitivamente uma grande porção do universo em um breve episódio do conflito na África.

"Imagens não são flores que se devem escolher e colher com parcimônia, disse Voltaire. Elas são a própria força vital da poesia. Se não for uma sequência ininterrupta de imagens novas, a poesia não passa de anemia e clorose.

"Quanto mais amplas suas afinidades, mais as imagens conservarão seu poder de surpreender."

(Manifesto Técnico da Literatura Futurista)

A imaginação sem limites e as palavras em liberdade nos conduzirão ao âmago da matéria. À medida que descobrimos novas analogias entre coisas distantes e aparentemente contrárias, nós as dotamos de um valor cada vez mais profundo. Em vez de *humanizar* animais, vegetais e minerais (um sistema antiquado), seremos capazes de *animalizar, vegetalizar, mineralizar, eletrificar ou liquefazer nosso estilo*, fazendo com que ele viva a vida da matéria. Por exemplo, para representar a vida de uma folha de grama, eu digo: "Amanhã estarei mais verde."

Com as palavras em liberdade teremos: METÁFORAS CONDENSADAS. IMAGENS TELEGRÁFICAS. VIBRAÇÕES MÁXIMAS. NÓDULOS DE PENSAMENTO. LEQUES DE MOVIMENTO ABERTOS OU FECHADOS. ANALOGIAS RESUMIDAS. EQUILÍBRIOS DE COR. DIMENSÕES, PESOS, MEDIDAS E A VELOCIDADE DAS SENSAÇÕES. O MERGULHO DA PALAVRA ESSENCIAL NA ÁGUA DA SENSIBILIDADE, SEM OS CÍRCULOS CONCÊNTRICOS QUE A PALAVRA PRODUZ. MOMENTOS TRANQUILOS DE INTUIÇÃO. MOVIMENTOS EM DOIS, TRÊS, QUATRO, CINCO RITMOS DIFERENTES. OS POLOS ANALÍTICOS E EXPLORATÓRIOS QUE SEGURAM O FEIXE DE FIOS INTUITIVOS.

## A MORTE DO LITERÁRIO I

*Vida molecular e matéria*

Meu manifesto técnico opôs-se ao *eu* obsessivo que até o momento os poetas têm descrito, cantado, analisado e vomitado. Para nos livrarmos desse *eu* obsessivo, precisamos abandonar o hábito de humanizar a natureza por meio da atribuição de paixões e preocupações humanas a animais, plantas, água, pedras e nuvens. Devemos, em vez disso, exprimir a infinita pequenez que nos rodeia, o imperceptível, o invisível, a agitação dos átomos, os movimentos brownianos, todas as hipóteses apaixonadas e todos os domínios explorados pelo microscópio potente. Explico: quero introduzir a infinita vida molecular na poesia não como um documento científico, mas como um elemento intuitivo. Ela deve se misturar, na obra de arte, com os espetáculos e dramas infinitamente formidáveis, porque essa fusão constitui a síntese integral da vida.

Para ajudar um pouco a intuição de meu leitor ideal, uso itálico em todas as palavras em liberdade que exprimem o infinitamente pequeno e a vida molecular.

## ADJETIVO SEMAFÓRICO

*Adjetivo-farol* ou *adjetivo-atmosfera*

Tendemos a suprimir, por toda parte, o adjetivo qualificativo porque ele pressupõe uma suspensão da intuição, uma definição demasiado minuciosa do substantivo. Nada disso é categórico. Falo de uma tendência. Precisamos usar o menos possível o adjetivo, e de maneira completamente diferente da que temos feito até agora. Devemos tratar os adjetivos como sinais ferroviários de estilo, empregá-los para marcar o tempo, os atrasos e as pausas ao longo do caminho. O mesmo vale para as analogias. Chega a vinte o número de adjetivos semafóricos que podem se acumular nesse caminho.

O que chamo de adjetivo semafórico, adjetivo-farol ou adjetivo-atmosfera é o adjetivo desassociado dos substantivos, isolado entre parênteses. Isso o torna uma espécie de substantivo absoluto, mais amplo e mais poderoso do que o nome próprio.

Suspenso nas alturas em sua gaiola transparente entre parênteses, o adjetivo semafórico ou adjetivo-farol lança sua luz exploradora de longo alcance sobre tudo o que o rodeia.

Seu perfil se estilhaça e transborda, iluminando, impregnando e cobrindo toda uma zona de palavras em liberdade. Por exemplo, se eu colocar em um amontoado de palavras em liberdade que descrevem uma viagem marítima os seguintes adjetivos semafóricos entre parênteses (calmo, azul, metódico e habitual), não é apenas o mar que ficará *calmo, azul, metódico e habitual*, mas também o navio, suas máquinas e os passageiros. Tanto aquilo que eu faço como meu próprio espírito são calmos, azuis, metódicos e habituais.

## O VERBO NO INFINITIVO

Também nesse caso, minhas opiniões não são categóricas. Afirmo, de toda maneira, que em um lirismo ardente e dinâmico o verbo no infinitivo pode muito bem ser indispensável. Redondo como uma roda, como uma roda adaptável a cada vagão do trem das analogias, ele constitui a própria velocidade do estilo.

O verbo no infinitivo nega, em si próprio, a existência da frase e impede que o estilo reduza a velocidade e pare em determinado ponto. Enquanto *o infinitivo é redondo* e tão móvel como uma roda, os outros modos e tempos do verbo são triangulares, quadrados ou ovais.

## ONOMATOPEIA E SÍMBOLOS MATEMÁTICOS

Quando disse que devemos cuspir no Altar da Arte, incitei os futuristas a libertar o lirismo da atmosfera solene de compunção e incenso que normalmente se denomina de Arte, com *A* maiúsculo. A Arte com *A* maiúsculo constitui o clericalismo do espírito criativo. Usei essa abordagem para estimular os futuristas a destruir e ridicularizar as guirlandas, as palmas, as auréolas, as construções requintadas, as capas e estolas, todo o guarda-roupa histórico e o bricabraque romântico que compreendem grande parte de toda a poesia feita até o momento. Propus, em vez disso, um lirismo vivo, brutal e imediato, um lirismo que pode parecer antipoético para aqueles que nos antecederam, um lirismo telegráfico que não tenha em torno de si o sabor do livro, e sim, na medida do possível, o sabor da vida. Mais do que isso, a introdução arrojada de harmonias onomatopeicas que reproduzam todos os sons e barulhos da vida moderna, mesmo os mais cacofônicos.

A onomatopeia que revigora o lirismo com elementos rudes e brutais da realidade foi usada na poesia (de Aristófanes a Pascoli) de forma mais ou menos tímida. Nós, futuristas, damos início ao uso contínuo e audacioso da onomatopeia. Isso não deve ser algo sistemático. Por exemplo, meus poemas "Cerco de Adrianópolis--Orquestra" e "Batalha Peso + Perfume" exigiram muitas harmonias onomatopeicas. Sempre com o objetivo de oferecer o maior número de vibrações e uma síntese mais profunda da vida, abolimos todos os laços estilísticos, todas as fivelas brilhantes com que os poetas tradicionais juntam as imagens em sua prosódia. Nós empregamos, em vez disso, os próprios símbolos matemáticos e musicais concisos, pondo entre parênteses indicações como (rápido) (mais rápido) (mais devagar) (tempo de dois compassos) para controlar a velocidade do estilo. Esses parênteses podem até interromper uma palavra ou uma harmonia onomatopeica.

## REVOLUÇÃO TIPOGRÁFICA

Dou início a uma revolução tipográfica cujo alvo é a ideia irracional e nauseante do livro de verso passadista e dannunziano, feito em papel artesanal do século XVII ornamentado com elmos, Minervas, Apolos, capitulares vermelhas elaboradas, fitas de missal mitológicas, epígrafes e numerais romanos. O livro deve ser a expressão futurista do pensamento futurista. Não apenas isso. O alvo de minha revolução é a chamada harmonia tipográfica da página, que é contrária ao fluxo e refluxo, às súbitas transições e explosões de estilo que atravessam a página. Na mesma página, portanto, usaremos *três ou quatro cores de tinta*, ou mesmo vinte tipos diferentes, se necessário. Por exemplo: itálico para uma sequência de sensações semelhantes ou imediatas, negrito para as onomatopeias impetuosas e assim por diante. Com essa revolução tipográfica e essa variedade multicolorida das letras, pretendo redobrar a força expressiva das palavras.

Oponho-me à estética decorativa e refinada de Mallarmé e a sua busca da palavra excepcional, o único adjetivo indispensável, elegante, sugestivo e requintado. Não quero sugerir uma ideia ou sensação por meio de um comportamento passadista afetado. Quero, em vez disso, agarrá-las brutalmente e atirá-las no leitor.

Além do mais, combato o ideal estático de Mallarmé com essa revolução tipográfica, que permite que eu imprima nas palavras (já livres, dinâmicas e semelhantes a torpedos) toda a velocidade das estrelas, das nuvens, dos aeroplanos, dos trens, das ondas, dos explosivos, dos glóbulos da espuma do mar, das moléculas e dos átomos.

Realizo, assim, o quarto princípio de meu Primeiro Manifesto Futurista (20 de fevereiro de 1909): "Afirmamos que a beleza do mundo foi enriquecida por uma nova beleza: a beleza da velocidade."

## LIRISMO MULTILINEAR

Concebi, ainda, o *lirismo multilinear*, com o qual me foi possível alcançar aquela simultaneidade lírica que também obcecava os pintores futuristas: lirismo multilinear que certamente permitirá que eu obtenha as mais complexas simultaneidades.

O poeta lançará, sobre várias linhas paralelas, diversas sequências de cor, som, cheiro, barulho, peso, espessura e analogia. Por exemplo, uma dessas linhas pode ser olfativa, outra musical, outra pictórica.

Suponhamos que a sequência de sensações e analogias pictóricas domine as outras. Nesse caso, ela será impressa em um tipo mais pesado do que a segunda e terceira linhas (uma delas contendo a sequência de sensações e analogias musicais; a outra, a sequência de sensações e analogias olfativas).

Considerando uma página com vários grupos de sensações e analogias, cada um dos quais composto de três ou quatro linhas, a sequência de sensações e analogias pictóricas (impressa em negrito) constituirá a primeira linha do primeiro grupo, continuando (sempre com o mesmo tipo) na primeira linha de todos os outros grupos.

A sequência de sensações e analogias musicais, menos importante que a de sensações e analogias pictóricas (primeira linha), porém mais importante que a de sensações e analogias olfativas (terceira linha), será impressa em um tipo menor que o da primeira linha e maior que o da terceira.

ORTOGRAFIA EXPRESSIVA LIVRE

A necessidade histórica de uma ortografia expressiva livre é demonstrada pelas sucessivas revoluções que continuamente libertaram a capacidade lírica da raça humana das algemas e das regras.

1. Na verdade, os poetas começaram canalizando sua emoção lírica em uma série de pausas equivalentes, com ênfases, ecos, assonâncias ou rimas em intervalos preestabelecidos (*métrica tradicional*). Em seguida, passaram a variar essas distintas pausas rítmicas dos pulmões de seus antecessores com certa liberdade.
2. Mais tarde, eles perceberam que os diferentes momentos de sua emoção lírica tinham de criar pausas condizentes com os mais variados e surpreendentes intervalos, com uma liberdade de ênfase absoluta. Foi assim que chegaram ao *verso livre*, mas preservando a ordem sintática das palavras, de modo que a emoção lírica pudesse fluir para os ouvintes pelo canal lógico da sintaxe.
3. Hoje não queremos mais que a emoção lírica ordene as palavras sintaticamente antes de arremessá-las para fora por meio das pausas inventadas por nós; temos, então, as *palavras em liberdade*. Além do mais, nossa emoção lírica deveria deformar e revigorar as palavras livremente, reduzindo-as, esticando-as, reforçando o centro ou as extremidades, aumentando ou diminuindo o número de vogais e consoantes. Teremos então a *nova ortografia*, que eu chamo de *expressiva livre*. Essa deformação instintiva das palavras corresponde a nossa tendência natural à onomatopeia. Importa pouco se a palavra deformada se torna ambígua. Ela casará com as harmonias onomatopeicas ou com os resumos de barulho, permitindo-nos, além disso, que alcancemos logo a harmonia *psíquica onomatopoética*, a expressão sonora, embora abstrata, de uma emoção ou de um pensamento puro. Entretanto, poder-se-ia objetar que, para serem compreendidas, minhas palavras em liberdade e minha imaginação sem limites exigem um orador especial. Em-

bora eu não esteja preocupado com a compreensão da massa, respondo que o número de oradores públicos futuristas está aumentando e que, a esse respeito, qualquer poema tradicional que é objeto de admiração precisa de um orador especial para ser compreendido.

*Publicado originalmente em* Lacerba *(Florença, 15 de junho de 1913).*

# 1921
## PROGRAMA DO PRIMEIRO GRUPO DE TRABALHO CONSTRUTIVISTA
### Alexander Rodchenko e Varvara Stepanova

COMUNISTA CONVICTO, *Alexander Rodchenko (1891-1956) foi um dos primeiros artistas plásticos a apoiar os bolcheviques após a Revolução Russa de 1917. Em 1921, abandonou a pintura de cavalete e a escultura para se concentrar nas atividades socialmente mais úteis do design, da tipografia e da fotografia. Foi membro fundador do Inkhuk, o Instituto de Cultura Artística, que funcionou em Moscou de 1920 a 1924, e a formação do Grupo de Trabalho dos Construtivistas se deu em março de 1921, quando ele era diretor do instituto. O Programa Construtivista, de autoria de Rodchenko e de sua parceira Varvara Stepanova (1894-1958) – também membro de destaque do Inkhuk –, foi aprovado no terceiro encontro do grupo, em abril de 1921, e publicado no ano seguinte de forma ligeiramente modificada. Ele propõe uma base de trabalho, a serviço do "comunismo científico", diametralmente oposta aos imperativos ideológicos do design gráfico comercial tal como estava surgindo nos Estados Unidos e como se desenvolveria depois. As velhas formas de arte definhariam à medida que a "vida construtiva" se tornasse a arte do futuro. – RP*

O Grupo dos Construtivistas tomou para si a tarefa de descobrir *a expressão comunista das estruturas materiais.*

Ao abordar essa tarefa, o grupo insiste na necessidade de fazer uma síntese entre os aspectos ideológico e formal para que haja uma verdadeira transferência do trabalho de laboratório para o campo da atividade prática.

No momento de sua fundação, o programa do grupo chamou a atenção, em seu aspecto ideológico, para o seguinte:

1. Nossa única ideologia é o comunismo científico, baseado na teoria do materialismo histórico.
2. A interpretação teórica e a assimilação da experiência da construção do soviete devem levar o grupo a se desviar da atividade experimental "distante da vida", voltando-se para a experiência real.
3. A fim de controlar a criação de estruturas práticas de forma verdadeiramente científica e disciplinada, os construtivistas estabeleceram três disciplinas: *tectônica, faktura* e *construção.*
   A. Tectônica, ou estilo tectônico, é temperada e composta, de um lado, pelas propriedades do comunismo e, de outro, pelo uso apropriado do material industrial.
   B. *Faktura* é o estado estrutural do material trabalhado ou o novo estado em que resultou sua estrutura. Portanto, o grupo considera que *faktura* é o material conscientemente trabalhado e utilizado de maneira adequada, sem impedir a construção nem restringir a tectônica.
   C. Construção deve ser entendida como a função organizacional do construtivismo.

Se a tectônica compreende a relação entre o ideológico e o formal, dando unidade ao design prático, e *faktura* é o material, a construção revela o próprio processo dessa estruturação.

Desse modo, a terceira disciplina é a disciplina da realização do design por meio do uso do material trabalhado.

*O material.* O material como substância e matéria. Sua pesquisa e aplicação industrial, propriedades e significado. Ademais, tempo, espaço, volume, plano, cor, linha e luz também são essenciais para os construtivistas, sem os quais eles não podem erigir estruturas materiais.

Tarefas imediatas do grupo

1. Na esfera ideológica:
   Demonstrar teórica e praticamente a incompatibilidade da atividade estética com as funções da produção intelectual e material.
   A verdadeira participação da produção intelectual e material como elemento equivalente na criação da cultura comunista.
2. Na esfera prática:
   Publicar um manifesto.
   Publicar um jornal semanal, *VIP* [*Vestnik Intellektual'nogo Proizvodstva*, o *Arauto da Produção Intelectual*].
   Imprimir brochuras e folhetos sobre questões relacionadas às atividades do grupo.
   Elaborar designs.
   Organizar exposições.
   Estabelecer vínculos com todos os conselhos e centros de produção daquele mecanismo soviético unificado, que, na verdade, é o que praticamente molda e produz as formas emergentes do modo de vida comunista.
3. Na esfera agitadiça:
   i. O grupo declara guerra implacável à arte.
   ii. Afirma que a cultura artística do passado é inaceitável para as formas comunistas das estruturas construtivistas.

*Publicado originalmente em* Ermitazh, *n. 13 (Moscou, 1922).*

# 1922
## UM NOVO TIPO DE IMPRESSÃO PEDE UM NOVO DESIGN
### W. A. Dwiggins

Antes de William Addison Dwiggins *(1880-1957) introduzir o termo "design gráfico", expressões como "arte impressa", "arte comercial", "arte gráfica" e "arte publicitária" eram utilizadas, de maneira intercambiável, para designar o produto visual da profissão de publicitário. Neste artigo, escrito para um suplemento especial do jornal* Boston Evening Transcript *dedicado às artes gráficas e publicado juntamente com a exposição anual de artes gráficas da cidade, Dwiggins procurou aumentar o nível de consciência dos colegas artesãos e artistas gráficos e estabelecer padrões para o setor. Ele foi um dos mais influentes artistas publicitários dos anos 1920, e seus argumentos repercutiram na comunidade de artes gráficas na época da publicação. Não obstante, levaria ao menos mais uma década para que "design gráfico" se tornasse o modo de referência preferido. O ensaio também é significativo por aquilo que Dwiggins diz a respeito das consequências das novas tecnologias de impressão e do avanço da indústria publicitária com relação a todas as outras formas de design gráfico. Ele afirma que a responsabilidade dos designers não é apenas atender a seus clientes comerciais, mas também satisfazer a si próprios como artistas. – SH*

> Antigos Padrões de Excelência Subitamente
> Suplantados em Razão da Complexidade
> dos Novos Processos Industriais –
> Contudo, Ainda a Oportunidade
> de Misturar o Bom-Senso
> com o Gosto
> Artístico

Os entusiastas de uma reviravolta sentimental da mente, inspirados por uma fórmula verbal – A Arte Impressa – e enganados por uma falsa interpretação dela, geraram grande confusão a respeito da fronteira que separa a arte da impressão. A sutil embriaguez provocada pela segunda palavra da locução os induz a materializar um difuso brilho quase estético sobre a cabeça de diversas pessoas que se ocupam da impressão.

A aparência do material impresso não cria nenhuma diferença consciente para ninguém, exceto para o designer e para o especialista em impressão. As placas com as quais o posto da esquina anuncia o preço da gasolina não precisam ser uma obra de arte. Elas cumprem seu papel do jeito que são. Os principais objetivos da impressão podem ser satisfeitos sem a ajuda da arte. Embora o fabricante que possui algo para vender tenha algumas ideias a respeito de como seus impressos podem apresentar boa aparência, trata-se apenas de ideias pessoais que normalmente não requerem nenhuma ligação com a arte. Ele pode ter a ilusão de que seus impressos são arte. Nós, não. Entretanto, como gesto de caridade, vamos juntá-lo ao designer e ao especialista de impressão aqui mencionados para completar a lista daqueles que se importam com a aparência do material impresso. Muitas vezes a impressão parece contar muito bem sua história sem a arte.

## OS ARTISTAS MARCAM A HISTÓRIA DA IMPRESSÃO

Tendo como pano de fundo dois fatos – a impressão não é arte e a arte não é essencial para a impressão –, projetemos algumas conclusões surpreendentes. A história da pintura é, em grande medida, a história de artistas individuais. Os nomes mais notáveis na biografia desse ofício são os dos homens que se destacaram por seu gosto refinado pelo design. Do grande volume de impressões que devem ter sido feitas desde que a técnica foi inventada, as únicas relíquias dignas de nota são uns poucos livros e documentos feitos por indivíduos de inclinação artística. Por trezentos anos colecionou-se e apreciou-se o papel impresso, não porque se tratava de impressão, mas porque era arte impressa.

Desde a invenção dos tipos móveis por Gutenberg os artistas têm interferido na impressão, desviando-a de seus objetivos. Ao longo de toda a trajetória dessa atividade, eles direcionaram seu talento para resolver o problema de transformar a impressão em grande arte. Sua intromissão foi tão eficaz que, no que diz respeito ao antigo ofício, perderam-se de vista os motivos práticos para produzir impressão, e é sobretudo por essa interferência que a impressão em papel é digna de nota.

Perceber-se-á de imediato, por meio dos casos mais complexos, que existem dois grupos de fatos que não se encaixam. Há mais coisas relacionadas a essa questão do que parece à primeira vista. É como se houvesse, sob a denominação "impressão", várias categorias de coisas a serem examinadas. Na verdade, há.

Vamos nos ater aos exemplos e deixar a indústria da impressão de lado. Queremos descobrir o que a arte tem a ver com a impressão – não com a impressão histórica, mas com a impressão aqui e agora. A indústria moderna apresenta linhas de clivagem claras. Trabalhando com elas, é possível dividir esse negócio em três categorias preliminares: impressão simples, impressão como arte e uma categoria ampla de impressão mais ou menos modificada pelo gosto artístico. Relatórios municipais e folhetos, listas telefônicas e registros escolares encontram-se na primeira categoria. A segunda pode ser representada pelos livros impressos para o Grolier Club* por Bruce Rogers. A terceira categoria de impressão é tão ampla e variada que é difícil selecionar exemplos.

## MODALIDADE SIMPLES E GRANDE ARTE

A primeira categoria de impressão – a modalidade simples – é a espinha dorsal do setor, superando as outras por um volume esmagador. Ela realiza uma tarefa impressionante e valiosa, e o faz de maneira extremamente primorosa. A excelência técnica do que é produzido pela gráfica "simples" é tudo o que alguém poderia exigir. Essa categoria de impressão demonstra a veracidade da dedução apontada no início: ela não tem nenhuma ajuda da arte e não precisa dela; está fora do domínio da arte.

A impressão como grande arte não é – como temerariamente se poderia supor em um retrospecto do setor – uma questão apenas de história. Ela ainda acontece. O homem de gosto – que nosso sentimentalista destruiria ao chamá-lo de "artista-impressor" – ainda está por ser descoberto nesse ofício. Dispersos por toda a indústria exis-

---

* Fundado em 1884, o Grolier Club de Nova York é a maior e mais antiga associação norte-americana voltada aos bibliófilos e aficionados pelas artes gráficas. Deve seu nome a Jean Grolier, colecionador renascentista famoso por compartilhar sua biblioteca com os amigos. O objetivo do clube é fomentar a pesquisa literária e promover as artes relacionadas à produção de livros. (N. do T.)

tem homens de gosto artístico refinado que adotam a impressão como arte. E é preciso mencionar que, em muitos casos, eles o fazem sobre uma base inteiramente prática, sem, na verdade, encontrar muita desvantagem em permanecerem fiéis a tradições ilustres. Produzem uma impressão que se iguala à grande arte porque querem – porque, somos obrigados a dizer, são artistas.

No entanto, o propósito desses apontamentos não é exatamente fazer uma reflexão sobre a impressão como grande arte. Nesse nível, a impressão encontra-se, por sua própria natureza, transferida para o campo da crítica das belas-artes e não pode ser examinada nas mesmas condições do produto da indústria como um todo. Qual o contato da indústria como um todo com a arte é a questão com a qual estamos envolvidos. Reduzimos nossa investigação ao terceiro grupo de impressão. É nele que podemos procurar esse contato.

Esse terceiro grupo tem certas características dignas de nota. Primeiro, ele não é feito para ser vendido, e sim para ser presenteado – com um propósito bastante sagaz por trás do presente. Por conseguinte, representa uma coisa nova – tão nova quanto a publicidade. É profundamente democrático – todo mundo participa de sua criação. Vai para toda parte e é lido por todos. Provavelmente desempenha papel mais importante na constituição do estado semissocial que chamamos de civilização do que todos os livros, jornais e periódicos juntos. Sua função é preparar o terreno para que algo seja vendido ou vender diretamente algo ele próprio. Usando todos os recursos, com estardalhaço ou sutileza, pode cumprir sua missão de conseguir vender algo.

Ele é, de fato, uma espécie de superimpressão. Suas exigências obrigaram a indústria a se expandir, a incluir funções novas e estranhas – análise crítica dos mercados dos clientes, elaboração de "literatura" descritiva, educativa e argumentativa –, sem jamais perder de vista o objetivo final de vender. Uma das funções que a imprensa foi obrigada a incluir é executada por um departamento conhecido como departamento de arte ou serviço de arte.

O departamento de arte produz algo. É o que se chama de "arte". A palavra "arte" faz parte do jargão dos publicitários. "Arte", no caso, pode ser definida como os desenhos, ornamentos etc. feitos para tornar a mensagem publicitária mais complexa. Em certo tipo de publicidade, parece que a declaração clara e direta dos fatos não serve. Para capturar o olhar da vítima, é preciso cometer pequenas indiscrições, pequenos deslizes inofensivos e alarmes falsos. Ou então dar-lhe um tapinha nas costas e explorar seu ponto fraco, até convencê-la e fazê-la cair na armadilha. Deduz-se que seja função do serviço de arte providenciar essas induções, dissimulações e subterfúgios.

Os ingênuos dos serviços de arte têm extrema habilidade para fazer gravuras e desenhos decorativos, e suas criações apresentam uma qualidade bastante elevada em termos de esboço e projeto. Entretanto, a aplicação de sua obra comete um equívoco meio estranho. Para alcançar um retumbante sucesso, o grande carnaval da Avenida Principal precisa do apoio deles, porém sua arte é deixada de fora, em uma viela secundária, exibindo com maestria seus malabarismos.

Em vista do excelente trabalho realizado por alguns departamentos de arte das gráficas, pode parecer que o comentário anterior tenha exagerado na dose. Contudo, essas pessoas ocupam uma posição-chave na questão toda da arte, da impressão e do gosto do público, e o que elas fazem de certo ou errado é essencial para o artista. Quase se pode dizer que o futuro da arte gráfica impressa repousa em suas mãos. Costumava-se afirmar que a ilustração era a "arte do povo", mas a "obra de arte" publicitária suplantou-a no gosto popular. Basta calcular: há muito mais gente que conhece Coles Phillips do que Raleigh ou George Wright. Embora esse discurso todo sobre a importância da arte para a indústria nacional não passe de demagogia, é imprescindível que os desenhistas de publicidade tenham consciência de sua influência e de sua posição privilegiada. Enquanto nossos concidadãos não aprenderem a identificar o objeto genuíno quando o veem, a arte não terá lugar na indústria. Os artistas publicitários são agora seus próprios professores. O design publicitário é a única forma de design gráfico que abriga todo mundo.

A conclusão é que os artistas publicitários não conseguem acertar o tom. O comportamento de uma arte subordinada aos negócios nunca é fácil. Esses artistas, por mais idôneos que sejam, sofrem uma pressão externa que, é quase certo, os tornará incapazes de servirem de intérpretes de padrões idôneos. É uma infelicidade que a tarefa de estabelecer estilos de impressão esteja em suas mãos, porque eles são obrigados, pelas condições de seu trabalho, a estabelecer estilos que ficam abaixo do melhor nível possível.

## ARTISTAS PUBLICITÁRIOS PODEM SER MELHORES

Sem dúvida eles podem melhorar seu desempenho. Têm a possibilidade de trabalhar, de maneira hábil, dentro dos limites definidos por sua situação desvantajosa. Podem, no mínimo, exercer certa pressão para tornar os impressos um instrumento de comunicação mais inteligente e preciso da mensagem comercial. Precisam reaprender as regras do jogo. Que deem ouvidos às palavras do profeta e se corrijam. Eles dispõem de um código de ética estabelecido pelos tipógrafos que alcançaram a perfeição:

Cultive a simplicidade. Admita estilos de letras simples e disposições simples.

Quanto ao layout, esqueça a arte no começo e use o bom-senso. O dever do designer que trabalha com impressão é fazer uma apresentação clara da mensagem – organizá-la da maneira mais favorável –, pôr em destaque as afirmações importantes e colocar os elementos secundários de tal modo que eles não sejam negligenciados. Isso pede exercício de bom-senso e talento para a análise mais do que para a arte.

Faça com que as ilustrações sejam coerentes com o processo de impressão. A tinta e o papel do impressor são uma convenção que representa a luz, a tonalidade e a cor. Respeite essa convenção.

Seja parcimonioso com os ornamentos, molduras e acessórios semelhantes. Não use um monte de adereços como se fossem flores em um funeral. Planeje os espaços em branco – na verdade, o papel faz "parte do quadro". Manipule os espaços vazios do papel que ficam ao redor e no meio das superfícies impressas, a fim de obter um padrão de espaços agradável.

Familiarize-se com os próprios contornos dos tipos. Eles representam as unidades a partir das quais a estrutura é feita – vigas e tijolos soltos. Escolha os que são adequados e atenha-se a eles.

É fácil formular regras. Mais difícil é aplicá-las. Na verdade, o novo tipo de impressão exige um novo tipo de design. A revolução no processo técnico é completa, tendo sobrado muito pouco dos antigos métodos. Os critérios para uma impressão de qualidade utilizados desde o início da profissão foram superados de uma hora para outra. O impressor dispõe hoje de um conjunto de processos novos – gravação em meio-tom, composição mecânica, quadricromia, offset e fotogravura de alta velocidade. A ideia que se fazia do que era design impresso de qualidade, tal como se manteve até a era das máquinas, tem muito pouca relação com os novos processos. A impressão de tinta sobre papel é algo inteiramente novo e diferente.

Em uma geração de impressores, a continuidade da tradição "falhou". Será que podemos desenvolver essa nova impressão com uma mente treinada segundo os critérios que guiaram Aldus, Bodoni ou DeVinne? Será que temos de lançar ao mar todas as coisas que considerávamos adequadas? Quanto do antigo padrão de qualidade é capaz de transpor o desfiladeiro, e como ele pode se relacionar com o novo estado de coisas? A composição manual está a ponto de se tornar tão obsoleta como o tear manual. A composição mecânica é uma realidade sem volta. Como executá-la bem de acordo com os critérios antigos? Ou será que devemos descartar esses critérios?

Não há dúvida de que todas essas perguntas serão respondidas. A forma correta será desenvolvida e dará origem a outro padrão. O que se deve enfatizar é que o novo padrão não pode ser simplesmente mecânico; ele também precisa ser estético. Os artistas têm de participar de sua concepção – não apenas os serviços de arte, mas também os artistas, do nível de Holbein e Tory.

## DICAS DE IMPRESSÃO MODERNA PARA OS ARTISTAS

Dicas de impressão moderna podem ser proveitosas para os artistas. Sua essência propõe um estilo mais leve e mais superficial do que aquele sugerido no momento – coisas que hoje parecem estar aqui e amanhã já se acabaram. Ainda assim, essas coisas podem representar um design e uma arte de qualidade. A borboleta é merecidamente admirada por sua bela aparência, embora se aceite que ela tenha sido programada para ter vida efêmera. A maneira como aplicamos desenhos decorativos cujo preparo parece ter consumido meses é de certo modo incompatível com o fato de que as coisas que eles enfeitam se destinam a durar apenas uma hora. Os livros dos clássicos que permanecem como referência são uma fonte enganosa de inspiração para estilos decorativos que devem atender a um propósito tão efêmero.

Os franceses captaram o espírito desse tipo de design. A absorção de seus métodos por nosso processo de criação de ilustrações virá bem a calhar, se formos capazes de entender o que eles pretendem. O desenho de acessórios para o novo tipo de impressão e o próprio layout de impressão precisam ser executados com maior nível de vibração do que aquele ao qual estamos acostumados. Poucos perceberam do que se trata. As páginas que os diretores de arte da *Vogue* e da *Vanity Fair* projetam são coerentes com as exigências da nova profissão.

O próprio fato de ser novo torna o problema estimulante. Há que traçar novos caminhos e refazer os esquemas. Por ora, todos os obstáculos foram derrubados e todas as normas, revogadas. Ao menos, é o que parece. No entanto, apesar da perfeição da revolução mecânica, os mandamentos da arte não deixaram de vigorar. Um design perfeito ainda é um design perfeito, mesmo que seja executado com um novo material. O propósito subjacente da impressão não mudou, tampouco mudou o problema fundamental do artista. Continua sendo desejável que os elementos sejam distribuídos de maneira ordenada e atraente, e as páginas impressas ainda são feitas para serem lidas. Nessas condições, o designer tentará fazer em prol da nova impressão o que se propôs fazer em prol da antiga. Seu êxito continuará dependendo da combinação adequada de bom-senso e gosto artístico.

*Publicado originalmente em* Boston Evening Transcript
*(29 de agosto de 1922).*

# 1923
# À FRENTE DE VINTE E CINCO SOLDADOS, EU CONQUISTEI O MUNDO
## Francis Meynell

FRANCIS MEYNELL *(1891-1975), proprietário na Inglaterra da Pelican Press e da Nonesuch Press, trabalhou em uma época em que a hegemonia da impressão e da tipografia tradicionais estava sendo ameaçada pelos vanguardistas de toda a Europa. A Pelican Press foi fundada para produzir, conforme escreveu Meynell, "a impressão comercial da mais alta qualidade possível" e tentou estabelecer uma ponte entre a estética tradicional e a contemporânea. Ela teve, por exemplo, influência significativa na moldagem da tipografia comercial contemporânea. Em 1923, a Pelican Press publicou* Typography, *um modelo de livro criado por Meynell que trazia, à guisa de introdução, "À frente de vinte e cinco soldados, eu conquistei o mundo". Em 1971, Meynell escreveu que esse é "o desabafo típico de um jovem que é um estranho para mim hoje". Não obstante, o texto não é apenas um tributo de um amante da tipografia a sua profissão, mas também um testemunho que revela a paixão que Meynell e sua geração tinham pela arte de criar e imprimir letras, durante um período de transição crítico na história do design. – SH*

A \* B \* C \* D \* E \* F \* G \* H
I \* J \* K \* L \* M \* N \* O \* P
Q \* R \* S \* T \* U
V \* W \* X
Y \* Z

  Essa declaração dramática tem origem obscura e (como dizem) certa idade – o que significa, agora e sempre, uma idade indefinida. Quem disse isso e quando? Será que foi um fanfarrão de alguma aldeia perdida, acometido por uma revelação súbita e maravilhosa do espírito dramático? Ou teria sido, realmente, um conquistador de mentes humanas?
  Deixemos que quem sabe ser indulgente nos diga. Deixemos que o local de nascimento de sua tia, as recordações de seu mestre-escola, as intrigas que lhe deram o primeiro empurrão na vida, sua postura diante da garrafa (à qual tinha o hábito de atribuir grande parcela de seu sucesso ou fracasso), seu gosto por charutos, ou punhos de espada, ou política, ou religião – deixemos que tudo permaneça ignorado e disperso. Pois, quem quer que tenha sido e por mais que tenha prosperado, ele não disse nem fez (estou seguro) nada mais que pudesse justificar a sublime arrogância da declaração "À frente de vinte e cinco soldados, eu conquistei o mundo". Qualquer coisa a mais da parte dele seria menosprezar tal afirmação, ou negá-la completamente, ou (pior de tudo) escarnecer dela – uma verdadeira profanação de seu momento de divindade.
  Uma única coisa será permitida. Você, que gosta da "evidência interna" – agradável lembrança do tempo da escola e de Skeat\* –, reflita sobre o número 25. Será que ele revela a data da frase? Em meados do século XVII, o *W* foi incorporado aos vinte e cinco; e o próprio vinte e cinco fora promovido de vinte e quatro apenas

---

\* William Skeat (1835-1912), filólogo e lexicógrafo inglês. (N. do T.)

uma década ou duas antes, com a introdução do *J*. Portanto, se quiserem atribuir uma data ao *César* de Shakespeare, estou disposto a concordar com 1640. Só negocio, entretanto, nas seguintes condições: que o façam agora e que, com isso, fiquem satisfeitos, deixando fechado o dicionário de frases, onde, indubitavelmente, o fato está indexado, datado, anotado, atribuído, analisado, historiado e desnudado, para a perplexidade de toda a nossa teoria.

À frente de vinte e cinco soldados... Embora não seja verdade individualmente, pelo menos em termos gerais é. Todas as alturas e profundidades e amplitudes das coisas tangíveis e naturais – paisagens, pores de sol, o cheiro do feno, o zumbido das abelhas, a beleza que pertence às pálpebras (e que é erroneamente atribuída aos olhos); todas as agitações e movimentos imensuráveis da mente humana, para os quais parece não haver limite; pensamentos e seres repulsivos, terríveis e misteriosos, assim como belos – todos eles estão cercados, limitados e ordenados em uma pequena miscelânea de letras. Vinte e seis símbolos! O equipamento completo de minha filha de seis anos – e de Shakespeare. Duas dúzias de rabiscos que, escolhidos e dispostos de determinada maneira, resultam no *Rei Lear* e nos sonetos! São comuns aos mais famosos e a nós. São a chave para a eternidade. São o trampolim para as estrelas. E nós os utilizamos, um para intercalar os infinitivos, outro para falsificar um cheque, outro para preencher um talão de apostas, outro para redigir um artigo composto apenas do número de palavras suficiente para atender ao pedido de escrever uma introdução como esta.

Faça uma pausa, caro leitor. Deixe para trás as bordas desse poço profundo de emoção e sinceridade. Para diminuir o espanto, pense no seguinte: da mesma forma que a literatura é contida por um grupo de símbolos, também a vida é controlada por outra sequência menor. Ouso declarar que, à frente de onze soldados – apenas onze –, eu poderia conquistar o universo. Você duvida? Antes de duvidar, porém, observe-os:

9876543210£

O resumo despretensioso da história dos formatos dos tipos, de seus usos e de sua tecnologia, apresentado a seguir, dirige-se ao comprador de material impresso (autor, comerciante, secretário de uma associação erudita ou agente publicitário) que seja ao mesmo tempo um entusiasta da profissão – alguém que ame as letras e a literatura com a mesma intensidade. Existe enorme quantidade de livros eruditos – e pedantes, o que é motivo de apreensão – voltados para o bibliófilo profissional; contudo, os menos especializados e de mente mais aberta podem julgar útil um método mais simples e familiar. Portanto, nas páginas que se seguem tentamos auxiliar o amador para que ele faça uma avaliação correta dos formatos dos tipos, procurando encaminhá-lo para o belo e o útil em vez do "curioso". Essa é a tarefa do impressor, e o fato de que seu material seja, inevitavelmente, um expositor de sua própria mercadoria, uma vitrine reluzente e sortida, em nada deve diminuir o mérito que ele possui, mesmo em uma época suscetível à publicidade; na verdade, deveria aumentá-lo. Pois, seja qual for a importância deste livro, ele é realista e representativo, revelando o que qualquer comprador de material impresso pode exigir desse serviço; além disso, procura demonstrar aquilo que, ao esquadrinhar as fontes valiosas do passado e incutir em velhos corpos o espírito vivo de nosso próprio tempo, uma imprensa comercial pode fazer para enriquecer a profissão.

*Publicado originalmente em* Typography *(Londres: The Pelican Press, 1923).*

# 1923
# A NOVA TIPOGRAFIA
## László Moholy-Nagy

O PERÍODO EM QUE LÁSZLÓ MOHOLY-NAGY *(1895-1946) passou como professor na Bauhaus, de 1923 a 1928, teve papel decisivo no desenvolvimento de suas ideias e de sua obra. Comunicador extremamente eficiente, autodidata, o artista húngaro de múltiplos talentos atuava em diversas disciplinas – pintura, design, cinema, fotografia –, tendo experimentado técnicas e materiais novos. "Staatliches Bauhaus in Weimar, 1919-1923", texto curto que Moholy-Nagy redigiu para o catálogo da exposição da Bauhaus, é um manifesto bastante citado que trata dos princípios fundamentais da Nova Tipografia. E ele não parou por aí; projetou para a imprensa da Bauhaus diversas publicações que incorporavam esses princípios. (Em 1925, após a mudança da escola de Weimar para Dessau, foi introduzida uma oficina de tipografia e design gráfico, cujo professor era Herbert Bayer.) Para Moholy-Nagy, o principal objetivo da Nova Tipografia era a clareza eficiente, expurgada da distração estética. A forma tipográfica deve ser definida pelas necessidades do conteúdo, e, para alcançar isso, a "elasticidade" da expressão tipográfica não era apenas possível, mas* de rigueur. *– RP*

A tipografia é um instrumento da comunicação. Ela deve representar a forma mais intensa de comunicação. Sua ênfase tem de estar na clareza absoluta, uma vez que isso distingue a natureza de nossa própria escrita daquela das antigas formas pictográficas. Nossa relação intelectual com o mundo é individual-exata (*e.g.*, essa relação individual-exata encontra-se em um estado de transição para uma orientação coletiva-exata). Isso contrasta com as antigas formas de comunicação individual-amorfa e, mais tarde, coletiva-amorfa. A prioridade, portanto: clareza inequívoca em todas as composições tipográficas. Legibilidade – a comunicação nunca deve ser prejudicada por uma estética *a priori*. Nunca se podem forçar as letras a entrar em uma estrutura preconcebida, como um quadrado.

A imagem impressa corresponde aos conteúdos baseados em leis ópticas e psicológicas específicas dela, que exigem uma forma característica. A essência e o propósito da impressão demandam o livre emprego de todas as direções lineares (portanto, não apenas da articulação horizontal). Utilizamos todos os estilos e tamanhos de tipos, formas geométricas, cores etc. Pretendemos criar uma nova linguagem para a tipografia cuja elasticidade, variabilidade e frescor de composição sejam ditados exclusivamente pela lei interna da expressão e do efeito óptico.

O aspecto mais importante da tipografia contemporânea é o uso das técnicas de zincografia, que é a produção mecânica de fotogravuras em todos os tamanhos. Aquilo que os egípcios iniciaram com seus hieróglifos imprecisos – cuja interpretação baseou-se na tradição e na imaginação pessoal – tornou-se, com a inclusão da fotografia na técnica tipográfica, o modelo mais preciso. Hoje dispomos de livros (a maioria científicos) com reproduções fotográficas precisas, mas estas são apenas explicações secundárias do texto. O avanço mais recente supera tal fase, com fotografias pequenas ou grandes sendo colocadas no texto em que anteriormente utilizávamos conceitos e expressões inexatos e interpretados individualmente. A objetividade da fotografia liberta o leitor receptivo das muletas que são as idiossincrasias pessoais do autor, obrigando-o a formar a própria opinião.

Pode-se prever com segurança que a utilização cada vez maior da fotografia no processo de documentação levará, em um futuro próximo, à substituição da escrita pelo filme. Os sinais dessa evolução já são visíveis no crescente aumento do uso do telefone, o que torna as cartas obsoletas. Dizer que a produção de filmes exige um aparato complexo e caro demais não é uma alegação convincente. A produção de um filme logo se tornará tão simples e acessível como é hoje a impressão de livros.

Uma transformação igualmente decisiva da imagem tipográfica ocorrerá na criação de pôsteres, assim que a fotografia substituir o pôster pintado. Para ser eficaz, o pôster precisa ter impacto imediato em todos os receptáculos psicológicos. Com a utilização hábil da câmera e de todas as técnicas fotográficas, como retoque, bloqueio, superposição, distorção, ampliação etc., combinada com a liberação da linha tipográfica, a eficácia dos pôsteres pode ser imensamente ampliada.

O pôster moderno conta com a fotografia, o novo dispositivo para narrar histórias de que dispõe a civilização, associada ao efeito impactante das novas tipologias e à impressão causada pelas cores brilhantes, dependendo da intensidade que se deseje dar à mensagem.

A Nova Tipografia é uma experiência simultânea de visão e comunicação.

*Publicado originalmente em "Staatliches Bauhaus in Weimar, 1919-1923" (Munique, 1923).*

# 1923
## TOPOGRAFIA DA TIPOGRAFIA
### *El Lissitzky*

O MANIFESTO DE EL LISSITZKY, PUBLICADO em Hanôver na revista Merz, de Kurt Schwitter, é o toque de clarim da fase visionária da Nova Tipografia. Sua retórica compacta promete varrer para longe todas as convenções estabelecidas pela indústria editorial e anunciar uma nova era. Com sua imagem culminante da "eletrobiblioteca", Lissitzky (1890-1941) antevê os labirintos hipertextuais que acabariam sendo gerados pelas tecnologias digitais. Embora sua demanda por novos autores capazes de atender às necessidades visuais dinâmicas do livro reinventado tenha sido repetida inúmeras vezes, ela ainda carece de uma compreensão ampla ou de uma realização regular nas prolíficas áreas do texto e da imagem. – RP

1. Na superfície escrita, as palavras são percebidas pelo olhar, não pela audição.
2. Os significados são transmitidos pela convenção das palavras; o significado ganha forma pelas letras.
3. Economia de expressão: óptica, não fonética.
4. O design do espaço-livro, definido de acordo com os limites da mecânica da impressão, deve corresponder às tensões e às pressões do conteúdo.
5. O design do espaço-livro empregando conjuntos que envolvem métodos fotomecânicos ou de fotogravura resultantes da óptica moderna. A realidade sobrenatural do olhar perfeito.
6. A sequência contínua de páginas: o livro bioscópico.
7. O novo livro exige o novo escritor. O tinteiro e a pena estão mortos.
8. A superfície impressa transcende o espaço e o tempo. É preciso superar a superfície impressa e a infinidade de livros.

A ELETROBIBLIOTECA

*Publicado originalmente em Merz, n. 4 (Hanôver, julho de 1923).*

# 1925
# TIPOFOTO
## László Moholy-Nagy

NA BAUHAUS, LÁSZLÓ MOHOLY-NAGY *(1895-1946) editou a série* Bauhausbücher, *em catorze volumes, juntamente com o diretor Walter Gropius, e* Malerei, Photographie, Film *(Pintura, fotografia, filme), de sua autoria, o oitavo volume, foi publicado em 1925. Criado por Moholy-Nagy, o conceito de "tipofoto" – a integração perfeita, por meio de recursos técnicos, da tipografia e da imagem fotográfica –, que teve enorme influência, é preceito fundamental do design gráfico modernista e pedra angular da disciplina tal como ela evoluiu posteriormente. Entremeando seu texto com grandes borrões, negrito para enfatizar e setas grosseiras, Moholy-Nagy prevê a chegada de uma "nova literatura visual" na qual a fotografia será usada, como acontece no design de seu próprio livro, como material "tipográfico" situado ao lado, e em lugar, das palavras. A previsão de que as técnicas não lineares da revista vendida em banca poderiam ser empregadas em obras filosóficas sugere que ele tinha algo mais complexo em mente do que o simples livro ilustrado. – RP*

Não somente curiosidade ou considerações de natureza econômica, mas um profundo interesse humano por aquilo que acontece no mundo foi o que provocou a enorme expansão dos serviços noticiosos: a tipografia, o cinema e o rádio.

O trabalho criativo do artista, as experiências do cientista, os cálculos do homem de negócios ou do político contemporâneo, tudo isso move, configura e mantém uma relação estreita com o conjunto de eventos interagentes. A ação imediata que o indivíduo executa em determinado momento sempre produz um efeito de simultaneidade no longo prazo. O técnico tem sua máquina à mão: satisfação das necessidades do momento. Mas, basicamente, muito mais: ele é o pioneiro da nova estratificação social, abre caminho para o futuro.

Por exemplo, o trabalho do impressor, ao qual ainda damos tão pouca atenção, tem exatamente esse efeito de longo prazo: a compreensão entre as nações e suas consequências.

O trabalho do impressor é parte dos alicerces sobre os quais se construirá o *novo mundo*. O trabalho concentrado de organização é o resultado espiritual que faz uma síntese de todos os elementos da criatividade humana: o impulso natural à brincadeira, à compaixão, às invenções, às necessidades econômicas. Um homem inventa a impressão com tipos móveis; outro, a fotografia; um terceiro, a impressão por tela e a estereotipia; aquele outro, a galvanotipia, a fototipia, a chapa de celuloide solidificada pela luz. Os seres humanos ainda matam uns aos outros, ainda não compreenderam como e por que vivem; os políticos não conseguem perceber que a Terra é uma entidade, e, no entanto, a televisão (Telehor) foi inventada: o "Observador Distante" – amanhã seremos capazes de olhar dentro do coração das outras pessoas, de estar em toda parte e, no entanto, de estar sós; livros ilustrados, jornais e revistas são impressos, aos milhões. O real em toda a sua clareza, a fidelidade nas situações cotidianas estão aí para todas as classes. **A higiene do óptico e a saúde do visível estão sendo filtradas lentamente.**

- O que é tipofoto?

Tipografia é comunicação composta em tipo. Fotografia é a percepção visual daquilo que pode ser apreendido opticamente.

**Tipofoto é a versão visualmente mais exata da comunicação.**

- Toda época tem seu próprio foco óptico. Nossa era: a do filme; o signo elétrico, simultaneidade de acontecimentos perceptíveis sensorialmente. Ela também nos deu uma base criativa nova para a fotografia, que foi ampliada aos poucos. A tipografia de Gutenberg, que durou quase até os dias de hoje, move-se exclusivamente na dimensão linear. A intervenção do processo fotográfico deu-lhe novo dimensionamento, hoje reconhecido como total. Nesse campo, o trabalho preliminar foi realizado pelos jornais ilustrados, pelos pôsteres e pelos impressos publicitários.

Até pouco tempo, o tipo e a composição preservavam, com rigor, uma técnica que, reconhecidamente, garantia a pureza do efeito linear, mas ignorava as novas dimensões da vida. Só bem recentemente é que têm surgido projetos de tipografia que utilizam os contrastes dos materiais tipográficos (letras, signos, valores positivos e negativos do plano), na tentativa de estabelecer uma correspondência com a vida moderna. Esses esforços, entretanto, pouco têm feito para reduzir a falta de flexibilidade até agora existente no processo tipográfico. Só será possível alcançar um relaxamento efetivo se forem empregadas, de modo mais radical e abrangente, as técnicas da fotografia, zincografia, galvanotipia etc. A flexibilidade e a elasticidade dessas técnicas trazem consigo uma nova reciprocidade entre economia e beleza. Com o desenvolvimento da **fototelegrafia**, que permite fazer reproduções e ilustrações precisas instantaneamente, é provável que até mesmo as obras filosóficas venham a utilizar os mesmos recursos – embora em um nível superior – que as revistas norte-americanas da atualidade. É claro que a forma dessas novas obras tipográficas será bem diferente tipográfica, óptica e sinopticamente da fotografia linear de hoje.

A tipografia linear que transmite ideias nada mais é que um elo provisório entre o conteúdo da mensagem e a pessoa que a recebe:

MENSAGEM ← TIPOGRAFIA → PESSOA

Em vez de utilizar a tipografia – como até aqui – simplesmente como recurso objetivo, tenta-se agora incorporá-la criativamente, com os efeitos potenciais de sua existência subjetiva, aos conteúdos.

Os próprios materiais tipográficos contêm poderosas tangibilidades ópticas por meio das quais eles conseguem reproduzir o conteúdo da mensagem de modo diretamente visível – e não apenas indiretamente intelectual. Quando utilizada como material tipográfico, a fotografia é muito eficaz. Pode aparecer como ilustração ao lado das palavras ou como "**fototexto**" no lugar das palavras, uma forma precisa de representação tão objetiva que não permite nenhuma interpretação pessoal. A forma e a reprodução são elaboradas com base nas relações ópticas e associativas: dentro de uma continuidade visual, associativa, conceitual e sintética; dentro do tipofoto como uma reprodução inequívoca em uma forma *opticamente* válida.

O tipofoto determina o novo ritmo da moderna literatura visual.

•

No futuro, toda impressora possuirá a própria máquina de produzir blocos tipográficos, e pode-se afirmar sem medo de errar que o futuro dos métodos tipográficos reside nos sistemas fotomecânicos. A invenção da máquina de fotocomposição, a possibilidade de imprimir edições inteiras pela radiografia de raios X, as novas tecnologias baratas de produção de blocos etc. indicam a tendência à qual todo tipógrafo ou tipofotógrafo deve se adaptar assim que possível.

•

Esse modo de comunicação sinóptica moderna pode ser amplamente seguido em outro nível por meio do processo cinético: o filme.

*Publicado originalmente em* Malerei, Photographie, Film *(Munique: Albert Langen Verlag, 1925).*

# 1926
## NOSSO LIVRO
### El Lissitzky

COMO JAN TSCHICHOLD PRONTAMENTE *reconheceu em seu influente livro* Die neue Typographie, *publicado em 1928, El Lissitzky (1890-1941) foi um dos eminentes colaboradores da teoria da Nova Tipografia. Dotado de um vigor extraordinário, o artista russo viajou para Berlim em 1921 e, por meio de seus trabalhos com fotomontagem, impressão, design gráfico e pintura, começou a desempenhar papel fundamental na introdução das ideias construtivistas e suprematistas na arte e no design da Europa Ocidental. Lissitzky visitou a Bauhaus, escreveu artigos, apresentou conferências, colaborou em uma edição dupla da revista* Merz, *de Kurt Schwitters (na qual seu artigo "Topografia da tipografia" fora anteriormente publicado), e criou o periódico trilíngue* Veshch *(Objeto) para o governo soviético – com Ilya Ehrenburg como editor –, até que voltou a Moscou em 1925 para lecionar na Vhkutemas, a Bauhaus russa. Publicado no ano seguinte, "Nosso livro" retoma os temas do manifesto que Lissitzky publicara na* Merz. *Ele antecipa corretamente os efeitos libertadores dos processos fotomecânicos e debate-se com a questão de qual seria o futuro do livro contemporâneo. Sugere que, se a época é caracterizada pela desmaterialização, então a forma tradicional do livro (capa, lombada, páginas numeradas sequencialmente) deve ser destruída, dando lugar a uma nova configuração capaz de expressar a "evolução lírica e épica" do período. – RP*

Toda invenção na arte é um evento único no tempo, não tem evolução. Com o passar do tempo, diferentes variações do mesmo tema constituem-se ao redor da invenção, às vezes mais estimulantes, às vezes mais insípidas; raramente, porém, consegue-se obter a força original. Desse modo, a obra de arte segue em frente até que, depois de ter sido executada por um longo período, sua execução torna-se tão automático-mecânica que a mente deixa de reagir ao tema esgotado; é chegado o momento propício, então, de uma nova invenção. Não obstante, como o assim chamado aspecto técnico é inseparável do assim chamado aspecto artístico, não desejamos descartar, de maneira inconsequente e com um punhado de frases feitas, associações de ideias que nos são caras. Seja como for, Gutenberg, o inventor do sistema de impressão com tipos móveis, imprimiu alguns livros com esse método, e eles continuam sendo uma das maiores realizações na arte de fazer livros. Passaram-se então alguns séculos sem que tivéssemos nenhuma invenção fundamental em nosso campo (até a invenção da fotografia). O que descobrimos, mais ou menos, na arte da impressão são variações magistrais acompanhadas pelo aperfeiçoamento técnico na produção das ferramentas. O mesmo aconteceu com outra invenção na esfera visual – a fotografia. No momento em que pararmos de assumir ares de importância, teremos de admitir que os primeiros daguerreótipos não eram objetos primitivos e rústicos, e sim as mais importantes realizações na área da arte fotográfica. É uma atitude míope acreditar que a máquina, exclusivamente – ou seja, a superação dos processos manuais pelos mecânicos –, seja essencial para mudar a aparência e a forma das coisas. Em primeiro lugar, é o consumidor que, por meio de suas exigências, determina a mudança; refiro-me ao estrato da sociedade que fornece a "autorização". Atualmente ele não representa um círculo estreito, uma fina camada superior, mas

"Todos", as massas. Embora a ideia que move as massas hoje seja chamada de materialismo, o que caracteriza com precisão o tempo presente é a desmaterialização. Um exemplo: a correspondência cresce, o número de cartas aumenta, o volume de papel escrito e de material gasto explode, aí vêm as ligações telefônicas e aliviam a pressão. A rede de comunicações, então, cresce mais e o volume das mensagens aumenta, e o rádio vem aliviar o peso. O volume de material utilizado está diminuindo, estamos desmaterializando, quantidades incômodas de material estão sendo suplantadas pelas energias liberadas. Essa é a marca de nosso tempo. Que tipo de conclusões podemos tirar dessas observações, no que diz respeito a nossa área de atividade?

Proponho as seguintes analogias:

| INVENÇÕES NO CAMPO DO PENSAMENTO-COMUNICAÇÃO | INVENÇÕES NO CAMPO DA COMUNICAÇÃO GERAL |
|---|---|
| Discurso articulado | Andar ereto |
| Escrita | Roda |
| Processo de impressão de Gutenberg | Veículo de tração animal |
| ? | Automóvel |
| ? | Aeroplano |

Apresento essas analogias para demonstrar que, na medida em que o livro é inevitavelmente um objeto portátil, isto é, ainda não suplantado pelas gravações de som nem pelas imagens sonoras, temos de esperar, a cada dia, que surjam invenções fundamentais no campo da produção de livros, de modo que também aqui possamos alcançar o padrão da época.

Os atuais indícios são de que podemos esperar que essa invenção venha de sua vizinha colotipia. Esse processo envolve uma máquina que transfere o texto impresso para um filme e uma impressora que copia o negativo em um papel sensível. Dessa maneira, o enorme peso dos tipos e do reservatório de tinta desaparece; portanto, temos aqui novamente a desmaterialização. O aspecto mais importante é que o modo de produzir as palavras e as ilustrações está sujeito ao mesmo processo – à colotipia e à fotografia. Não existe, até o momento, nenhum tipo de representação que seja tão compreensível a todos como a fotografia. Estamos diante, assim, de uma forma de livro em que a representação é fundamental e o alfabeto, secundário.

Conhecemos dois tipos de escrita: um símbolo para cada ideia = ideograma (na China de hoje) e um símbolo para cada som = letra. O progresso da letra em relação ao ideograma é relativo. O ideograma é internacional: isso quer dizer que, se um russo, um alemão ou um norte-americano imprimirem os símbolos (imagens) das ideias em sua memória, eles serão capazes de ler chinês ou em hieróglifos (silenciosamente) sem adquirir o conhecimento da língua, pois a língua, assim como a escrita, é um padrão em si mesma. Essa é uma vantagem que o livro de letras perdeu. Acredito, portanto, que a próxima forma do livro será plástico-representativa. Podemos dizer que

(1) o livro de ideogramas é internacional (ao menos potencialmente),
(2) o livro de letras é nacional e
(3) o livro do futuro será anacional: para entendê-lo, será preciso pelo menos estudar.

Temos hoje duas dimensões para a palavra. Como som, ela é uma aplicação de tempo; como representação, é uma aplicação de espaço. O livro do futuro deverá representar ambas. Dessa forma, o automatismo do livro atual será superado, pois uma ideia de vida que aconteceu automaticamente não é mais concebível para nossa mente, e somos deixados asfixiados no vácuo. A tarefa vigorosa que a arte deve realizar é transmudar o vazio em espaço, isto é, em algo que nossa mente seja capaz de compreender como unidade organizada.

Com as mudanças na linguagem, na construção e no estilo, o aspecto visual do livro também muda. Antes da guerra, a produção impressa de todos os países europeus era bastante parecida. Como nos Estados Unidos existia uma moderna mentalidade otimista, preocupada com o dia a dia e concentrada nas impressões imediatas, isso passou a gerar uma nova forma de impresso. Foi lá que se começou a mudar a ênfase e a fazer com que a palavra fosse a ilustração da imagem, e não o contrário, como na Europa. Além do mais, a técnica altamente desenvolvida do bloco fotomecânico deu uma contribuição especial, e a fotomontagem foi, então, inventada.

A Europa do pós-guerra, cética e confusa, está desenvolvendo uma linguagem de gritos e urros; todo mundo tem de se virar e dar conta de tudo. Palavras como "atração" e "truque" estão se tornando os lemas do momento. A aparência do livro é caracterizada por: (1) quadro de tipos fragmentado, (2) fotomontagem e montagem tipográfica.

Todos esses fatos são como um avião. Antes da guerra e de nossa revolução, ele estava nos conduzindo pela pista até o ponto de decolagem. Agora, estamos sendo levados pelo ar, e, quanto ao futuro, nossa fé está no aeroplano – ou seja, nesses fatos.

A ideia do livro "simultâneo" também teve origem no período anterior à guerra e se materializou, depois, em um modelo. Refiro-me a um poema de Blaise Cendrars, planejado tipograficamente por Sonia Delaunay-Terk, que foi reproduzido em uma tira flexível de 1,50 metro de comprimento; portanto, foi uma experiência com uma nova forma de livro de poesia. Os versos do poema estão impressos em cores, de acordo com o conteúdo, de modo que eles passam de uma cor a outra conforme muda o significado.

Na Inglaterra, durante a guerra, o Grupo Vortex publicou sua obra BLAST, com uma extensa e rudimentar introdução composta quase exclusivamente em letras sem serifa; hoje essa se tornou a característica de todo material impresso internacional moderno. Na Alemanha, o prospecto para o pequeno portfólio de Grosz, *Neue Jugend*, produzido em 1917, é um documento importante da Nova Tipografia.

Aqui na Rússia, o novo movimento começou em 1908, e desde o primeiro dia uniu pintores e poetas; praticamente não surgiu nenhum livro de poesia que não contasse com a colaboração de um pintor. Os poemas eram escritos e ilustrados com lápis litográfico ou xilogravados. Os próprios poetas compunham todas as páginas. Entre aqueles que trabalhavam dessa forma estavam Khlebnikov, Kruchenykh, Maiakovski, Asseyev, com os pintores Rozanova, Goncharova, Malevich, Popova, Burlyuk etc. Os exemplares não eram numerados e luxuosos; eram livros baratos, não encadernados e em brochura, os quais, apesar de sua delicadeza, devem ser considerados hoje arte popular.

Durante o período da Revolução, uma energia latente acumulou-se em nossa jovem geração de artistas, que simplesmente esperava o generoso mandato do povo para liberá-la e utilizá-la. Foram as grandes massas, as massas semiletradas, que se tornaram o público. A Revolução realizou, em nosso país, uma imensa tarefa educativa e propagandística. O livro tradicional teve suas páginas desmembradas, foi aumentado cem vezes, colorido para ganhar maior intensidade e trazido para a rua como um pôster. Diferentemente do pôster norte-americano, criado para pessoas que o veriam de relance ao passar rapidamente de automóvel, o nosso foi destinado às pessoas que ficavam bem perto dele, que o liam do começo ao fim e que o compreendiam. Se reproduzíssemos hoje uma série de pôsteres no tamanho de um livro manuseável, organizando-os de acordo com o tema e encadernando-os, o resultado poderia ser o mais original dos livros. Como era preciso ser rápido e havia grande dificuldade para imprimir, na maioria das vezes a obra de melhor qualidade era feita à mão; ela era padronizada, com texto sucinto, e extremamente adaptada aos métodos mais simples de reprodução. As leis do país eram impressas como os livros ilustrados flexíveis, e as ordens do Exército, como os folhetos em brochura.

No final da Guerra Civil (1920), foi-nos dada a oportunidade, empregando recursos mecânicos rudimentares, de realizar pessoalmente nossos objetivos no campo do novo design de livros. Produzimos em Vitebsk cinco exemplares de uma obra cujo título era *Unovis*, utilizando máquina de escrever, litografia, água-forte e gravura em chapa de linóleo. Nela eu escrevi: "A Bíblia de Gutenberg foi impressa apenas com letras; porém a Bíblia de nosso tempo não pode ser meramente apresentada só com letras. O livro descobre seu canal até o cérebro através do olho, não através do ouvido; nesse canal, as ondas são impelidas a uma velocidade e a uma pressão muito maiores do que no canal acústico. Só podemos nos comunicar pela boca, mas os recursos de expressão do livro assumem muitas outras formas."

Por volta de 1922, com o início do período de reconstrução, a produção de livros também aumenta rapidamente. Nossos melhores artistas ocupam-se do problema do design do livro. No começo de 1922, publicamos, com o poeta Ilya Ehrenburg, o periódico *Veshch* (Objeto), impresso em Berlim. Graças ao alto padrão da tecnologia alemã, conseguimos concretizar alguns de nossos conceitos de livro. O mesmo acontece com o livro ilustrado *Of Two Squares*, finalizado em nossa fase criativa de 1920, e com uma obra de Maiakovski na qual a própria forma do livro, ao conservar seu propósito específico, apresenta uma configuração funcional. Nesse período, nossos artistas também obtêm facilidades técnicas para impressão. A Editora do Estado e outros estabelecimentos de impressão publicam livros que são vistos e apreciados em diversas exposições internacionais na Europa. Os camaradas Popova, Rodchenko, Klutsis, Syenkin, Stepanova e Gan dedicam-se ao livro. Alguns deles trabalham na própria impressora, ao lado do tipógrafo e da máquina (Gan e outros). O grau de respeito pela atual arte da impressão, que se adquire agindo assim, é demonstrado pelo fato de que todos os nomes dos tipógrafos e colaboradores de qualquer livro específico estão registrados nele, em uma página especial. Assim, acaba surgindo em torno das impressoras um número seleto de operários que cultivam uma relação bastante consciente com sua arte.

A maioria dos artistas efetua montagens, isto é, com as fotografias e as legendas que fazem parte delas eles compõem páginas inteiras, que são então reproduzidas fotograficamente para impressão. Desse modo, desenvolve-se ali uma técnica despretensiosamente eficaz, que parece ser muito fácil de executar e que, por esse motivo, pode logo se transformar em uma rotina tediosa, mas que, em mãos eficientes, acaba sendo o método mais bem-sucedido de realizar a poesia visual.

Dissemos, bem no início, que a força expressiva de toda invenção artística é um fenômeno isolado e não tem evolução. A invenção da pintura de cavalete produziu importantes obras de arte, porém sua eficácia se perdeu. O cinema e as revistas semanais ilustradas triunfaram, e nos regozijamos com a nova mídia que a tecnologia pôs a nosso alcance. Sabemos que, com o contato íntimo com os acontecimentos de todo o mundo e a atualização com relação ao avanço do desenvolvimento social, com o estímulo constante de nosso nervo óptico, com o domínio da matéria criadora, com a construção do plano e do espaço, com a força que mantém a inventividade em ebulição, com todos esses novos recursos, deveremos dar, finalmente, uma nova eficácia ao livro como obra de arte.

No entanto, neste tempo e nesta era ainda não temos um novo modelo para o livro como um corpo; ele continua sendo uma capa com uma sobrecapa, uma lombada e as páginas 1, 2, 3... Também no teatro, a situação ainda é a mesma. Até agora, em nosso país, mesmo as novíssimas produções teatrais têm sido apresentadas no estilo de teatro estruturado como um quadro, com o público acomodado nas poltronas, nos camarotes e nos balcões, todos de frente para a cortina. Não obstante, o palco ficou livre do cenário pintado; o palco pintado em perspectiva foi abolido. Na mesma estrutura de quadro nasceu um novo espaço físico tridimensional que favorece o desenvolvimento máximo da quarta dimensão, o movimento vivo. Esse teatro recém-nascido explode o velho teatro-edifício. Talvez a nova obra que está no interior do livro ainda não tenha atingido o estágio de explodir a forma tradicional do livro, mas deveríamos ter aprendido, nesse ínterim, a identificar a tendência.

Apesar das crises por que está passando a produção de livros, comum a outros setores produtivos, a geleira-livro está crescendo ano após ano. O livro está se tornando a mais monumental obra de arte: ele deixou de ser algo que é acariciado apenas pelas mãos delicadas de uns poucos bibliófilos; em vez disso, ele está sendo agarrado por centenas de milhares de indivíduos pobres. Isso também explica o predomínio, em nossa fase de transição, da revista semanal ilustrada. Além do mais, surgiu em nosso país uma torrente de livros ilustrados infantis que veio aumentar a enxurrada de periódicos ilustrados. Por meio da leitura, nossas crianças já estão adquirindo uma nova linguagem plástica; elas estão crescendo com uma relação diferente com o mundo e o espaço, com a forma e a cor, e certamente também criarão outro livro. Nós, no entanto, ficaremos satisfeitos se a evolução lírica e poética de nossos tempos tomar forma em nosso livro.

*Condensado de* Gutenberg-Jahrbuch *(Mainz, 1926-1927).*

# 1927
# O QUE É A NOVA TIPOGRAFIA?
*Walter Dexel*

WALTER DEXEL *(1890-1973), pintor construtivista e designer publicitário, organizou exposições de pintura para artistas expressionistas de movimentos estéticos e políticos – Die Brücke, Der Blaue Reiter e Der Sturm –, bem como para os mestres da Bauhaus Vassily Kandinsky e Paul Klee. Não obstante, ele é uma figura marginalizada dentro do grupo de designers que praticam a Nova Tipografia, a ponto de não ter sido incluído na obra* Elementare Typographie, *de Jan Tschichold (a omissão, no entanto, foi retificada mais tarde em* Die neue Typographie*). Em 1925, foi convidado para transferir-se para Frankfurt, à época um centro profissional progressista, como consultor publicitário. Durante sua estada na cidade, Dexel publicou este texto sobre a aplicação da tipografia moderna em um jornal diário de Frankfurt. Assim como os outros manifestos progressistas conhecidos, o artigo representou tanto uma argumentação prática e filosófica em defesa da correção dos novos métodos como uma declaração de superioridade. Sua publicação estimulou os diretores da Kunstgewerbeschule (Escola de Artes e Ofícios) de Magdeburg a indicar Dexel, em 1928, para o cargo de diretor do programa de arte comercial, onde ele permaneceu durante uma década, até que os nazistas, rotulando-o de "artista decadente", o demitiram. – SH*

A meta da Nova Tipografia é uma apresentação objetiva e impessoal, livre da individualidade. Em minha opinião, nem a imitação da caligrafia, nem o uso de formas tipográficas raras e singulares, nem o alfabeto ao qual vários de nossos artistas mais modernos atribuem tão grande importância, nem o novo e aperfeiçoado tipo cursivo usado apenas em minúsculas satisfazem essa exigência. Nossa única obrigação é sermos objetivos e previsíveis.

Nosso objetivo máximo é a legibilidade, e o melhor tipo que pudermos escolher será aquele que todos possam decifrar rapidamente. Se escrever apenas com letras minúsculas tornar-se prática comum, então deveremos adotá-la, porque perceberemos sua economia. Não obstante, na medida em que exigirem um esforço especial do leitor médio, elas deixarão de ser o melhor instrumento de comunicação possível para nós.

Nossas habilidades, nosso gosto ou nosso talento artístico têm pouco interesse para o público. Hoje, a ciência e a arte são analisadas com exagerada frequência. Quando nossa mensagem diz que café faz bem, ou que Elizabeth Bergner se apresentará amanhã no teatro, ou que tal ou qual cigarro custa cinquenta centavos, a arte não está em questão.

Quando uma notícia é transmitida pelo rádio, não exigimos que o locutor nos dê seu aval pessoal sobre ela, nem que ele trema a voz de certa maneira ao citar Elizabeth Bergner e de outra ao elogiar Manoli. Caso isso ocorresse, chegaríamos mesmo a desaprovar bastante esse comportamento e pediríamos ao cavalheiro: "Por favor, senhor, fale com clareza e rapidez!".

Em minha opinião, o mesmo se aplica à comunicação gráfica. A mensagem tem de ser clara, objetiva e bem curta. Uma enxurrada de palavras e o uso exagerado da arte tomaram conta do campo da tipografia e da publicidade, sufocando a tal ponto esses assuntos basicamente simples e evidentes que precisamos retomar, por meio de um esforço árduo e gradativo, nossa capacidade de expressar algo de maneira precisa. Só aqueles que estão profundamente envolvidos com essas questões sabem como é difícil limitar-se às necessidades.

À parte seu conteúdo, a tipografia bem idealizada transmite uma impressão agradável de equilíbrio e harmonia que, embora possa não ser o propósito da arte, revela habilidade e um trabalho de alta qualidade. Nossos recursos só parecem ser limitados; nossa incapacidade de discriminar é culpa da má educação. Temos sido bombardeados por armas pesadas por um tempo demasiado longo. Na verdade, cada tarefa exige uma solução específica. Dificilmente se podem dar receitas, e devemos nos precaver contra todos os dogmas, mesmo os factualmente corretos, como este:

"lemos
    da parte superior esquerda
        para a parte inferior direita
            e nosso design deve ser feito
                de acordo com isso".

Não é de modo algum fundamental que uma mensagem impressa seja lida em sequência da primeira à última palavra. No anúncio de uma sociedade artística, o leitor deve saber primeiro quem está expondo. Então, caso não se interesse pelo artista, não precisa ler o restante do anúncio.

Os anúncios do Jenaer Kunstverein aqui reproduzidos atendem a uma dupla finalidade: primeiro, eles são enviados às casas dos membros da sociedade; depois, são convertidos em pôsteres a serem expostos em universidades, salões de leitura, armazéns, vitrines de lojas etc., acrescentando-se a eles uma tira colorida colada em uma cartolina de cor diferente. Caso não fosse essencial que eles pudessem ser lidos com clareza a distância, poder-se-ia desaprovar as letras pesadas sem serifa, que não são particularmente adequadas para um cartão-postal.

Como o bloco de texto já se tornou um símbolo que os iniciados reconhecem sem ler, ele só incomoda o neófito. Portanto, além do nome do artista, são mantidas apenas as datas e a informação de que serão expostas aquarelas, desenhos, pinturas etc. Embora a organização dos blocos individuais possa ser necessária, o projeto não precisa ser monótono nem estereotipado. Sempre se pode destacar a informação mais importante, deixando o maior espaço possível ao redor dela ou enfatizando linhas específicas.

Geralmente, entende-se hoje por meios de comunicação modernos os tipos (na maioria das vezes sem serifa em toda a espessura e em todos os ângulos: Antiqua Medieval, Egípcio e alguns outros cursivos claros), fios, pontos, quadrados e setas disponíveis na caixa de tipos do impressor e, acima de tudo, os espaços vazios circundantes, que consideramos um elemento ativo na obtenção de contrastes.

Tenho me afastado cada vez mais, ao longo dos anos, do uso de fios e quadrados. Eles só se justificam em poucos casos. Em regra, uma distribuição adequada de espaço e uma grande variedade de tamanhos de tipos são suficientes. Não há dúvida de que hoje se abusa das linhas, que são dispostas em diversos ângulos: setas, quadrados e fios. Isso serve de muleta, representando "gestos modernos" que devem ser rejeitados por impedirem a legibilidade. Utilizadas de maneira simplesmente decorativa, como acontece com muita frequência, essas formas não são melhores do que as molduras decorativas e as vinhetas que encontramos no final de um folheto do grupo coral de uma cidadezinha. Se no centro da parte de baixo do folheto o passarinho deu lugar ao quadrado, não houve nenhum ganho, nenhum mesmo.

O "uso descontrolado das linhas em todas as direções" cai na mesma categoria.

Trata-se de coisas infantis que já deveriam ter sido descartadas. Se necessário, palavras comuns e familiares como "hotel" ou "bar" podem ser colocadas uma embaixo da outra, mas somente aquelas que já identificamos lendo apenas uma ou duas letras. Quando não há limitação de espaço, devemos encontrar outras soluções. Elas sempre são possíveis, só que costuma ser enfadonho procurar por elas.

Às vezes, a fim de enfatizar o layout geral ou aclarar e definir o texto, fios ou linhas grossas podem ser inevitáveis. Nesse caso, eles são justificáveis e necessários. Por exemplo, no cartaz de *Der Sturm*, existe grande quantidade de nomes difíceis de conciliar, tornando-se necessário, por conseguinte, planejar a composição. Isso foi determinado, evidentemente, pela letra maiúscula *S* da palavra "*Sturm*", que aparece no centro do cartaz no maior tamanho possível. Entretanto, isso também pode ser considerado uma bobagem que não se deve repetir com muita frequência.

Para todos os projetos que têm de satisfazer outras funções além da comunicação – como capas de livros, títulos de revistas, papéis timbrados, pôsteres etc. –, as regras, claro, são outras. A comunicação feita apenas pelas letras é um campo restrito e especializado.

As representações pictóricas dos objetos são, em muitos casos, bastante pertinentes. Todas as técnicas fotográficas e as reproduções mecânicas das ilustrações são adequadas, porque nos informam de maneira rápida e, ao mesmo tempo, bem detalhada. No futuro, elas serão frequentemente preferidas às palavras isoladas.

*Publicado originalmente no* Frankfurter Zeitung *(5 de fevereiro de 1927).*

# 1927
# EU SOU O TIPO
## Frederic W. Goudy

EM 1933, UMA REVISTA NOVA-IORQUINA *traçou um perfil de Frederic W. Goudy (1865- -1947), descrevendo-o como o "enaltecedor do alfabeto". Ele próprio projetou 124 tipos e redigiu numerosos artigos, panfletos e livros, entre eles* The Alphabet *(1908),* Elements of Lettering *(1921) e* Typologia *(1940). Além disso, fundou duas revistas para divulgar suas opiniões estéticas:* Typographica: A Pamphlet Devoted to Typography and Letter Design *e* Ars Typographica. *Embora essas publicações autopromocionais fossem utilizadas para convencer os impressores a adquirir seus tipos, elas acabaram se tornando também um recurso para o ensino e para a crítica. De 1903 a 1939, Goudy foi proprietário da Village Press, em Marlborough, Nova York, onde compôs manualmente e imprimiu muitos de seus livros e álbuns de lembranças. Um de seus folhetos, "I Am Type" [Eu sou o tipo], também intitulado "The Type Speaks" [Com a palavra, o tipo], utiliza uma retórica de pregador, com ironia cortante, para demonstrar sua identificação com as letras e serve para ilustrar a predominância do tipo na hierarquia da impressão e do design de seu tempo. Alguns anos depois, como presente de Natal, Goudy publicou uma continuação cômica intitulada "I Am Tight" [Eu estou apertado]. Mesmo que frequentemente bem-humorados, os ensaios de Goudy incomodavam profundamente seus colegas. Embora ele desejasse que os designers de tipo seguissem seus critérios, seus ensaios sempre levantavam questões, em vez de impor regras. – SH*

EU SOU O TIPO! De meus antepassados mais antigos não restou nem história nem recordações. Meus precursores foram os símbolos cuneiformes que os construtores babilônicos imprimiram em argila maleável em um passado indefinível. Partindo deles, passando pelos hieróglifos dos antigos egípcios e pelas inscrições lapidares dos primeiros romanos, até chegar às letras graciosas feitas pelos escribas do Renascimento italiano, eu estava em formação. Johann Gutenberg foi o primeiro a me fundir em metal. De uma ideia casual que redundou em um devaneio insensato – o mais admirável dos sonhos – nasceu a arte engenhosa da impressão com tipos móveis.

Frio, rígido, implacável eu posso ser, e, no entanto, a primeira impressão de minha face trouxe a Palavra de Deus a milhares e milhares de pessoas. Eu trago à luz do dia os preciosos tesouros do conhecimento e da sabedoria que há muito estavam ocultos no túmulo da ignorância. Eu cunho para vocês as histórias maravilhosas, as reflexões morais dos filósofos e as fantasias dos poetas. Eu possibilito que vocês troquem as horas enfadonhas que todos nós enfrentamos às vezes por horas agradáveis e felizes na companhia dos livros – urnas de ouro repletas de todo o maná do passado. Nos livros eu apresento uma fração do espírito imortal, capturado em seu avanço através do mundo, gravado em um instante e preservado para a eternidade. Por meu intermédio, Sócrates e Platão, Chaucer e os bardos tornam-se seus amigos fiéis, rodeando-os e servindo-os para sempre. Eu sou o exército de chumbo que conquista o mundo: EU SOU O TIPO!

*Publicado originalmente pela Village Press em 1931. Republicado em*
A Bibliography of the Village Press, *de Melbert B. Cary, Jr.*
*(Nova York: The Press of the Woolly Whale, 1938).*

# 1928
# A IMPRESSÃO HOJE
## *Aldous Huxley*

ALDOUS HUXLEY *(1894-1963) é muito mais conhecido como autor dos romances* Contraponto *(1928) e* Admirável mundo novo *(1932) do que como autor deste artigo, seu único comentário conhecido sobre a impressão e a tipografia. Como escritor, porém, ele certamente se preocupava com a apresentação de seus textos. Quando Oliver Simon, editor da revista* Fleuron, *encomendou-lhe a introdução de* Printing of To-Day, *coletânea que comparava as sensibilidades tradicional e modernista, Huxley aproveitou a ocasião para tratar o design contemporâneo em termos estéticos, sociológicos, políticos e mesmo espirituais ("... a boa impressão pode criar uma condição mental favorável no leitor, enquanto a má impressão causa certo desconforto espiritual"). Ele estava particularmente decepcionado com a dependência ocidental da repetição das mesmas "vinte e seis letras". Afirmava que as máquinas deviam ser exploradas para criar uma beleza moderna e acreditava que revoluções tipográficas violentas não podem ser bem-sucedidas, alertando contra a preferência de certos reformadores tipográficos por uma composição ilegível que obrigava o leitor a diminuir o ritmo da leitura. Huxley insistia que "cabe ao autor tornar a leitura menos fácil, não ao impressor" – uma controvérsia que permanece viva até hoje. – SH*

Em nosso entusiasmo pelo espírito, somos, muitas vezes, injustos com a letra. Interior e exterior, essência e forma não são facilmente separáveis. Em muitas circunstâncias da vida, e para a vasta maioria dos seres humanos, elas constituem uma unidade indissolúvel. A essência condiciona a forma, mas a forma não deixa de condicionar, de maneira decisiva, a essência. De fato, o exterior pode realmente gerar o interior, como quando a prática dos ritos religiosos gera a fé religiosa ou a celebração dos mortos desperta – ou mesmo cria – as emoções às quais o cerimonial confere uma expressão simbólica.

Existem outros casos, no entanto, em que o espírito parece não estar tão intimamente dependente da letra, em que a qualidade da forma não afeta diretamente a qualidade da essência. Os sonetos de Shakespeare continuam sendo os sonetos de Shakespeare mesmo na edição mais abominável. E a melhor das impressões também não consegue melhorar sua qualidade. A essência poética existe independentemente da forma visível em que ela é apresentada ao mundo. Entretanto, ainda que, nesse caso, a letra seja incapaz de promover ou desfigurar o espírito que ela simboliza, isso não é motivo para que ela seja desprezada como uma simples letra, uma simples forma, um simples exterior insignificante. Todo exterior tem uma natureza interna correspondente. A natureza interna das letras não é literatura, o que, porém, não quer dizer que elas não tenham nenhuma natureza interior. A boa impressão não pode transformar um livro ruim em um livro bom, nem a má impressão consegue arruinar um bom livro. Mas a boa impressão pode criar uma condição mental favorável no leitor, enquanto a má impressão causa certo desconforto espiritual. A natureza interna das letras é a natureza interna de qualquer peça de arte visual considerada simplesmente como um objeto de beleza. Um volume dos Penny Classics pode oferecer-nos todo o conjunto dos sonetos de Shakespeare, e devemos agradecer devidamente por isso. Contudo, ele não é capaz de, simultaneamente, oferecer-nos uma obra de arte visual. Uma edição finamente impressa nos oferece os sonetos de Shakespeare *mais*, digamos, o equivalente em encanto de um tapete persa ou de uma peça de porcelana chinesa. O prazer que obteríamos de um tapete ou de um vaso vem somar-se àquilo que a poesia nos oferece. Ao mesmo tempo, nossa mente é sensibilizada pela contemplação da simples beleza visual das letras: elas tornam-se mais suscetíveis de receber as outras belezas mais complexas do verso, todo o seu conteúdo intelectual e espiritual. Pois nossas sensações, nossos sentimentos e nossas ideias não existem independentemente uns dos outros, mas convertem-se, por assim dizer, nas notas que compõem aquilo que representa ou uma desarmonia ou uma harmonia. O estado de espírito que toma conta de nós quando contemplamos a elegância das letras corresponde àquele que é produzido pela leitura de textos de qualidade. Sua beleza pode chegar a compensar, de algum modo, o sofrimento que nos é infligido pela literatura de má qualidade. Como descobri na China, elas podem nos proporcionar enorme prazer, até quando não compreendemos seu significado. A elegância e a sutileza surpreendentes das formas que, em ouro ou em pó de sapato, explodem das fachadas das lojas e das placas escarlates suspensas de uma rua chinesa! O que importa se a intenção literária que esses símbolos estranhos expressam significa apenas "peixe com batatas fritas" ou "terno de cinco guinéus por trinta xelins"? As letras têm um valor próprio que transcende seu significado, uma secreta natureza interior que vem de sua beleza gráfica. Mesmo os chineses, para quem o significado de "peixe com batatas fritas" não é segredo, são os mais ardorosos admiradores dessa beleza gráfica. A escrita de qualidade tem para eles valor idêntico ao da pintura de qualidade. O escritor é um artista tão respeitado quanto o escultor ou o ceramista.

A escrita está morta na Europa; e, mesmo quando floresceu, ela nunca foi uma arte tão finamente sutil como entre os chineses. Nosso alfabeto tem apenas vinte e seis letras, e, ao escrevermos, temos de repetir sempre as mesmas formas. O resultado inevitável é certa monotonia no aspecto das páginas – uma monotonia acentuada pelo fato de que as próprias formas são, basicamente, muito simples. Na escrita chinesa, de outro lado, os ideogramas contam-se aos milhares e não têm nada da simplicidade rígida e geométrica que caracteriza as letras europeias. O trabalho harmonioso e fluente do pintor transforma-se em formas elaboradas, cada forma simbolizando uma palavra, inconfundível e diferente das outras. A escrita chinesa é quase a imagem artística do próprio pensamento, livre, variado, sem monotonia. Mesmo durante o período da escrita manual, os europeus jamais poderiam ter a expectativa de criar, com seus poucos signos simples, uma arte da caligrafia comparável à chinesa. A impressão fez com que a beleza chinesa se tornasse ainda mais inalcançável. Onde os chineses pintam livremente, devemos nos contentar com a reprodução de padrões geométricos. A criação de padrões é uma arte inferior e menos sutil do que a pintura. Mas ainda é uma arte. Quando é feita por alguém que entende do assunto, a composição da página impressa pode alcançar padrões de beleza quase tão satisfatórios quanto a dos tapetes ou dos brocados.

O dilema enfrentado pelo impressor contemporâneo pode ser exposto em poucas palavras: produzir belos padrões de impressão em máquinas que economizem mão de obra. Nos últimos anos tem havido inúmeras tentativas de melhorar a qualidade da impressão. Entretanto, um número demasiado delas foi feito com o espírito errado. Em vez de tentar explorar o maquinário moderno, muitos impressores artísticos rejeitaram-no completamente, retrocedendo aos métodos primitivos de outrora. Em vez de tentar criar novas formas de tipo e de decoração, eles imitaram os estilos do passado. Essa predisposição favorável à escrita manual e às formas decorativas antigas foi resultado da reação inevitável contra a fealdade cruel da industrialização do século XIX. As máquinas estavam gerando coisas abomináveis. Nada mais natural que os homens sensíveis desejassem abandonar o uso de máquinas e voltar às convenções artísticas em voga antes do desenvolvimento do maquinário. Hoje é evidente que a máquina veio para ficar. Exércitos inteiros de William Morrises e Tolstois não conseguiriam expulsá-la agora. Mesmo na Índia primitiva ela mostrou-se forte demais para aqueles que, com Gandhi, resistiram a sua intromissão. A atitude sensata não é revoltar-se contra o inevitável, e sim usá-lo e modificá-lo, fazendo com que atenda a nossos propósitos. As máquinas existem; vamos explorá-las, então, para criar beleza – uma beleza moderna –, enquanto tratamos de fazer algo com isso. Pois vivemos no século XX; vamos admitir isso abertamente e parar de fingir que estamos no século XV. Os impressores manuais que têm os olhos no passado podem ser excelentes em seu estilo, porém esse estilo não é o estilo contemporâneo. Seus livros são muitas vezes belos, mas de uma beleza emprestada que não expressa nada do mundo em que vivemos. Coincidentemente, eles também são extremamente caros, tão caros que só os muitos ricos têm condições de adquiri-los. O impressor que transforma o trabalho manual e a arte medieval em fetiche, que se recusa a aceitar a máquina ou a fazer qualquer tentativa de melhorar a qualidade de seu trabalho, condena, com isso, o leitor comum à eterna feiura da impressão. Como leitor comum que não tem condições de comprar livros feitos à mão, sou contra o impressor arcaizante. É só do homem que se utiliza da máquina que posso esperar que venha qualquer melhora em minha sina de leitor.

Diga-se a favor do homem que se utiliza da máquina que ele tem cumprido sua obrigação, dedicando-se a melhorar o sórdido ambiente tipográfico no qual por tanto tempo o leitor sem recursos esteve condenado a passar a vida. Ele demonstrou que livros baratos não precisam ser necessariamente feios e que, sob o comando de uma mente criteriosa, as máquinas podem se sair tão bem ou melhor do que as mãos de um artista sem inspiração. Existem editores hoje no mercado cujos impressos de 76 *pennies* valem, do ponto de vista tipográfico, um guinéu cada um. (Seu valor como literatura é outra história.) Há uma dezena de gráficas que produzem arte de qualidade a preço razoável. O homem por trás da máquina usou o cérebro.

É bem verdade que alguns de nossos excelentes impressores mecânicos ainda gostam muito de tomar emprestadas decorações antigas e tipos que recendem a uma época diferente da nossa. Enquanto nosso senso de época continuar tão forte quanto é hoje, enquanto conservarmos o amor pelo singular e por seu equivalente mais moderno, o "divertido", essa tendência de substituir a criação original pelo pastiche deverá se manter. Existe uma demanda contínua por aquilo que é antigo: não devemos ser severos demais com os impressores que a atendem. Se eles pecam, ao menos não estão sozinhos. Que joguem a primeira pedra os arquitetos e os pintores, os decoradores de interiores e os produtores teatrais. O pastiche está presente entre os impressores assim como está entre os instrutores de qualquer arte. No entanto, também há pessoas mais originais que estão dispostas a estimular os decoradores modernos e a utilizar tipos que sejam elegantes e surpreendentes sem serem artificialmente antiquados.

Pode parecer, com essa última frase, que estou condenando os modernos com o mais tímido dos elogios. Mas a verdade é que a Tipografia é uma arte na qual, de acordo com a natureza das coisas, as revoluções violentas raramente podem ter a esperança de ser bem-sucedidas. Um tipo que apresente uma novidade revolucionária pode ser extremamente belo em si mesmo; porém, como somos criaturas apegadas ao hábito, sua própria novidade tende a torná-lo, em primeiro lugar, ilegível. Conheço um reformista tipográfico alemão meio excêntrico para quem o grande inimigo é a legibilidade, a ideia abjeta que deve ser esmagada a todo custo. Nós lemos, afirma ele, de maneira fácil demais. Nossos olhos deslizam por cima das palavras, e estas, consequentemente, nada significam para nós. Um tipo ilegível exige esforço de nossa parte, pois nos obriga a demorar em cada palavra isolada: enquanto a deciframos, temos tempo de extrair dela todo o seu significado. Ao pôr em prática sua teoria, esse reformista havia projetado um conjunto de letras tão estranhamente diferentes daquelas com as quais a experiência tipográfica de gerações nos acostumou, que tive de me debruçar sobre uma simples frase em inglês como se ela tivesse sido escrita em russo ou árabe. Talvez meu amigo tivesse motivos para acreditar que lemos demais e com muita facilidade. Parece-me, no entanto, que a solução por ele encontrada estava errada. Cabe ao autor tornar a leitura menos fácil, não ao impressor. Se o autor concentrasse mais substância no mesmo número de frases, seus leitores teriam de ler com mais atenção do que o fazem no presente. Um tipo ilegível não consegue produzir o mesmo resultado indefinidamente, pela simples razão de que não permanece ilegível indefinidamente. Se estivermos dispostos a fazer o esforço de ler até que as novas formas nos sejam familiares, o tipo ilegível se tornará perfeitamente legível. Na prática, entretanto, relutamos em fazer esse esforço. Exigimos que a beleza tipográfica esteja associada à legibilidade imediata. Ora, para que possa ser imediatamente legível, o tipo deve ser semelhante àqueles com os quais estamos acostumados. Por essa razão, o impressor experiente, que tem de viver da venda de sua mercadoria para um grande público, está proibido de realizar inovações revolucionárias nos traços de seu tipo. Ele tem de se contentar em aprimorar os tipos comuns e aceitos do negócio. Caso esteja pensando em realizar reformas tipográficas significativas, deve prosseguir aos poucos na direção delas, modificando gradualmente os traços hoje aceitos a fim de não repelir o leitor preguiçoso comum, que fica assustado diante da ideia de fazer qualquer esforço desnecessário. Em outras artes, nas quais forma e conteúdo estão diretamente associados, a revolução é possível e pode mesmo ser necessária. No entanto, a forma visível da literatura não é a tipografia. Em um livro, a associação da literatura com uma das artes gráficas tem o caráter de acidente. O impressor que transforma radicalmente sua arte de uma tacada afugenta os leitores, para quem a ideia de revolução na literatura, ou em uma das artes gráficas que são independentes da literatura, não implica o terror. A razão disso é evidente. As pessoas compram livros por causa da literatura existente neles, e não, fundamentalmente, como exemplos de arte gráfica. Sim, elas exigem que a tipografia seja bela, mas também que lhes proporcione acesso imediato e desimpedido à literatura com a qual ela está associada. Os impressores podem querer ser revolucionários, porém, a menos que possam se dar ao luxo de não vender nenhum livro, estão obrigados, pela força das circunstâncias, a adotar uma política cautelosa de reforma gradual. Ou o comunista se torna liberal ou sai do negócio.

*Publicado originalmente em* Printing of To-Day: An Illustrated Survey of Post-War Typography in Europe and the United States *(Londres: Peter Davies Limited/Harper and Brothers, 1928).*

# 1929
# A FILOSOFIA MODERNISTA NA TIPOGRAFIA
## Douglas C. McMurtrie

NA DÉCADA DE 1920, a *filosofia e a ideologia que moldaram a arte e o design de vanguarda pertenciam à esfera dos europeus. Somente após a Exposition Internationale des Arts Décoratifs et Industriels Modernes de 1925, em Paris, que apresentou os estilos "modernos" e "modernosos" da arquitetura, do vestuário, da embalagem e das artes gráficas, é que a publicidade norte-americana começou a dar atenção ao avanço europeu, particularmente no campo do design tipográfico. Um dos principais expoentes dessa nova postura foi Douglas Crawford McMurtrie (1888-1944), designer de tipo (Ultra Modern, McMurtrie Title) e diretor de tipografia na Ludlow Typograph Company. McMurtrie promoveu a "declaração de independência modernista" e, em artigos para revistas do setor, debateu com críticos conservadores que diziam que as evoluções externas eram de mau gosto. No livro* Modern Typography and Layout, *um manual de estilo contemporâneo (publicado um ano depois de* Die neue Typographie, *de Jan Tschichold), ele tentou converter os artistas comerciais ao modernismo. Este ensaio, que é o capítulo 4 do livro, lançou a base filosófica. No entanto, assim como o próprio livro de Tschichold era um exemplo da Nova Tipografia, o design do volume de McMurtrie era composto, conscientemente, em um estilo moderno. – SH*

    A tipografia tornou-se um meio de comunicação do conjunto da população e não apenas de um grupo seleto. Portanto, só quando o novo espírito modernista penetrou profundamente a consciência popular a impressão começou a refleti-lo. Por conseguinte, o movimento moderno demorou para deixar sua marca na arte da tipografia. Logo, porém, que a nova influência foi sentida no mundo da impressão, os primeiros rumores transformaram-se rapidamente em um ruído ensurdecedor. Assim como as outras artes aplicadas, a tipografia teve seus antigos alicerces abalados e está sendo reconstruída segundo contornos modernos. Consideremos, então, o que a reconstrução está gerando, tendo em mente que o princípio subjacente do novo design é a máxima: "A forma resulta da função."
    A função principal da tipografia é transmitir uma mensagem que seja compreendida pelos leitores a quem ela se dirige. Alguns desses leitores podem não estar particularmente interessados na mensagem; é preciso, assim, que sua apresentação tipográfica seja feita de tal maneira que possa ser lida com a maior naturalidade e velocidade possíveis. A característica essencial da tipografia moderna é a clareza. Qualquer forma que não expresse antes de tudo a função de legibilidade não está de acordo com o verdadeiro espírito da tipografia moderna, não importando quão impressionante ou "modernista" ela possa ser.
    Antigamente não havia muito o que ler, apesar do grande tempo disponível para a leitura. Hoje, existe um excesso de material impresso clamando pela atenção das pessoas, as quais têm um ritmo de vida que lhes deixa relativamente pouco tempo para ler. Portanto, para ter alguma possibilidade de ser lida e compreendida, a mensagem tipográfica moderna precisa contar sua história da maneira mais direta e vívida possível. A forma exterior da tipografia moderna tem, em si, pouca importância; o que é vital é a expressão do sentido da reprodução. Por conseguinte, a compreensão fácil da mensagem, que na tipografia representa a função, é que determina a forma.

Os princípios dos tipógrafos modernos não admitem nenhum formalismo de organização. Não significaria nada mais que um progresso insignificante, afirmam, libertar-nos de um formalismo apenas para sujeitar-nos a outro, ainda que representado por regras mais novas e mais razoáveis. Devemos ser guiados unicamente pela interpretação da reprodução.

A organização, portanto, deve manter-se fluida, de modo que se permita a sinalização da importância relativa de partes da reprodução por meio de variações no tamanho ou no peso do tipo e o destaque de palavras e frases significativas por qualquer método de apresentação razoável.

Assim como toda arte dotada de alguma vitalidade é um reflexo da vida, a tipografia verdadeiramente representativa de sua época é reveladora da vida dessa época. Talvez a característica mais típica do modo de vida de hoje seja o ritmo intenso no qual ele se move. O ritmo de nossa tipografia precisa acompanhá-lo. Ele tem de ser dinâmico em vez de estático. Seu equilíbrio deve ser o equilíbrio do movimento, não o do repouso. As composições equilibradas, condizentes com a contemplação sem pressa da geração passada, precisam dar lugar a organizações em que o sentido do movimento seja inescapável. Pois na era atual devemos, por assim dizer, ler enquanto corremos.

O tipógrafo moderno afirma que o layout simétrico é uma forma desgastada. Se concentrarmos todas as linhas em um eixo intermediário, essa organização implica uma ênfase ou um significado especial dos centros das linhas que estes certamente não têm ou conduz o olhar, repetidamente, a um ponto de repouso, o que retarda o movimento da mensagem. Caso exista alguma ênfase ou ponto de destaque específico nas linhas da composição aberta, encontra-se no começo – no linguajar musical, no ponto de "ataque".

Se aceitarmos essa afirmação, constataremos que, para posicionarmos da maneira mais racional as linhas do material impresso, deveremos alinhá-las à esquerda da página do anúncio, o ponto para o qual o olhar volta automaticamente depois de ler a linha anterior. Uma vantagem dessa organização é que as linhas de comprimento diferente se adaptarão mais facilmente a uma forma que não ofende nosso senso de adequação, o que não aconteceria se elas estivessem centralizadas.

No alinhamento à esquerda, parece que é possível ter uma sucessão de linhas sem que precisemos nos preocupar muito com seus comprimentos ou sequência relativos, obtendo, não obstante, um layout atraente e legível. [...]

Layouts "bonitos", de um lado, e organizações excessivamente esquisitas, de outro, não são bem-vistos, uma vez que desviam a atenção da própria mensagem para a forma física de sua tipografia, o que tem de ser sempre considerado não um fim em si mesmo, mas apenas um recurso para alcançar o objetivo de que a mensagem seja lida.

Por motivos semelhantes, a ornamentação, tal como comumente entendida, está excluída da tipografia moderna. O único propósito do ornamento é fazer do layout uma imagem atraente, o que não é adequado, já que seu único fim deve ser tornar compreensível, para o leitor, a história impressa. Qualquer coisa que atrapalhe tal finalidade deve ser sacrificada.

Essa regra geral tem uma exceção. O ornamento "orgânico" à reprodução – isto é, o ornamento que promove a compreensão da reprodução – será permitido, se sua natureza for extremamente simples, a fim de que não se torne um objeto de interesse em si mesmo.

Quanto aos tipos, ferramentas do tipógrafo, a ideia é mantê-los tão básicos quanto possível em termos de forma e design, sem as excentricidades que chamarão a atenção para si, diminuindo, consequentemente, a intensidade de atenção dada ao significado da reprodução. O mais avançado entre os tipógrafos modernos desejaria até padronizar todos os tipos em uma forma simples, para que toda a atenção à impressão fosse dirigida, sem nenhuma espécie de distração, para a história que está sendo contada pelo tipo.

Finalmente, na tipografia moderna, devemos depender unicamente de nós mesmos para resolver qualquer problema tipográfico, e não das soluções ou práticas de outra época. Temos de executar nossa obra criativa de acordo com o espírito do presente e deixar que ela seja verdadeiramente reveladora de nossa interpretação pessoal da mensagem que estamos transmitindo para os leitores por meio do tipo.

Tal é, de forma resumida, a filosofia subjacente da tipografia moderna. Eu a expus de maneira teórica porque, no fundo, seus princípios são claros e sólidos e se submeterão, confiantes, ao julgamento dos tipógrafos sem preconceitos. Os capítulos seguintes deste livro [*Modern Typography and Layout*] dizem respeito, em grande medida, à aplicação prática desses princípios na solução dos problemas do dia a dia, e a maioria dessas aplicações será examinada detalhadamente.

Entretanto, antes de passar à consideração da tipografia moderna na prática, talvez seja aconselhável recordar que o movimento ainda se encontra em seus estágios iniciais e que grande parte do trabalho realizado hoje é claramente imaturo. Mesmo os melhores tipógrafos modernos ainda não se encontraram em seu novo ambiente. Dito de outro modo, ainda não são fluentes no novo idioma do discurso tipográfico. Eles deram um importante passo à frente ao alcançarem uma verdadeira emancipação dos critérios e regulamentos de uma tipografia codificada, desenvolvendo uma filosofia que consideram acertada. É preciso admitir, contudo, que os exemplos concretos de seu trabalho estão muito distantes das expectativas idealistas que podem nos vir à mente quando lemos o manifesto de um tipógrafo modernista.

No que diz respeito à execução, demos, se quiserem, os passos indecisos de um bebê Gargântua, que, mesmo na primeira infância, abalou o mundo da tipologia até os alicerces. Um vigor maior, um andar cada vez mais seguro e um grau de sabedoria mais elevado é o que podemos esperar da maturidade, da qual dia a dia ele se aproxima mais.

*Publicado originalmente em* Modern Typography and Layout
*(Chicago: Eyncourt, 1929).*

# 1929
## ESBOÇO DO MANIFESTO DA ARTE DA PROPAGANDA
### *Fortunato Depero*

FORTUNATO DEPERO *(1892-1960) foi patrocinador do futurismo italiano, antigo movimento de vanguarda europeu que desafiou os conceitos de beleza burgueses e exaltou as virtudes das máquinas, da velocidade e da guerra. Ele escreveu manifestos para jornais, fundou e dirigiu a revista de arte futurista* Dinamo *e organizou exposições futuristas. Convencido de que a publicidade comercial era o melhor instrumento para estimular um debate público sobre a nova estética, aceitou encomendas tanto na Itália – entre elas uma série para o Campari – como em Nova York, onde montou um estúdio. Sua obra foi exposta em 1929 no prestigioso Advertising Club, na Park Avenue. Depero redigiu este breve esboço de manifesto heroicizando a publicidade e, em 1931, após seu retorno a Rovereto, na Itália, publicou-o na forma de um panfleto mais longo intitulado "A arte publicitária". Ele proclamava que toda arte de qualidade era uma espécie de publicidade e que as pinturas do passado que celebravam a guerra, a religião e mesmo o amor eram instrumentos de venda. Acreditando que o artista deve educar o público nas questões visuais, decidiu trabalhar apenas para clientes que lhe dessem essa liberdade. – SH*

A Arte do futuro será, sem dúvida,
A ARTE PUBLICITÁRIA.

Aprendi essa lição herética com os museus e com as grandes obras do passado.
Toda a Arte dos últimos séculos foi marcada pela glorificação da guerra e do elemento religioso.
Trata-se simplesmente de registros elogiosos de fatos, cerimônias e personagens, glorificados em suas conquistas, em seus símbolos, em seu espaço de esplendor e autoridade.
Mesmo suas criações eram simultaneamente glorificadas: arquiteturas, paços, tronos, cortinas, alabardas, bandeiras, armaduras, armas, insígnias e todo tipo de pinturas.
Não existe obra antiga que não esteja adornada dos êxitos da publicidade!

Mesmo hoje
Temos:

    os reis dos pneus
    os príncipes dos carros
    os reis dos ímãs
    os duques dos ventiladores
    os imperadores dos motores

Com as águias mecânicas conquistamos o êxtase do espaço!
Com o feitiço elétrico deleitamo-nos com o espanto dos milagres!
A Arte do passado exaltava os tempos passados!
A Arte de hoje tem de exaltar nossas glórias, nossos homens, nossas criações.
Velocidade, praticidade, eletricidade.

Luz × Luz × Luz × Luz

*Arte publicitária*
Está livre de qualquer refrão acadêmico, é agradavelmente arrojada, divertida, saudável e otimista.
É uma Arte difícil de sintetizar, na qual o artista, de qualquer modo, lida com a criação original e a modernidade.

ela é inevitavelmente necessária;
ela é inevitavelmente arrojada;
ela é inevitavelmente nova;
ela é inevitavelmente paga;
ela é inevitavelmente vigorosa.

*Publicado originalmente como um panfleto em 1931, em Rovereto, Itália.*

# 1930
# VIDA NOVA NA TIPOLOGIA
## Jan Tschichold

NA EDIÇÃO DE OUTUBRO DE 1925 *de* Typographische Mitteilungen, *um periódico do setor de impressão, o editor convidado Jan Tschichold (1902-1974) apresentou exemplos internacionais de* elementare typographie *(tipografia elementar), as experiências com o método do design sintético pela vanguarda europeia (de Stijl, o construtivismo e a Bauhaus). Três anos depois, em 1928, ele publicou seu livro mais influente,* Die neue Typographie *(traduzido como* The New Typography, *em 1995), um manual que explicava aos tipógrafos alemães como aplicar os conceitos tipográficos progressistas e modernos, rejeitando, assim, as antiquadas ideias de composição. Como sistematizador da Nova Tipografia, Tschichold era muito procurado tanto profissionalmente como por seus comentários, tendo escrito uma série de livros, panfletos e artigos na Alemanha e no exterior. Seu segundo livro,* Eine Stunde Druckgestaltung, *trazia uma introdução intitulada "Was ist und was will Die neue Typographie?" (O que é e o que pretende a Nova Tipografia?); esse texto, publicado como "New life in print" no jornal britânico* Commercial Art, *é considerado o comentário mais sucinto sobre o assunto. Em 1930 e 1931, o* Commercial Art *publicou uma série de artigos de Tschichold que defendiam a adoção da assimetria e do tipo sem serifa. – SH*

A expressão genérica "A Nova Tipografia" abrange as atividades de alguns dos tipógrafos mais jovens que trabalham principalmente na Alemanha, na União Soviética, na Holanda, na Tchecoslováquia, na Suíça e na Hungria. Na Alemanha, o início do movimento remonta ao período da guerra. Pode-se dizer que a existência da Nova Tipografia deve-se às conquistas pessoais de seus introdutores; para mim, no entanto, parece mais correto considerá-los os expoentes das tendências e das necessidades práticas de nosso tempo, visão que não tenta, de modo algum, subestimar suas conquistas extraordinárias e seu poder criativo, tampouco o valor inestimável de sua obra pioneira individual. O movimento jamais teria se difundido tanto, como aconteceu de maneira incontestável na Europa Central, se não tivesse atendido às necessidades práticas contemporâneas, o que ele faz de modo excelente, porque seu objetivo principal é a adaptação sem preconceito da tipografia aos propósitos da tarefa em questão.

Penso que agora é necessário fazer uma breve descrição do estágio de desenvolvimento em que se encontrava a tipografia antes da guerra. Após a confusão estilística dos anos 1880, a Inglaterra deu origem ao movimento de Artes e Ofícios (Morris, 1892), o qual, ao menos do ponto de vista da tipografia, foi influenciado principalmente pelas tendências tradicionais (limitação dos incunábulos). Com o "Estilo Jovem" (Jugendstil, *c.* 1900), foi feita uma tentativa, que, no entanto, não obteve êxito duradouro, de romper com os modelos tradicionais, chegando a uma ramificação mal compreendida da Forma Natural (Eckmann), a qual faria surgir, finalmente, o tipo Biedermeyer renovado (Wieynck) – em uma palavra, um novo tradicionalismo. Os modelos tradicionais foram então redescobertos e, mais tarde, imitados, se bem que, dessa feita, fossem mais bem compreendidos (Produção Alemã de Livros, 1911-14-20). O respeito pelas formas tradicionais despertado por um trabalho de pesquisa mais intenso resultou, naturalmente, na limitação da liberdade criativa e impeliu-a, enfim, à inanição. Contrariamente à expectativa, o benefício mais importante que esses anos trouxeram foi a redescoberta dos tipos tradicionais originais (Walbaum, Unger, Bodoni, Garamond etc.), os quais, durante algum tempo e de maneira inteiramente justificada, foram escolhidos em lugar de seus "precursores", na verdade seus imitadores.

A reação natural à inanição da tipografia do pré-guerra foi a Nova Tipografia, que, com seus métodos de design, visava, acima de tudo, à flexibilidade.

Toda obra tipográfica tem dois objetivos claramente perceptíveis: a identificação e a satisfação das exigências práticas – e o design visual. (Design visual é uma questão de estética; é absurdo tentar evitar essa expressão.) Nesse aspecto, a tipografia não se diferencia em nada da arquitetura: é possível (algo que, de fato, tem sido feito pelos melhores arquitetos) que a forma de uma casa seja determinada por seus objetivos práticos; no caso da tipografia, porém, o lado estético na questão do design torna-se evidente. Esse elemento relaciona a tipografia de maneira muito mais próxima ao domínio do design "livre" sobre uma superfície plana (pintura, desenho) do que ao da arte arquitetônica. Tanto a tipografia como as artes gráficas dizem respeito sempre ao design de superfície (plano). É em tal cenário que se encontra o motivo pelo qual apenas os "novos" pintores, os pintores "abstratos", e mais ninguém, estavam destinados a ser os introdutores da Nova Tipografia. Esse é um tema muito vasto para que se possa fazer, aqui, um balanço do desenvolvimento da pintura abstrata em relação a isso: basta visitar qualquer exposição da obra desses pintores e sua ligação com a Nova Tipografia fica imediatamente visível. Essa conexão não é, como muitos acreditam, formal, e sim genética, fato que os próprios pintores abstratos não conseguiram compreender. A pintura abstrata é a referência "não proposital" da cor e da forma puras, sem nenhum acréscimo literário. Tipografia significa o ordenamento visual (ou estético) de determinados elementos (exigências práticas, tipologia, ilustrações, cor etc.) sobre uma superfície plana. A única diferença entre pintura e tipografia é que na primeira há uma livre escolha de elementos e o design resultante não tem nenhuma finalidade prática. Por conseguinte, nada melhor para a moderna tipografia do que se ocupar da análise profunda da composição de superfície na pintura abstrata.

Examinemos, então, os princípios seguidos pela tipografia do pré-guerra. O majestoso modelo tradicional conhecia apenas um padrão de design – o eixo intermediário, a simetria axial, cujo exemplo mais evidente era a página de rosto. A tipografia toda seguia esse padrão, qualquer que fosse sua tarefa imediata, imprimir um jornal ou uma circular, um papel timbrado ou um anúncio.

Somente no pós-guerra essa forma obtusa de ver as coisas foi deixada para trás, dando lugar à percepção de que todas essas tarefas eram razoavelmente distintas e apresentavam exigências práticas completamente distintas, as quais deviam ser atendidas de maneira criativa pelo tipógrafo.

Só se pode traçar a diferença entre a velha e a Nova Tipografia por meio da negação – a Nova Tipografia não está imbuída de tradição. E a culpa por essa negação deve ser debitada à velha tipografia, cuja tendência era puramente tradicional. Ao mesmo tempo, contudo, por causa de sua profunda rejeição a qualquer limitação formalista, a Nova Tipografia é menos antitradicional do que não tradicional. Por exemplo, para realizar o design tipográfico, admite-se o uso de todos os tipos, tradicionais ou não, de todas as maneiras de relação de plano e de todos os sentidos da linha. O único objetivo é o design: a disposição harmoniosa e criativa das exigências práticas. Por conseguinte, não existem restrições como as que são impostas pelo posicionamento de combinações de tipo "permitidas" e "proibidas". O antigo e único objetivo do design de apresentar uma página "tranquila" também é revertido – somos livres para apresentar a "intranquilidade" em forma de design.

Hoje, o ritmo acelerado dos negócios nos obriga, além disso, a fazer um cálculo extremamente preciso da apresentação lucrativa. A tipografia não teve apenas de descobrir uma forma construtiva mais simples e mais facilmente realizável (do que o eixo intermediário), mas também de fazê-lo com um design mais atraente e variado visualmente. O dadaísmo, por meio de Marinetti, na Itália, com suas *Les mots en liberté futuriste* (1919), e mais cedo ainda na Alemanha, deu o primeiro impulso para o novo avanço da tipografia. Ainda hoje o dadaísmo é visto como uma completa estupidez por muitos que não se deram ao trabalho de compreender sua dinâmica; só com o passar do tempo a importante obra pioneira realizada pelos seguidores das escolas de Hausmann, Heartfield, Gross, Hulsenbeck e outros dadaístas será reconhecida pelo que vale. De qualquer modo, os folhetos e outras publicações dos dadaístas (que datam do tempo da guerra) foram os primeiros documentos da Nova Tipografia. Em 1922, o movimento se propagou, e alguns pintores abstratos começaram a fazer experiências tipográficas. O impulso seguinte foi dado pelo suplemento feito pelo autor ("Elementare Typographie") para o *Typographische Mitteilungen* (1925, esgotado), no qual foram revelados pela primeira vez os esforços realizados e os resultados obtidos, e que, publicado com uma tiragem de 28 mil exemplares, se difundiu pelo mundo da impressão. As ideias da Nova Tipografia foram objeto de um ataque feroz vindo de todos os lados – hoje só uns poucos reacionários pensam em erguer a voz contra elas. A Nova Tipografia venceu em todas as frentes.

Além da atitude não tradicional, a Nova Tipografia caracteriza-se por sua preferência pelos novos processos técnicos. Ela prefere:

| | |
|---|---|
| o tipo feito pelo fundidor | ao tipo entalhado |
| a composição mecânica | à composição manual |
| o papel industrial | ao papel artesanal |
| a impressora mecânica | à impressora manual |
| as fotografias | aos desenhos |
| os blocos de processamento fotográfico | às xilogravuras |
| a padronização | à individualização etc. |

Além disso, a Nova Tipografia, em virtude de seus métodos de design, abarca todo o domínio da impressão e não simplesmente o limitado campo da pura tipologia. Dessa forma, dispomos na fotografia de um instrumento objetivo de reprodução da objetividade, o qual é compreensível para todos. Por ser simplesmente outro método de discurso visual, a fotografia também é considerada um tipo.

O método da Nova Tipografia baseia-se em uma compreensão clara do objetivo e nos meios mais adequados para alcançá-lo. Nenhuma tipografia moderna, por mais "bonita" que seja, é "nova" se sacrificar o objetivo à forma. "Forma" é o resultado do trabalho executado e não a realização de uma concepção externa de forma. Esse fato não foi compreendido por toda uma trupe de pseudomodernos. A principal exigência da Nova Tipografia é a adaptação mais perfeita ao objetivo.

Isso torna a falta de qualquer componente decorativo algo natural. Ademais, o objetivo exige, e nunca é demais enfatizá-lo, uma legibilidade muito boa. A distância muito pequena ou muito grande entre as linhas dificulta a leitura, e, portanto, se não houver motivo, deve ser evitada. O uso adequado dos novos e variados processos cria, em quase todos os casos, formas específicas, e cabe ao tipógrafo, por meio de pesquisas apropriadas, identificá-las e adaptar seu design a elas. Desse modo, um bom tipógrafo que não tenha um conhecimento absolutamente completo das exigências técnicas é impensável.

O atual volume de material impresso, de circulares (algo que afeta diretamente o indivíduo, que recebe grande parte deles), torna necessária a utilização de um formato padronizado.

Entre os tipos costumeiros disponíveis, a Nova Tipografia é extremamente afeiçoada ao "grotesco" ou "bastão", por ter composição simples e ser fácil de ler. O uso de outros tipos facilmente legíveis, ou mesmo tradicionais, é bastante admissível segundo a nova visão, desde que eles sejam "avaliados" uns em relação aos outros, ou seja, que o contraste entre eles seja planejado. Por conseguinte, não se exige que tudo seja composto em "grotesco", embora na maioria dos casos isso seja o mais adequado. Esse tipo, em suas numerosas variações (fino, seminegrito, negrito, condensado, expandido, com espaço fino etc.), está sujeito a muitos efeitos que, justapostos, são capazes de produzir contrastes ricos e variados. A variação de contrastes pode ser obtida pela introdução de tipos antigos (egípcio, Walbaum, Garamond, itálico etc.), e nada impede a utilização combinada desses efeitos.

Design é a organização mais legível e a escolha correta das dimensões do tipo, de acordo com seu valor, dentro dos limites lógicos do texto (o qual pode ser reforçado ou rebaixado). O uso consciente do movimento por meio do tipo ou, de vez em quando, de um fio grosso ou fino ou de um conjunto de fios, o contraste visual agitado entre maiúsculas e minúsculas, os tipos finos e em negrito, condensados e expandidos, as manchas cinza e coloridas, oblíquas e horizontais, os conjuntos tipográficos compactos e frouxos etc. são outros recursos do design. Eles representam o lado "estético" da composição tipográfica. Dentro dos limites precisos estabelecidos pela exigência prática e pela estrutura lógica, é possível trilhar diversos caminhos, de modo que, a partir desse ponto, as sensibilidades visuais do tipógrafo serão, obrigatoriamente, o fator decisivo. O que acontece, então, é que, quando diversos tipógrafos estão envolvidos em uma única tarefa definida, eles chegam a diferentes resultados, que podem ter as mesmas vantagens práticas. Embora utilizem os mesmos recursos e métodos de design, os indivíduos cuja obra está ilustrada neste artigo revelam possibilidades extraordinariamente variadas. Desse modo, recursos praticamente idênticos recebem tratamento bastante variado. E esses exemplos demonstram que, apesar da suspeita habitual, os métodos modernos não levam à monotonia de expressão, mas, ao contrário, produzem resultados de extrema diversidade, os quais possuem, acima de tudo, mais originalidade do que aqueles da tipografia do pré-guerra.

Assim como o tipo, a cor é apenas mais um elemento útil. Em certo sentido, a superfície não impressa tem de ser incluída nela, e a descoberta de sua eficácia deve ser creditada à Nova Tipografia. A superfície branca não é considerada um pano de fundo passivo, e sim um elemento ativo. Entre as cores atuais, a preferência recai no vermelho; como "A" cor, ela cria o contraste mais efetivo ao preto regular. Como essas duas cores não são difusas, os tons claros de amarelo e azul também devem ganhar lugar de destaque. Embora a cor não seja empregada como componente decorativo e "embelezador", as propriedades psicofísicas próprias de cada uma são usadas como recurso para intensificar (ou reduzir) os efeitos.

A ilustração é fornecida pela fotografia. Esse recurso nos oferece a versão mais objetiva do objeto.

Se a fotografia é ou não uma arte não nos interessa neste momento; associada ao tipo e a uma superfície plana, ela pode ser uma arte, já que, nesse caso, representa simplesmente uma questão de valores, de adequação de contrastes e relações estruturais. Muitas pessoas têm a tendência de desconfiar das ilustrações gráficas; as antigas ilustrações gráficas (frequentemente falsificadas) não nos convencem mais, e sua pose individualista e seus maneirismos nos afetam de maneira desagradável. Caso se deseje transmitir diferentes impressões pictóricas ao mesmo tempo, expor diversos objetos contrastantes, é preciso recorrer à montagem. Para isso, os mesmos métodos gerais de design usados na tipografia são adequados; associada ao tipo, a fotografia torna-se parte do todo, e, para que se possa alcançar um design harmonioso, deve ser devidamente avaliada em relação a isso. Uma possibilidade fotográfica rara, mas muito atraente, é o fotograma. O fotograma é obtido sem máquina, simplesmente colocando um objeto mais ou menos transparente sobre um meio sensibilizado (papel, filme ou chapa). Tipografia + fotografia recebe a denominação de "tipofoto".

A extraordinária adaptabilidade da Nova Tipografia a qualquer objetivo concebível torna-a um importante fenômeno da vida contemporânea. Sua atitude e sua posição revelam que ela não representa uma simples moda passageira, mas que está destinada a constituir a base de todos os novos avanços da tipografia.

Karel Teige, de Praga, formulou assim as principais características da Nova Tipografia:

A "Tipografia Construtivista" (um sinônimo da Nova Tipografia) significa e exige:

1. Libertação da tradição e do preconceito; destruição do arcaísmo e do academicismo; rejeição da decoração. Nenhum respeito pelas regras acadêmicas e tradicionais que não se apoiam na razão visual e que são agora uma forma sem vida ("a proporção áurea", uniformidade tipográfica).
2. Escolha de tipo mais perfeito, mais legível e gravado com maior simplicidade geométrica. Compreensão adequada do espírito dos tipos e de sua utilização de acordo com a natureza do texto; contraste do material tipográfico para enfatizar o conteúdo.
3. Avaliação contínua do objetivo e satisfação da necessidade. Diferenciação em metas específicas. Anúncios que serão vistos de longe exigem tratamento diferente quando se referirem a uma obra científica ou a um livro de poesia.
4. Disposição harmoniosa da superfície e do texto de acordo com regra visual objetiva; estrutura e organização geométrica ao alcance da vista.
5. Utilização de todos os recursos que são ou podem ser oferecidos pelas descobertas técnicas atuais e futuras; associação de ilustração e texto por meio do tipofoto.
6. A mais íntima cooperação entre tipógrafos e especialistas no espaço de composição é desejável, do mesmo modo que o arquiteto coopera com o engenheiro civil etc.; especialização e divisão do trabalho são quase tão imprescindíveis como o contato íntimo.

Nada há a ser acrescentado a isso, senão que a "proporção áurea", ao lado de outras fórmulas proporcionais precisas, é muitas vezes bem mais eficaz do que relações fortuitas e não deve, portanto, sofrer uma exclusão fundamental.

*Publicado originalmente em* Commercial Art *(Londres, julho de 1930).*

# 1930
# O QUE AGRADA AO HOMEM MODERNO
## Alexey Brodovitch

O PROCESSO DE INDUSTRIALIZAÇÃO E MECANIZAÇÃO *que caracterizou a Era da Máquina na década de 1930 apresentou aos designers um conflito implícito. De um lado, defendiam-se a inovação e o progresso (uma dádiva para os livres-pensadores); de outro, aumentava-se a padronização (inimiga da liberdade de pensamento). A publicidade serviu a essa nova onda de diversas maneiras, e muitos designers mantiveram-se inflexíveis na tentativa de definir o que o progresso realmente significava para essa atividade. Alexey Brodovitch (1898-1971) foi um pioneiro da publicidade moderna europeia. Nascido na Rússia, emigrou para os Estados Unidos em 1930, onde fundou o Departamento de Publicidade da Philadelphia Museum School e, em 1941, o Laboratório de Design da New School for Social Research de Nova York. Brodovitch era um educador dedicado que sentia uma necessidade quase evangélica de transmitir os objetivos do modernismo para seus alunos. Como diretor de arte da* Harper's Bazaar *(1934-1958), sua predileção por sequências dramáticas, tipografia arrojada, fotografia incomum, composição assimétrica da página e espaço branco dinâmico influenciou uma geração de designers, editores e fotógrafos. – JH*

    A vida moderna – industrialização, mecanização, padronização e, consequentemente, competição e velocidade – exige astúcia e raciocínio ativo.
    O homem de hoje é de uma natureza extremamente inventiva e procura melhorar seu modo de vida. Os preceitos do conforto, da utilidade e da padronização têm prioridade em todos os campos.
    A padronização e a competição cada vez maiores, dois fatores da vida moderna, revelam um novo e interessante capítulo na história da cultura, ao mesmo tempo que trazem para seu interior elementos paradoxais: padronização-competição, simplificação-elaboração. A solução desses problemas na publicidade é de fundamental importância.
    A publicidade está repleta de contrastes e paradoxos. A publicidade nasce da vida, e aprendemos a vida por meio da publicidade. A publicidade não serve mais simplesmente para empurrar produtos como sabão, máquinas de costura e espaguete. A publicidade é maior, mais profunda e mais universal.
    Se pensarmos na publicidade como arte, eu preferiria não chamá-la de Arte Aplicada, como é geralmente conhecida, mas, antes, de Arte Profunda, em contraposição a Grande Arte.
    Vivemos na era da pesquisa e das grandes conquistas: eletricidade, rádio, televisão, aviação, filmes, automóveis, além de Einstein, Edison, Marconi, Mussolini, Lenin e Lindberg.
    De um lado, essas conquistas transformaram nossa psicologia, proporcionando-nos novas imagens e uma nova percepção; de outro, em razão do ritmo de vida cada vez mais rápido, elas embotaram nossa sensibilidade, reduzindo-a a frêmitos e interjeições. Não nos maravilhamos mais diante das possibilidades fantásticas quando, todo dia, ao abrirmos o jornal, lemos sobre carros que batem recordes de velocidade, ou que Marconi, em seu luxuoso iate próximo de Nápoles, apertou um botão que acendeu uma miríade de luzes elétricas na Austrália, anunciando com isso a

abertura da exposição sobre a eletricidade, ou, ainda, um artigo sobre o projeto de secar o Mar do Norte.

Quanto dessa nova compreensão da forma, da massa, da plástica, da dinâmica, da cor, da luz e da sombra e da perspectiva nos é dado pela engenharia!

O olhar é treinado e estimulado pelo trabalho cotidiano do homem, e tem sido excessivamente escravizado pela tradição e pelo atavismo.

O projetor, as lentes, mesmo o simples prisma nos apresentam uma nova faceta das coisas que nos rodeiam.

O raio de luz que penetra a escuridão demonstra a existência da profundidade, revela a terceira dimensão e, possivelmente, até a quarta. Ele mostra e explica a diversidade de texturas, formas e relevos.

As lentes de uma Kodak apresentam uma nova compreensão do escorço e da perspectiva. A câmera de cinema resolve os problemas de plástica, dinâmica e ritmo e a estética de deformação dos objetos em movimento.

O espectroscópio, ou o prisma, põe abaixo o significado existente da cor, oferecendo a possibilidade de explicar a forma por meio de um uso diferente da cor.

O telescópio e o microscópio revelam-nos a infinidade de coisas máximas e mínimas.

O aeroplano nos obriga a compreender a velocidade e o espaço cósmicos.

O aparelho de televisão demonstra, com a velocidade da luz, uma nova e precisa ideia de distância.

Na monotonia e nas lides de nosso mundo prosaico existem, à espera de serem descobertas, uma nova beleza e uma nova estética.

As luzes cintilantes da cidade.

A superfície de uma gravação fonográfica em rotação.

O reflexo fantástico da lanterna traseira vermelha e a trilha que os pneus do automóvel deixam no calçamento molhado.

O romantismo de uma paisagem noturna revelada pela luz de um automóvel.

O lirismo dos pistões de aço, das bielas e das cremalheiras em movimento.

O heroísmo e o arrojo na silhueta de um aeroplano.

A graça harmoniosa da torre do telégrafo sem fio.

A imobilidade e a dignidade comoventes de um navio de cruzeiro.

A imensidade dinâmica de uma locomotiva.

A estética da duco-laca, do concreto e do aço cromado.

O ritmo do diagrama do barógrafo ou do diagrama estatístico.

A precisão rudimentar dos hieróglifos da estenografia.

A ciência da ferrovia subterrânea.

Os semáforos e sinais luminosos de trânsito e os policiais.

O símbolo do círculo no mostrador de um relógio.

A deformação do círculo da roda ao se tornar uma elipse na fotografia de uma corrida automobilística.

Considerem a nova estética, o novo conhecimento, o ritmo, o movimento, a matéria... Considerem as infinitas possibilidades dessas novas ideias.

Hoje a indústria oferece ao artista publicitário não apenas uma nova visão, mas também uma variedade de materiais e instrumentos novos como recurso para concretizar ideias de anúncios.

Zinco, borracha rígida, vidro, filme e papel sensíveis, celuloide, galalite, termoplástico e derivado de ébano podem, de maneira fácil e satisfatória, ocupar o lugar da incômoda pedra litográfica, do caro buxo, do aço e do cobre, tão difíceis de lidar. Ao mesmo tempo, esses materiais oferecem um novo meio de expressão, podendo, ademais, apresentar resultados inteiramente novos.

Lacas industriais, aerógrafo, um fino raio de luz, agulhas de aço completamente endurecidas e flexíveis, facas cirúrgicas e mesmo instrumentos odontológicos também podem ocupar, satisfatoriamente, o lugar de aquarelas, pincéis frágeis e difíceis de manusear, canetas e lápis de carvão.

Gravação e impressão manuais são coisas do passado e, embora ainda não tenham se tornado um anacronismo, o lugar adequado para elas são as prateleiras empoeiradas de colecionadores esnobes.

Os métodos técnicos de reprodução e impressão modernos e contemporâneos, como o trietilfiosfato, a heliografia e o offset, abrem enormes possibilidades para o artista publicitário.

Examinem cuidadosamente as telas e as chapas, observem a rotação dos cilindros de uma impressora, acompanhem o trabalho dos linotipistas, verifiquem até mesmo as primeiras provas que são descartadas, e descobrirão muitas possibilidades novas, e inteiramente gráficas, que ampliarão infinitamente os horizontes da concepção artística.

O artista publicitário de hoje não pode ser apenas um excelente artesão capaz de descobrir outros meios de representação; ele também precisa ser um psicólogo perspicaz. Tem de ser capaz de perceber e antecipar os gostos, as aspirações e os hábitos do consumidor-espectador e da multidão. O artista publicitário moderno deve ser um pioneiro e um líder, deve combater a rotina e o mau gosto da multidão.

Atualmente o homem vive, trabalha e circula em uma esfera que ele próprio criou, encontrando nela bem-estar e conforto. A tradição estimulou-o a buscar a beleza e a arte na história, nos museus, nas exposições e na Rue de la Paix; inconscientemente, contudo, ele adora e trata com carinho os frutos de seus esforços utilitários, sem nem mesmo suspeitar que, ao agir assim, reconhece que eles são belos. Fazer com que o homem de hoje compreenda isso é a tarefa do artista publicitário moderno.

Vivemos na era da indústria e da mecanização. Imagens padronizadas e, ao mesmo tempo, infinitamente diversificadas, nascidas do engenho humano, não apenas simplificam nossas tarefas cotidianas, como também indicam o caminho para a compreensão e o serviço da estética, do ritmo, da construção, da concepção e da composição novos.

Estamos aprendendo a ver e a reconhecer imagens novas, estamos utilizando ferramentas novas para trabalhar materiais novos: abrem-se para nós possibilidades novas e inesperadas e nasce uma estética nova. Isso representa uma conquista. O problema do artista publicitário é aprofundar essa conquista.

Fazendo um resumo do que foi dito, as máximas que o artista publicitário de hoje deve desenvolver são:

1. Individualidade.
2. Universalidade.
3. Sensibilidade e compreensão para a vida moderna.
4. Sensibilidade e compreensão da psicologia do consumidor-espectador e da multidão.

5. Facilidade de jogar com todas as possibilidades gráficas decorrentes da pesquisa e do aperfeiçoamento dos materiais e técnicas modernos e dos métodos de apresentação e reprodução modernos.
6. Facilidade de concretizar em termos materiais a ideia publicitária pelo emprego de métodos elementares de execução e pela apresentação da publicidade de forma utilitária, simples, nova, incomum e lógica.

*Publicado originalmente em* Commercial Art *(Londres, agosto de 1930).*

# 1930
## O QUE TORNA UMA REVISTA "MODERNA"?
### M. F. Agha

O DR. MEHMED FEHMY AGHA *(1896-1978) foi diretor de arte da* Vogue *alemã de Condé Nast, em Berlim, antes de ser trazido para Nova York em 1929 para trabalhar na* Vogue, *na* House and Garden *e na* Vanity Fair *norte-americanas. Ele introduziu, nesta última, um formato moderno inovador, caracterizado por margens largas, generosos espaços em branco, títulos sem serifa (Futura), páginas inteiras sangradas, além de fotografias de Edward Steichen, Cecil Beaton, Edward Weston e Louise Dahl-Wolfe e caricaturas de Paolo Garretto, Miguel Covarrubius e William Cotton. Atribui-se a Agha a criação, em 1930, da primeira imagem individual "distribuída em página dupla". No entanto, apesar das inclinações progressistas, ele não era um modernista absoluto, e sim um cosmopolita urbano com uma visão contemporânea. Embora estivesse interessado em aplicar os aspectos mais funcionais das experiências vanguardistas europeias à publicidade norte-americana, em "O que torna uma revista 'moderna'?" ele assume uma postura ressentida tanto em relação à moderna ortodoxia como às abordagens tradicionais reacionárias do design de revista. O texto de Agha vem crivado de analogias da culinária quando ele questiona os lugares-comuns europeus, particularmente os alemães, sobre simplicidade e função. – SH*

O proverbial "coelho francês que você tem de pegar primeiro se quiser fazer um cozido de coelho" é um animal que parece inteiramente desconhecido da maioria dos tipógrafos modernos. Se alguns dos diretores de arte do meio publicitário ouviram falar desse interessante animal, não parecem ter ficado muito impressionados. No que diz respeito aos responsáveis pela diagramação das revistas, a influência maior vem do "viticultor escocês que disse aos filhos que se pode produzir vinho de qualquer coisa, até mesmo de uva".

Em outras palavras, existe, no mundo inteiro, grande número de revistas com diagramação moderna (podemos dizer modernista). Poucas delas, porém, utilizam material moderno. Contudo, caso se pretenda publicar uma revista realmente moderna, é preciso, primeiro, conseguir material moderno.

Alguns teóricos da tipografia moderna parecem preferir o ponto de vista do viticultor, visto que o objetivo da Nova Tipografia é, assim dizem, construir unidades artísticas atemporais com materiais básicos e "adequados". Eles acham que os materiais não são muito importantes e que o modo como eles são empregados e organizados em algo concreto é que estabelece a diferença entre o layout antigo e o novo. Consequentemente, as revistas revitalizadas que ingenuamente utilizam fotografias com bordas lisas de meados da era vitoriana e fios pretos e pontinhos em um texto eduardiano podem ser totalmente perdoadas por achar que alcançaram a modernidade com esses recursos simples – contanto que passem no teste da "adequação à função" –, "equilíbrio assimétrico" e outros ramos da embromação modernista.

Não acredito, entretanto, que a grande quantidade de cozido de coelho com muito pouco coelho dentro produzida ultimamente resulte apenas das bênçãos que certos teóricos conferem a esse tipo de comida. Deve-se levar em conta que os autores que teorizam sobre a produção de revistas e a tipografia modernas em geral não dispõem de revistas para fazer suas experiências, enquanto aqueles que fazem as revistas felizmente ignoram tanto a existência das teorias como dos teóricos.

Pensei, assim, que seria interessante mostrar algumas páginas das raras revistas publicadas na Europa pelas mesmas pessoas e organizações responsáveis pelo pano de fundo teórico da Nova Tipografia – assim como por outras realizações no campo modernista. Para sermos justos, é preciso reconhecer que para elas é fácil ser e parecer modernas: são publicadas por modernistas, para modernistas e se ocupam, principalmente, do modernismo.

Os resultados das teorias modernistas, quando aplicados na prática pelos próprios teóricos, são bastante respeitáveis, mesmo quando lidam com problemas mais complicados – como a diagramação das páginas de moda e de esportes. A única coisa que se pode dizer contra eles é que, de vez em quando, põem coelho demais, e não de menos, no cozido.

Se transferirmos esses problemas, aparentemente solucionados pelas publicações semidiletantes dos modernistas, para o campo da publicação de verdade – com leitores, anunciantes e editores que, muitas vezes, não passam de adoradores das vacas sagradas do modernismo –, a situação fica extremamente indefinida. Nesse caso, até os fundamentos da arte e da tipografia modernas perdem aquela natureza definida e reservada que, na Europa, supostamente lhes é inata. Mas será que perdem mesmo?

Alguns anos atrás, o evangelho modernista parecia ter assumido uma forma definida, embora não muito compreensível. As teorias imprestáveis, inventadas na França pelos espanhóis e exportadas para a Alemanha através da Rússia, retornaram à França através da Holanda e da Suíça, instalando-se, finalmente, em Dassau e sendo ensinadas a estudantes japoneses por professores húngaros. Diante da singela pergunta "O que é moderno?", as respostas (ou, antes, manifestos), ainda que com graus variados de confusa eloquência (segundo a nacionalidade de quem respondia), permaneceram essencialmente as mesmas na França e na Alemanha, e, quando traduzidas, nos Estados Unidos.

Os modernistas *gostam* de manifestos. Eis aqui um deles que responde indiretamente a outra pergunta: "O que o material de uma revista moderna deve conter?"

A mudança fundamental de nossa postura mental com relação ao Novo Mundo produziu uma mudança definitiva em nossas formas de expressão.

Hoje eliminamos os materiais, as formas e as ferramentas do passado. Em vez do golpe impreciso do machado, temos a motosserra; em vez de uma linha desenhada a carvão, a linha precisa de uma régua-tê; em vez da corneta de madeira, um saxofone; em vez da reprodução dos reflexos das luzes, a criação de luzes nas fotos, nos órgãos de luz, nas brincadeiras com a refração da luz; em vez da imitação plástica do movimento, o próprio movimento (sinais luminosos, eurritmia, dança); em vez do romance, o conto; em vez da escultura, a estrutura; em vez da ópera, a revista; em vez do afresco, o pôster...

Tudo isso soava convincente até o ano passado. Hoje, contudo, se tiver o ouvido bastante apurado, você poderá perceber um leve sinal de insegurança nesse discurso. Embora a "era da indústria e da padronização", o "culto da máquina", o "tipofoto" e os "grafismos", a "forma a serviço da função" e todo o resto dos dogmas sagrados ainda estejam presentes nas bandeiras desfraldadas, a temível palavra "reação" está sendo sussurrada por "aqueles que estão por dentro das coisas". A mudança na moda feminina, em uma direção exatamente oposta àquela que todo modernista digno aconselharia, representou um golpe terrível para a fé que se erguera com base no credo "roupa simples – interiores simples – arte simples – tipografia simples etc.".

Outro sintoma. Após a Exposição da Werkbund Alemã em Paris, que alcançou grande sucesso, a Associação dos Artistas Decoradores Franceses tomou a liberdade de lembrar a seus colegas alemães que, afinal, existem outras coisas na vida e na arte além da "concepção fria e organizada do técnico e do produtor". Bem no núcleo da Werkbund, traidores concordam com o ponto de vista francês; a Werkbund realizará um encontro extraordinário em outubro, em Stuttgart, a fim de revisar a doutrina por ela adotada e decidir, de uma vez por todas, o que é essa coisa chamada "o moderno".

Isso quer dizer que os tipógrafos modernos terão de deixar de lado seus pontinhos e fios pretos e voltar a pôr molduras em suas ilustrações? Ou será que as revistas modernas prosseguirão tranquilamente com a própria campanha educativa, alcançando, finalmente, por tentativa e erro, a harmonia entre o material e sua apresentação?

Temo que isso cada um de nós terá de descobrir utilizando o bom-senso individual e coletivo.

*Publicado originalmente em* Advertising Arts
*(Nova York, outubro de 1930).*

# 1932
# A TAÇA DE CRISTAL OU A IMPRESSÃO DEVE SER INVISÍVEL
*Beatrice Warde*

ANTES DA VIRADA *do século, os profissionais muitas vezes debateram as virtudes do estilo pessoal versus a neutralidade, o que foi um tópico subjacente de uma conferência proferida por Beatrice Warde (1900-1969) na Associação dos Designers Tipográficos de Londres (posteriormente publicada como ensaio). Warde, que usava o pseudônimo Paul Beaujon, foi uma respeitada historiadora da tipologia e crítica da indústria de artes gráficas. Em 1927, por conta dos artigos de Beaujon no* Fleuron, *tornou-se editora do* Monotype Recorder, *publicado na Inglaterra pela Lanstone Monotype Company. "A taça de cristal" é o mais conhecido ensaio de Warde (e o mais reimpresso) sobre a clareza da tipologia e do design. Na introdução de seu livro* A taça de cristal, *uma coletânea de artigos, ela afirma que o ensaio contém ideias que precisam ser "ditas novamente em outros termos para muitas pessoas que, por causa da natureza de seu trabalho, têm de lidar com a aplicação de palavras impressas no papel – e que, por uma razão ou outra, correm o risco de ficar hipnotizadas pela complexidade das técnicas desse trabalho, assim como os pássaros supostamente ficam hipnotizados pelo olhar da serpente". – SH*

Imagine que você tem diante de si uma jarra de vinho. Para essa demonstração imaginária, você pode escolher a safra de sua preferência, desde que seja de um vermelho suave e profundo. Diante de você encontram-se duas taças. Uma é de ouro maciço, trabalhado com extrema delicadeza. A outra é de cristal, um vidro absolutamente claro, fino e transparente como uma bolha. Sirva-se e beba; dependendo da taça que você escolher, saberei se você é ou não um conhecedor de vinho. Pois se, por um motivo ou outro, o vinho não lhe diz nada, você desejará bebê-lo em um recipiente que pode ter custado milhares de libras; mas, se você faz parte daquela tribo em extinção, os amantes das safras de vinho de excelente qualidade, escolherá a taça de cristal, porque tudo nela foi calculado para *revelar*, e não para esconder, aquela coisa bela que ela está destinada a *conter*.

Acompanhe-me nesta metáfora prolixa e aromática e você descobrirá que quase todas as virtudes da taça de vinho perfeita têm paralelo na tipografia. A haste longa e fina evita que o bojo da taça fique marcado pelos dedos. Por quê? Porque nenhuma mancha pode se interpor entre seus olhos e a alma faiscante do líquido. As margens das páginas dos livros não se destinam, igualmente, a evitar a necessidade de manusear a mancha da página? Além disso, o vidro é incolor ou, no máximo, apenas levemente colorido no bojo, porque o conhecedor julga o vinho, em parte, por sua cor e fica impaciente com qualquer coisa que a altere. Milhares de maneirismos na tipografia são tão descarados e arbitrários como servir vinho do Porto em copos de vidro vermelho ou verde! Quando a base de uma taça parece pequena demais para ser segura, não importa o cuidado com que ela foi trabalhada, a pessoa fica nervosa, com medo de que ela vire. Existem maneiras de compor as linhas de tipos que podem funcionar bastante bem e que, no entanto, mantêm o leitor inconscientemente preocupado, com medo das linhas "dobradas", de ler três palavras como se fossem uma, e assim por diante.

Ora, o primeiro homem que escolheu o vidro em vez de argila ou metal para servir de recipiente ao vinho foi um "modernista", no sentido em que passarei a empregar esse termo. Isto é, a primeira pergunta que ele fez a respeito desse objeto específico não foi "Que aparência ele deve ter?", mas "O que ele precisa fazer?", e, desse ponto de vista, toda tipografia de qualidade é modernista.

O vinho é algo tão estranho e poderoso que em determinados lugares e épocas ocupa o centro dos rituais religiosos, enquanto em outros é combatido por uma mulher irada empunhando uma machadinha. Só existe uma coisa no mundo capaz de afetar e alterar a mente humana com a mesma intensidade: a manifestação coerente do pensamento. Esse é o principal milagre do homem, exclusivo dele. Não existe nenhuma "explicação" para o fato de que eu possa, arbitrariamente, produzir sons que levarão um estranho a pensar meu pensamento. Que eu consiga manter uma conversa unilateral por meio de marcas pretas no papel com uma pessoa desconhecida do outro lado do mundo é pura magia. Conversar, fazer transmissões radiofônicas, escrever e imprimir são, de maneira bastante literal, formas de *transferência de pensamento*, e essa capacidade e essa avidez de transferir e receber os conteúdos da mente é que são quase as únicas responsáveis pela civilização humana.

Se você concorda com isso, há de concordar com minha ideia principal, isto é, o que existe de mais importante na impressão é o fato de que ela transmite pensamentos, ideias e imagens de uma mente para outras. Tal declaração é o que se pode chamar de porta da frente do método tipográfico. Em seu interior existem centenas de cômodos, mas, a menos que partamos do princípio de que *a impressão destina-se a transmitir ideias específicas e coerentes*, é muito fácil nos descobrirmos em uma casa completamente inadequada.

Antes de perguntarmos a que conduz essa declaração, examinemos aquilo a que ela necessariamente não conduz. Se os livros são impressos para serem lidos, precisamos diferençar legibilidade do que o oftalmologista chamaria de visibilidade. Uma página composta em corpo 14, negrito, sem serifa é, de acordo com os testes de laboratório, mais "visível" do que uma composta em corpo 11, regular, com serifa. Nesse sentido, um orador público torna-se mais "audível" quando grita. Mas uma boa voz é aquela que é inaudível *como* voz. De novo a taça transparente! Não preciso lhe dizer que, se você começar a ouvir as inflexões e os ritmos de uma voz que vem do palanque, acabará dormindo. Quando você escuta uma canção em um idioma que não entende, na verdade parte de sua mente pega no sono, deixando que suas sensibilidades estéticas bastante independentes se satisfaçam, livres do controle racional. A Arte faz isso. No entanto, esse não é o propósito da impressão. Bem empregado, o tipo é invisível *como* tipo, exatamente da mesma forma que a voz perfeita é o veículo imperceptível para a transmissão de palavras e ideias.

Portanto, embora possamos dizer que a impressão pode ser agradável por muitos motivos, ela é importante, antes de mais nada, como recurso para fazer algo. É por isso que não é oportuno chamar qualquer papel impresso de obra de arte, especialmente de Grande Arte; isso significaria dizer que seu principal objetivo seria existir como expressão da beleza pela beleza e como deleite para os sentidos. Hoje em dia, quase se pode considerar a caligrafia uma Grande Arte, pelo fato de que seu principal propósito econômico e educacional deixou de existir; contudo, a impressão em inglês não pode ser classificada como arte até que o idioma inglês contemporâneo deixe de transmitir ideias para as futuras gerações e até que a própria impressão passe sua praticidade a um sucessor ainda inimaginável.

O labirinto dos processos tipográficos não tem fim, e a ideia da impressão como veículo é, ao menos na cabeça de todos os grandes tipógrafos com quem tive o privilégio de conversar, o fio que pode guiar você nesse labirinto. Por não terem essa humildade intelectual, vi designers ansiosos sair-se terrivelmente mal e cometer mais erros ridículos em razão do excesso de entusiasmo do que eu jamais imaginaria existir. E, com esse fio condutor, com essa intencionalidade no fundo da memória, é possível fazer as coisas mais inauditas e constatar que elas defendem você gloriosamente. Recorrer aos fundamentos simples e raciocinar com base neles não significa perda de tempo. Em meio à agitação de seus problemas pessoais, creio que você não se importará em gastar meia hora com um conjunto simples e claro de ideias comprometido com princípios abstratos.

Conversava, certa vez, com um homem que desenhara um tipo para publicidade que certamente você já utilizou. Eu disse algo sobre o que os artistas pensam a respeito de determinado problema, e ele afirmou com um gesto gracioso: "Ah, minha senhora, nós, artistas, não pensamos – nós *sentimos*!". No mesmo dia reproduzi esse comentário para outro designer conhecido meu, e ele, que tem menos inclinação poética, murmurou: "*Penso* que não estou me *sentindo* muito bem hoje!". Ele realmente acreditava que tinha razão, era do tipo que pensa, e é por isso que ele não era um pintor tão bom, mas, em minha opinião, um tipógrafo e designer de tipo dez vezes melhor do que o homem que instintivamente evitava qualquer coisa tão coerente como a razão.

Desconfio sempre da pessoa apaixonada pela tipografia que arranca a página impressa de um livro e a pendura na parede como se fosse um quadro, pois acredito que, a fim de satisfazer um prazer sensorial, ela mutila algo infinitamente mais importante. Lembro que T. M. Cleland, célebre tipógrafo norte-americano, certa vez me mostrou um layout muito bonito para o folheto de um Cadillac que continha ilustrações coloridas. Como não dispusesse do texto real para aplicar no desenho das páginas de prova, ele compusera as linhas em latim. O motivo não foi apenas aquele que você está pensando, caso tenha visto a famosa reprodução de *Quousque Tandem* das antigas fundidoras de tipo (ou seja, que o latim tem poucas descendentes, produzindo, portanto, uma linha extraordinariamente nivelada). Não, ele me disse que inicialmente havia composto o "palavreado" mais insípido que pôde encontrar (atrevo-me a dizer que foi extraído de *Hansard*), só que descobriu que a pessoa a quem o submeteu começava a ler e a fazer comentários sobre o texto. Fiz uma observação a respeito da capacidade mental dos membros dos conselhos diretores, mas o Sr. Cleland disse: "Não, você está enganada; se o leitor não tivesse sido praticamente forçado a ler – se não tivesse visto aquelas palavras subitamente impregnadas de *glamour* e significado –, o layout teria sido um fracasso. Compô-lo em italiano ou latim não passa de um jeito fácil de dizer: 'O texto que aparecerá não é este'."

Permita-me iniciar minhas conclusões específicas pela tipografia aplicada ao livro, porque ela contém todos os fundamentos, e depois tratar de alguns aspectos da publicidade.

A tarefa do tipógrafo de livro é erguer uma janela entre o leitor que está dentro da sala e a paisagem, que é composta pelas palavras do autor. Ele pode instalar uma janela de vidro colorido de uma beleza estonteante, mas que é um desastre como janela; ou seja, ele pode utilizar um tipo soberbo e magnífico como o gótico, que é algo para ser olhado, não para se olhar *através* dele. Ou pode trabalhar com aquilo que chamo de tipografia transparente ou invisível. Tenho um livro em casa do qual não guardo nem uma recordação visual sequer no que diz respeito a sua tipografia; quando penso nele, tudo o que vejo são os Três Mosqueteiros e seus companheiros percorrendo as ruas de Paris para cima e para baixo como um bando de valentões. O terceiro tipo de janela é aquele em que o vidro é dividido em placas de chumbo relativamente pequenas; isso corresponde ao que se chama hoje de "impressão fina", na qual ao menos se tem consciência de que existe uma janela ali e de que alguém teve prazer em construí-la. Isso não é censurável, por um fato muito importante que tem a ver com a psicologia do inconsciente: o olho mental focaliza *através* do tipo e não *sobre* ele. O tipo que, por meio de qualquer distorção arbitrária de design ou excesso de "cor", se interpõe à imagem mental a ser transmitida não é adequado. Nosso inconsciente sempre tem medo dos erros grosseiros (a que a composição ilógica, o espaçamento apertado e os textos muito extensos sem chamadas podem nos induzir), do tédio e da intromissão. O título repetitivo que não para de gritar, a linha que parece uma única palavra extensa, as maiúsculas apertadas umas às outras sem espaço fino – tudo isso significa estrabismo inconsciente e perda de foco mental.

E, se é verdade o que eu disse sobre a impressão de livros, mesmo das edições limitadas mais raras, é cinquenta vezes mais evidente na publicidade, na qual a única justificativa para comprar espaço é que se vai transmitir uma mensagem – vai-se inculcar um desejo direto na mente do leitor. É tristemente fácil desperdiçar metade do interesse do leitor em um anúncio compondo o simples e atrativo argumento em um tipo desconfortavelmente estranho à razoabilidade clássica do tipo usado em livro. Se tiver certeza de que o original é inútil como meio de vender bens, você poderá conseguir a atenção que desejar com o título e fazer os quadros tipográficos bonitos que quiser; mas, se tiver a felicidade de dispor de um original realmente de qualidade para trabalhar, sugiro que se lembre de que milhares de pessoas pagam um dinheiro ganho com suor pelo privilégio de ler páginas de livros compostas com sobriedade e de que apenas sua criatividade mais extravagante pode impedir que as pessoas leiam um texto verdadeiramente interessante.

A impressão exige humildade intelectual, e, por lhes faltar isso, muitas das grandes artes estão até agora patinando em experiências constrangedoras e sentimentaloides. Não existe nada de simples e insípido na realização de uma página clara. A ostentação vulgar é duplamente mais fácil que a disciplina. Quando perceber que a tipografia horrorosa nunca fica em segundo plano, você será capaz de agarrar a beleza como o homem sábio agarra a felicidade mirando outra coisa. O "tipógrafo-sensação" descobre a volubilidade das pessoas ricas que detestam ler. As extensas alusões a respeito de serifas e das partes salientes do corpo de um tipo não lhes dizem respeito e elas não saberão dar valor à separação que você faz em espaços finos. Ninguém (salvo os outros artistas) perceberá metade de sua habilidade. No entanto, você pode passar anos sem fim de venturosa experimentação imaginando aquela taça cristalina que merece conter a vindima da mente humana.

*Discurso proferido na Associação dos Designers Tipográficos,*
*outrora Corporação dos Tipógrafos Britânicos, Londres, 1932.*
*Publicado em* Beatrice Warde: The Crystal Goblet – Sixteen Essays
on Typography *(Cleveland e Nova York: World Publishing, 1956).*

# 1935
## RUMO A UMA TIPOLOGIA UNIVERSAL
*Herbert Bayer*

NO INÍCIO DA DÉCADA DE 1920, *os reformadores da tipologia alemã buscaram formas de substituir o alfabeto nacional – a Blackletter pontuda – por letras góticas simplificadas. Um de seus principais defensores foi o austríaco Herbert Bayer (1900-1985), que foi educado na Bauhaus de Weimar e que mais tarde ensinou na Bauhaus de Dassau, onde, de 1925 a 1928, dirigiu o departamento de tipografia e publicidade. Durante esse período, seus interesses – e a ênfase do departamento – passaram da litografia e da impressão manual para processos mais mecânicos e para uma investigação tipográfica mais criativa. Dedicado modernista profundamente influenciado pelo movimento De Stijl (1917-1932), Bayer atacou com veemência a redundância das serifas e das letras maiúsculas, defendendo, em vez disso, a economia do alfabeto sem serifa e a eficácia das minúsculas. Seu alfabeto universal de 1925-1927 ilustra de maneira notável esse argumento. Neste artigo, publicado sete anos após o fechamento da Bauhaus, Bayer – que nessa época morava na Alemanha nazista – explica as conveniências práticas de um sistema tipográfico que reflita as exigências funcionais da vida moderna. Aqui, uma renúncia aos traços "grossos para finos" contrasta com uma celebração da pureza da forma geométrica. – JH*

um passar de olhos pelo exemplar de um livro de tipos que seja publicado até por uma empresa impressora moderna revela uma compilação dos mais variados tipos de letras, os quais compõem, como um todo, uma mistura heterogênea de estilos da pior espécie. organizados em grupos e comparados com outras expressões dos períodos dos quais procedem, eles nos lembram de que:

hoje não nos baseamos no gótico, mas em nossa forma contemporânea.

não viajamos mais no lombo dos cavalos, mas em carros, trens e aviões.

não nos vestimos mais com crinolina, mas de maneira mais racional.

toda época tem suas características formais e culturais, que se revelam em seus modos de vida, em sua arquitetura e em sua literatura. o mesmo se aplica à linguagem e à escrita. reconhecemos de maneira bastante clara que as formas literárias das épocas passadas não pertencem ao tempo presente. o indivíduo que insistisse hoje em falar como se falava na idade média faria um papel ridículo.

veremos, mais adiante, que os designs tipográficos da tradição não atendem às exigências básicas da tipologia adequada ao uso de hoje. recordamos o longo caminho de avanços do design tipográfico, e não temos intenção alguma de criticar a herança que ora nos oprime. chegamos a um estágio, contudo, em que precisamos tomar a decisão de romper com o passado. quando deparamos com uma coleção de estilos tradicionais, deveríamos perceber que podemos recusar as antiquadas formas medievais, com a clara consciência das possibilidades de desenhar uma nova espécie de tipo mais adequada ao presente e àquilo que podemos antever do futuro.

nossa língua transformou-se ao longo dos séculos. ela tornou-se mais concisa, ocorreram transformações sonoras, novas palavras foram cunhadas, formaram-se outros conceitos. a própria língua precisa ser totalmente reorganizada – mas esse é um assunto vastíssimo. não vamos adentrar nele; limitar-nos-emos, em vez disso, ao exame do design tipográfico.

da massa heterogênea de tipos, alguns dos quais são ilustrados, surgiu, como último estágio, a forma do tipo romano clássico, com variações, até que se chegou à forma simplificada sem serifa, popularmente conhecida como "sem serifa" ou "sans". na inglaterra, o tipo mais conhecido dessa categoria é comumente conhecido como "gill sans", por causa do nome de seu designer, eric gill. o tipo sem serifa é o produto de nossa era. sua forma está em total harmonia com outras formas e fenômenos visíveis da vida moderna. nós lhe damos as boas-vindas como nosso tipo mais moderno. não podemos começar a inventar uma forma de tipo inteiramente nova, como deveria ocorrer paralelamente a uma radical reorganização da língua. devemos nos manter fiéis às formas básicas de nossas letras e tentar desenvolvê-las mais. o tipo romano clássico, a forma original de todas as variações históricas do tipo, deve continuar a ser nosso ponto de partida. todas as variações de aparência constituíram-se livremente, de acordo com o estilo e a caligrafia do designer tipográfico, e foi precisamente essa liberdade a responsável por tantos equívocos. de qualquer modo, a geometria nos fornece as formas mais precisas. os esforços de albrecht dürer para reduzir tanto o tipo romano como o gótico alemão a seus elementos básicos estruturais infelizmente nunca ultrapassaram a etapa experimental. o *tipo-bayer* produzido pela fundição de tipos berthold representa uma tentativa prática de dar uma expressão moderna ao tipo romano clássico por meio da construção geométrica da forma. como se lê demais atualmente, não se deve dificultar a vida do leitor. há coisas que têm de ser lidas de longe, e as letras precisam ser visíveis de uma distância considerável. não é sem razão que os oculistas usam uma tipologia clara quando examinam a vista dos pacientes.

tem-se escrito muita coisa a respeito da legibilidade do tipo. os oculistas não podem apresentar provas definitivas, porque suas experiências são influenciadas por hábitos aos quais os pacientes já estão acostumados. descobre-se, por exemplo, que pessoas idosas com problema de visão muitas vezes leem mais facilmente o tipo gótico complexo do que o tipo romano claro, porque estão acostumadas ao primeiro. no entanto, a conclusão a que se chegou com a pesquisa é que, quanto mais as letras, tomadas individualmente, têm formas parecidas entre si, menos visível é o tipo. essa conclusão pode ser incorreta, já que não é difícil encontrar tipos ilegíveis cujas letras, tomadas individualmente, apresentam formas extremamente diferentes entre si, caso seja esse o único aspecto levado em conta. por conseguinte, onde procurar a harmonia da forma e a forma estrutural básica de nossos tipos? outras pesquisas demonstraram que conjuntos completos de letras – não letras isoladas, mas palavras – são captados imediatamente pelo olhar. se levarmos essa dedução a sua conclusão lógica, o que teremos serão imagens ópticas de palavras (semelhantes aos símbolos chineses) e nenhum tipo com letras separadas. pessoalmente, acredito na seguinte concepção lógica: quanto mais simples é a forma da letra, mais fácil é ver, ler e fixar o tipo na memória. nos períodos clássicos, as letras maiúsculas (as únicas utilizadas) eram desenhadas com pincel de ardósia e entalhadas com cinzel. sua forma certamente estava intimamente ligada a essas ferramentas. a minúscula surgiu gradualmente no início da idade média com a utilização da pena e, consequentemente, herdou as características da escrita manual. posteriormente, ambos os alfabetos se adaptaram, e ainda percebemos em todos os tipos o elemento básico característico do traço superior fino e do traço inferior grosso. essas características se conservaram até hoje. mas será que precisamos de tal simulação de precedente em uma época em que 90 por cento de tudo o que se lê é escrito em uma máquina de escrever ou composto em uma máquina impressora, em que a escrita manual desempenha somente um papel secundário e em que o tipo poderia ter uma forma muito mais simples e consistente?

acredito, por isso, que são estas as exigências de um novo alfabeto:

fundamento geométrico de cada letra, resultando em uma construção sintética com poucos elementos básicos. eliminação de qualquer indício da letra manuscrita, espessura uniforme de todas as partes da letra e renúncia a todos os sinais de traços superiores e inferiores. simplificação da forma em prol da legibilidade (quanto mais simples a aparência visual, mais fácil a compreensão).

uma forma básica que será suficiente para diferentes aplicações, de tal maneira que a mesma letra seja adaptável a diversas finalidades: impressão, datilografia, escrita à mão e em estêncil etc.

tais reflexões servirão de fundamento para o esforço de desenhar um tipo novo. mas por que escrevemos e imprimimos com dois alfabetos? não é necessário ter um símbolo grande *e* um pequeno para um único som. nós não pronunciamos um *a* maiúsculo e um *a* minúsculo.

necessitamos de um alfabeto com um único tipo de letra. ele nos proporciona o mesmo resultado que o tipo misto de letras maiúsculas e minúsculas e, ao mesmo tempo, é um peso a menos para as crianças que começam a frequentar a escola, para os estudantes, para os profissionais liberais e para os homens de negócios. ele pode ser escrito de maneira muito mais rápida, especialmente na máquina de escrever, que não precisaria ter uma tecla de maiúscula. portanto, seria mais fácil aprender a datilografar. as máquinas de escrever seriam mais baratas por serem mais simples de fabricar. a composição tipográfica seria mais barata e os blocos de tipos, menores; as empresas de impressão economizariam espaço. a escrita e o envio de documentos feitos nos escritórios seriam muito mais baratos. esses fatos aplicam-se de maneira muito especial ao idioma inglês, em que o uso de letras maiúsculas ocorre muito raramente. parece incompreensível por que um aparato tão imenso seria necessário para um emprego tão insignificante de maiúsculas. caso se considere necessário destacar o início das frases, isso pode ser feito por meio do negrito ou de um espaçamento maior. nomes próprios também podem ser mostrados de outra maneira, mas teria de ser criado um símbolo uniforme para o "i". prosseguindo com este raciocínio até sua conclusão lógica, percebemos que o som da língua precisa receber uma forma visual sistemática. a fim de obter um tipo simplificado, oposto ao que se utiliza hoje, as sílabas que se repetem com frequência e os sons associados (ditongos etc.) devem receber novos sinais tipográficos. AS LETRAS MAIÚSCULAS DE OUTRORA SÃO DIFÍCEIS DE LER QUANDO ASSUMEM A FORMA DE FRASES. CONSEQUENTEMENTE, É IMPOSSÍVEL LEVÁ-LAS EM CONSIDERAÇÃO. restam apenas as pequenas letras de nosso atual alfabeto de minúsculas. ele deve ser a base de nosso alfabeto de tipo único. e a frase escrita em um alfabeto de tipo único, que possui intrinsecamente uma construção formalmente compacta, não é mais harmoniosa, logicamente, do que uma frase baseada em dois alfabetos, que são completamente diferentes um do outro em forma e tamanho?

*Publicado originalmente em PM 4, n. 2 (dezembro-janeiro 1939-1940).*

# 1936
# A ARTE DA PROPAGANDA NOS ESTADOS UNIDOS
## Earnest Elmo Calkins

FOI O LUCRO, E NÃO *alguma ética utópica ou ideal estético, que pavimentou o caminho para o modernismo comercial nos Estados Unidos. O modernismo foi apresentado ao conservador mercado norte-americano, em grande medida, no final da década de 1920, pela publicidade criada por Earnest Elmo Calkins (1868-1964), publicitário pioneiro e fundador da Calkins and Holden Advertising Co., em Nova York. Embora não fosse artista nem designer, Calkins percebia claramente a influência que a imagem de uma embalagem e de uma promoção criativas podiam ter no comportamento popular. Ele admirava a habilidade dos europeus em harmonizar as inovações de vanguarda com as necessidades comerciais; os resultados, dizia ele, nem sempre eram bonitos, mas eram "diabolicamente engenhosos". Calkins promoveu ideias de marketing como "engenharia de consumo", "obsolescência forçada" e "estilização de produtos". Escreveu muitas vezes de maneira crítica acerca das limitações da publicidade como força criativa e defendeu energicamente o ponto de vista de que a modernidade era o meio mais adequado de aumentar o consumismo e, portanto, a produtividade. – SH*

Seja qual for o propósito, uma seleção das ilustrações e designs usados na publicidade é sempre eclética. Ela nunca representa um corte transversal, mas simplesmente a nata que fica no topo. Um corte transversal mostraria uma grande maioria de obras horrorosas, desinteressantes e banais, tendo, por cima, a cereja de uma arte mais satisfatória utilizada de maneira mais inteligente.

A fim de apresentar o que se conseguiu com a aplicação do design aos negócios, e especialmente à publicidade, fazemos uma seleção dos melhores exemplos de cada gênero e deixamos de lado os menos representativos. É significativo que, toda vez que se faz essa avaliação, o número de exemplos de obras de qualidade aumenta, de tal modo que a escolha se torna mais difícil, e que, agora, nenhuma exposição de porte médio seja grande o bastante para representar todas as obras verdadeiramente excelentes que estão sendo realizadas. Milhares de designs são produzidos mensalmente pelos departamentos de arte das agências de publicidade e pelos artistas independentes que trabalham como *free-lancers* em seus estúdios, e mais e mais essas produções satisfazem do ponto de vista estético, e, o que é mais importante, maior número delas está adaptado de maneira mais definitiva e inteligente ao objetivo de vender mercadorias.

Houve um tempo em que se considerava façanha conseguir convencer o homem de negócios a permitir que um artista realizasse uma ilustração de qualidade para ele. A ilustração era, então, enquadrada no impresso para compor a página publicitária tão habilmente quanto possível naquelas circunstâncias, obtendo-se às vezes resultados muito agradáveis. Tendo persuadido o anunciante a comprar e pagar pela arte de qualidade e a permitir que o artista se exprimisse de acordo com seu talento, o diretor de arte publicitário foi além, fazendo da ilustração ou do design não apenas uma obra de arte isolada, mas também uma parte de sua página. A obra de arte e a tipografia se entrelaçaram a tal ponto para produzir uma unidade que o crédito de muitas das melhores páginas das revistas norte-americanas tem de ser dividido entre o diretor de arte, o leiautista e o artista.

Isso ampliou enormemente o uso da arte na publicidade, dando oportunidade a um número infinito de iniciativas criativas. Em vez de uma única ilustração e um único bloco de texto, as ilustrações, com frequência coloridas, espalharam-se pelo texto todo, tornando o resultado mais claro e dando a ele uma vivacidade e uma alegria que se harmonizavam com uma época de poucos contrastes em rápido processo de transformação. Desse modo, a publicidade tende a exprimir não apenas as mercadorias oferecidas, mas também o ritmo e o espírito dos clientes que as compram.

O ponto de excelência mais alto na arte publicitária é alcançado nas páginas das revistas. Por uma série de razões, não existe nos Estados Unidos o trabalho com pôster, como é comum na Europa. A primeira delas é a forma e o tamanho de nossos porta-anúncios. Em vez da chapa menor e mais harmônica usada na Europa, temos uma chapa grande retangular que não se presta a um design de qualidade. Mais do que isso, por algum motivo, não vemos na criação do pôster a mesma liberdade de expressão, a mesma ousadia e originalidade presentes nas páginas de anúncios das revistas. Consequentemente, nossas melhores obras não se encontram nos porta-anúncios como na Europa, e sim nas páginas coloridas que enfeitam as revistas, as quais rivalizam em interesse e atratividade, com sucesso, com a parte editorial da publicação.

O design preto e branco dos jornais está melhorando. Cada vez mais se dá atenção às técnicas que proporcionam uma impressão de qualidade nas condições exigentes da imprensa jornalística, embora nesse caso os anúncios estejam sujeitos aos padrões de composição predominantes nos jornais e aos limites impostos pelo rápido processo de impressão. Os anúncios são vistos mais em combinação com outros anúncios e com a apresentação monótona das notícias e não têm a inteireza e o isolamento que lhes é próprio quando ocupam uma página de revista.

O uso da cor nas revistas está aumentando, estimulado pelos enormes progressos na impressão em cores adotada pelos editores e pela evidente vantagem que a cor oferece ao anunciante, não apenas pela apresentação realista de seus produtos, mas também porque funciona como chamariz. A tendência de empregar cores vivas e padrões interessantes gerados pelo uso inteligente dos próprios produtos, movimento iniciado por Rene Clarke, começou a caracterizar grande número de anúncios coloridos das revistas. Essa tendência confunde-se muitas vezes com o modernismo, sendo bastante utilizada pelo design modernista, mas não é aquilo que se conhece tecnicamente como modernismo, assim como não representa uma expressão da vida contemporânea. A obra de Rene Clarke não é modernista. Não pertence a nenhuma escola. Ela é a expressão individual de um artista que trabalha à sua maneira, que reflete o mundo tal como o vê, construindo padrões interessantes com base em objetos comuns do dia a dia e criando novos efeitos, revelando quanta beleza existe nas coisas simples quando damos a elas uma nova disposição ou quando as examinamos de ângulos diferentes. Foi essa liderança na introdução de um tratamento novo do design publicitário, com suas infinitas possibilidades, que lhe garantiu a Medalha de Ouro Bok no ano passado.

O modernismo, ou aquilo que se entende como modernismo, influenciou profundamente o design publicitário norte-americano tanto no tratamento pictórico como no tipográfico. Embora grande parte daquilo que é mera excentricidade, a tentativa de ser diferente, seja erroneamente classificada como modernismo, o movimento representa, em essência, um esforço para se livrar do antigo tratamento realista, o qual alcançou um nível de excelência tão insípido nas naturezas-mortas que tornou difícil transmitir a um anúncio, por meio dos antigos métodos, a clareza e a individualidade que ele deve ter.

Cada vez mais os diretores de arte têm se empenhado em exprimir não apenas as coisas, mas também as ideias, não tanto a imagem de um automóvel quanto o movimento, a ação, o arrebatamento; não tanto um produto supérfluo quanto a sedução, o encanto, o fascínio; não tanto um alimento matinal quanto o prazer gustativo, o vigor, a saúde, as vitaminas, a luz do sol. Os melhores resultados são alcançados quando o diretor de arte, o leiautista e o artista trabalham em total sintonia e o anúncio todo é um objeto complexo plenamente harmonioso, utilizando-se habilmente a arte, a tipologia, o papel branco, a reprodução, o título e o conceito para gerar emoção no espectador. As linhas do anúncio todo, tanto a tipologia como a ilustração, dirigem o olhar de maneira precisa para o ponto principal – o nome, o produto, sua função. A velocidade é sugerida nas coisas rápidas; o bem-estar, nas coisas que o proporcionam; a elegância, nos materiais da moda – sugeridos, subentendidos, mais do que afirmados. Esse trabalho em equipe é reconhecido de diversas maneiras. Nos prêmios Bok, por exemplo, a distinção muitas vezes é dividida entre os dois ou três indivíduos que contribuíram para o resultado. Deve-se mencionar que a maior quantidade de informações introduzida no design publicitário afetou profundamente não apenas as embalagens em que as mercadorias são vendidas, mas as próprias mercadorias. A estilização de produtos manufaturados, que se tornou um movimento difundido em todo o país, é um efeito colateral do aperfeiçoamento do design publicitário. A estilização de produtos representa um esforço para introduzir cor, design e elegância nos produtos que, durante anos, foram aceitos com sua aparência pesada e insípida. O objetivo é fazer com que o cliente não se contente mais com o antigo modelo de caneta-tinteiro, de utensílio para cozinha ou banheiro ou de automóvel, porque ele é antiquado e ultrapassado. O termo técnico desse conceito é obsolescência. Não esperamos mais que as coisas se desgastem com o uso. Nós as trocamos por outras que, embora não sejam mais eficientes, são mais atraentes.

Isso ofereceu um campo novo para nossos artistas e designers, o qual se tornou lucrativo. A companhia telefônica, uma das maiores corporações dos Estados Unidos, ficou bastante impressionada com a substituição feita pelos clientes do modelo-padrão norte-americano pelo chamado telefone francês, embora sua instalação acarretasse uma multa de cinquenta centavos, acrescida ao aluguel mensal. A população foi influenciada, em parte, pela conveniência do telefone de peça única e, em parte, pela forma mais atraente. Acolhendo essa ordem do consumidor, a companhia telefônica contratou um pequeno e seleto grupo de artistas de reputação nacional para criar um telefone nos moldes do modelo francês que pudesse ocupar devidamente seu lugar entre os acessórios da casa e do escritório modernos. Algo semelhante está ocorrendo em todas as atividades comerciais, e, à medida que os próprios produtos adquirem uma pequena dose de bom gosto, a obra do designer publicitário atinge, ao apresentá-los, novos píncaros de ousadia e criatividade.

Não há dúvida alguma de que o design comercial é, hoje, o maior campo de atuação profissional para o artista. Nenhuma outra área, nem todas elas juntas, oferece retorno financeiro tão grande ou notoriedade tão gratificante. Hoje, o indivíduo que cria as linhas externas de um automóvel é tão reconhecido como o escultor de uma estátua. Quem pinta uma ilustração para um anúncio de sucesso é considerado tão artista como aquele que pinta um mural. Não há mais diferença entre o artista comercial e o artista da grande arte. Ambos são o mesmo artista.

Na cidade de Nova York existe uma organização chamada Associação dos Artistas Free-Lancers, com cerca de 350 membros, incluindo os rapazes mais admiráveis da cidade. Esses indivíduos estão disponíveis para fazer design publicitário ou ilustrações de revistas e livros. Seu trabalho frequentemente vai além do simples desenho de ilustrações para os livros. Ele inclui sugestões de layout, formato, tipologia, design da capa, páginas de guarda e sobrecapa do livro. Embora não deixem de ser artistas, são pessoas práticas. São um fruto tão legítimo da época como o foram os inúmeros pintores de temas religiosos que criaram o mundo da arte do século XV.

Os mais jovens cresceram na tradição da arte comercial. Eles descobriram que podem aceitá-la sem sacrificar seus ideais artísticos, mas que se trata de um campo técnico que exige estudo e proximidade para a aplicação adequada da capacidade artística, exatamente como a arquitetura e a pintura mural. As pessoas que fornecem arte para a publicidade também pintam quadros para o próprio deleite, os quais são expostos em galerias exatamente como acontecia com os da antiga escola acadêmica de artistas. Uma agência de publicidade em Nova York tem entre as pessoas de sua equipe uma sociedade artística, conhecida como The Islanders, com dezoito membros, cujas exposições anuais são devidamente avaliadas e comentadas pelos editores de arte de jornais e revistas, como se eles fossem pura e simplesmente artistas do cavalete que não tivessem nenhum outro escoadouro para suas energias e talentos.

O artista que trabalha com design publicitário não se encontra mais completamente à mercê do homem de negócios cuja crítica paralisava todas as fontes de inspiração. Mesmo quando o anunciante não está preparado para julgar a obra de arte, ele tem uma simpatia crescente pelo papel influente que a arte pode desempenhar na publicidade de seu negócio, e cada vez mais esses senhores do destino estão começando a adquirir um vislumbre dos princípios artísticos. Mais do que isso, porém, entre o artista e o anunciante existe hoje o diretor de arte, que é um juiz competente da obra de arte do ponto de vista do artista e, ao mesmo tempo, compreende claramente o papel que a arte deve desempenhar na publicidade. Com sua simpatia, conhecimento e diplomacia, ele é capaz de produzir uma solda entre os objetivos e os desejos do anunciante e o talento e a integridade do artista. O resultado é que, atualmente, investe-se tanto trabalho sincero, capaz e inspirado no design publicitário como em qualquer outra forma de arte.

Como dito antes, isso não quer dizer que toda arte publicitária seja boa. A maior parte dela ainda é medíocre e comum. Embora poucos na vanguarda a utilizem de maneira inteligente e aproveitando plenamente a capacidade do artista, cada ano que passa fica patente que o bom design é mais eficaz que o ruim para vender produtos. Um número cada vez maior de publicitários adota esse ponto de vista. Os Prêmios Harvard dedicam uma atenção especial e mostram um reconhecimento particular à aparência física na publicidade. A exposição anual dos diretores de arte tem uma dificuldade cada vez maior de selecionar 350 designs entre os milhares com qualidade suficiente para serem expostos em suas paredes. Surgem novas revistas dedicadas ao aspecto estético da publicidade. Fundidores de bronze, fabricantes de automóveis, de móveis e de câmeras, perfumistas, entre outros, recorrem aos mesmos artistas que têm produzido os melhores designs publicitários, em busca de conselhos e ajuda para estilizar seus produtos. Como exemplo interessante da preponderância da ideia de que o bom gosto é fator influente na venda de mercadorias, veja o caso do fabricante de um aparelho auditivo elétrico para surdos que pediu a um artista que fizesse um novo projeto para seu dispositivo.

Dá-se quase a mesma atenção aos locais em que os produtos são vendidos que aos próprios produtos e a sua publicidade. Em toda parte, muitos prédios antigos, utilizados como fábricas ou lojas de varejo, têm sido projetados de acordo com a tendência moderna. Todas essas manifestações de uma nova tendência do design no comércio brotaram do impulso inicial de aplicar ao design publicitário a melhor arte que se pudesse obter. Considerado no conjunto, o movimento está transformando lentamente a nação industrial norte-americana. É a única esperança de beleza que temos na era da máquina.

*Publicado originalmente em* Studio Yearbook *(Londres: The Studio, 1936).*

# 1938
# EXPRESSÃO VISUAL
## Ashley Havinden

Nas décadas de 1920 e 1930, *Ashley Havinden (1903-1973) era o principal expoente das influências modernistas na arte comercial britânica. Como diretor de arte da agência de publicidade W. S. Crawford, ele criou campanhas para os carros Chrysler, para a Simpson de Piccadilly e para o Conselho de Marketing do Leite, animado do espírito, se não dos procedimentos visuais precisos, de Tschichold, Moholy-Nagy e da Bauhaus. Ashley, como era conhecido, foi um firme e precoce defensor da necessidade de que os designers gráficos estudassem pintura, escultura e arquitetura para se orientar e se inspirar durante a criação das formas visuais contemporâneas, como demonstra seu ensaio para a revista de Robert Harling,* Typography *(1936-1939). Seu artigo também é incomum para a época, pela ênfase que dá à relação entre escritor e designer e pelos comentários de advertência acerca das armadilhas de reduzir os dinâmicos estilos de design do continente a um maneirismo visual, à custa do significado linguístico. Em suas observações prescientes, Ashley antevê o desenvolvimento do design no pós-guerra e os dilemas dessa atividade profissional.* – RP

Chamei estes apontamentos de "Expressão visual" porque parece ser o que melhor define o trabalho do designer no campo da publicidade e dos anúncios. Sua tarefa é transmitir ideias para o público por meio de imagens e palavras. E o problema que ele tem de resolver é como criar formas visuais que sejam um amálgama das duas e próprias para serem reproduzidas pela impressora.

A maioria dos designers foi artista antes; e a educação do artista, somada a suas inclinações voltadas à expressão, o leva a criar obras completas em si mesmas, sem o acréscimo de nenhuma palavra, e também um fim em si mesmas, não importa o material de que sejam feitas.

Portanto, o processo de impressão e reprodução – bem como a introdução de palavras, tanto em chamadas como no texto – traz um elemento novo para a perspectiva do designer.

Ele começa a estudar o tema impressão e descobre que os impressores estão em atividade há algumas centenas de anos. Os primeiros impressores trouxeram muita integridade a sua profissão, e, naturalmente, certa tradição de forma e excelência profissional surgiu como padrão para os futuros impressores.

Esse padrão de excelência profissional variou um pouco nos diferentes períodos; às vezes foi elevado, às vezes muito baixo. Seu nível mais baixo talvez tenha sido atingido como consequência da Revolução Industrial. E todos nós sabemos como William Morris empenhou-se para retornar a um padrão de qualidade ao tomar a forma do livro medieval como modelo.

No entanto, essa luta foi árdua e, de certo modo, inglória, porque ele não levou em conta a transformação das condições causada pelo advento das máquinas e, consequentemente, as novas exigências do impressor. Não foi capaz de perceber que, da mesma forma que a máquina estava invadindo outras atividades artesanais, ela também invadiria a atividade da impressão, transformando-a de uma arte em uma indústria.

Como era uma pessoa de grande influência, penso que ele é responsável, de certa maneira, por muitas das dificuldades estéticas com que a impressão comercial ainda depara.

Para Morris, como para muitos de sua época, a cultura parecia inseparável do artesanato, e a chegada da invenção mecânica só podia significar a morte da cultura! Assim, em vez de estimular o desenvolvimento das invenções relacionadas à impressão com seu gênio criativo, ele simplesmente tentou conter a tendência, reafirmando as tradições do impressor medieval.

O protesto cultural liderado por Ruskin e Morris teve o efeito de tornar o ritmo da indústria nascente um pouco vacilante. Com vergonha de suas tendências aparentemente anticulturais, esta tentou manter as aparências esforçando-se para fundir seus moldes feitos à máquina de acordo com a imagem dos modelos feitos à mão do passado.

Tal postura ajudou a impedir o surgimento de qualquer estética autêntica resultante das novas técnicas. Creio que essa estética poderia ter surgido mais rapidamente se as pessoas envolvidas com as novas técnicas tivessem sido menos influenciadas pelo idealismo tradicional.

Penso que hoje todos nós reconhecemos que novas formas e, na verdade, novos padrões são necessários se quisermos nos adaptar às condições modificadas da atualidade.

Um bom exemplo dessa mudança de condições foi mostrado no Pavilon de Publicité da Exposição de Paris. Ele baseava-se em uma comparação entre pôsteres criados no passado e pôsteres criados para atender às condições atuais. Essa comparação era feita por meio de três faixas móveis, uma acima da outra.

A inferior trazia o design antigo e movia-se lentamente (a cerca de quinze quilômetros por hora, que é a velocidade aproximada de um observador de trinta anos atrás). O design era perfeitamente compreensível. Entretanto, quando esse mesmo pôster era mostrado na faixa do meio, passando a cerca de sessenta quilômetros por hora (a velocidade aproximada de um observador contemporâneo de automóvel), ele se tornava um borrão – não aparecia nada!

Acima dele, em outra faixa, que passava a sessenta quilômetros por hora, havia um pôster contemporâneo de qualidade cujo design havia sido organizado para transmitir sua mensagem rapidamente, e percebia-se que, a essa velocidade, ele continuava perfeitamente legível e compreensível.

A ideia da demonstração, creio que de Jean Carlu, foi extremamente bem-sucedida em comprovar seu argumento – a saber, que condições alteradas significam uma nova abordagem do designer.

A impressão comercial existe na enorme escala de hoje unicamente por causa da demanda da indústria mecanizada e porque ela própria se mecanizou para atender a essa demanda.

É mais provável, portanto, que novas formas surjam espontaneamente de novos métodos se a mente estiver livre de preocupações com as formas criadas pelos antigos métodos.

O impressor primitivo trabalhava na suposição de que, se ele produzisse seu livro, folheto ou cartaz de maneira suficientemente eficiente, este seria examinado cuidadosamente pelo público (que fosse alfabetizado) em razão de um genuíno interesse em compreender o que ele havia imprimido.

É claro que isso ainda é verdadeiro no que diz respeito ao livro médio, porque, quando as pessoas compram um livro – desde que ele seja suficientemente legível –, elas têm a intenção de lê-lo. Se desistem no meio, é porque o escritor não conseguiu mantê-las interessadas, e não porque o impressor não conseguiu tornar a aparência das páginas suficientemente atraente.

Esteticamente, portanto, a tradição refinada do papel de qualidade (artesanal, se possível, como ideal), dos tipos legíveis bem-proporcionados, organizados de maneira simples e simétrica, com margens generosas, ainda é adequada para a produção de livros contemporânea. Exceto, é claro, no que diz respeito a determinados tipos de livros didáticos e livros ilustrados por fotógrafos. Estes podem exigir um tratamento inteiramente diverso.

Ora, comparadas a isso, as necessidades da empresa comercial e da concorrência abriram um imenso e completamente novo campo de expressão para a impressão e o design.

No passado, antes de o comércio em larga escala ter assumido um papel de tamanha importância na vida das pessoas, o próprio impressor era o designer-produtor, determinando o que deveria ser feito em impressão! Foi a luta do impressor que, na tentativa de solucionar a grande quantidade de novos problemas de design e contando apenas com suas tradições livreiras, levou à aparência caótica e desordenada de grande parte da impressão comercial do início deste século.

Por exemplo, o impressor que tentava ser fiel a suas tradições ressentiu-se da introdução do papel cuchê, que ele achava que tinha de usar se fosse produzir um catálogo que contivesse cadernos com impressão em meio-tom e/ou de fotografias. A própria presença do meio-tom já parecia um anacronismo – bem distante do uso do abominável papel "cuchê"!

Para aumentar essas dificuldades, o cliente queria pôr mais material, na forma de títulos, texto e *slogans*, do que era possível acomodar de maneira decente nas poucas folhas de papel que o custo do trabalho permitia.

Ou o impressor educava o cliente ou tinha de fazer o trabalho e aguentar. Ele acabou percebendo, na verdade, que o cliente não queria ser educado. Ele queria um folheto que vendesse seu produto, não um folheto que representasse um marco na história da impressão!

Como um catálogo de geladeiras, por exemplo, pode ser um impresso de qualidade e um material de promoção de vendas eficiente se sua aparência for baseada na estética de um folheto medieval? E, a esse respeito, como pode um anúncio na imprensa ser convincente se ele finge reproduzir a página de um livro de *belles-lettres* do século XVIII? Especialmente se o produto a ser vendido é considerado a última palavra em carros de alta velocidade.

Portanto, o designer que trabalha hoje na área comercial vê-se diante de um problema de proporções não desprezíveis. Ele percebe que, para manter-se em dia com as outras invenções da vida moderna, as exigências do comércio estimularam a criação de meios de reprodução.

O desejo de reproduzir rapidamente a fotografia levou à invenção dos blocos de meio-tom. O antigo e trabalhoso método de fazer gravações a partir dos desenhos dos artistas foi suplantado pela chapa de metal composta fotograficamente. Então vieram: a fotogravura; a chapa tricolor; a litografia em offset; a grande máquina impressora rotativa, que utiliza bobinas de papel; as máquinas Monotype e Lynotype; o sistema Ludlow; experiências que estão sendo desenvolvidas hoje para aperfeiçoar um recurso de composição que utiliza a fotografia; a técnica de Jean Berté; a técnica de silkscreen; métodos de impressão em vidro, em celofane, em metal; o desenvolvimento do plástico para exposição em lojas e embalagens; os símbolos elétricos no céu de Neon; o símbolo de Franco; o acabamento em espiral; os papéis metálicos; o papel de parede aveludado; papéis de revestimento que imitam madeira, e assim por diante...

Hoje, toda essa imensa criatividade técnica está a serviço dos designers. É claro que se pode fazer algo novo e admirável com isso tudo! Na verdade, o motivo pelo qual o designer comercial veio a existir é que foi necessário que alguém explorasse esses extraordinários recursos novos.

Entretanto, se a posse de tais recursos o torna um homem rico, até que ponto ele também precisa do importante apoio deles? Pois hoje ele enfrenta uma concorrência pela atenção do público sem precedentes. Seu trabalho é a publicidade, mas ele logo descobre que muitas pessoas estão envolvidas com o mesmo trabalho. A prova disso está em toda parte.

Quando anda pelas ruas, ele depara com imensos quadros luminosos rodeados de tapumes cheios de pôsteres!

As vitrines das lojas estão abarrotadas de *banners* e *displays*!

Sua caixa postal está entupida de catálogos, brochuras e folhetos de todo tipo!

Seu jornal diário está quase incompreensível por causa da enorme quantidade de anúncios.

E até mesmo as revistas na sala de espera do barbeiro ou do dentista estão mais recheadas de anúncios do que de conteúdo editorial.

É evidente, portanto, que, se qualquer uma dessas técnicas publicitárias quiser prender a atenção do público de maneira eficaz, ela primeiro precisa atraí-la!

Esse fato representa o primeiro problema do designer – podendo, muito facilmente, ser sua primeira armadilha –, porque, nesse momento, ele entra em conflito com o redator, que, por ser normalmente um indivíduo livresco, tem predileção pelas palavras e pensa que o público compartilha de seu entusiasmo!

É preciso compreender que o redator é o principal colaborador do designer, e é dessa colaboração que o designer espera realizar a fusão entre palavras e imagens citada no início deste artigo.

No entanto, o redator é um tagarela muito sedutor, já que sua arte se baseia no emprego convincente das palavras. Em qualquer troca de ideias com o designer, a tendência é que ele mantenha o controle!

Consequentemente, é fácil o designer excessivamente influenciado supor que o que ele tem a fazer é esforçar-se e chamar a atenção ilustrando literalmente qualquer texto que o redator lhe passe.

Nessa etapa inicial da colaboração com o redator, ele ainda não tem consciência da diferença fundamental entre conceitos gráficos e literários – e, como o redator não tem a menor ideia do que são conceitos gráficos, ele não está em condições de transmitir sua importância ao designer.

Farei um esforço para dar um exemplo do que estou querendo dizer, o qual, embora exagerado, é bastante característico. Suponhamos que o redator tenha passado ao designer o seguinte texto para um anúncio de jornal:

*"As meias Smith duram tanto quanto as pirâmides!"*

Essa é a grande oportunidade do designer; não se esqueça de que ele está ansioso para chamar a atenção para essa afirmação!

A ideia de ilustrar as meias parece ser óbvia *demais* e não muito extraordinária. Mas as pirâmides... ah! Existe algo de dramático nelas – além de suas proporções, elas apresentam inúmeras possibilidades artísticas; além disso, são, evidentemente, o ponto crucial do argumento do redator para fazer o público comprar as meias Smith!

O que poderia ser melhor, portanto, do que um desenho imponente das pirâmides? Sua forma irregular também sugere todo tipo de possibilidades cubistas, que dão à ilustração um aspecto realmente moderno!

No que diz respeito à aparência moderna, o redator não está muito seguro, mas o designer está bastante convencido de que ela é essencial.

O design está feito, e, como o texto é curto, deixa-se um pequeno espaço embaixo da ilustração para acomodá-lo. Ele é composto, claro, em letra egípcia, para combinar com a ilustração.

Para atender à finalidade de meu exemplo, devemos pressupor que o cliente, o Sr. Smith, está devidamente satisfeito com a engenhosa ideia de associar suas meias às mundialmente famosas pirâmides. Ele acha que são nobres e impressionantes e que enaltecem o bom nome da empresa!

Nesse ponto, precisamos lembrar que o Sr. Smith é um fabricante de meias, não um especialista em publicidade; nada mais natural, portanto, que ele confie nos conselhos de seus assistentes em publicidade – no caso, nosso redator e nosso designer.

O anúncio segue então para os jornais, de modo que, no dia seguinte, os olhos do público deparam com essa dramática proclamação. Não há dúvida de que o designer foi bem-sucedido em seu trabalho. Sua ilustração *de fato* chama a atenção.

Contudo, ele não levou em conta o seguinte aspecto: o interessante em uma imagem literária é que ela desperte na mente apenas uma associação abstrata, que sirva para revelar o significado do conceito.

A imagem das pirâmides criada pelo redator é legítima, mas a elaboração feita pelo designer, transformando-a em uma realidade tangível, afasta a mente do assunto, porque não existe nenhuma ligação verdadeira entre as pirâmides e as meias do Sr. Smith.

Como o olhar percebe mais rapidamente a imagem gráfica do que o texto, a mente corre o risco de enveredar por outros caminhos, como "Puxa, como seria divertido ir ao Egito nas próximas férias!". Consequentemente, ela não está disposta a voltar à análise mais banal das meias Smith.

Portanto, o esforço original para atrair rapidamente a atenção do público para as virtudes das meias Smith foi amplamente desperdiçado pelo designer.

Se admitirmos que a frase do redator bastava para vender as meias do Sr. Smith, certamente teria sido melhor compô-la com destaque, utilizando todo o espaço do anúncio, permitindo, assim, que ele dependesse do tamanho e da brevidade da frase para atrair a atenção para si.

Ou, quem sabe, melhor ainda, se as meias do Sr. Smith duram tanto quanto as pirâmides, por que não fazer uma ilustração de duas mãos esticando as meias ao máximo, simbolizando, assim, sua resistência? Em outras palavras, descobrir um equivalente gráfico para o significado da frase em vez de ilustrar concretamente as próprias palavras.

Ora, se o designer dedicar a mesma atenção para obter o máximo de força expressiva de um equivalente gráfico desse tipo, como ele fez ao desenhar as pirâmides e ao combiná-las de maneira adequada com a composição do texto, a fim de criar uma unidade estrutural, seu anúncio não apenas chamará a atenção, mas também será uma verdadeira peça de expressão visual no que diz respeito às meias dos Sr. Smith.

O que acontece com o designer – como o exemplo das meias Smith mostra – é que, enquanto tenta resolver esses problemas, sua tendência é se preocupar demasiadamente com as possibilidades artísticas de seu trabalho à custa de sua clareza.

Você lembra que, por desejar muito desenhar as pirâmides, ele obteve algo a que deu o nome de efeito moderno.

Isso porque ele provavelmente viu, em diferentes ocasiões, pôsteres de McKnight Kauffer, Cassandre ou Jean Carlu. Ele pode até ter deparado com folhetos criados por Jan Tschichold ou Moholy-Nagy.

A aparência dessas obras afetou-o como algo novo e revolucionário, apresentando, além disso, certos pontos de semelhança com as pinturas cubista e abstrata.

O movimento moderno nas artes está influenciando, evidentemente, o design comercial.

Desejoso de avançar, o designer abraça avidamente essas tendências. Contudo, em seu entusiasmo, ele se esquece de que o ambiente da publicidade em que trabalha não passa de um meio para alcançar um fim.

Inconscientemente, isso se torna para ele um fim em si mesmo, um veículo para as formas modernas, no interesse das formas modernas.

Ele dá início, então, à fase da criação com base em padrões geométricos, na qual todos os títulos e textos do redator ficam inextricavelmente entrelaçados com formas cubistas e desenhos simbólicos, e o conjunto se transforma em uma complexa mistura de formas e cores. Muito dramático, muito moderno, mas longe de esclarecer o assunto no qual ele desejava interessar o público.

Ou, ainda, ele pode ser influenciado ao ver um design do Continental composto de três palavras em alemão (língua que ele não entende), em que a força do design está na disposição das palavras, de modo que a palavra do meio destaca-se bastante do resto – evidentemente, uma palavra-chave para o significado da frase.

Imaginemos agora que, por coincidência, o problema seguinte que ele tem de enfrentar seja um pôster no qual deve ser aplicada uma frase curta.

Uma oportunidade de ouro – portanto, em vez de tentar criar as surpreendentes coisas geométricas e coloridas de sempre, ele decide usar a própria frase como a base de seu design.

Suponhamos que a frase seja mais ou menos assim: "Caminhe mais pelo campo."

O designer fica decepcionado, porque a frase tem mais de três palavras – quanto a isso, porém, nada a fazer.

Ainda inspirado pelo modelo alemão, ele começa a trabalhar para ajeitar as palavras – em seu entusiasmo, o fato de elas fazerem parte de uma sentença que significa algo é completamente esquecido.

O importante, para ele, é fazer com que as palavras do meio ganhem destaque.

Ele pinta o fundo de vermelho-vivo, porque é uma cor que sempre chama a atenção, e, em seguida, aplica, com aerógrafo, uma fina camada de branco no meio dele.

Ele distribui a frase "Caminhe mais pelo campo" pelo design todo (em um dos cantos, porque acrescenta mais vigor). As palavras "CAMINHE" e "CAMPO" estão pintadas em maiúsculas pretas, com 2,5 cm de altura, sobre o fundo vermelho, e dentro do círculo branco encontram-se as palavras "MAIS PELO" em maiúsculas azuis, com 23 cm de altura.

O azul foi utilizado, é claro, para contrastar de maneira adequada com o fundo vermelho.

Não se pode negar que ele certamente tem, diante de si, um pôster singular.

Há uma série de letras maiúsculas dispostas de forma bastante dramática sobre um fundo colorido... No entanto... embora a frase "Caminhe mais pelo campo" seja bem legível a apenas alguns metros de distância, qualquer um que se distancie mais só conseguirá ler as palavras "mais pelo", o que faz tanto sentido para o observador como as palavras no modelo alemão original faziam para o designer que foi influenciado por sua aparência!

Podemos constatar, assim, que nosso designer está muito distante das ambições de fazer do instrumento publicitário um recurso construtivo para manter o público em geral informado acerca dos produtos e serviços da indústria moderna.

Você perceberá, de tudo o que eu disse, que a paixão exagerada pelas formas modernas em razão apenas de sua modernidade pode ser uma armadilha tão grande para o designer como foi a obsessão do impressor eduardiano com as formas medievais do livro como solução para os folhetos comerciais etc.

O designer contemporâneo se mantém ou perece de acordo com o grau com que seu uso da forma e da cor modernas contribui para a rápida compreensão das ideias que o anunciante deseja transmitir.

O anunciante é, certamente, um homem de negócios – alguém que, independentemente do lucro pessoal, deve sua existência no mundo ao grau com que antevê a necessidade das pessoas e fornece os bens corretos de maneira adequada.

Para ser bem-sucedido nisso, ele precisa da ajuda do designer. Ele não está realmente interessado se um design é antiquado ou moderno, se é bom ou ruim do ponto de vista artístico. O que lhe interessa é se ele atende ao propósito para o qual foi feito. Isto é, funciona, dá resultado?

Portanto, qualquer que seja o assunto – uma campanha nacional pela boa forma, as pretensões de um partido político ou simplesmente as virtudes de uma boa linguiça de porco –, o problema do designer é o mesmo – a saber, a resolução de todos esses elementos, tangíveis e intangíveis, literários ou gráficos, em determinada forma que exprima a ideia central com absoluta clareza.

Ele precisa desenvolver uma espécie de organização do conceito de tal modo que a recepção óptica pelo observador seja fácil e rápida.

Em outras palavras, creio que o único ideal a que o designer deve se dedicar é a absoluta clareza de expressão – não apenas clareza de palavras ou clareza de imagem, mas clareza de "conceito".

Seja qual for o assunto que se queira expressar, é preciso compreendê-lo inteiramente antes de poder transmiti-lo com êxito.

Se fossem absolutamente sinceros consigo próprios, com as mãos postas no coração, uma quantidade imensa de designers teria dificuldade de justificar seus últimos trabalhos perante o tribunal da verdadeira clareza de expressão.

É muito mais provável que o resultado seja notável e original se essa análise implacável do problema for conduzida com sinceridade do que se o designer fizer qualquer tentativa consciente de ser original como um fim em si mesmo.

O pensamento claro é o caminho para as ideias criativas.

Um bom exemplo de como o pensamento claro pode produzir uma solução original para um problema gráfico difícil vem de Jean Carlu, quando, em 1929, foi contratado para criar um cartão de felicitações de Ano-Novo.

A essência de nossa atitude em relação ao Ano-Novo é, sem dúvida, a passagem do tempo. Portanto, a dificuldade enfrentada por Carlu era encontrar uma forma simbólica que transmitisse de maneira nova esse conceito.

Como eram arcaicos os símbolos que ele recusou!

O velho com uma longa túnica e uma barba desgrenhada levando uma foice sinistra no ombro, perseguido pelo Ano-Novo na pessoa de um garotinho com uma faixa cor-de-rosa que lhe cobria convenientemente a nudez.

E também a vasilha de cozinhar ovo com a areia escoando devagar...

Símbolos arcaicos, sim – e tão desgastados que seu significado esvaiu-se tanto como aquela areia.

Ora, o que fez Carlu?

Ele tomou como base para sua ideia o pequeno hodômetro do velocímetro do automóvel.

Com um penetrante e surpreendente design em três cores, executado com aerógrafo, ele apresentou o 2 e o 9 sendo empurrados para cima pelo 3 e pelo 0, deixando, é claro, o 19 imóvel.

Carlu simbolizou, assim, o fato mais notável relacionado ao Ano-Novo: a mudança de data. Ele o fez nos mesmos termos que nossa era do automóvel veloz mais facilmente entende e aprecia. E – este é um aspecto importante sobre o qual devo me estender – o símbolo moderno prestou-se ao tratamento moderno, a uma interpretação vívida.

É impossível tratar a barba do Velho do Tempo ou sua expressão lúgubre com aerógrafo. Esse elaborado símbolo literário era para ser contemplado de uma poltrona – não se pode remodelá-lo para pessoas apressadas. Por todos os motivos, Carlu foi de fato inteligente em deixá-lo de lado e adotar as formas claras e incisivas do presente.

É evidente, portanto, que é mais provável que o tipo de pensamento que produz resultado construtivo surja quando o próprio designer está em harmonia com todas as manifestações da vida contemporânea.

Ele deve estar habituado a todas as modernas formas de expressão em outros campos além do seu, porque é por meio da influência da arquitetura moderna e das experiências das artes mais completas da pintura e da escultura que as novas formas visuais serão descobertas. Em outras palavras, o designer deve ser um homem do mundo e de seu tempo.

O lago de pinguins que Lubetkin fez para o zoológico, por exemplo, mostra claramente as formas belas e atraentes que surgem quando se encontra uma solução correta para um problema, livre de preconceito e de associações românticas. Diferentemente do edifício pseudoelisabetano que vi nos Estados Unidos, que tinha um símbolo velho que balançava e rangia acima da entrada, com as palavras "Ye olde Radio Shoppe"* disposta nele em letras góticas!

No entanto, graças a pintores como Picasso e Braque, aumentou muito o conhecimento que os designers adquiriram da forma e da cor puras, bem como da textura.

No pôster, por exemplo, só a obra magnífica de McKnight Kauffer basta para demonstrar o vigor das formas modernas quando manejadas por um designer de primeira.

---

* "A Antiga Loja de Rádio", escrita em linguagem arcaica. (N. do T.)

Além disso, pintores abstratos como Mondrian, Ben Nichoson e Moholy-Nagy abriram novas possibilidades de expressão espacial, cuja pesquisa tem valor inestimável, especialmente para o leiautista e o tipógrafo.

Sua obra, embora tenda a assumir uma forma inevitavelmente assimétrica, porque o anúncio ou o folheto não pode ser uma sequência lenta de ideias como o livro, muitas vezes representa cinco ou seis ideias, e todas devem ser percebidas simultaneamente.

Caso se pretenda que o resultado seja um todo equilibrado, a escolha e a conexão dessas ideias para que convivam sem conflito tornam-se um problema de organização e combinação criativas.

O contorno abstrato formado pelos conjuntos de palavras dos títulos e do texto só pode ser percebido em sua plenitude quando é organizado por tipógrafos sensíveis ao sutilíssimo equilíbrio assimétrico das formas no espaço.

Em muitas das esculturas abstratas de Gabo, descobrimos novos ritmos espaciais por meio da interpenetração de materiais sólidos e transparentes. Essas obras não são apenas uma inspiração para o arquiteto, mas também para o designer que trabalha com a mostra de objetos, seja em exposições de arte, seja em vitrines de lojas, seja, ainda, em grandes anúncios com letreiro.

Pode-se perceber o início dessa nova abordagem espacial no símbolo luminoso da ESSO ao lado do edifício que aparece diante de nós quando caminhamos na calçada da esquerda na direção de Leicester Square, vindo de Piccadily Circus, pouco antes da Leicester Square.

Gostaria de concluir este ensaio declarando que, pessoalmente, como designer, dou as boas-vindas a essas tendências e manifestações de nosso tempo. Estou convencido de que, com a prática criativa de cientistas e engenheiros, em colaboração com o designer, um novo mundo de prazer visual está surgindo em torno de nós.

*Publicado originalmente em* Tipography *n. 7 (Londres, inverno de 1938).*

# 1940
## PALAVRAS DURAS
### T. M. Cleland

THOMAS MAITLAND CLELAND *(1880-1964) foi um respeitado designer editorial e publicitário, além de tipógrafo, que adaptou uma estética renascentista francesa e italiana para o design gráfico contemporâneo. Ele também era ligado a um grupo de norte-americanos que, influenciado pelo Movimento de Artes e Ofícios, procurava retornar à excelência na impressão pela fidelidade a modelos históricos. No final da década de 1920, a Nova Tipografia foi introduzida por meio de revistas e livros profissionais como claro desafio a esses valores tradicionais. No Instituto Norte-Americano de Artes Gráficas, o cisma entre os membros classicistas e os modernistas foi o que definiu a agenda – as controvérsias entre os dois lados eram comuns. Cleland rejeitava firmemente o modernismo europeu e defendia a volta aos métodos clássicos. Seu ataque verborreico à nova estética, um derradeiro suspiro, foi apresentado a um público de designers de livro tradicionais que temiam a perda de sua influência profissional – e de seus empregos. Entretanto, por volta do final da década de 1930, com a imigração para os Estados Unidos de ex-professores e ex-alunos da Bauhaus, bem como com o número cada vez maior de jovens designers norte-americanos que abraçaram o modernismo, a guerra contra o novo estava prestes a chegar ao fim. – SH*

    Compreendo que, ao menos em termos nominais, meu tema tem de ser a impressão e a tipografia, tal como são ilustradas pela seleção dos cinquenta melhores livros do ano, que estamos aqui para comemorar, e, suponho, em comparação, para deplorar os cinquenta piores livros que podem ser vistos por aí. Porém, naquilo que pode parecer um paradoxo muito estranho, não sei muito bem como me ater a esse tema sem tomar boa distância dele. Ou talvez eu deva dizer que não consigo abordá-lo diretamente a não ser fazendo um grande circunlóquio.
    Embora eu tenha uma teoria a respeito dessas observações, só consigo explicá-la fazendo uma analogia com árvores. Isso porque não acredito que a criatividade nas artes possa ser colhida do nada como objetos em um número de prestidigitação. As frutas realmente nascem em árvores, e as árvores têm raízes na terra. A árvore que eu tenho em mente é a civilização cultural: um de seus galhos representa a arte, um dos ramos desta é o que denominamos de artes gráficas, e um broto nesse ramo representa a impressão e a tipografia. Ainda que prometa não cavar até as raízes da árvore, antes de terminar vocês me verão trepando nela até o topo como um macaco.
    Encontro-me em uma posição desvantajosa por não pertencer a nenhuma associação para o progresso da tipografia e das artes gráficas – nem mesmo estas – e estar mal informado e distante daquilo que vem acontecendo nesses campos, exceto por alguma observação casual. Porém, como membros desta associação tão útil, suponho que vocês não estejam envolvidos com a impressão ou com outras artes gráficas unicamente por motivos pessoais, mas para a alegria e o deleite do mundo como um todo. Portanto, existe uma vantagem que compensa em parte o fato de eu estar "afastado" e, desse modo, ser capaz de falar acerca das recentes tendências nas artes gráficas tal como aparecem para quem, do lado de fora, olha para dentro. Mas essa vantagem pode, por sua vez, ser contrabalançada pelo fato de que eu não posso, honestamente, falar com muito entusiasmo daquilo que vejo. Não posso trazer a

vocês nenhuma mensagem de esperança, de esclarecimento ou de inspiração. Por mais que eu tenha muita admiração e respeito por diversos talentos e conquistas individuais que ainda conseguem existir, eles me parecem tristemente isolados dentro daquilo que não posso deixar de considerar falência artística e caos cultural. Entre eles estão impressores que fazem belos livros e outros objetos quase tão bem como jamais foram feitos. Entretanto, no que diz respeito à massa geral da impressão, de fato ninguém me perguntou o que acredito ser o ponto mais baixo do gosto artístico nos quinhentos anos de sua existência que comemoramos este ano; mas, se alguém me *perguntasse*, eu seria obrigado a dizer que acabamos de atingir esse ponto. Embora as coisas possam piorar, é difícil perceber como. Parafraseando uma observação do capítulo final da obra clássica de Updike sobre tipologia, os impressores e editores levaram quinhentos anos para descobrir como fazer livros e outros objetos imprestáveis que, mesmo assim, vendem.

Não estou me esquecendo de que existiram alguns períodos bastante incivilizados quanto ao gosto em outros séculos, que pareceriam contradizer esta declaração radical. Talvez valha a pena mencionar agora – e o fato é particularmente irônico – que o design e o estilo dos objetos oficiais – dinheiro, selos, títulos e ações – foram criados e se solidificaram, em uma convenção aparentemente inalterável, no ponto mais baixo, até então, das artes decorativas, em meados do século XIX. Essa convenção é tão forte que desconfiamos de uma cédula de dez dólares que não esteja visualmente saturada de feiura. Um falsificador dotado de sensibilidade estética não precisa apenas suar sangue; tem de verter lágrimas diante da tarefa de imitar uma delas. Contudo, no gosto tristemente pervertido daquela época havia uma espécie de inocência: os critérios ainda eram respeitados, e a competência, embora exaurida e mal direcionada, era reconhecida e não condenada.

Hoje, quando olho ao meu redor em uma livraria, e mais especialmente em uma banca de jornais, ou abro as páginas da maioria das revistas de grande circulação, tenho vontade de fazer o que aquele garotinho fez em uma história que era a favorita de meu amigo, o recém-falecido Hal Marchbanks. O garotinho tinha ido pela primeira vez a uma festa, e, quando chegou em casa, sua mãe lhe perguntou: "O menininho da mamãe gostou da festa?". "Sim", respondeu ele. "E o que o menininho da mamãe fez na festa?" "Eu vomitei."

Contra essa constante decadência tanto de gosto como de qualidade, os cinquenta livros que vocês selecionam e expõem todo ano têm representado um esforço valioso, e, neste país, quase o único planejado para resultar na defesa de alguns critérios. Vocês foram fonte de inspiração de editores e impressores para que eles se empenhassem de maneira determinada no aperfeiçoamento de seus produtos, frequentemente com resultados admiráveis. No entanto, estes são apenas cinquenta livros, em meio à imensa quantidade de livros e outros materiais impressos. Sem esse esforço dedicado de vocês, duvido que qualquer critério conseguisse sobreviver à enxurrada da mecanização barata e vulgar, do acabamento descuidado e do mau gosto. Não que haja algo errado com as máquinas. Os admiradores sentimentais da primeira impressora manual deveriam lembrar que ela também era uma máquina. Nós não aprendemos a utilizar as máquinas em sua plenitude, mas as aceitamos como frutos no Jardim do Éden, e só pensamos em quanto de velocidade, quantidade e lucro é possível retirar delas. Como podemos fazer com elas facilmente aquilo que antigamente exigia tempo e trabalho, supusemos, de modo cômodo demais, que elas nos dispensavam da necessidade de tempo e trabalho.

Antes de prosseguir com estes comentários aleatórios, pertinentes ou não, gostaria de deixar claro que me dirijo sobretudo aos estudantes e iniciantes de artes gráficas que porventura estejam presentes, mais do que àqueles que já têm carreira consolidada. Como continuo sendo um estudante e um iniciante, meu interesse e minha afeição dirigem-se, naturalmente, a meus semelhantes. Falo como um velho iniciante aos iniciantes mais jovens. Levo uma enorme desvantagem por conta dos anos que esperei para iniciar minha atividade profissional, e, se tenho alguma vantagem, ela vem apenas do fato de ter vivenciado a confusão e as ilusões que atravancam nossa jornada comum durante o aprendizado e a experiência de praticar uma ou mais das artes gráficas. As confusões e agitações do presente tornam o caminho do estudante e do iniciante acidentado e tortuoso. Tendo percorrido esse caminho por um número de anos maior do que gosto de admitir, quando olho para trás fico surpreso ao perceber a quantidade de mudanças repentinas, crises e armadilhas que eu poderia muito bem ter evitado.

A mais ridícula delas talvez tenha sido o medo de não ser original – aquilo que Romain Rolland chama de "o medo do já dito". A ideia de que, se não fizer algo novo todo dia, não sou criativo – esquecendo que, até onde se pode ver, Deus usou o mesmo molde para criar todos os planetas e que o carvalho não muda a forma de suas folhas todo ano. Não existe suposição tão pateticamente enganosa como a de que a originalidade criativa depende de nossa vontade – a ideia de que ela pode ser adquirida leva a resultados deploráveis. Ela dispersa a mente e as energias do jovem estudante, impedindo-o de adquirir a competência técnica indispensável – impedindo-o de aprender sua profissão; e, em estágios mais avançados, atrai o pretenso artista com maneirismos e fórmulas vulgares aos quais ele dará o nome de seu "estilo".

A ideia de que a originalidade é essencial para a prática bem-sucedida das artes gráficas é mais corrente hoje do que foi nos dias em que a prática das artes gráficas estava no auge. A atual crença de que agora todos têm de ser inventores é muitas vezes interpretada como se ninguém mais precisasse ser operário. Além desse individualismo premeditado, temos, frequentemente, uma estranha irritação com qualquer espécie de critério. O indivíduo que cultiva conscientemente a própria individualidade fará qualquer coisa para se livrar das exigências que um critério impõe.

Entretanto, de todos os perigos que se põem de emboscada para os jovens artistas, nenhum é mais sedutor que o desconcertante conjunto de *ologias* e *ismos* que lhes lança olhares e acenos em todas as encruzilhadas do caminho. Assim como os *ismos* e as *ologias* tomaram o lugar do certo e do errado na sociedade e na política, eles se tornaram também as condições aceitas das artes. Na verdade, o absurdo é hoje uma linguagem tão universal da arte que é praticamente inútil tentar se fazer entender por meio de qualquer outra linguagem.

A mãe de todas essas extravagâncias – e eu vivi bastante para ver muitas delas surgirem e desaparecerem – é aquela que chega ao extremo absurdo de denominar-se "modernismo"; e nenhuma foi exposta e explorada de maneira mais contraditória e bizarra. Intitular-se deliberadamente "moderno" é tão ridículo quanto o que um velho amigo dinamarquês me contou, anos atrás, a respeito de uma passagem de um dos livros de um escritor bastante prolífico de romances históricos de seu país. Em uma história que se passa no período medieval, um dos cavaleiros de armadura grita para o outro: "Nós, homens da Idade Média, nunca levamos desaforo etc.".

Adotada com um entusiasmo fanático por muitos arquitetos e designers é a atual charlatanice chamada "funcionalismo". Ele propõe, em comum com seus inúmeros antecessores, um novo evangelho que defende a regeneração de nosso universo estético por meio da limitação total do design à função de seu objeto ou de seus materiais. Como as novas religiões e filosofias que entraram e saíram de nossa história social durante incontáveis gerações, o funcionalismo pretende ser um conceito original. Ele nos trouxe presentes tão agradáveis como caixas de concreto com buracos em lugar dos edifícios, cadeiras com canos recurvados sem as pernas de trás, lareiras de vidro, camas feitas de blocos de cimento unidos por uma estrutura de aço, a aglomeração esquisita de prédios disformes a que damos o nome de Feira Mundial e muitos outros exemplos de total e repulsiva artificialidade. A menos que todos os sinais estejam me enganando, trata-se de outra total vulgaridade como a era da mobília feita de carvalho dourado e no estilo missão*, que agora mesmo está indo parar na pilha de lixo ou no sótão, talvez para ser redescoberta e desenterrada um dia por futuras gerações à procura de coisas esquisitas.

 Tenho a impressão, senhoras e senhores, de que, no momento em que foi feita, *toda* arte era *moderna* e, se for adequada à vida que levamos hoje, ainda é; e procuro em vão qualquer arte aplicada digna do nome que também não foi, em certo sentido, funcional. Dos botaréus de uma catedral gótica à mais vistosa cadeira Chippendale, percebemos, depois de fazer uma análise, um primoroso trabalho de engenharia perfeitamente adaptado a seu propósito. Se não fosse assim, dificilmente essas coisas teriam permanecido por tanto tempo. Logo, aquele respeito habitual pela função que sempre foi o princípio básico do design de primeira classe assume, com o simples acréscimo de um *ismo*, o aspecto aterrador de uma religião, com sacerdotes e rituais. Como estudantes e iniciantes em busca da verdade, estamos sendo humilhados e maltratados hoje por esses sermões intermináveis e espúrios – rostos conhecidos com costeletas postiças –, princípios antigos e comuns enfeitados com nomes novos e usados frequentemente para explicar a incompetência e a preguiça.

 E qual é o significado do termo "funcionalismo"? Será que um design não pode estar relacionado com nenhuma função senão a mecânica e a material? As obras mais maravilhosas e elaboradas dos gênios do barroco e do rococó também não podem ter sido funcionais, no sentido de que exprimiam o espírito e adaptavam-se perfeitamente à vida que pretendiam servir?

 Atualmente ouvimos muitos discursos religiosos sobre a "simplicidade", e a ideia de simplicidade representada pela ausência total de tudo o que não seja essencial para a função mecânica virou um fetiche. Assim como podemos romper a feliz combinação de presunto com ovos ou de carne de porco com feijão, separamos a simplicidade de sua antiga parceira, a beleza. Mas, nessa renúncia reverente a todos os adornos que, nesse sentido restrito, não sejam estritamente funcionais, será que paramos para pensar se estamos de fato seguindo um instinto humano fundamental ou simplesmente tentando fazer da falta de criatividade uma virtude? Não existe nenhuma indicação de que o homem esteja imbuído de um amor instintivo pela simplicidade nos objetos que ele considera conveniente ter ao redor de si. Na verdade, os museus estão repletos de provas em contrário. Da caverna do Cro-Magnon às catedrais góticas, dos templos da Índia ao palácio de Versalhes, o mundo foi

---

\* Estilo de mobiliário que utiliza madeiras sólidas e simples como o carvalho, com linhas geométricas, e em que fica evidente o trabalho do marceneiro. O termo "missão" faz referência à mobília existente nas missões espanholas na América. (N. do T.)

feito para desabrochar com o gosto inato do homem pelo ornamento. Parece, portanto, que a ornamentação está profundamente enraizada no instinto humano, já que nenhuma tribo, por mais primitiva que seja de outros aspectos, prescinde dela. A repressão desse instinto e sua diluição com aquilo que denominamos gosto são de natureza cultural, como a repressão de nossos outros apetites; entretanto, ser um abstêmio com relação aos adereços ou a qualquer outra coisa significa admitir ou falta de controle ou incapacidade de sentir prazer. "O abstêmio", disse Whitman, "não passa de outro tipo de beberrão."

Essa aspiração instintiva à ornamentação está demonstrada cabalmente no caso de nosso Rockefeller Center, onde ela foi administrada com especial incompetência. Ali, todas as estruturas importantes foram religiosamente despidas de tudo o que não fosse essencial à atividade mecânica. Pilares, pilastras, cornijas e frisos de gesso – ornamentos que, ao menos, têm sua gênese em funções estruturais – foram religiosamente rejeitados. Então, como se descobriu que o espírito humano não conseguiria suportar aquela aridez monótona, e os negócios poderiam ser prejudicados, colaram enfeites em torno das entradas e acessos, como um laço de papel dourado em uma caixa de papelão – enfeites que não tinham relação alguma com qualquer função estrutural que fosse. Esculturas, fontes, árvores, flores e toldos foram todos pressionados a entrar em cena para compensar aquela simplicidade espúria. Muitos desses objetos são bonitos em si mesmos, como a figura dourada de Prometeu do Sr. Manship. Ouviu-se um dia desses, por acaso, uma dessas jovens funcionárias que servem de complemento à decoração do espaço explicar à colega, na hora do almoço, que aquela era a estátua de "Promíscuo fugindo da Responsabilidade".

Portanto, debaixo da tremulante bandeira do "modernismo" marcha um grupamento estranho composto por uma síntese da arte surrada e pobre, que desfila cada dia com uma roupa nova e um pseudônimo novo. A ânsia generalizada de autoexpressão sempre consegue encontrar uma ou outro deles a seu serviço. Para aqueles que são especialmente carentes do talento, vigor e paciência necessários para a mestria de uma arte, inventaram algo chamado arte "não objetiva". As únicas coisas exigidas são uma caixa de tintas, pincéis e uma superfície para praticar. Com essas ferramentas simples e alcançáveis, você exprime os próprios sentimentos íntimos sem precisar se preocupar com mais ninguém nem com aquilo que os outros veem. Se observar os outros, você verá que na maioria das vezes isso está sendo feito com triângulos, círculos ou redemoinhos de tinta, exatamente do jeito que ela sai do tubo. Se você não tiver tinta, pasta de dentes serve. Se, após alguns minutos dessa atividade, você se cansar, pare – isso acrescentará espontaneidade aos outros encantos da obra. O fato de ela lidar apenas com suas emoções não o impedirá de expô-la para o deleite dos outros. Caso alguém se recuse a apreciá-la, você esboça um sorriso, encolhe os ombros e demonstra pena por a pessoa ser escrava de uma tradição antiquada. Isso funciona como por encanto – ninguém terá coragem de atacá-lo, todos ficarão com medo de que você tenha realizado algo. As pessoas têm pavor de cometer erros – como se os indivíduos mais capazes de todos os tempos não os tivessem cometido. Esse é o mecanismo mais perfeito já inventado para atrair a atenção para si com o mínimo de aborrecimento. Na geração anterior ouvimos falar muito de "arte pela arte", agora é arte de acordo com o interesse do artista, como pão de acordo com o interesse do padeiro ou medicina de acordo com o interesse do médico. E eu declaro: pelo amor de Deus, digam-me, que arte feita por intermédio da visão do olho humano, com uma mente por trás, *não* é "não objetiva"? Jamais duas pessoas vão pintar o mesmo quadro a partir do mesmo objeto. Somente as lentes de uma câmera vão traduzi-lo de maneira razoavelmente objetiva, e, além disso, nas mãos de um artista, até mesmo a câmera é capaz de algum grau de subjetividade.

[...]

Assim, embora eu negue descaradamente a existência de qualquer coisa realmente nova, e não seja capaz de identificar aquilo a que se dá o nome de "progresso", e lamente o desperdício de talento e energia dissipados na luta em prol dessas coisas, não sou nem de longe insensível ao valor da revolta. Nosso sentido criativo tem uma predisposição muito grande de se deixar levar por fantasias de glórias passadas. Delas, e de sua reprodução estéril, podemos ser despertados e salvos até mesmo pela mais rude das revoluções. Podemos tirar partido delas desde que não permitamos que elas cortem nossas raízes – desde que sejamos capazes de identificar a ilusão quando depararmos com ela. Preso em sua gaiola giratória, o esquilo precisa ter alguma ilusão de progresso, caso contrário ele não se exercitaria e, sem exercícios, engordaria, adoeceria e morreria.

E lembrem-se: sempre se pode alcançar o progresso internamente, não importa se é o mesmo progresso que tem sido alcançado por inúmeros indivíduos, nem se ele tem o mesmo sentido. E, espero, sempre acontecerão coisas novas com vocês, assim como diariamente acontecem coisas novas comigo, mesmo que nenhuma delas seja nova sob o sol. Não desejo viver nem mais um dia se não puder aprender.

Não há motivo algum para supor que não exista hoje tanto talento latente para as artes como em qualquer época de sua história. Contudo, talento para a arte não é talento para ser artista – pode-se ter bastante de um e não muito do outro. Parece-me que existem atualmente mais tentações e distrações agindo contra o talento para ser artista do que nunca. Atalhos mais atraentes e filosofias sedutoras – uma babel confusa de ideias não digeridas e objetivos indigestos. Se, em meio a essa confusão, vocês forem capazes de manter a cabeça e não perder de vista a importante diferença entre "um grão de verdade" e a verdade toda, se conseguirem crescer compreendendo o que desejam fazer, poderão, mesmo agora, ter uma boa possibilidade de fazê-lo.

Mas o que isso tudo tem a ver com a impressão e a tipografia e com as artes gráficas a elas relacionadas? Parece que agora me desviei tanto do caminho que vai ser preciso um guindaste e uma equipe de salvamento para me pôr de volta nos trilhos. Na verdade, não me esqueci completamente do assunto e, da minha maneira desajeitada, tenho me movido em sua direção. No entanto, como não posso pensar na tipografia como arte em si mesma, desligada de todas as outras artes, só pude abordá-la desse modo.

Todas essas coisas de que reclamei nas outras artes têm sua contrapartida na tipografia e na impressão do presente. A mesma ânsia incontida por algo "novo", a mesma preocupação com os *ismos*, a mesma monótona uniformidade. No caso da impressão e da tipografia, porém, esse veneno é agravado pelo fato de que, entre todas as artes, ela é uma arte que serve a outra arte. Ela é boa apenas se servir bem, não sendo boa, em hipótese alguma, por qualquer outro motivo. A tipologia e a impressão não têm nada que ficar se exibindo, e, quando, como acontece com tanta frequência hoje, elas se metem em palhaçadas exibicionistas, não passam de maus empregados.

É por esse motivo que a inépcia embaraçosa das atuais tentativas com respeito a uma "nova tipografia" é ainda mais penosa do que distorções semelhantes em outras áreas. A tipografia, repito, é uma serva – serva do pensamento e da linguagem, para os quais ela dá existência visível. Quando houver novas maneiras de pensar e uma nova linguagem, será o momento adequado para uma nova tipografia. Quando tivermos modificado todos os nossos costumes e práticas sociais, só então terá chegado o momento de alterar radicalmente as bem fundadas convenções dessa arte bastante secundária. Existe hoje no interior delas, como sempre existiu, amplo espaço para o exercício da criatividade, da habilidade e do gosto individuais. O que pretendo dizer é que aqueles que não conseguem suportar as convenções da tipografia são, em sua maioria, aqueles que nunca as experimentaram.

Em que consiste a novidade dessa nova tipografia? Ela parece ser nova como o *neu* em neurose, da qual em grande medida ela deriva. É nova como seria novo se uma pessoa entrasse na sala de jantar andando sobre as mãos e não sobre os pés e, em vez de tomar a sopa, a despejasse no colo da anfitriã. É tão nova, adequada e agradável de olhar como um *delirium tremens*, com o qual ela se parece bastante. A nova tipografia se envolve em brincadeiras engraçadíssimas como pôr as margens do livro em uma disposição exatamente oposta àquela em que a utilidade prática e a tradição bem fundamentada sempre as situaram. Ela pode, pelo mesmo motivo e originalidade, virar a página de cabeça para baixo. No *display* publicitário, faz uso daquele truque extremamente original e atual que é imprimir o texto na diagonal. O especialista em composição tolera aquele outro novo e original movimento de imagens sangradas que rompem a extremidade da página, de modo que uma fotografia bidimensional lisa seja enxergada como se dois de seus lados não tivessem moldura, tendo de concorrer com um fundo que contém todos os objetos tridimensionais do ambiente.

Recuso-me a entediá-los ou a entediar-me enumerando todos os cansativos e excêntricos recursos do especialista em tipografia que busca algo novo – as formas epilépticas de que ele lança mão para chamar a atenção sobre si, à custa das palavras que imprime. Vocês veem uma quantidade suficiente deles todo dia para saber o que quero dizer. Quase toda página de revista ou jornal, para não mencionar uma boa quantidade de livros, apresenta o mesmo espetáculo revoltante – a ordem do dia, parece, é a desordem.

E, por falar em revistas, quis o destino que, de tempo em tempo ao longo dos últimos vinte e cinco anos, me coubesse a tarefa de fazer e refazer o design de inúmeros periódicos, desse ou daquele tipo. Essas tarefas exigem muito pouco trabalho efetivo – são as discussões e reuniões intermináveis que podem sugá-lo até os ossos. Meu objetivo básico com relação a esses assuntos sempre foi trazer alguma medida de ordem que as circunstâncias permitam a partir da desordem em que geralmente as encontro. Minha missão, se é que tenho alguma, é ocultar a tipografia, não estimulá-la – pô-la em seu lugar e fazer com que ela se comporte como um empregado decentemente treinado. Encontro revistas revolvendo-se na sarjeta, cobertas com a lama acumulada de anos de desregramento. Eu as tomo, esfrego-as, ofereço-lhes uma xícara de café puro e uma nova muda de roupas e encaminho-as para respeitáveis carreiras tipográficas. Mas, como outros missionários, com uma frequência relativamente grande, depois de mais ou menos um ano eu as reencontro na mesma sarjeta, bêbadas, devassas e felizes com a situação, sem demonstrar um pingo de remorso.

Se a filosofia funcionalista atingiu a nova tipografia como o fez com as outras artes aplicadas, não percebo nenhum sinal disso. Ao contrário, nesse campo vale tudo, desde que seja excêntrico, livre dos limites da razão e consiga dissuadir o leitor de ler. Todas as distorções do alfabeto romano descartadas há meio século – na verdade, todos os tipos que são quase tão ilegíveis quanto um tipo pode ser – foram resgatadas novamente e chamadas de "modernas". Elas variam das letras rebuscadamente ornamentais dos períodos mais degenerados do design aos rígidos diagramas de letras que, em minha juventude, os fundidores de tipos chamavam de *Printer's lining gothic* – a denominação mais incorreta que se poderia imaginar, uma vez que elas não têm absolutamente nada a ver com as letras góticas ou com qualquer outra forma de letra conhecida. Os leigos as chamavam, mais corretamente, de "letras de forma", mas a nova tipografia lhes dá o nome elegante de "sem serifa", porque, entre outras características do alfabeto romano que lhes faltam, está a total ausência de serifas. A relação entre elas e as letras romanas é a mesma que existe entre os esboços de um engenheiro e um bonde elétrico. Elas estão muito em voga no momento e acredita-se firmemente que são modernas e constituem uma simplificação que está em harmonia com a nova arquitetura, o novo mobiliário e outros objetos. Supõe-se que representam o espírito de nosso tempo, como o ruído dos martelos rebitadores em uma composição musical moderna. Elas simplificam as formas tradicionais do tipo como se poderia simplificar um indivíduo cortando-lhe as mãos e os pés. Senhoras e senhores, assim como não é possível prescindir dos acentos e entonações da fala humana, não é possível prescindir das características essenciais do alfabeto romano, escrito à mão ou impresso. No primeiro caso, trata-se de uma simplificação feita para simplórios; no segundo, de letras de forma para gente desinformada.

Os usuários da tipografia e da impressão, os editores e publicitários, também se confundem com ilusões que lhes são próprias. A principal delas é a ideia de que é preciso ter uma nova tipologia por semana, para transmitir novidade e eficácia àquilo que eles imprimem e publicam. Essa hipótese absolutamente injustificada é, sem dúvida, uma dádiva de Deus para os fundidores de tipos, por mais desastrosa que seja para o desenvolvimento de uma tipografia sadia e regular. Ela povoou a Terra com especialistas em tipografia que conhecem "a última novidade" e pouca coisa além disso e desobrigou os designers da impressão da obrigação de conhecer qualquer coisa sobre design. É muito mais fácil comprar tipos novos do que aprender a utilizar de maneira eficaz os tipos de que já dispomos. E se, em vez de inundar nossas salas de composição com novos tipos, que na maioria das vezes não passam de variações sobre antigos temas da distorção, os fundidores de tipos nos oferecessem pelo menos duas vezes mais tamanhos de um pequeno número de tipos bons, contaríamos com um veículo verdadeiramente flexível para trabalhar. Teríamos de fazer menos concessões com o design de qualidade e eles poderiam ganhar em termos comerciais, assim como a tipografia sem dúvida ganharia em termos artísticos.

E essa proposta construtiva me faz pensar que eu talvez deva moderar o furacão da crítica destrutiva com algumas sugestões úteis. No momento, só consigo me lembrar de duas que podem aliviar a situação penosa que descrevi. Uma é que organizemos um programa para todos os designers de tipos – algo que talvez seja um pouco difícil para eles, mas seu martírio seria por uma boa causa –, e a outra é que instalemos um campo de concentração para internar todos aqueles que inventam ou pensam que inventam novos conceitos em tipografia pelo tempo necessário para se recuperarem de sua ilusão. Lá eles poderão passar horas agradáveis na ilustre companhia dos inventores da toalha de papel, da embalagem de leite de papelão e da cerveja em lata.

Ainda tendo em mente meus colegas mais jovens, é meu dever dizer algo sobre os problemas práticos que encontramos ao professar e praticar uma das artes gráficas. Nós nos preocupamos mais, ou deveríamos nos preocupar mais, se somos artistas de verdade, com o que damos à arte do que com o que tiramos dela. Entretanto, temos de viver – ou pensamos que temos – e fazer o que, por meio do exercício da arte, certamente não é mais fácil agora do que antes. Na verdade, hoje é um pouco mais difícil. Além da satisfação íntima com o que podemos dar – e isso só acontece com parcimônia e em longos intervalos de tempo –, as duas únicas coisas que podemos *arrancar* da arte são dinheiro e fama, e suponho que apenas alguns entre nós não receberiam com alegria um pouco de ambos. Contudo, hoje temos de concorrer com grande quantidade de pessoas que só trabalham por isso e que, sob a bandeira de um dos diversos *ismos* sobre o qual eu tenho papagueado, podem se concentrar naquele objetivo único, livres de qualquer interesse sério pela arte. São devotos do sucesso como seus confrades mercantilistas, e, com a mesma parafernália promocional, eles prosperam tanto que às vezes somos tentados a acreditar que a única arte viva é a da autopromoção.

Outro acontecimento interessante destes tempos é a classificação dos artistas segundo a ideologia política. Ouvimos falar agora de artistas "de esquerda". Até onde consigo perceber, o que os identifica é o desprezo por qualquer tipo de arte e a excepcional incapacidade de manter seus desenhos limpos. Eles fazem da miséria – a sina infeliz de quase todos os artistas – uma virtude piedosa, e não é incomum demonstrarem a enorme pretensão de serem os únicos intérpretes sérios da vida e da verdade. O outro lado da gangorra política é contrabalançado por uma escola de "realistas econômicos", que fizeram da arte uma oportunidade de comércio. Como designers industriais que dispõem de grandes equipes, comitês de controle e batalhões de assessores de imprensa, eles fundiram a arte e o comércio tão bem que é praticamente impossível distinguir um do outro. O artista situa-se em algum ponto entre os dois, e ele geralmente é um indivíduo desprezado. Sem ser suficientemente pobre a ponto de provocar comoção, com o bem-estar mínimo que lhe permite manter o colarinho e os desenhos limpos, não obstante, ele tem de gastar uma porção exagerada de sua vida e de suas energias preocupando-se com contas.

E agora, para acabar com os gritos do açougueiro, do padeiro etc., a quem devemos vender nossas artes gráficas? Acredito que, em sua maioria, a editores, industriais e agentes publicitários. Em geral, o editor é um tipo razoavelmente decente, mas, se for um editor de livros, muitas vezes pode-se identificá-lo pelo fato de ter pouco dinheiro para gastar com arte. Em minha experiência, o industrial é o cliente mais generoso e compreensivo no que diz respeito a nossa mercadoria. Frequentemente, o que você faz por ele aumenta seus lucros de maneira bastante significativa, e ele não tem dificuldade em reconhecer isso.

Falando de modo bastante geral e levando em conta uma exceção bem particular de um amigo querido, o agente publicitário lida, em grande medida, com aquilo que podemos denominar cientificamente de fraude generalizada. Sei que, ao dizer isso agora, corro o risco de ser chamado de "correia de transmissão do comunismo" – seja lá o que isso signifique. Tem sido sugerido até que, com essas críticas à publicidade, estou mordendo a mão que me alimenta; eu diria, porém, que mordi a mão que alimentei até que fiquei farto de alimentá-la. Pode ser que, como aconteceu às vezes comigo, vocês encontrem nas fileiras dessas tropas de choque da decepção clientes compreensivos e amáveis com relação a seu trabalho, que conseguem tratar os artistas de maneira diferente daquela com que tratam o público – mas isso não é muito frequente. Cada um deles emprega o que se chama de diretor de arte, cuja importância decorre menos da arte do que do volume financeiro e do número de contas publicitárias para as quais ele a direciona. O diretor tem como função fornecer ao cliente o que ele denomina de "ideias", com base na teoria de que o artista não é intelectualmente capaz de ter uma ideia própria. Em 90 por cento dos casos, ele acabará modificando o desenho do cliente, para dar-lhe o "impulso" que acredita ser essencial para qualquer publicidade. Já grogue e meio cego com a contínua saraivada de anúncios que o atinge como um murro, dificilmente o público perceberá a diferença.

"Pensar, seja como for", diz o filósofo espanhol Ortega y Gasset, "é exagerar". Se medirmos com atenção os detalhes anatômicos dos desenhos e esculturas de Michelangelo, revelar-se-ão os surpreendentes exageros da realidade, mas essas ampliações a partir da realidade nada mais são que o recurso que ele utilizou para se exprimir com fidelidade. Ele nos apresenta uma imagem do homem ou da mulher que, em sua essência, é mais fiel do que aquela que um anatomista conseguiria fazer com compassos de calibre micrométricos. Portanto, eu suplico, senhoras e senhores, que não apliquem nenhum instrumento de precisão a minhas palavras – elas são as melhores que consegui encontrar nesta emergência para dizer aquilo que creio ser verdade. Caso me considerem culpado de exagero, as palavras precedentes são minha única defesa. Mas, se me acusarem de estar gracejando, eu lhes direi que nunca fui mais sincero em toda a minha vida.

*Discurso proferido em The American Institute of Graphic Arts, Nova York, em 5 de fevereiro de 1940. Publicado em dois folhetos independentes pelo AIGA e por The Carteret Book Club, ambos em 1940.*

# 1941
## UMA TÉCNICA PARA LIDAR COM OS ARTISTAS
### W. A. Dwiggins

WILLIAM ADDISON DWIGGINS *(1880-1956) reunia uma prática multidisciplinar da tipologia e do design com uma fértil produção de escritor e satirista. Seja com o próprio nome ou com o nom de plume* Herman Püterschein *(isto é,* pewter shine [brilho de estanho]*), ele criticou diversas questões relacionadas ao design em panfletos, revistas e livros, entre eles* The Art of Layout in Advertising *(publicado em 1928, mesmo ano em que foi publicado* Die Neue Typographie, *de Jan Tschichold) e* Towards a Reform of the Paper Currency Particularly in Point of Its Design *(1934). Um dos primeiros críticos/autores de design, Dwiggins recusava-se a passar por tolo ou a tolerar injúrias. Combinando a destreza do florete com aguda ironia, ele escreveu este ensaio como um manual sobre o cuidado e o sustento dos "artistas", não porque tivesse alguma esperança de convencer os clientes (que ele considerava uns "sabichões que não sabem nada") a mudar sua opinião sobre os designers, mas para "manter a sanidade dos artistas que têm de lidar com os homens de negócios". Como muitos de seus comentários, ele trata de um problema permanente (para os designers) com considerável bom humor e um toque de delicadeza. – SH*

Os capitães da indústria norte-americanos – ao menos os que controlam a fabricação e a venda de artigos domésticos – foram forçados a fazer aquilo que deixa os comandantes de cabelos brancos, a saber: mudar o esquema tático no fragor da batalha...

Nos últimos dez anos, uma mudança curiosa tomou conta da imaginação do público consumidor. As pessoas que compram – ou seja, as mulheres do país – passaram a pensar, subitamente, que elas desejam que a *arte* esteja mesclada com suas compras. Um conjunto de cozinha não pode mais ser vendido simplesmente como tal. Ele tem de ser oferecido com *algo mais*.

Esse algo mais é a *arte*.

Culpar os próprios fabricantes e comerciantes por essa mudança radical no gosto do consumidor é uma questão em aberto: até que ponto, por exemplo, determinadas pessoas do grupo foram tentadas a ultrapassar as fronteiras da prática conservadora segura e penetrar as regiões da "estética"? Até que ponto, ao fazê-lo, elas confundiram o jogo do *merchandising*?

... Mas a mudança ocorreu, e seu resultado é... o caos.

As máquinas têm sido utilizadas para fabricar artigos domésticos – utensílios, tecidos, ferramentas, *les meubles* [móveis] – há cem anos. Nunca, durante todo esse tempo, foi necessário, em qualquer momento, que o proprietário das máquinas pedisse conselho a alguém sobre o modo de usá-las. Todos os problemas operacionais eram solucionados pelo próprio proprietário da indústria ou por seus auxiliares imediatos. Com relação a todas as questões referentes à forma e ao acabamento dos produtos, ele podia confiar em seu julgamento. Se achasse que um artigo precisava ter aparência mais bonita, dizia a seus funcionários como fazê-lo. Se quisesse revestir de flores uma coluna de ferro fundido para esconder as manchas, sempre era possível recorrer a uma parenta que, por ter aprendido pintura em porcelana, podia dar conselhos úteis. Se ele julgasse que era preciso aplicar uma faixa de tinta na roda de uma carroça, simplesmente dizia qual a cor da faixa e onde ela deveria ser pintada. A palavra final quanto ao estilo era sua. Seu gosto era tão bom quanto o de qualquer outra pessoa. O país era uma democracia.

Agora, porém – com essa exigência de que a *arte* seja parte essencial do produto –, o industrial se vê pendurado à beira de um abismo que não consegue nem perscrutar nem atravessar... A nova obsessão com a aparência artística das mercadorias exerce pressão sobre o antigo sistema que ele não consegue suportar. O industrial, de uma forma ou de outra, tem de fornecer arte. *Ele* não é capaz de satisfazer isso – seu quadro de funcionários não é capaz de satisfazer isso – sua telefonista está perplexa – os balconistas ficam atônitos e se sentem insultados à simples menção da palavra – uma organização desamparada, do dono ao *office boy* – quilômetros e quilômetros quadrados de máquinas para fabricar objetos, nenhuma alma para dizer como as máquinas devem fazer *objetos artísticos*...

Só resta ao proprietário um único caminho: sair de sua organização e *pedir auxílio a um artista!*

É isso que ele faz. Assume as consequências de seus atos, vira as costas à tradição – a sua força de trabalho cuidadosamente reunida. Chama um artista. E descobre... o quê?

Descobre que não é capaz de lidar com essa pessoa em termos racionais, sejam eles quais forem.

Descobre que os artistas falam outra língua – que têm ideias estranhas. Que aquilo que eles planejam fazer e o modo como planejam fazê-lo são questões completamente fora de sua experiência ou de sua compreensão.

Descobre que, para ele, é simplesmente impossível conviver com os artistas.

Ora, algo terá de ser feito com relação a isso. Será preciso descobrir uma forma de construir uma ponte sobre o abismo existente entre o artista e o comerciante-industrial. O material empregado em sua estrutura será, evidentemente, a compreensão mútua. Se o homem de negócios conseguir dar alguma espécie de pista para os processos mentais do artista – apenas uma dica –, ele será capaz de moldar a contribuição do artista para que ela se ajuste ao mercado, e as coisas seguirão em frente sem sobressaltos. Este folheto tenta fornecer a pista.

## UMA TÉCNICA PARA LIDAR COM OS ARTISTAS

### O QUE É UM ARTISTA?

A investigação que nos propomos aqui tem origem no lado empresarial do problema. O que pretendemos é chegar a um conjunto de regras que orientem os homens de negócios em suas negociações com os artistas. O primeiro passo lógico nesse empreendimento será descobrir com o que se parecem os artistas, o porquê de seu comportamento, o que pensam e como agem.

PROPOSIÇÃO I. O artista é uma anomalia na atual civilização porque é movido por uma ânsia que está além da ânsia universal e racional de ganhar dinheiro.

O impulso que move o artista a empregar sua energia batalhando para atingir um objetivo que não é mensurável financeiramente pode ser comparado à paixão que pode mover um homem de negócios a melhorar sua organização ou a aperfeiçoar um processo – sem esperar, durante certo tempo, retorno econômico de seu esforço. No caso do homem de negócios, tal paixão seria mantida dentro de certos limites, subordinada a seu esforço principal (isto é, aumentar os próprios recursos ou os recursos de sua corporação). No caso do artista, o impulso nem sempre pode ser tão controlado: é muito provável que o desejo de pôr em prática seu talento peculiar passe dos limites e substitua a ânsia pelo dinheiro.

II. Os elementos que têm importância primordial para o homem de negócios são (1) dinheiro, seus movimentos em direção a ele ou para longe dele e (2) pessoas em termos de dinheiro, como as que retiram dinheiro dele (empregados) ou as que lhe trazem dinheiro (clientes). O artista não trabalha com pessoas e com dinheiro, mas com materiais (isto é, substâncias concretas, madeira, metal, vidro), com impressões sensoriais e com ideias.

III. Parte das forças propulsoras que movem o artista ao longo de sua peculiar maneira de agir é o prazer que ele obtém ao manipular os materiais ou ao ordenar as ideias – o prazer de ver os objetos tomarem forma em suas mãos. O homem de negócios pode ter o mesmo tipo de satisfação, embora em menor grau, porque para ele esse tipo de satisfação mantém-se rigorosamente subordinado à satisfação de acumular recursos.

IV. O artista almeja que a estrutura feita por ele tenha um *desempenho prático*. Se ele faz uma cadeira, seu objetivo é fazer uma cadeira na qual as pessoas possam sentar-se confortavelmente. É difícil para um homem de negócios pensar em uma estrutura adaptada a uma função e boa em si mesma (exceto quando é para seu uso). O comerciante-industrial pensa em seu produto como uma *mercadoria* – algo para ser vendido; o artista pensa em seu produto como algo *para ser usado*. Um o mede em unidades de valor de troca; o outro, em unidades de rendimento de valor.

## POR QUE A ARTE TEM VALOR DE MERCADO?

A arte (o produto do artista) pode acontecer de forma abstrata, como a música ou a poesia. Formas abstratas de arte não têm utilidade alguma para o homem de negócios. Mas a arte pode ser "aplicada" ao mecanismo prático da vida (por exemplo, a arquitetura), aumentando, às vezes, o valor do mecanismo.

V. Na forma aplicada, portanto, a arte passa a fazer parte do círculo dos interesses comerciais, porque ela agrega valor à mercadoria.

É difícil para o homem de negócios compreender por que a arte aplicada ao mecanismo prático da vida torna esse mecanismo mais valioso. O valor de um motor de combustão interna não aumentará pelo fato de suas partes terem sido projetadas de acordo com os postulados deste ou daquele sistema estético. No entanto, o valor do veículo que o motor move aumentará se o gosto artístico fizer parte do design do veículo. Por quê?

VI.     A qualidade artística tem valor comercial porque ela satisfaz a vaidade do proprietário. (Como no exemplo anterior: o automóvel elegante satisfaz a vaidade do proprietário.) Podemos parar por aqui. Outras explicações, em níveis mais elevados de desempenho humano, têm menor valor prático para o homem de negócios.

## QUAL O VALOR DOS ARTISTAS?

Se o artista não está disposto a avaliar seu produto (arte) em termos de dólares e centavos, por qual critério ele o avalia? Que valor vê nele?

A avaliação que o artista faz do valor de seu produto não tem relação alguma com o valor comercial da arte. Ela é importante, neste momento, apenas porque joga luz sobre as peculiaridades dos artistas.

VII.    O artista dá valor à aparência agradável das coisas. Para ele, um objeto é valioso se sua forma e suas proporções são agradáveis ao olhar. Esse senso de beleza e proporção satisfatória não é uma qualidade exclusiva dos artistas; neles, porém, é mais exercitado e desenvolvido do que nos que não são artistas. O valor intrínseco do material de um objeto importa menos para o artista do que a forma, a cor etc. do objeto. Por que, e como, a forma de um objeto agrada ao artista e torna o objeto valioso para ele é outra história, que não é pertinente a este debate.

VIII.   Em um design, em uma estrutura ou em uma representação artística, o artista valoriza o "estilo". Existe o modo mais adequado de bater em uma bola de golfe, de jogar tênis, de nadar, de caminhar. No âmbito do esporte, esse modo mais adequado é reconhecido universalmente como *forma*. Transferido para o território da arte, esse modo mais adequado de fazer as coisas torna-se *estilo*. Estilo é o modo mais simples, mais elegante e mais eficaz de aplicar o esforço e alcançar o objetivo; portanto, estilo é uma qualidade do desempenho. Ele também é um produto final: os objetos têm estilo de acordo com a felicidade de seu design. Locomotivas, automóveis e navios possuem, muitas vezes, um grande estilo. O sentido do valor do estilo não está restrito apenas aos artistas.

IX.     O artista dá valor ao desempenho *técnico* apropriado. O modo de aplicar a tinta na tela; o modo como a madeira é entalhada – esse tipo de operação, quando feito com simplicidade por mãos firmes, agrega valor a um objeto aos olhos do artista; ele contribui para aquilo que se chama de qualidade de estilo.

Esses são exemplos dos critérios de valores que o artista utiliza ao avaliar sua produção.

## OS ARTISTAS PENSAM?

Pressupõe-se que a obra do artista não exige o uso das faculdades intelectuais – que ele age baseado apenas no "sentimento", alcançando seus objetivos por meio da intuição. Esse pressuposto é incorreto.

X.      O artista é uma criatura racional. Seu impulso para criar uma obra de arte surge primeiramente na região da intuição; além disso, as escolhas e decisões intuitivas atuam ao longo de todo o processo de evolução da obra de arte. Entretanto, esse processo é dirigido e ampliado pela razão. O objetivo visado é racional. (Ver Proposição IV.)

A estrutura construída pelo artista tem de apresentar um desempenho prático, caso contrário ele não é aceito. A praticabilidade resulta parcialmente da intuição, mas sobretudo do exame racional do objetivo a ser alcançado. O verdadeira artista sempre é meio engenheiro. O conhecimento de pesos e tensões, de ajuste estrutural e do manuseio correto dos materiais faz parte do equipamento do artista tanto quanto a percepção intuitiva dos espaços rítmicos e das linhas elegantes. Se o artista for realmente um artista – e não apenas um esteta –, você pode ficar tranquilo com relação a essa racionalidade.

## COMO ESCOLHER UM ARTISTA

De toda a técnica em lidar com os artistas, a escolha do artista certo, naturalmente, é *a* parte crítica da operação. Os artistas, como classe, não estão familiarizados com os detalhes dos procedimentos comerciais. O artista que se adapta com facilidade e rapidez às exigências de uma empresa comercial é espécie rara. A falta de padronização entre os artistas e a grande variedade de exigências da indústria e do mercado impossibilitam a formulação de regras precisas para escolher o artista certo.

As qualidades que você exige de qualquer outro agente são as mesmas que você deseja em um artista – além de sua arte. Você dispõe dos elementos para julgá-lo como pessoa. A coisa se complica quando você tenta determinar quanto de arte existe nele. Os valores artísticos estão além de sua capacidade de avaliação, naturalmente. Como chegar a uma decisão?

XI. Se possível, descubra em outras organizações que utilizaram os serviços do artista como ele se saiu. Nesse ponto, dois ou três relatórios de confiança são a única ajuda realmente prática para fazer uma opção.

XII. Não se baseie demais naquilo que os outros artistas dizem. Pode ser que um artista goze de alto conceito entre seus pares e, no entanto, esteja aquém da perfeição no que diz respeito à observância de exigências corriqueiras do mundo comercial – como o cumprimento de prazos. A menos que consiga descobrir como ele realmente se comportou diante de uma situação parecida com a sua, você não dispõe de nenhum fato concreto que sirva de referência. Baseie sua decisão naquilo que as pessoas de seu grupo disserem.

Na falta de condições para fazer uma avaliação por meio de canais de informação, você mesmo deve julgar o artista como pessoa.

XIII. Se o artista lhe passar a impressão de ser alguém inclinado a dizer a verdade, é bem provável que ele diga a verdade sobre as qualificações artísticas que satisfazem sua necessidade. Em geral, o artista verdadeiramente talentoso é uma pessoa simples, que não transmite falsas impressões. Caso ele se sinta mais seguro a respeito de determinado assunto do que de outro, é quase certo que ele não esconda isso de você.

XIV. Descubra, por meio de um estratagema, se o candidato é convencido ou não. No artista, o tom de confiança – a segurança quanto à capacidade de desempenhar suas funções, mesmo quando essa segurança se manifesta com grosseria – é um sinal favorável, e não um empecilho. No entanto, a mera vaidade pessoal, que não está baseada em nenhuma capacidade específica, é uma indicação segura de que todas as tentativas de cooperação vão fracassar. A primeira impressão que o homem de negócios terá dos artistas é que são todos vaidosos. Ele precisará aprender a distinguir vaidade pessoal – uma característica inevitável – do tipo de petulância que os artistas talentosos frequentemente exibem – uma autoconfiança que nasce de sua autonomia profissional e do desconhecimento dos procedimentos de uma organização com vários funcionários.

XV.     Se um candidato demonstrar astúcia e uma tendência a usar subterfúgios, risque-o de sua lista. A capacidade de dissimular e de usar subterfúgios é um recurso nas negociações comerciais, e a descoberta de tais qualificações em um artista pode facilmente levá-lo a acreditar que, em razão disso, ele se ajusta a seu objetivo. Faz parte do sistema específico do processo artístico o fato de que, para o artista, tais aptidões são *inaptidões*. As exigências de sua função obrigam-no a lidar com seus problemas e materiais de modo absolutamente franco e honesto. Na arte não existe esse negócio de abordagem indireta. Pelo seguinte motivo:

XVI.    Considere a aparência inexpressiva uma desvantagem. É bastante provável que o artista que é capaz de esconder o interesse em seu projeto por trás de uma fachada de pedra esteja ocultando outras coisas – por exemplo, a consciência de que é incapaz de estar à altura de suas exigências.

XVII.   Não faça uma avaliação da capacidade do artista com base no estado de suas roupas.

XVIII.  Não pense que o artista não tem talento só porque não possui endereço. Muitos artistas talentosos, quando se trata de traduzir as coisas em palavras ou ter uma conduta apresentável, são facilmente confundidos com os beócios. Inversamente:

XIX.    Não confunda a questão da arte de um artista com a consideração puramente mecânica do bom funcionamento de seus maxilares. Trate o artista loquaz como você trataria qualquer outro candidato que o mantivesse preso com o encanto de sua eloquência. Tente se libertar, e apresse a solução deixando escapar alguns quandos e comos.

XX.     Uma vez escolhido o artista, trate-o como você trataria um médico a quem tivesse recorrido por causa de um problema de saúde – não um encanador que você tivesse chamado para consertar um vazamento. Esteja seguro de que ele compreendeu inteiramente o caso – e então tome o remédio que ele receitar. Siga a receita. Não tente descobrir que resultado você obtém misturando duas meias doses e excluindo uma terceira. Se a receita não conseguir resolver o problema, consulte outro médico.

### COMO ATRAIR O INTERESSE DO ARTISTA PARA UM PROJETO

É extremamente importante comprometer o interesse do artista no projeto desde o começo. Esse interesse representará parte importante de sua motivação.

XXI. É possível atrair o interesse do artista para um projeto dando-lhe grande liberdade de escolha no que diz respeito às formas e aos recursos. Se for possível estabelecer as características indispensáveis do projeto, e se o artista for deixado com as mãos livres para alcançar os objetivos à sua maneira, ele se interessará pelo trabalho. No entanto, caso o artista seja cercado por um batalhão de exigências que não sejam realmente essenciais para o propósito principal do projeto – coisas como seus caprichos pessoais, por exemplo, e preconceitos inoportunos –, seu interesse começará do zero e cairá a patamares ainda mais baixos.

XXII. Depois que o interesse do artista é capturado (transmitindo-lhe a sensação de que ele tem as mãos livres para trabalhar os detalhes), as modificações podem ser introduzidas sem o risco de arrefecer seu entusiasmo, se a apresentação for feita com cuidado. Despertado no começo, seu interesse o conduzirá de passagem pelas partes em que foram introduzidas as modificações, e ele não perceberá que o projeto foi alterado. As modificações podem ser feitas a fim de parecer que se trata apenas de alterações insignificantes em suas propostas. Não sugira todas as mudanças de uma vez; deixe que elas aconteçam aos poucos – se possível, em dias diferentes.

XXIII. A quantidade de dinheiro que o artista receberá por seu trabalho normalmente não é um elemento tão poderoso para atrair seu interesse quanto os detalhes do próprio trabalho.

### COMO MANTER O INTERESSE DO ARTISTA NO PROJETO

No caso de um projeto que exige tempo considerável para ser realizado, certamente o entusiasmo inicial diminuirá à medida que o trabalho prosseguir. O interesse declinante precisa ser reavivado de tempo em tempo.

XXIV. A melhor maneira de reavivar o interesse do artista é mantê-lo a par do desenvolvimento do trabalho, na loja ou no local onde ele está sendo executado. Testes, amostras, fotografias do avanço dos modelos, dados experimentais, tudo tende a manter vivo o interesse do artista.

XXV. Caso haja dois ou mais projetos a serem tratados na sequência, conduza o interesse do artista de um trabalho para outro enviando-lhe todos os dados (fotografias da obra concluída, provas do artigo terminado, cópias do refrão impresso etc. etc.) referentes ao Projeto nº 1 completo, enquanto ele é introduzido no Projeto nº 2.

Seja qual for o caso, convém mostrar ao artista como o design dele se apresenta assim que o trabalho estiver concluído. Quando um artista cria inúmeros designs e os espalha por aí sem nunca mais ouvir falar deles, seu trabalho lhe parece inútil e ele perde o interesse. (Ver Proposição IV; o artista está interessado no *desempenho* de seu design.)

O despacho do material "renovado" para o artista tem de ser feito de maneira sistemática, como parte regular do projeto – e não deixado ao acaso até que alguém se lembre de fazê-lo.

### COMO REDUZIR A VAIDADE DO ARTISTA

XXVI. Para diminuir a importância que o próprio artista se atribui, dê a forma a seu discurso como se sugere a seguir. Suponhamos que você esteja conversando com um pintor de cartazes famoso. Pergunte-lhe: "Você conhece o trabalho que Jones realiza em pintura de cartazes? Em minha opinião, Jones é o maior pintor de cartazes que existe. Os únicos que chegam perto dele são _____ e _____." (Sem mencionar o artista com quem você está conversando.) Prossiga, então, descrevendo os diversos êxitos duradouros de Jones. Poucos profissionais conseguem aguentar essa provação.

Se for um artista de segunda linha que não está disposto a dar o braço a torcer, mas que, em vez disso, tenta provar que ele também é um importante pintor de cartazes, mostrando a você fotografias de suas obras de arte, dê uma rápida olhada em seus impressos sem fazer comentário algum, e então utilize novamente a história dos cartazes pintados por Jones. Essa segunda estocada reduzirá a vaidade do artista a zero.

## COMO ELOGIAR O ARTISTA

XXVII.    Se você gosta da obra que um artista lhe mostra, não tente exprimir sua aprovação na forma de um comentário técnico inteligente. Atenha-se à fórmula simples: "Gosto disso", ou solte um grunhido de aprovação.

COROLÁRIO. No entanto, você pode utilizar comentários técnicos inteligentes para demonstrar um interesse *reduzido*: "Gosto da maneira como você lidou com a perspectiva na pata esquerda da mosca" etc. O artista perceberá que você dá muito pouca importância a isso e passará, rapidamente, para a discussão das proporções das batalhas ou qualquer outra coisa.

## COMO BAJULAR UM ARTISTA

A bajulação é eficaz com artistas de menor nível. À medida que a capacidade do artista cresce, o efeito da bajulação direta diminui. Alguns artistas importantes são ávidos por bajulação; normalmente, porém, o artista de grande expressão tem recebido tanta bajulação que não é mais capaz de saboreá-la. Em muitos casos, não se exige alto grau de sutileza; de modo geral, porém, são necessários um toque de delicadeza e um pulso firme para distribuir bajulação.

XXVIII.    Se o primeiro encontro com o artista ocorrer em um *workshop* dirigido por ele, peça para ver sua obra, utilizando a seguinte fórmula: "Eu gostaria muitíssimo de dar uma olhada no que você tem feito!", e não: "Oh, será que você não me mostraria alguma obra sua?" etc. Se encontrá-lo em outro lugar, use esta fórmula: "Fulano me disse que eu devia entrar em contato com você para olhar as coisas que está fazendo" etc.

XXIX.    No primeiro encontro, *não mencione outros artistas da mesma linha* – ou, se o próprio artista introduzir os nomes de outros artistas, fale deles brevemente.

XXX.    *Não menospreze a obra de outros artistas da mesma linha* partindo da falsa impressão de que o desprezo de seus pares vai satisfazê-lo.

Depois de travar conhecimento com o artista, você pode discutir sobre outros artistas livremente. Entretanto, mesmo nessa discussão livre, é prudente deixar que o próprio artista tome a iniciativa de esquartejar os outros – é possível que, secretamente, a dissecação feita por você dos contemporâneos dele lhe cause prazer, mas use o bisturi com parcimônia.

XXXI.   Quando um artista apresentar-lhe sua obra pela primeira vez, não tente moldar seus comentários a uma visão técnica. Use a linguagem normal que Deus lhe deu. Se, por um feliz acaso, você deparar com um ponto que é objeto de um orgulho particular do artista, não procure estender nem ampliar o golpe afortunado. Deixe a coisa ficar por aí. Os artistas, quando elogiam uns aos outros, utilizam frases simples: "Isso é excelente" ou "Gosto disso", e coisas do gênero. Quanto menos papo furado, melhor.

XXXII.   Uma forma eficaz de elogio, quando a remuneração pedida for, de fato, desproporcionalmente baixa, é aumentar levemente a quantia cobrada pelo artista. Vinda dessa maneira, segundo o próprio critério de valores do homem de negócios, a aprovação é particularmente enfática.

## COMO PAGAR UM ARTISTA

XXXIII.   Se o artista cumprir com sua parte do acordo, entregar o trabalho pontualmente e provocar uma satisfação geral, você fará bem em separar suas faturas da pasta de contas a pagar em sessenta dias e tratá-las como notas promissórias profissionais, isto é, pagáveis em dinheiro contra-apresentação. O fato de ser pago pontualmente por uma obra entregue pontualmente passará a ele a sensação de que a energia circula por toda parte, estimulando-o a aumentar o esforço para avançar em sua parte da tarefa.

XXXIV.   Não tente punir o artista atrasando o pagamento pelo trabalho. Essa atitude sem dúvida o deixará irritado, mas não da maneira que você pretende, porque, diferentemente do que você possa ter previsto, o bolso não é sua região mais sensível. (Ver Proposição I.)

XXXV.   Se o artista for ingênuo, você poderá economizar dinheiro fazendo um acordo com ele no qual pague apenas pela parte do trabalho que for aprovada e utilizada. Isso o desobrigará de pagar por aquilo que, de fato, consome mais tempo e trabalho na profissão de designer, ou seja, a pesquisa preliminar e a preparação de esboços e designs alternativos que expliquem o projeto. É claro que você poderá recusar os desenhos aproveitáveis acabados, quando a pesquisa estiver concluída, guardando cuidadosamente as anotações dos diversos pontos valiosos desenvolvidos.

XXXVI.   Se o artista for jovem e inexperiente, diga-lhe que, embora você não possa pagar muito pelo design, este será amplamente explorado e será visto por milhões de pessoas: a enorme publicidade o favorecerá bastante. Se o artista for muito jovem, esse argumento pode induzi-lo a não cobrar nada pelo trabalho.

XXXVII.   Um artista mais velho – particularmente o tipo atraído pelos detalhes técnicos de sua arte – pode ser induzido a receber menos que sua remuneração costumeira se você conseguir tornar a encomenda altamente interessante do ponto de vista técnico (se ela envolver uma manipulação nova e experimental, por exemplo). Valerá a pena abrir mão de algum ponto sobre o qual você tenha insistido – particularmente aquele que envolva apenas orgulho ou teimosia de sua parte – caso essa atitude acrescente alguma característica técnica atraente ao projeto.

XXXVIII. Um artista bastante experiente cuja obra apresente grande demanda terá atingido uma escala de preços fixa e não poderá ser convencido a modificá-la. Se for movido pelo espírito, ele trabalhará *de graça* de vez em quando. Esse espírito será uma característica peculiar do projeto que atraia seu interesse – mas a característica será por demais peculiar e inesperada para que você possa utilizá-la antecipadamente como isca.

XXXIX. Um jeito fácil de conseguir grande volume de arte (de certo tipo) desembolsando pouco ou nada é instituir um concurso para determinado projeto. Embora alguns artistas de alto nível participem de concursos, em geral as pessoas fundamentais de um campo específico não têm tempo para se preocupar com isso, e os designs que chegam são de qualidade inferior. Muitas vezes, um design de qualidade inferior atenderá melhor a seu objetivo do que um artigo de primeiríssima classe; e você poderá reservar as Menções Honrosas para uso posterior, além das inúmeras boas ideias que nem chegamos a mencionar.

*Publicado originalmente em forma de folheto*
*(Nova York: Press of the Wooly Whale, 1941).*

# 1946
# A ARTE NA INDÚSTRIA
## *Walter P. Paepcke*

ENQUANTO HOMENS DE NEGÓCIOS COMO *Earnest Calkins defenderam o design moderno como uma forma de melhorar os resultados financeiros da empresa, outros advogaram a ideia do cliente como protetor das artes, encomendando design de qualidade como maneira não apenas de vender mercadorias, mas também de aperfeiçoar a sociedade. Walter Paepcke (1896-1960), presidente da Container Corporation of America (CCA), sediada em Chicago, serviu de modelo influente para um grupo de líderes empresariais norte-americanos de meados do século, os quais legitimaram os atributos formais do design moderno como a expressão agradável do capitalismo mundial avançado. Paepcke contratou arquitetos, designers gráficos e publicitários progressistas, ofereceu uma propriedade no Colorado para sediar o que viria a ser a Conferência Internacional de Design em Aspen e, por meio de uma série de campanhas publicitárias, apresentou o design e a arte modernos ao público. A mais conhecida delas, "Grandes Ideias do Homem Ocidental", apresentava interpretações de citações de grandes pensadores do mundo ocidental feitas por amplo conjunto de designers modernos. A série "Nações Unidas", examinada aqui, encomendou obras de artistas baseados em cada um dos diversos países em que a CCA tinha negócios. Embora se possam criticar corretamente essas campanhas por serem superficiais, não resta dúvida de que Paepcke estava comprometido com o design progressista como um fim em si mesmo. – MB*

    Antigamente, incluindo a Idade de Ouro grega, o artista e o artesão eram, muitas vezes, uma única pessoa. Por consequência, a arquitetura e as criações da arte eram ao mesmo tempo funcionais e artísticas, e a filosofia do artesão e a do artista, necessariamente similares.

    Durante o último século em particular, parece que a Era da Máquina, com seus processos de produção em massa, exigiu especializações que causaram uma desastrosa divisão entre a obra e a filosofia do produtor industrial e o artista. Não obstante, hoje como outrora, os artistas e os homens de negócios têm, fundamentalmente, bastante em comum e podem contribuir mais para a sociedade na medida em que complementem seus talentos. Cada um traz dentro de si o desejo imortal de criar, de colaborar com algo para o mundo, de deixar sua marca na sociedade; cada um tem a necessidade de ganhar a vida e de oferecer sustento para si e para sua família. Ao menos durante as últimas gerações, pode-se dizer que o homem de negócios concentrou-se muitas vezes nesse último aspecto, enquanto o artista, em épocas mais recentes, descobriu-se trabalhando no vazio, sem a indispensável oportunidade de pensar e criar e, ao mesmo tempo, sustentar de maneira adequada a si próprio e à família. A cooperação e o entendimento mais próximos ajudariam o homem de negócios a produzir objetos materiais não apenas funcionais e mecanicamente perfeitos, mas também artisticamente excelentes, e o artista, por sua vez, a usufruir em maior grau as possibilidades de ganho, essenciais para uma vida feliz.

    Igualmente importante nesse período específico é a necessidade de que os representantes de todas as nações aprendam a compreender e respeitar uns aos outros. Com a adoção da série "Nações Unidas", surgiu a oportunidade de convidar representantes dos países mais distantes do mundo a participar. Os artistas que contribuíram nessa exposição não são apenas técnicos habilidosos; são pessoas cultas, viajadas, estudiosas, introspectivas, observadoras e de boa vontade. Algumas de suas pinturas trazem o fervor patriótico; outras, a marca da verdadeira erudição. Há também as profundamente poéticas. Todas parecem brotar de uma postura realista diante da vida, uma postura de pessoas que estão participando do mundo que as rodeia.

Deveria ser fácil, lucrativo e agradável para o artista "atuar na sociedade não como decorador, mas como participante vital". O artista e o homem de negócios devem estimular todas as oportunidades de ensinar e completar um ao outro, de cooperar, exatamente como as nações do mundo têm de fazer. Mesmo a mais modesta esperança para o futuro, o alívio parcial do caos e da incompreensão do presente e um pequeno passo inicial para uma Idade de Ouro do Porvir só poderão ocorrer com tal fusão de talentos, capacidades e filosofias.

*Publicado originalmente em* Modern Art in Advertising: Designs for Container Corporation of America *(Chicago: Paul Theobald, 1946).*

# 1949
# INTEGRAÇÃO, A NOVA DISCIPLINA DO DESIGN
## Will Burtin

A EXPOSIÇÃO DE WILL BURTIN *"Integração, a Nova Disciplina no Design" estreou na Galeria A-D, em Nova York, antes de percorrer os Estados Unidos. A dinâmica e leve instalação, construída com aço, plásticos coloridos e alumínio, baseava-se nas quatro "realidades" que Burtin (1908-1972) considerava fundamentais para a comunicação visual contemporânea. Esses princípios foram resumidos posteriormente em um artigo publicado pela revista internacional de design* Graphis *(fundada em 1944). Para Burtin, a visualização da informação e dos processos científicos, como auxílio pedagógico para o público, era uma das tarefas essenciais do designer gráfico, cuja posição fundamental conferia a ele, ou a ela, o papel e a responsabilidade de "comunicador, elo, intérprete e inspirador". O curto texto de Burtin, escrito em um momento em que designers como Ladislav Sutnar e Herbert Bayer também estavam desenvolvendo técnicas inovadoras para transmitir informações complexas, é um manifesto pessoal. Como consultor da empresa farmacêutica Upjohn, ele continuou criando materiais gráficos de excepcional beleza, bem como maquetes para exposição da célula do sangue humano e do cérebro extremamente ambiciosas. – RP*

A comunicação visual baseia-se em quatro realidades principais:
- a realidade do homem, como medida e medidor
- a realidade da luz, da cor e da textura
- a realidade do espaço, do movimento e do tempo
- a realidade da ciência

### A REALIDADE DO HOMEM

No design, o homem é tanto medida como medidor.

As dimensões de suas mãos, de seus olhos e de seu corpo inteiro devem ser vistas em relação à escala, à forma e ao volume daquilo que o rodeia e direcionadas para ele.

Ele é parte integrante de tudo o que podemos imaginar e fazer. Ele é a parte mais importante em um design. Dependemos de sua resposta física, emocional e intelectual, de sua compreensão.

Quando lhe dirigimos informações, devemos fazer uma avaliação adequada de sua natureza como indivíduo e como parte de um grupo social, de seus desejos e sonhos.

O homem é a soma total de suas experiências. Sua escala e seu foco modificam-se continuamente à medida que ele estuda, cresce e se desenvolve. Por essa razão, ao executar o design, devemos nos dar conta de que somos confrontados com condições que estão em constante transformação, às quais só conseguiremos nos adaptar se:

1. desenvolvermos sempre formas seguras e mais precisas de expressar ideias,
2. examinarmos novamente, em relação a cada nova tarefa, todo o conjunto de abordagens,
3. compreendermos o mecanismo da visão.

## A REALIDADE DA LUZ, DA COR E DA TEXTURA

A cor é de natureza associativa. Um dos motivos que explicam o impacto emocional da cor é seu sólido enraizamento no inconsciente e na experiência intuitiva do homem.

A identificação visual dos valores da cor desenvolve-se bem lentamente. O marrom de Rembrandt, o púrpura vitoriano, os azuis e os cor-de-rosa pastel de Degas e o bege do início dos anos 1920 são alguns exemplos que demonstram como leva tempo até que as percepções de cores específicas sejam verbalizadas ou "tornem-se conhecidas".

Para um médico, a cor significa uma coisa profissionalmente e outra esteticamente; o mesmo vale para um arquiteto, um cientista ou um carpinteiro. O primeiro significado é consciente – isto é, racional; o segundo, inconsciente. O primeiro baseia-se em uma experiência real; o segundo tem origem nas profundezas da emoção. No entanto, o designer tem de trabalhar com ambos.

Os jovens usam cores fortes e contrastantes. Com o passar dos anos, passam a preferir cores mais tranquilas. Isso demonstra que as exigências do sistema nervoso foram equilibradas pelo foco de reação do nervo óptico, o olho.

A cor é, em essência, luz de intensidade variada – que parte do branco, passa pelo espectro prismático e chega ao preto. Suas qualidades reflexivas estão intimamente ligadas a sua estrutura óptica e à superfície na qual incidem. Juntas, elas também se mostram a nosso olhar na qualidade de textura. A textura não apenas influencia e dramatiza a natureza da cor, como possui características estruturais próprias, às quais o sentido do tato reage. Soma-se a isso o fato de que, por meio da textura, especulamos a respeito do que pode estar por trás de uma superfície, do que ela encerra.

## A REALIDADE DO ESPAÇO, DO MOVIMENTO E DO TEMPO

A compreensão das relações de espaço e tempo é a principal exigência da organização visual. No design impresso, as imagens são sobrepostas em superfícies de papel. Os espaços dentro das letras e entre elas, assim como entre as linhas tipográficas e sua relação com a ilustração, são elementos essenciais que determinam o acesso do olhar à informação básica.

Como lemos da esquerda para a direita, forma-se um fluxo, o qual deve ser utilizado para ligar as diferentes partes de uma mensagem, texto e ilustração. Esse movimento pode ter sua velocidade acelerada, mantendo-se a tipologia e o espaçamento abertos, ou reduzida, condensando-os. Dessa forma, o tempo de leitura é uma medida tão importante como o espaço dentro do qual as informações visuais são organizadas.

Nas exposições, o acréscimo de uma terceira dimensão ao movimento físico permite a aplicação plena das sensações de *timing*, escala, estrutura e volume.

No cinema, o tempo pode ser condensado (um ano = um minuto) ou esticado (um segundo = uma hora), e a imagem visual (espaço) pode passar do realismo para ilusões de surpreendente profundidade e engenho.

Nas imagens estroboscópicas, o movimento desfaz-se por etapas: tempo e espaço fundem-se em uma única unidade.

Quando os efeitos do movimento múltiplo no espaço foram identificados, surgiu o conceito de relatividade, o qual empresta ao tempo duplo significado – medida de espaço e de evolução – e transforma o próprio espaço de volume linear em esférico. Ele também abandonou a noção de que existem posições absolutas. Consequentemente, somos capazes de diferençar as condições aparentes de espaço, movimento e tempo das verdadeiras e suas relações mutáveis.

## A REALIDADE DA CIÊNCIA

O propósito da ciência é explorar e prever os fenômenos. No esforço para serem absolutamente claros e econômicos, os cientistas comprimiram processos inteiros que envolvem tempo, espaço, mudanças de condições, densidade e conceitos especulativos em símbolos matemáticos abstratos, criando, dessa forma, uma linguagem visual própria.

A realidade extrassensorial da ciência oferece novas dimensões ao ser humano. Permite que ele perceba os processos da natureza, torna o sólido transparente e dá substância ao invisível. Ela expandiu o raio de ação da experiência humana e aumentou nossa capacidade de definir e organizar os dados de maneira coerente em novas representações visuais.

A ciência não se restringe apenas à engenharia, à química, à medicina e à questão da energia. O impacto do pensamento e do procedimento científicos é sentido cada vez mais nos campos dos problemas sociais e psicológicos, e, na verdade, em todas as esferas da atividade humana, e a arte não é exceção.

Por causa de seu papel único de comunicador, elo, intérprete e inspirador, o designer ocupa a posição central entre esses conceitos. Ele lida com suas qualidades e quantidades, descobertas, processos e ideias conhecidos e os efeitos que têm uns sobre os outros.

Por meio de uma contínua comparação e inter-relação de fatores, ele adquire uma compreensão e uma visão estimulante de sua natureza e valor, o que lhe permite descrever até aquilo que fora invisível. Consequentemente, ele cria.

Ampliar e definir esse vocabulário da linguagem visual, contribuindo, com isso, para a integração de nossa cultura, é sua responsabilidade social como ser humano, seu trabalho como designer.

[...]

*Publicado originalmente em* Graphis *n. 27 (Zurique, 1949).*

# 1949
# A FUNÇÃO NO DESIGN MODERNO
## György Kepes

A BATALHA PARA VENDER o *modernismo ao público norte-americano, iniciada logo após a Segunda Guerra Mundial, alcançou grande intensidade com os esforços de uma série de imigrantes europeus que proclamaram as virtudes da praticidade, a importância dos princípios de design e os méritos do pensamento de vanguarda para seus alunos e colegas das escolas de design nos Estados Unidos. Tendo estudado pintura e cinema em sua Hungria natal, György Kepes (1906-2001) emigrou para os Estados Unidos em 1937 e, um ano depois, tornou-se diretor do Departamento de Cor e Luz da Bauhaus de Chicago, dirigida por László Moholy-Nagy. De 1946 a 1974, Kepes ensinou no Massachusetts Institute of Technology, onde fundou, em 1968, o Centro de Estudos Visuais Avançados. Como autor e editor de inúmeros livros sobre arte e percepção, tinha interesse em averiguar como o design funcional, tanto na teoria como na prática, pode se beneficiar de uma fusão da arte com a tecnologia. Neste ensaio, ele olha de maneira crítica a relação entre as exigências utilitárias do funcionalismo e os objetivos humanitários do "design genuíno" – um exemplo do tipo de análise com a qual Kepes é mais frequentemente associado; uma combinação de investigação criativa, pragmática e psicológica que atende brilhantemente ao campo de conhecimento do design. – JH*

A atual obsessão com a velocidade e com a quantidade influenciou profundamente nossa maneira de pensar e de sentir. A produção e a comunicação de massa, com seus conceitos tipicamente padronizados, esgotaram as ideias, transformando-as em estereótipos gastos.

Nossa tendência é tomar o *slogan* pela verdade, a fórmula pela forma viva, o hábito repetitivo pela persistência cultural. A inércia nos leva a carregar por toda parte esse cadáver de pensamentos sem vida. Para estancar a sangria vital que se esvai das palavras que usamos, das ideias e propósitos que nos guiam, precisamos revisar sempre nosso equipamento mental.

A vigilância não é necessária apenas nas esferas em que estamos vagamente conscientes do mau uso e da manipulação intencionais de palavras e ideias, como na propaganda política ou nos aspectos mais desprezíveis da publicidade. Ela também é imprescindível nos campos em que partimos do princípio de que sabemos do que estamos falando, em nossa profissão. Nesse caso, precisamos ter atenção redobrada, pois nos falta a perspectiva que a distância permite.

Pediram-me que escrevesse sobre a função do design. As palavras "design" e "função" assumiram lugar de destaque em nosso vocabulário diário. O termo duplo "design funcional" é aceito hoje como o núcleo das atividades profissionais que buscam moldar o ambiente físico do homem. Será que "design funcional" livrou-se da sina de outros termos repetidos? As batalhas ainda estão sendo travadas, e as últimas escaramuças sob o lema "a forma decorre da função" ainda ocorrem entre nós. No entanto, temos motivo para acreditar que a ideia subjacente perdeu sua energia ativa.

Consequentemente, parece apropriado começar questionando e examinando os termos fundamentais que, geralmente, supomos ter um significado claro. Sem tomar nada como certo, submetamos nossos lemas profissionais a um rigoroso exame.

O que é função no design? Responder a essa pergunta é, logicamente, responder de maneira pertinente ao propósito que a originou. Para reconhecer a validade de uma lógica do design, é preciso reconhecer primeiro o propósito que está em sua origem.

Qual é, então, o propósito do design feito pelo homem? Será que basta responder que o propósito de uma construção é servir de abrigo? Que o de uma cadeira é suportar o corpo humano? O de um livro, permitir que seja lido? Essas funções podem ser compreendidas apenas no interior do estreito círculo daquilo que consideramos ser sua função, ou devemos investigar mais além até encontrar uma origem definitiva e comum a todos esses propósitos?

Se remontarmos às origens de tais conceitos, que hoje parecem ser autoexplicativos e que empregamos frequentemente de maneira automática, às ideias e às obras dos notáveis pioneiros do passado recente que nos transmitiram esses conceitos, ficará evidente que eles tinham significado mais amplo do que aquele que a maioria de nós lhes atribui hoje. Louis Sullivan, cuja obra e cujos escritos tornaram-se a força condutora da reflexão sobre o design contemporâneo, estava plenamente consciente da profundidade e da abrangência dos temas em questão. Ele escreveu o seguinte sobre seu objetivo: "Promover uma arquitetura adaptada a sua função, uma arquitetura realista baseada na necessidade utilitária bem definida – que todas as exigências práticas de utilidade sejam soberanas como fundamento do planejamento e do design; que nenhuma resolução, tradição ou superstição arquitetônica se coloque no caminho." E ele também escreveu, situando seu pensamento em um contexto mais amplo: "É provável que o homem tenha sido o único verdadeiro elemento de fundo a distinguir obras que, em primeiro plano, se mostravam como objetos independentes."[1] Para ele e para todos os indivíduos notáveis que abriram o caminho para uma maneira mais saudável de pensar, o fato de que o design não existe pelo design, que ele existe por causa do ser humano, sempre foi óbvio.

O ser humano estava na origem do pensamento deles, e a função humana conferia sentido e medida a tudo o que faziam. Embora se lançassem com uma concentração admirável às novas possibilidades estruturais, esse domínio técnico era apenas um meio para atingir um fim, nunca o próprio fim. Não era uma função da casa que eles construíam, mas uma função do homem por meio de um edifício. Não era a cadeira nem o livro que estava funcionando, e sim, uma vez mais, o homem, o qual, por meio de seu design da cadeira e do livro, era capaz de funcionar melhor, isto é, viver de maneira mais plena e livre. E, além disso, não se tratava apenas de um aspecto do homem – seus pés, mãos, pulmões ou olhos –, mas do homem como um todo. Tudo o que eles conceberam foi considerado tendo em vista suas implicações em todos os níveis de existência de um ser humano. Embora reconhecessem plenamente que a reflexão direta em termos físicos e utilitários é uma etapa necessária para situar o design em bases sadias, eles não se esqueceram de que as funções utilitárias elementares e o uso honesto de materiais e técnicas são apenas condições, não objetivos.

O foco era o homem, porém não somente o homem tal como existia. Eles visavam à satisfação de suas necessidades de conforto como meio para ajudá-lo a desenvolver-se. Podemos citar Sullivan novamente: "A construção de uma civilização viril e altaneira, cheia de fé no ser humano, certamente se constituirá no interesse que

---

1. Sullivan, Louis H., *The Autobiography of an Idea* (Nova York, 1929).

vai absorver a próxima geração. Isso começará a assumir uma forma funcional a partir da escolha decidida e da liberação daqueles instintos internos que se parecem com os sonhos da infância e que, prosseguindo pelos filhos e pelos filhos dos filhos, permanecerão como um guia para todo o sempre."

A obra deles possuía uma força viva por estar intimamente ligada a um núcleo humano vivo. Pois o design que é parte integrante da vida, que funciona tendo em vista o ser humano, o faz em termos dos materiais que utiliza, das estruturas que aplica e da forma que assume. Designs cuja base é o coração do ser humano, e não seu bolso, são vivos. Designs que brotam organicamente com a serena dignidade da integridade, não com a precipitação de uma má consciência, só podem oferecer, e realmente oferecem, os valores indispensáveis para o desenvolvimento humano. Eles são funcionais no sentido mais genuíno da palavra.

É preciso compreender, portanto, que a questão não é o design funcional como tal, que não se trata apenas de "saber como", mas de "saber por quê" e "saber o quê". O xis da questão não é o mero princípio físico, que é tão antigo como a natureza e a história, e sim a intensidade e o âmbito da aplicação no contexto real das verdadeiras necessidades humanas. Isso quer dizer que, antes de começarmos a criar qualquer objeto para determinado fim, devemos questionar o próprio fim. O propósito do objeto não deve ser simplesmente aceito, sem questionamento. Ele tem de ser avaliado levando em conta seu alcance mais amplo.

Será que o design funcional, do qual tanto nos orgulhamos, frequentemente com razão, funciona nesse sentido mais amplo? Aprendemos a refletir com sinceridade sobre os materiais e as ferramentas empregados e a respeitar esses materiais e essas ferramentas. Somos sensíveis a novas possibilidades e aceitamos fervorosamente os novos materiais e as novas técnicas. Criamos com uma simplicidade de propósito inflexível, com uma parcimônia que é a lógica do design, evitando cuidadosamente todo desperdício. Os objetos feitos por nós apresentam uma harmonia visual entre o interior e o exterior, e seu significado é evidente. Mas será que aplicamos essa sinceridade de pensamento, a criação parcimoniosa, a precaução a respeito das ferramentas e dos recursos variáveis ao material humano, que é o fundamento e o propósito, a ferramenta e o usuário de nossos designs? Será que estamos dedicando a mesma atenção às necessidades do ser humano e a sua natureza intrínseca que dedicamos às construções feitas de concreto reforçado ou ao empenamento da madeira compensada na fabricação de móveis?

Será que a preocupação com a eficácia do detalhe nos levou a negligenciar a eficácia do mais importante dos designs, o design do homem como indivíduo e como membro da sociedade? É um paradoxo cruel de nosso tempo que, ao concentrarmos todos os esforços nos produtos materiais, o próprio núcleo de todas essas conquistas seja deixado de lado: o ser humano produtivo, o ser humano ativo, a felicidade, o desenvolvimento e a esperança do ser humano. Pois como poderíamos esperar que todos esses projetos maravilhosos, claros, concisos e funcionais que os melhores designers estão criando em seus melhores momentos de inspiração pudessem realmente cumprir sua função quando o ser humano acaba fabricando os produtos que deveriam beneficiá-lo? O prazer de fazer, que William Morris chamou de "o único direito nato do trabalho", é, para a maioria de nós, apenas uma lembrança remota do passado. Essa ênfase no objeto acabado cria uma atitude do "pronto para usar" que se contenta com as aparências e a utilidade limitada. Consequentemente, o objeto nunca parece ocupar seu lugar no espaço mais amplo das necessidades humanas completas. É chegada a hora de uma mudança de rumo. Disciplinemos nosso pensamento determinando o curso de tudo o que estamos fazendo ou que pretendemos fazer de acordo com o propósito original, o propósito humano. Precisamos aplicar aquilo que aprendemos no passado recente a um contexto mais amplo. Para atribuir ao design funcional um novo e estimulante significado, temos de nos concentrar na definição de uma escala de valores. E, na hierarquia de valores, os valores humanos devem voltar a ser prioritários. Precisamos identificar níveis de funções em que um esteja contido no outro, lembrando que o continente de todos os valores é o ser humano. Devemos desenvolver um pensamento funcional voltado para um design em que todos os níveis das intenções humanas e dos objetos de uso estejam inter-relacionados organicamente, já que apenas essa coesão autorizará sua existência.

Quais são as reais implicações dessas reflexões e dessas esperanças no que diz respeito às formas da comunicação visual, especialmente do design do livro? Qual é o estado do design do livro contemporâneo em relação a outros designs da atualidade e em relação a essa reorientação que estamos defendendo?

Enquanto outros objetos feitos pelo homem, que não sofreram os empecilhos da tradição, passaram por metamorfoses saudáveis, enquanto quase todos os produtos foram reavaliados com base em funções utilitárias, em novos materiais e em novas técnicas, a forma do livro mal foi tocada pelo recente progresso científico e tecnológico.

É evidente que, se o livro deve funcionar nesses termos mais amplos que esperamos, primeiro ele precisa estar em harmonia com o espírito da época, com as condições industriais, e alcançar um novo nível funcional a partir de uma base realista. O processo de produção de livros tem de passar a utilizar com eficácia todos os recursos que hoje influenciam o design da maioria dos objetos fabricados.

A primeira tarefa, portanto, é repensar o meio em termos das invenções mecânicas, readaptando a obra às técnicas de impressão e aos métodos de reprodução avançados. Se o design do livro for feito com um espírito criativo, alimentado pelo profundo conhecimento dos métodos de produção avançados, ele inevitavelmente possuirá a marca da integridade e da clareza, primeiro requisito do design funcional. Se os designers conceberem seus objetos assumindo uma postura progressista com relação a suas ferramentas, sua obra não cairá na vala comum dos falsos ornamentos dos estilos tradicionais, tampouco será preciso usar a pátina do passado ou o brilho cromado do presente. Os designs de livros que são feitos com uma real compreensão da produção em massa nos dão a esperança de que esta servirá de base material para uma sociedade democrática, oferecendo um serviço decente ao maior número de pessoas.

Porém, para equiparar-se aos outros designs, o design do livro precisa ser eficaz não apenas em seu processo de criação, mas também em seu desempenho. O designer tem de repensar as funções do livro em seus aspectos físico, óptico e psicológico. O livro tem peso, tamanho, espessura e atributos táteis, os quais são percebidos pelas mãos, assim como sua forma óptica é percebida pelos olhos. A forma física do livro funcionará de modo eficaz se estiver adaptada às necessidades das mãos que o manuseiam. Podemos imaginar o livro como se fosse o cabo de uma ferramenta ou de um utensílio, e ele deve ser moldado de tal maneira que as mãos possam "acioná-lo" com absoluto controle.

Como forma visual, o livro tem de atender às necessidades dos olhos. Os fatores que influenciam a visibilidade e a legibilidade têm correlação com a unidade visual funcional se o tamanho da página, o tamanho e a distribuição dos tipos, seu peso e proporção, o contraste brilhante entre a cor do papel e a tinta forem relações controladas. No entanto, uma vez que a leitura não é feita por olhos isolados, mas por olhos que têm um cérebro por trás de si, a organização da página impressa deve ser guiada por uma compreensão plena do conhecimento mais avançado dos achados da psicologia. Descobriu-se que não é por meio da reunião fragmentada de partes individuais que percebemos os padrões e os significados, e sim por meio da compreensão de relacionamentos totais. Não lemos um conjunto fragmentado de letras independentes; percebemos totalidades uniformizadas, contornos de palavras ou unidades de palavras. Limitada pelos processos técnicos da criação das letras ou da fundição dos tipos e por sua impressão dentro da lógica mecânica da impressora, a impressão não consegue atender às exigências dos processos de organização visual. O controle rígido da leitura, condicionado pela mecânica da impressão, forçando o olhar a seguir a coação rígida das linhas, não é a condição visual ótima para uma leitura confortável. A vista cansada deve-se à monotonia da tarefa que os olhos têm de executar. É possível sincronizar as novas possibilidades trazidas pelas invenções técnicas com as descobertas sobre as leis da percepção visual. Existe um desafio para os editores de livros, e uma esperança de que a impressão possa sofrer uma reformulação que trará o design do livro a um nível verdadeiramente contemporâneo.

Uma estrutura visual limpa em cada página não é suficiente para tornar um livro completo. O livro controla o movimento dos olhos que o leem. Da mesma forma que uma composição musical tem uma linha melódica que une os tons em uma continuidade viva, também o livro deve ter uma continuidade de movimento. A sobrecapa, a capa, as páginas de guarda, a página de rosto, o frontispício, os títulos dos capítulos e todas as páginas devem integrar-se por meio de uma orquestração das sequências visuais. E esse movimento dirigido não pode ser um trabalho forçado imposto ao leitor. Um livro não é uma música, a qual tem apenas um sentido. Queremos dispor de tempo para reler uma passagem ou nos deter mais em algum trecho. A organização do fluxo visual tem de ser suficientemente flexível para escapar do controle rígido.

A continuidade linear, por mais bem organizada que seja, ainda não é capaz de satisfazer todas as exigências em prol de um design unificado. Para acompanhar a palavra, a expressão, a frase, a sentença, o parágrafo, o capítulo e o volume, o olhar tem de mudar continuamente seu nível de atenção. Ler o texto e ver as imagens representam para ele tarefas diferentes. A leitura tem um tempo de mudança que é condicionado pelos significados e pelos códigos visuais utilizados para interpretar esses significados.

A sequência de símbolos, palavras e imagens possui métrica e cadência próprias. É muito raro que os livros atuais recebam uma forma que corresponda à pulsação viva do olhar que os lê. Afastado do ritmo da palavra falada, duplamente distante do ritmo orgânico de uma linha traçada pela fluência orgânica da mão, a maioria de nossos livros são receptáculos lúgubres de palavras extremamente carentes de acentos rítmicos, os quais existem na linguagem falada.

Para dar uniformidade ao livro, a natureza da forma gráfica da comunicação deve estar de acordo com as ideias que ele transmite. O livro pode ter uma personalidade integrada – sua aparência externa pode corresponder a seu conteúdo interno. Hoje, a individualidade do livro é apenas a assinatura gráfica pessoal de seu designer. A aparência genuína, que é uma verdadeira unidade de espírito, só pode ser alcançada quando se traduz o conteúdo verbal em condições visuais apropriadas.

As regras da percepção visual são condicionadas pelos costumes visuais da época. A comunicação visual será eficaz somente se se adaptar ao novo cenário e à nova psicologia do homem contemporâneo. Para ser eficaz, o design do livro tem de se adaptar de maneira significativa à cena contemporânea.

Máquinas, automóveis, aviões, trens de alta velocidade, anúncios luminosos cintilantes, vitrines de lojas, cenas de rua, cinema e televisão tornaram-se características comuns da paisagem contemporânea. Juntamente com os efeitos das fontes artificiais de luz, as complexas dimensões da paisagem, encimada pelos arranha-céus com seu intrincado padrão espacial e tendo por baixo o metrô, proporcionam à experiência visual uma velocidade e uma intensidade incomparavelmente maiores do que qualquer ambiente anterior jamais apresentou. Hoje se dispõe de muito pouco tempo para perceber detalhes que não sejam essenciais. A duração das impressões visuais é curta demais. O hábito visual do homem contemporâneo passou por uma nova transformação, desenvolvendo maneiras de se exprimir com simplicidade, impetuosidade e lucidez estrutural. Para ser eficiente, nossa visão aprendeu a descobrir as relações fundamentais.

Essa tendência à simplicidade e à precisão é ainda reforçada por determinadas necessidades psicológicas do homem atual. Não vemos de maneira passiva; as imagens que formamos em nossa mente não são simples reflexos do que se encontra fora. Vemos, mais propriamente, aquilo que queremos ver. Nossos impulsos e propósitos controlam o modo como percebemos. A produção industrial introduziu novos objetos, novas máquinas e novos objetos feitos por máquinas. Eles foram fabricados com precisão e controle absolutos, determinados por necessidades funcionais, utilidade e economia claramente identificadas e respeitadas. Em um mundo confuso externa e internamente, essas coisas surgiram como o único objeto perfeito e lógico feito pelo homem. A pureza funcional da máquina, a perfeita harmonia das partes e as relações claras e inconfundíveis foram como um oásis para indivíduos que buscavam a lógica e a ordem na vida. Em um mundo mergulhado na luta entre objetivos contrários, clareza, precisão e parcimônia são valores atraentes. Não é por acaso que os valores estéticos geralmente mais apreciados encontram-se no design de um automóvel, de um avião ou de uma caneta-tinteiro. Para terem um apelo que funcione, as formas de comunicação visual devem utilizar esses atributos de honestidade dos padrões visuais.

O ajustamento à função também tem outra implicação. A lógica do design é sinônimo de economia do design. Durante a evolução da manufatura, especialmente a partir da era industrial, a divisão do trabalho e a coordenação funcional do desempenho das unidades produtivas adquiriram importância crescente. Embora no presente esse princípio fira perigosamente a integridade do indivíduo, sua sabedoria intrínseca é inquestionável. Hoje, com o surgimento de um conjunto significativo de novos veículos de comunicação, vale a pena reconsiderar o significado da divisão do trabalho. Parece fundamental identificarmos qual modelo de comunicação pode satisfazer melhor determinados aspectos das mensagens. A fotografia em movimento e a televisão tornam-se elementos importantes em nossa vida. Por enquanto, elas mal contam com uma área de atuação própria. Só recentemente os líderes da indústria do livro manifestaram sérias preocupações com o perigoso impacto da televisão sobre esse setor. São necessários pensadores criativos que possam direcionar os problemas certos para os agentes certos e promover uma distribuição adequada de funções entre os novos e os velhos modelos de comunicação visual. Existe também a oportunidade para uma fertilização recíproca de ideias, técnicas e linguagens. É bem possível que o design do livro se beneficie muito da montagem técnica das imagens em movimento, bem como das linguagens da televisão.

Partindo do princípio de que o design do livro vai satisfazer todas essas exigências de desempenho funcional, além de outras, e que, desse modo, cumprirá melhor sua função em termos verdadeiramente contemporâneos, existem ainda algumas expectativas remotas de satisfazer também aquelas funções mais profundas que estão ancoradas no mais íntimo das necessidades humanas. Quais são, portanto, esses aspectos do design do livro que vão além da mera economia produtiva e da eficiência no desempenho utilitário?

Em meio a uma abundância de produtos cada vez maior, o homem ficou, ele próprio, esgotado, incapaz de tirar proveito de seu trabalho. Confinado à linha de montagem, raramente sente o prazer da criação. Incapaz de abarcar a metamorfose dos objetos que tomam forma com o trabalho de suas mãos, é privado da sensação de realização, de unidade e, consequentemente, de harmonia em seu fazer, o qual poderia dar-lhe uma verdadeira satisfação. Confinado aos detalhes mecânicos de um ou outro movimento particular, no interior das complexas engrenagens do maquinário produtivo, perde gradativamente as sensibilidades que são a garantia de que ele perceberá as riquezas da vida. Exaurido do sustento que é essencial para que se desenvolva até atingir a estatura plena de ser humano, perde a medida e o significado de suas mais profundas aspirações. Com a produção em massa, que só poderia ser alcançada por meio da mecanização, a sensibilidade e a harmonia emocional do homem foram destruídas ou ao menos entorpecidas e deformadas. Não é por acaso que, da maior parte de nossas atividades livres, não participamos com a energia plena da totalidade de nosso ser. É significativo que em nossas artes, ou melhor, na apreciação da arte – cinema, rádio, filmes televisivos e, sim, livros –, sejamos indivíduos passivos e preguiçosos, observadores sentados em suas poltronas. Percebemos apenas uma pequena fração dos aspectos mais essenciais da vida. Não vivemos nenhuma forma de experiência criativa de maneira completa; mal chegamos a participar com nosso ser sensível total por meio dos olhos, dos ouvidos e do prazer cinestésico. Na era da especialização, também nos tornamos especializados em nossas experiências e perdemos o vigor que advém da coordenação de diversos espaços e níveis.

Para neutralizar essa superficialidade, para alcançar um ser humano mais completo, devemos fazer tudo o que ajude a resgatar e possa recuperar a sensibilidade entorpecida do ser humano. A principal função do design feito pelo homem é ajustar-se ao verdadeiro propósito do homem, ajudando-o a perceber a vida como um fluxo de atividade integrado e equilibrado no qual seus níveis sensorial, emocional e conceitual coexistam de forma harmoniosa. As experiências humanas vitais devem ser justapostas em oposição à mecanização do homem, que o pressiona e oprime para que ele se adapte ao ritmo da máquina.

Precisamos descobrir os sentimentos nos quais, e pelos quais, os vínculos do ser humano com a natureza e com os outros seres humanos possam ser novamente experimentados. A experiência criativa, a capacidade humana de compreender a conexão orgânica essencial, é o fermento do ser humano potencialmente pleno. Somente a arte, o prazer de agir e perceber de maneira criativa, ajudará a devolver as sensibilidades necessárias que podem proteger o homem para que ele não seja afastado ainda mais de sua natureza superior. Todo objeto feito pelo homem e todo elemento do ambiente criado por ele estarão ajustados a sua mais profunda função se forem uma forma de arte, se tiverem unidade, proporção, ritmo e simetria natural.

O que o design do livro deve buscar é uma qualidade rítmica condicionada por restrições técnicas e utilitárias apropriadas. O processo de produção dos meios de subsistência e a busca da economia de esforços conduziram o ser humano ao ritmo e, consequentemente, à arte. Articulados com maestria, movimentos profissionais fizeram surgir algo diferente, mais amplo e mais rico que sua origem. O movimento circular da foice, o encontro do martelo com a bigorna, a ação dos dedos na argila durante o processo de fabricação do vaso tornaram-se dança, canto e ornamento. Combinação harmoniosa de movimentos individuais em um desempenho econômico, o ritmo tornou-se mais do que aquilo que lhe deu origem. Ele tornou-se um símbolo da união entre corpo e mente, entre materiais e ferramentas. Tornou-se uma expressão da interdependência interna do indivíduo ou da interdependência no interior de um conjunto de trabalhadores. E ele pode ajudar o design do livro a alcançar sua forma funcional definitiva.

O pensamento e a visão contemporâneos trazem um novo desafio, um desafio que nasce da necessidade de uma completa reorientação da linguagem. O que está ocorrendo é uma transformação de visão e de pensamento. Movemo-nos na direção de linguagens de simultaneidade, de transparência e de interpenetração mais amplas. Elas estão tomando o lugar da perspectiva linear no pensamento e na percepção. A pintura, a arquitetura, o design, a escrita e as ciências naturais contemporâneas têm desenvolvido novos métodos eficazes para atingir esse novo espaço operacional. A transparência na pintura, a interpenetração dos espaços interno e externo nos edifícios apontam para uma linguagem visual de simultaneidade ainda mais dinâmica. A comunicação impressa tem sua contribuição a dar a essa nova linguagem, seu novo lugar a ocupar no novo mundo da visão.

Que aqueles cuja obra dá os contornos finais ao livro colaborem uns com os outros: o autor, o designer do livro, o impressor, o fotogravador. Como pode um designer ajustar o ritmo e a personalidade de um livro se ele mal tem a oportunidade de entrar em contato com seu conteúdo? Como pode sincronizar suas noções de forma sem estar a par dos problemas que os outros colaboradores enfrentam? Uma equipe de colaboradores pode, em um relacionamento livre baseado em concessões mútuas, desenvolver um espírito integrado, uma arte autêntica no nível do século XX. Somente essa colaboração pode estimular o autor a considerar o livro em seus verdadeiros termos. Ela pode ajudá-lo a pensar e a escrever levando em conta os ritmos visuais, desenvolvendo uma arte literária nova, mais rica e multidimensional, que afete a sensibilidade humana em todos os graus da experiência sensorial.

Em razão do volume, os designs destinados à impressão são um elemento importante de nosso ambiente visual. Os designs impressos condicionam, inevitavelmente, a sensibilidade do ser humano, de uma maneira ou de outra. Nosso dever é chamar a atenção para aquilo que está em jogo aqui e fazer com que nossos designs se ajustem completamente a seus objetivos.

Se conseguirmos fazer com que os padrões gráficos trabalhem a pleno vapor em prol do bem-estar do ser humano, poderemos esperar, um dia, cumprir com nossa obrigação e ajudar a fazer da verdade novamente verdade, e não um *slogan*. Em vez de aplicarmos fórmulas, poderemos criar formas autênticas e, desse modo, trazer de volta o verdadeiro significado da tradição, qual seja, realizar nas condições de hoje a continuidade viva dos valores autênticos do passado.

*Publicado originalmente em* Graphic Forms: The Arts as Related to the Book *(Cambridge: Harvard University Press, 1949).*

# 1954
# O QUE É UM DESIGNER?
*Alvin Lustig*

EM 1954, QUANDO ALVIN LUSTIG *(1915-1955) fez esta preleção na Associação Norte-Americana dos Tipógrafos Publicitários, ele estava praticamente cego por complicações decorrentes do diabetes e restava-lhe apenas um ano de vida. No entanto, estava envolvido com a ideia – que norteara sua vida profissional e a carreira de professor no Black Mountain Summer Institute e na Universidade de Yale – de que o design poderia melhorar o mundo realçando esteticamente a transmissão de informações. O editor e escritor Arthur Cohen, que era seu amigo (e cliente), descreveu-o como alguém que possuía um forte lado religioso – "um sentimento de ordem do universo" – e que considerava o design gráfico uma das ferramentas que poderiam ser utilizadas para criar tal ordem. Este ensaio foi uma das últimas oportunidades que Lustig teve de admoestar e ensinar. Dirigindo-se a diretores de arte do setor publicitário que, até o advento da "Revolução Criativa", nos anos 1950, em geral não ocupavam cargos influentes, ele defende uma responsabilidade maior. Seu conselho é que eles não cedam a regras e restrições arbitrárias do setor, mas imponham sua posição de designer "com D maiúsculo". – SH*

O que é um designer? O diretor de arte da agência aborda o design publicitário com uma bagagem formada pela pesquisa de mercado específica, pelos problemas particulares do cliente etc. etc. etc. Pode ser que todas essas pesquisas que fazem girar as engrenagens da publicidade provem alguma coisa, mas eu duvido. Tudo o que elas conseguem demonstrar é que, por algum motivo ainda desconhecido, um anúncio parece obter sucesso e outro não. Elas não provam que anúncios bem concebidos não funcionam. Não provam que anúncios com menor quantidade de reproduções não funcionam. Não provam que todos os anúncios impressos não funcionam. No que diz respeito ao design publicitário, duvido que os testes e as pesquisas provem alguma coisa.

Não creio que seja uma questão de design bom ou ruim! A fim de me exprimir com clareza sobre o tema, preciso examinar alguns aspectos que parecem não ter relação alguma com os problemas da publicidade. Isso pode parecer um discurso hermético e sem sentido – mas a teoria tem funcionado na prática, como alguns de meus exemplos podem provar.

Para começar, o design está relacionado, de alguma forma, com a sociedade que o produz. Quer você se refira a arquitetura, mobiliário, vestuário, moradias, edifícios públicos, utensílios ou equipamentos, cada fase do design é uma expressão da sociedade. As pessoas reagirão mais entusiástica e rapidamente aos designs que exprimem seu sentimento e seus gostos.

Leva tempo para as pessoas se adaptarem ao design. Há cerca de dez anos, pensava-se que "mobiliário moderno" e "casa moderna" eram coisas inexpressivas e estranhas. Hoje eles estão por toda parte, sendo aceitos sem provocar espanto ou surpresa. Os grandes designers anteciparam as exigências de sua sociedade, exprimindo-as antes que esta estivesse inteiramente preparada ou disposta a aceitar aquilo que, conforme ficou comprovado, era algo que ela realmente desejava. Por conseguinte, o designer não trabalha completamente no escuro. Ele não pode depender da pesquisa de mercado. Precisa abrir os próprios caminhos. Sua importância está relacionada com sua capacidade de identificar antes do tempo, de maneira quase inconsciente, as tendências que mais contribuirão para a expressão adequada da sociedade em que ele vive.

Ora, qual o resumo disso tudo? Se tivesse dependido de pesquisas de mercado há vinte anos, ou mesmo há dez, o designer ainda estaria projetando móveis tradicionais, construindo casas vitorianas e fábricas do século XIX. Nas artes gráficas, estaria limitado às rosas de maio ou a alguns tipos de design visual semelhantes. No entanto, como ele antecipou o gosto que a sociedade teria no futuro, como previu corretamente o que viria a ser adequado e correto, aceitamos as novas formas de design de hoje como típicas de nosso tempo. Ele foi conduzido e conduziu. Seguiu seu instinto e guiou o público.

Relativamente ao design publicitário, isso sugere muitas coisas. Sugere que não se pode confiar na tentativa das pesquisas de mercado de prever o que a população vai comprar, do que vai gostar, o que vai satisfazê-la. Tudo o que as pesquisas de mercado conseguem mostrar é *o que satisfaz o público no momento*. As deduções feitas com base nessas pesquisas são provavelmente tão confiáveis como as improvisações intuitivas do designer. A agência, claro, trabalha no aqui e agora. É raro um diretor de arte ter qualquer ideia realmente significativa. Aquilo que parece novo e significativo é, na maioria das vezes, bastante antiquado. Só parece novo. E provavelmente é assim que as coisas devem ser. Quer estejamos tratando de arte, layout, manuscrito ou tipologia, a função do pessoal da agência é aplicar sua experiência e as lições que aprendeu aos problemas que tem diante de si, e não fazer experiências com o dinheiro do cliente. Se o cliente está disposto a fazer experiências, então está na hora de chamar alguém cujos dons, habilidades e experiência específicos e peculiares foram dirigidos para o desenvolvimento de algo novo e diferente.

Não estou sugerindo que o designer seja um inovador – e ponto.

Essa é a razão pela qual há tantas definições diferentes do termo. Existem designers e designers. Eu diria que o designer com D maiúsculo, o tipo de designer ao qual venho me referindo, é contratado porque confere a tudo o que toca uma sensação estimulante e nova. Ele aborda os problemas de maneira diferente. Creio que, neste ponto, uma analogia se faz necessária. É impossível que uma mulher encontre, em uma loja de departamentos, um vestido pronto que seja produzido especialmente para ela e para mais ninguém... que exprima sua personalidade e que tenha sido feito para realçar seus melhores atributos. Outro exemplo: qualquer pessoa que deseje uma casa especial, algo que seja parecido com uma obra de arte, deve ir atrás de alguém como Frank Lloyd Wright ou Gropius. Não é em Levittown* que ela estará à venda.

Se aplicarmos isso às artes gráficas, e em particular à publicidade, serei forçado a chamar a atenção para o fato de que o diretor de arte de uma agência é um designer com um tipo de especialização única. Porém, por uma série de motivos, todos eles bastante evidentes, ele não é um designer "livre". Ele está exposto, e deve se sujeitar às circunstâncias comerciais que controlam seu trabalho. O designer com D maiúsculo só é utilizado quando se solicitam os serviços de um designer "livre" – a saber, quando existe uma demanda pela visão peculiar e particular de tal designer.

---

* Subúrbio de Nova York implantado em 1947 pelo empreendedor Adam Levitt, cujas casas populares destinavam-se aos soldados que voltavam da Segunda Guerra Mundial. (N. do T.)

Quando se exige uma abordagem nova ou um olhar de fora, ele pode executar o anúncio-piloto de uma campanha ou definir o modelo que ela deve seguir. E, quanto a mim, tal abordagem não nasce das reflexões normalmente descritas como essenciais para a criação de um anúncio de sucesso.

Não posso e não quero fazer nenhum comentário crítico a respeito da publicidade e dos problemas inerentes à profissão. Penso, de fato, que alguns preconceitos devem ser reconsiderados. As pessoas têm a tendência de cair na rotina... e isso se aplica de maneira idêntica a designers, diretores de arte, redatores publicitários e homens de negócios. Seu campo de visão torna-se mais estreito e eles começam a justificar a rotina com base em leis científicas ou pseudocientíficas. Toda vez que ouço dizer que algo "deve" ser feito deste ou daquele modo, acabo descobrindo que esse "deve" não tem exatamente o peso que pretendem lhe atribuir.

O papel do designer e seu "dever" mais importante é permanecer livre, tão livre quanto possível, dos preconceitos e rotinas que influenciam tantos outros profissionais no campo do design. Ele precisa estar constantemente de sobreaviso, livrando a mente da tendência de cair em um formato repetitivo, pronto para experimentar, brincar, modificar e variar os padrões. Se lhe faltarem a capacidade inata, a compreensão profunda e a seleção intuitiva daquilo que é adequado para seu tempo, ele não irá longe e acabará sendo obrigado a mudar de área. Se estiver munido dessas características essenciais, abrirá caminho para novas e mais eficazes abordagens do design, em todas as suas formas.

Tudo o que posso dizer a respeito de vendas etc. já foi dito antes. Design de qualidade nunca prejudica as vendas! Não vou tomar partido na discussão entre redator e diretor de arte, pois creio que a própria discussão apresenta a questão de maneira incorreta. Na prática, se um anúncio feito só com texto for bem produzido, ele pode funcionar em um contexto adequado. E um anúncio feito só com imagens pode ser um fracasso total se for mal executado. O que me interessa é a influência que o designer (com D maiúsculo) é capaz de exercer ao introduzir ideias novas em qualquer área das artes gráficas ou em qualquer outra em que o design seja importante. Não será fazendo desse designer mais um diretor de arte ou mais um publicitário que estaremos tirando o melhor dele. Se lhe apresentarmos o problema e lhe dermos a possibilidade de resolvê-lo a seu modo, muita coisa poderá ser realizada. Você pode tanto dizer a ele exatamente o que quer, em matéria de sensação, objetivo etc., como deixar que ele empregue suas habilidades e imaginação sem um limite definido ou específico. Sempre que os designers foram empregados de maneira proveitosa, grande parte de seu êxito foi resultado da colaboração dos clientes; saber utilizar um designer e trabalhar com ele é parte tão importante do negócio como aquilo que o designer faz por sua conta! Empregar um designer de maneira inadequada representa o mesmo risco de fracasso que utilizar de maneira inadequada qualquer consultor experiente. Não é só o designer que decide trabalhar em publicidade e com as agências de publicidade que precisa se inteirar de algumas de suas técnicas e de alguns de seus problemas; a agência também tem de aprender o significado do design e de seus atributos!

*Publicado originalmente em* Type Talks *n. 76 (maio de 1954).*
*Reeditado em* The Collected Writings of Alvin Lustig, *coordenado e publicado por Holland R. Melson, 1958.*

# 1956
# O DESIGNER E O CLIENTE
## Misha Black

EMBORA O PAPEL DO *cliente seja fundamental para a prática do design, ele raramente é objeto de comentários dos designers, exceto quando eles contam, informalmente, histórias de conflitos autoelogiosos em que o designer é retratado como um herói que foi ordenado cavaleiro e o cliente faz ora o papel de contraponto infeliz, ora o de algoz ardiloso, ora, de vez em quando, o de musa celestial. Um dos poucos comentaristas atentos à relação entre cliente e designer foi Sir Misha Black (1910-1977), que o teórico do design Reyner Banham certa vez incluiu no pequeno grupo de profissionais "capazes de descrever e analisar o próprio negócio inconfundível com argúcia e bom-senso". Em sua longa carreira, Black, nascido na Rússia, foi um dos fundadores da primeira empresa de design industrial da Inglaterra, em 1931, ajudou a organizar o Festival da Grã-Bretanha após a Segunda Guerra Mundial e, finalmente, dirigiu uma das firmas de consultoria europeias de maior destaque, a Design Research Unit, que teve entre seus clientes a London Transport, a British Petroleum e o Chase Manhattan Bank. Ele encerrou a carreira de professor de design industrial na Real Academia de Arte depois de estudar por quase meio século, como faz neste artigo, a misteriosa rede "em que o designer e o cliente estão inextricavelmente enredados".* – MB

Seria instrutivo para o cliente estar presente, ainda que invisível, quando o designer por ele contratado se senta sozinho, ou com seus colegas, para começar a trabalhar em um novo projeto. Ele ficaria surpreso com a transformação. O designer delicado e cordial, tão afável à mesa de reunião e companhia tão agradável durante o jantar, se transforma em uma pessoa séria e profundamente interessada, com uma preocupação apaixonada pela tarefa que tem diante de si.

Isso pressupõe, é claro, que o designer tenha certo grau de capacidade criativa e não seja simplesmente um técnico que se contenta em imitar ou apenas executar instruções. Embora haja mérito no trabalho do designer que é mero executor, gostaria de considerar neste momento aquele pequeno grupo que se esforça para trazer a qualquer problema de design a mesma originalidade trazida pelo chefe que modifica levemente a receita do livro de culinária para fazer com que o prato fique mais próximo de sua preferência pessoal.

O cliente, agora tão despercebido como uma mosca na parede, observaria três fenômenos inesperados: primeiro, a autocrítica do designer, que enche folhas e folhas de papel com esboços preliminares, descartando todas por razões que seu cliente não compreenderia; segundo, o tempo gasto para desenvolver o projeto básico que será finalmente selecionado até uma etapa em que os desenhos e as especificações estejam concluídos; e, por fim, o fato de que ele, o fabricante, influencia o designer em cada etapa do trabalho em um grau que ele dificilmente acreditaria e do qual o próprio designer muitas vezes não se dá conta.

No escritório de design de segunda classe, onde a conveniência controla a integridade, a influência do cliente é decisiva. Só se gasta com o serviço o tempo mínimo necessário para satisfazer o cliente, e, se ele for incapaz de optar entre uma solução decidida da maneira adequada e outra parcialmente decidida, então é esta última que ele recebe. Tal caminho leva à mediocridade e à rápida deterioração de critérios, e, para o designer, a um persistente sentimento de insatisfação, não compensado pelo crescimento da conta bancária, resultante, em geral, da disposição de apresentar um trabalho de qualidade inferior.

Quando o cliente não é capaz de perceber a diferença entre uma solução espúria e outra criativa, a tarefa do designer honesto aumenta de forma intolerável. O designer sabe, então, que a aceitação de seu trabalho não dependerá de um julgamento racional, mas de sua capacidade persuasiva, de sua habilidade em apresentar os argumentos de maneira convincente, e para isso precisa, muitas vezes, falsificar os verdadeiros motivos de suas decisões. Em tais circunstâncias, sente-se isolado e desesperado, consciente de que toda a energia criativa tem de vir inteiramente dele, com o cliente fazendo o papel de um juiz inútil e irresponsável. Não surpreende, portanto, que designers condenados a trabalhar para clientes insensíveis e dogmáticos raramente sobrevivam a essa luta desigual, acabando por não se diferençar muito dos charlatões de segunda que nunca tiveram um pingo de integridade.

No entanto, mesmo quando o cliente é suficientemente sensível para decidir entre uma solução criativa e outra melancólica e quando o designer só fica satisfeito se produz a melhor obra de que é capaz, a influência que o cliente exerce sobre o serviço é tão importante que ele fica quase no mesmo nível do designer no que diz respeito à definição de seus contornos definitivos. A independência do designer é tão ilusória como seria a ideia de um automóvel que acreditasse que decide em que direção suas rodas vão girar.

O design industrial é, por definição, um trabalho criativo que depende, para sua concretização, de que outras mãos que não as do designer o executem. Uma ideia que fica limitada à visualização na mente do designer, ou que não vai além de um esboço apresentado com todo o cuidado, é tão incompleta como uma peça escrita mas jamais encenada ou um concerto para piano tocado em um instrumento mudo.

Poder-se-ia contrapor a esse argumento a surdez de Beethoven quando escreveu algumas de suas músicas mais importantes, ou Cézanne, que não foi reconhecido em vida; entretanto, os designers industriais pertencem a uma categoria diferente. Nunca conheci um designer que ficasse satisfeito ou mesmo que conseguisse trabalhar, por qualquer tempo, sem o estímulo da realização, ou que fosse capaz de evoluir sem a experiência que só se adquire quando compreendemos como fica o desenho da prancheta depois de transformado em produto. Mas, se for preciso fabricar uma cadeira ou uma geladeira, construir uma loja ou um *showroom* ou imprimir um pôster, o designer tem de convencer seu cliente a investir o dinheiro necessário para que o produto seja feito ou, de outro lado, para que o design seja executado. A rede, então, se fecha imediatamente, e o designer e o cliente ficam inextricavelmente enredados.

Não estou sugerindo que a influência dos clientes seja necessariamente nociva. O contrário, muitas vezes, é verdade. Quando existe afinidade entre o cliente e o designer, eles podem realizar, juntos, um trabalho melhor do que cada um deles conseguiria fazer sozinho. O cliente, particularmente se ele for um diretor de arte experiente, pode servir de alento e estímulo, extraindo do designer, sobretudo se este for jovem e inexperiente, uma obra de qualidade e maturidade que ele nunca realizaria sem uma orientação inteligente, firme e experimentada. Essas são contribuições positivas do cliente, mas, quanto mais úteis elas são, maior é a participação dele na criação do design final.

Na maioria das vezes, porém, o cliente fica atrás do designer. Quando ele tem uma capacidade limitada de perceber o que ainda não é conhecido, não consegue acompanhar o designer até os limites da experiência visual, em que este tateia em busca de novas formas, novas relações de planos e cores, novas imagens, que podem ser, na verdade, aquilo que Sir Herbert Read chamou de o Símbolo que precede a Ideia. Em tais circunstâncias, o cliente é uma cadeia que arrasta o designer de volta aos modelos de seu mundo. Nesse caso, o designer é o líder ansioso, capaz de enxergar o horizonte, mas retardado pelo peso de sua relutante e lerda companhia, que tem medo de dar um passo que seja no rumo certo.

É nesse momento que o cliente inteligente e de visão balança a cabeça e anuncia, mal conseguindo conter a irritação, que, na verdade, dá total liberdade a seus designers e que é uma honra segui-los para onde quer que o conduzam. Esse, porém, é mais um desejo que uma realidade. Mesmo o cliente mais compreensivo tem suas preferências e antipatias, suas idiossincrasias e excentricidades. Ele está sempre olhando por cima do ombro do designer, e este está sempre preocupado, mesmo que inconscientemente, com a reação do cliente a suas propostas, com a maneira pela qual ele poderá convencê-lo a prosseguir na manhã fatídica em que seus esboços serão retirados do portfólio cuidadosamente preparado e expostos ao julgamento fatal. Então o cliente, do alto de sua onipotência, decidirá se a criança será estrangulada ao nascer ou se poderá crescer até atingir a maturidade plena do trabalho completo.

Sob a constante ameaça da morte na cesta de lixo ou da prisão do projeto dentro do peito, o designer nunca consegue se libertar do cliente. À medida que envelhece e ganha experiência, a influência do cliente aumenta em vez de diminuir. Ele se torna mais sensível aos caprichos do amo, mais hábil em satisfazê-lo, mais sensível aos pequenos passos que pode dar, sem perigo, como líder. Dessa forma, o designer experiente consegue produzir um sucesso atrás do outro; no entanto, está sempre ciente, enquanto aceita a coroa de louros da aprovação, de quão desprezível tem sido esse avanço relutante em comparação com as grandes passadas que poderia ter dado se seu cliente não fosse tão tímido ou não estivesse tão limitado pelo gosto (é assim que ele o avalia) dos mercados que atende.

Só em uma conferência como esta temos a permissão de lamentar as lágrimas amargas de autopiedade e destroçar os traços decididos do designer bem-sucedido com o chicote da autocrítica. Mas quantos designers podem de fato dizer que alguma vez criaram e conduziram até o estágio de produção um trabalho que fosse, ao final, exatamente como desejariam?

Nós, os designers conhecidos, somos, com poucas e honrosas exceções, os grandes transigentes, aqueles que dão a segunda mão, os que traduzem a verdadeira obra criativa de nosso tempo para um denominador mais comum. Não há mal nisso. Para todo ato de criação, são necessários mil adaptadores. Estendemos algo semelhante a uma enorme corrente, que parte do artista que se encontra nos limites da experiência e vai até a base do acampamento onde a maioria de nossos semelhantes tem de viver. Se a ponte não ceder por fraude e concessões exageradas, teremos uma profissão honrada, comparável ao menos à do médico competente que, de maneira cuidadosa e escrupulosa, receita os medicamentos que o pesquisador descobriu primeiro. Contudo, enquanto estivermos envolvidos com essa ocupação nada desagradável, não deixemos de reconhecer que o limite de nosso progresso é momentaneamente definido por nossos clientes.

[...]

*Discurso proferido na Sexta Conferência Internacional de Design, Aspen (IDCA, na sigla em inglês), 1956. Dos anais da IDCA.*

# 1958
# TRADIÇÃO: CLICHÊ, PRISÃO OU BASE PARA O CRESCIMENTO?
## Herbert Spencer

A CONFERÊNCIA "ARTE E CIÊNCIA DA TIPOGRAFIA", *promovida pela Associação dos Diretores Tipográficos de Nova York em Silvermine, Connecticut, e pelo World Affairs Center, de Nova York, em abril de 1958, foi o primeiro encontro internacional do tipo. Herbert Spencer (1924-2002), representando a Grã-Bretanha, foi um dos sete principais oradores – da Itália, Alemanha, Japão, Holanda e Estados Unidos – convidados para analisar o status, a função e a responsabilidade do design tipográfico como meio de comunicação. Na condição de editor fundador do periódico* Typographica *(1949-1967), Spencer firmou-se rapidamente como um dos principais defensores britânicos do pós-guerra da prática tipográfica modernista, ao trilhar um caminho criterioso entre as tradições conservadoras dos impressores convencionais do país e as dinâmicas necessidades contemporâneas da efêmera impressão comercial, que ele acreditava precisar urgentemente de uma reforma. O ensaio de Spencer – que foi o discurso de abertura da conferência – sustenta que as novas e controvertidas tendências da tipografia, tais como a assimetria e a "livre disposição espacial dos tipos", baseiam-se em princípios invioláveis de composição. – RP*

Creio que para o artista, o arquiteto, o escritor ou o compositor, a tradição seja imprescindível para sua atividade criativa.

Mas o respeito exagerado pela tradição converte-se em tradicionalismo. E o tradicionalismo mata a verdadeira tradição.

O que é, então, tradição? Tradição é uma força viva, produtiva e essencial para a atividade criativa. Ela não se constitui em um código de convenções rígidas, mas de princípios baseados na experiência acumulada. Herdamos esses princípios, os empregamos em nossa obra, modificando-os à luz de nossa experiência, e então os transferimos para as gerações seguintes. Embora a tradição seja uma herança que não podemos evitar, é fácil interpretá-la e utilizá-la de maneira errada. Apesar de impor deveres e limitar nossas inovações formais, não acho que se possa considerá-la uma prisão. Ela é, acredito, a única base sólida de crescimento.

Creio, porém, ser de fundamental importância que possamos distinguir claramente entre *tradição*, que pode exercer um controle saudável sobre nossa inovação, e *tradicionalismo*, que é, de fato, uma prisão ou, talvez, mais corretamente, um cemitério – uma necrópole de ideias mortas e convenções decadentes.

O tradicionalismo é a negação da tradição. É o verdadeiro inimigo da tradição saudável. É o produto de homens desprovidos de capacidade criativa, incapazes de pensar com originalidade, que não conseguem captar e entender a essência da tradição e por isso procuram deter, petrificar e conservar a expressão formal dela em determinado momento. O tradicionalismo é a tradição mumificada. É a tradição reduzida a um conjunto de convenções mortas.

Quem promove o tradicionalismo são as pessoas que não entendem a tradição, mas se sentem intimidadas por ela. O artista e o designer criativos devem se opor sempre e necessariamente ao tradicionalismo e àqueles que o geram.

As perguntas levantadas ou sugeridas no título desta conferência são, essencialmente, do século XX. São perguntas do século XX não porque não pudessem ter sido ventiladas em épocas anteriores à nossa, mas porque o ritmo extremamente acelerado em que métodos e técnicas consolidados estão evoluindo confere a essas perguntas uma relevância e um imediatismo típicos do momento atual.

A expansão científica e tecnológica impõe-se hoje sobre a palavra impressa, e as transformações que ocorreram na apresentação da página impressa são mais fundamentais do que qualquer outra desde que, no século XV, o manuscrito foi substituído pelo tipo. E o que testemunhamos e vivenciamos atualmente não é uma troca isolada, mas todo um conjunto de trocas, de revalorizações e reavaliações, e um desafio aos conceitos estabelecidos do design e da tipografia.

Para assegurar que, inadvertidamente, não nos tornemos defensores de convenções que a mudança tornou estéreis, é essencial avaliar plenamente o atual *ritmo* de mudança.

O que temos de entender é que não apenas os problemas deste século são diferentes dos do século passado, mas que, na verdade, as necessidades deste mês são diferentes das do mês passado. É claro que, com isso, não estou defendendo a inovação e a mudança por si sós. O que estou tentando enfatizar é que precisamos estar permanentemente atentos às transformações técnicas que ocorrem hoje na impressão, nos métodos de reprodução e na comunicação de massa em geral, assim como na função e nas necessidades de grande parte dos projetos que desenhamos.

Em razão do atual ritmo intenso de mudança, tornou-se inevitável que o designer que baixa a guarda, ainda que por curto período, acabe descambando para formas de raciocínio e de planejamento impraticáveis. Não se trata mais de simplesmente fazer algo bem, de acordo com considerações puramente formais, mas de fazê-lo de maneira adequada, isto é, adequada às necessidades atuais, em conformidade com os métodos atuais e explorando as possibilidades técnicas atuais.

Vocês podem dizer que desenhar bem sempre significou trabalhar de acordo com as condições e possibilidades contemporâneas, e isso certamente é verdade. Porém, nos períodos em que as transformações não eram tão drásticas, um designer podia produzir uma obra atraente e relevante simplesmente aceitando uma linguagem estabelecida, sem jamais questionar conscientemente os métodos e as técnicas que utilizava.

Hoje, o designer precisa estar consciente dos métodos que emprega e aprender constantemente a questionar e reavaliar seus métodos e técnicas. Isso se aplica, é claro, a todos os campos de atividade do design, e, em seus aspectos técnicos e sociológicos, talvez de maneira mais obrigatória à arquitetura.

Contudo, nos campos da tipografia e do design gráfico, devemos ter sempre em mente o fato de que dispomos, no mundo ocidental, da capacidade e dos recursos para produzir e difundir uma quantidade de palavras e imagens muito maior do que podemos absorver coletivamente. E esse é um instrumento que estamos explorando plenamente. Apenas uma fração de tudo o que é impresso é lida, e somente uma pequena parte do que é lido é absorvida e lembrada ou tem algum efeito.

Atualmente, a palavra e a imagem impressas, com o objetivo seja de convencer, seja de informar, devem ser concisas, diretas, eficientes e claras. Com exceção apenas dos livros feitos para distrair ou estudar, a palavra impressa é invariavelmente lida – ou, mais precisamente, vista de relance – com pressa. Diz-se que o pôster deve ser desenhado "para que possa ser lido por quem passa correndo". Creio que agora podemos acrescentar ao pôster os jornais e revistas populares, os prospectos com horários de trens, ônibus e aviões, os manuais de instrução e todo o conjunto de impressos publicitários e informativos.

Também não devemos nos esquecer do fato de que esse tipo de material impresso descartável responde pela maior parte de tudo o que é impresso atualmente no mundo ocidental. Além disso, penso que é razoável especular até que ponto esse variado material influencia, e quem sabe determina, nossos hábitos de leitura.

Até uma época relativamente recente, podíamos dizer sem medo de errar que o que definia nossos hábitos de leitura era a convivência, desde os primeiros anos, com livros compostos, em grande medida, de texto, fossem eles livros didáticos ou de entretenimento. Agora, porém, as crianças aprendem, em geral, por meio da palavra falada e de anúncios visuais de um tipo ou de outro, e estatísticas recentes acerca das atividades de lazer da população adulta dos Estados Unidos e da Europa Ocidental revelam como encolheu o hábito de leitura como forma de lazer. Mesmo leitores apaixonados leem hoje uma quantidade muito maior de palavras em revistas e jornais do que em livros. Por essa razão, creio que é provável que nossos hábitos de leitura sejam determinados, na maioria das vezes, pela tipografia dos jornais, revistas e outras formas de material impresso descartável. Embora algumas das convenções da tipografia tradicional do livro ainda sobrevivam nas páginas de nossos jornais e revistas, muitas outras foram descartadas ou distorcidas até se tornarem irreconhecíveis.

O político tem sido definido como "alguém que aborda cada problema com a boca aberta". O designer contemporâneo deve abordar cada problema com a mente, os olhos e os ouvidos escancarados. E, ao menos em certo sentido, ele precisa, assim como o político, abordar cada problema com a boca aberta também. Ele tem de perguntar por que e como. Tem de questionar tudo e não tomar nada por certo. Hoje, para ser confiável, o design exige uma análise acurada do problema específico à mão e o conhecimento adequado dos recursos utilizados para solucioná-lo. Não se pode realizá-lo por meio de convenções inúteis.

Em relação a isso, creio que se faz necessária uma postura diferente naquilo que é ensinado nos cursos de design em muitas escolas e faculdades. É preciso estimular os alunos a questionar tudo: nenhuma solução de design, nenhum princípio de tipografia ou de layout defendido pelo professor jamais deve ser aceito pelo aluno sem questionar. É preciso ensinar os alunos a questionar. A arte de questionar significa extrair o máximo de informação com o mínimo de perguntas. Afinal de contas, a coisa verdadeiramente importante quando se está exercendo a profissão não é saber *todas* as respostas, e sim como e onde obtê-las quando se precisa delas. Em muitas escolas, os cursos de design continuam a ser ministrados por pessoas que muitas vezes já não estão em contato com a realidade atual do design e que se esforçam em divulgar um método e uma técnica estereotipados, em vez de uma compreensão e uma apreciação genuína do design. É muito menos importante o professor mostrar *como* ele resolveria determinado problema do que explicar *por que* ele o resolveria daquela maneira específica.

É fazendo perguntas como essas que podemos chegar a compreender corretamente a tradição e aprender a distinguir entre tradição viva e convenção vazia.

Existem dois aspectos principais da tipografia que podem ser influenciados pela tradição. Um é a organização e a disposição dos tipos na página e a relação de uma página com outra. O outro é o design dos tipos, a forma concreta das letras, que são os ingredientes básicos da tipografia.

O progresso mais importante do design tipográfico neste século foi, de longe, a consolidação, na Europa e nos Estados Unidos, do layout assimétrico como a base do impresso descartável mais adequado e eficaz e de um volume cada vez maior de trabalhos relacionados ao mundo do livro.

Esse modelo tipográfico evoluiu de maneira lenta e irregular durante os últimos 150 anos. Nesse processo evolutivo, ele derrubou muitas das convenções impostas pela organização mais antiga dos tipos, rigidamente centralizada, absorvendo, porém, várias das sólidas tradições estabelecidas na primitiva tipografia do livro. E agora ele descartou essas convenções estilísticas, tais como fios grossos e motivos geométricos, os quais aceitara durante os anos 1920 e que, durante certo tempo, haviam contribuído bastante para ocultar os méritos legítimos do layout assimétrico. Os melhores exemplos de tipografia assimétrica hoje são vigorosos, racionais e sem afetação.

A tipografia assimétrica não apenas acatou os sólidos princípios de composição e imposição tradicionais, mas, na verdade, fortaleceu muitos desses princípios ao não tolerar nenhum distanciamento deles. De fato, é correto dizer que a tipografia assimétrica evoluiu parcialmente do respeito pela tradição. O fato de, ao longo desse processo, ter sido inevitável que ela destruísse grande número de convenções estéreis é algo secundário.

A tipografia rigorosamente simétrica inflige à página um contorno rígido e um padrão artificial. Os obstáculos que ela impõe à organização dos tipos só podem ser superados se nos afastamos desses princípios de composição – por exemplo, deixando um espaçamento pequeno e constante entre as palavras e evitando quebras de palavra desnecessárias e enganadoras –, os quais, como a experiência tem demonstrado, são corretos e, portanto, desejáveis.

De outro lado, a tipografia assimétrica é flexível. Ela respeita os princípios de composição tradicionais corretos, considerando-os invioláveis. E permite que esses princípios determinem, em conformidade com a função, a configuração da página.

Nos últimos anos, muitos dos que se opunham à tipografia assimétrica passaram a se dar conta de que esse modelo de layout representa o veículo mais eficaz para exibir os mais diversos e variados textos e imagens e que ele é o recurso por meio do qual se pode fazer uso mais intenso da composição mecânica e de outras inovações técnicas mais recentes. Já é um fato amplamente conhecido que tipografia assimétrica não significa tipografia *desequilibrada* e que hoje é possível alcançar equilíbrio e estabilidade com maior atração visual, e de maneira mais funcionalmente satisfatória, por meio da livre disposição espacial dos tipos.

## NOVAS TÉCNICAS

Hoje o metal está sendo gradativamente eliminado da composição, e, com recursos fotográficos e outros mais, podemos obter letras uniformemente idênticas sem a utilização do tipo metálico. Nessa nova e importante situação, as possibilidades e vantagens do layout assimétrico são perceptíveis de imediato. Igualmente perceptíveis são os riscos potenciais inerentes às novas e estimulantes possibilidades agora introduzidas. Quanto a isso, a atual situação é semelhante à enfrentada pelos impressores temporários de meados do século XIX, quando as condições econômicas permitiram a produção de uma avalanche virtual de variados desenhos de tipos.

Desde que a máquina de composição foi inventada, a administração das fundidoras de tipos, tanto quanto o gosto mais refinado, reduziram violentamente o fluxo de novos tipos. Hoje, porém, com a fotografia, temos acesso novamente a um conjunto quase ilimitado de letras variadas e distorcidas, fabricadas a baixo custo; além disso, a fotocomposição remove o único e insignificante obstáculo – a associação de duas técnicas prévias diferentes – à exploração plena do que podemos chamar de letra desenhada fotograficamente.

É razoável e saudável que o tipógrafo deseje ardentemente que surjam novos tipos. Na publicidade, a exposição e o destaque dados à tipografia, especialmente o letreiramento projetado fotograficamente, podem representar uma valiosa contribuição. No entanto, é extremamente tênue o limite do que se pode modificar nos contornos das letras, caso se queira que elas permaneçam agradáveis ao olhar e, por consequência, funcionem de maneira eficaz.

Se o período imediatamente a seguir será de realizações no campo da tipografia ou, como em meados do século XIX, de caos tipográfico, isso pode depender, em grande medida, da compreensão e do apreço que tivermos pelos princípios de design da letra que hoje constituem nossa tradição.

Penso, contudo, que no design do tipo, assim como em sua organização e disposição, se pudermos extrair da experiência acumulada herdada do passado esses princípios que continuam válidos e essenciais, então estaremos seguros de que as novas técnicas de hoje e de amanhã não representarão uma ameaça, e sim uma oportunidade.

*Publicado originalmente em* SIA Journal n. 66 *(Londres, julho de 1958).*

# 1959
# O TIPO É PARA SER LIDO
## *William Golden*

WILLIAM GOLDEN *(1911-1959) foi, por mais de vinte anos, diretor de arte da Columbia Broadcasting System, onde suas contribuições para o campo da identidade corporativa então emergente se concretizaram, entre outros projetos, na direção de arte de uma marca registrada clássica, o Olho da CBS, que remete tanto ao olho humano como à lente de uma câmera. Golden fazia parte de um novo gênero de diretor de arte/designer que, embora não fosse rigorosamente moderno no sentido que a vanguarda europeia dava ao termo, adotou os conceitos de funcionalidade, clareza e simplicidade. Esta preleção, apresentada na histórica conferência sobre tipografia contemporânea realizada na Associação dos Diretores Tipográficos de Nova York, pouco antes de ele morrer, comprova sua crença de que as corporações tinham o dever de fazer um design inteligente. O design claro e legível dava os primeiros passos, e Golden (que também recebeu o título de Diretor de Arte do Ano em 1959) era antigo defensor dessa estética. Levando em conta o momento histórico em que foram pronunciados, seus comentários a respeito de tipografia, estilo e conteúdo são particularmente significativos. No momento em que, finda a guerra, assistia-se ao despertar do otimismo do consumidor, ele se manifesta contrário ao design feito para designers, enfatizando a importância da inteligência, do bom-senso e da responsabilidade no design. – JH*

A "Nova Tipografia Norte-Americana", se é que existe, sem dúvida tem sotaque estrangeiro. E provavelmente fala demais. Muito do que ela diz é absurdo. Esse discurso é, em grande parte, tão empolado que parece absurdo, embora, se ouvirmos com bastante atenção, veremos que não é... totalmente. É apenas excessivamente complicado. Quando traduzido em inglês de antes da guerra, é simplesmente óbvio.

Não sei o que leva tantos designers a deixar de lado o trabalho para escrever e falar tanto sobre design.

Será que é o mero (e plenamente justificável) instinto de promoção profissional? Ou importamos a tendência europeia de envolver mesmo o gesto mais simples em uma *gestalt*?

Talvez a explicação seja mais simples. O tipo de esforço de quem investe na expressão gráfica é intrinsecamente solitário e intenso e produz, na melhor das hipóteses, um design lógico simples. Às vezes é frustrante descobrir que quase ninguém sabe que criar algo simples é uma tarefa muito complexa. Talvez queiramos que saibam que sofremos demais e que demos duro para chegar a uma solução que parece óbvia.

E, uma vez que nosso instrumento de comunicação é não verbal, nós, designers, não parecemos escritores e oradores lúcidos quando o assunto é design.

Eu me senti muitas vezes estimulado pela obra da maioria das pessoas presentes neste painel, mas só raramente por aquilo que elas disseram a respeito dela.

Embora deva admitir que esses debates infindáveis contêm valores que me escapam, tenho uma consciência mais aguda dos perigos que eles trazem para os jovens. Quem entrevistou recentemente um grupo de jovens designers – o Novo Homem Renascentista com pressa – candidatando-se ao primeiro ou segundo emprego de assistente sabe do que estou falando.

Não faz muito tempo, fui obrigado a me desfazer de um desses tipos. Ele não era de todo ruim. Só que era mais uma vítima da importância exagerada da literatura sobre as artes gráficas. Possuía todas as últimas e obscuras publicações daqui e de fora (a maioria delas escrita em idiomas que ele não entendia). Participava de todos os fóruns. Discutia horas a fio sobre questões teóricas... e ficava simplesmente paralisado de terror diante de um bloco de layout em branco. Era capaz de ficar uma semana fazendo um anúncio de jornal de cinquenta linhas. O problema era que, por mais que ele tentasse, o anúncio tinha muito cara de anúncio, e não de um daqueles objetos quase místicos sobre os quais andara lendo.

Se houvesse uma forma de fixar uma idade mínima para assistir a essas conferências, como se faz para impedir que os menores de idade assistam aos filmes excitantes demais, creio que eles seriam relativamente inofensivos, e quem sabe até achássemos agradável trocar ideias.

Pois tudo isso já foi dito, e redito, da maneira mais confusa, e não existe quase nada de novo. Mesmo a insistência na novidade a qualquer preço é, ela própria, familiar.

Talvez fosse útil se uma conferência como esta desse um jeito nisso. Não simplesmente fazer uma síntese desta conferência, mas de todas elas. Se isso pudesse ser feito sem recorrer a palavras vazias, creio que o que se poderia dizer de válido acerca da tipografia seria algo muito sintético e relativamente simples.

O que está correto na tipografia atual salta tanto aos olhos que nem é preciso explicar. Já o que está errado é um pouco mais complexo.

É mais fácil definir o que está errado do que descobrir como chegamos lá.

Tenho minha opinião sobre como chegamos aonde nos encontramos, e, embora não tenha a competência nem a pretensão de ser um historiador da tipografia, de certo ponto de vista é mais ou menos assim que a coisa se apresenta.

Há cerca de trinta anos, nos Estados Unidos, o rebelde designer publicitário e editorial estava envolvido em uma conspiração para trazer ordem, clareza e exatidão à página impressa. Ele combateu a imagem da fábrica, o logotipo da empresa e a pequena imagem na embalagem que invariavelmente o acompanhava. Reclamou que o texto era longo demais e que ele era obrigado a compô-lo em um corpo tão pequeno que ninguém conseguiria ler. Argumentou que o anúncio normal continha elementos demais. (Na tentativa de se acomodar a ele, chegou a inventar a página "cheia".) Insistiu que a tentativa de dizer tantas coisas de uma só vez era contraproducente, e o único resultado era que não se transmitia nada ao leitor.

Ele tinha uma inclinação básica pela imagem e só depois de hesitar muito é que percebeu que tinha de aprender um pouco sobre tipologia. Esta representava, e ainda representa, um transtorno infernal, mas, quando ele se deu conta de que sua aplicação mecânica e impensada poderia arruinar completamente a transmissão de uma ideia, teve de aprender a controlá-la – a desenhar com ela.

Cada vez mais a tipografia era desenhada em um bloco de layout em lugar do metal. Talvez a maior transformação da tipografia norte-americana tenha sido causada por esta simples atitude: a transferência da atividade de design do impressor para o designer gráfico.

O designer pôde trazer para a página impressa todo um novo conjunto de referências e influências. Ele pôde "desenhar" a página. Havia mais flexibilidade no uso do lápis do que no manuseio do molde metálico. Ele tornou-se um novo instrumento para o designer.

Sob o duplo impacto do funcionalismo da Bauhaus e das exigências práticas das empresas norte-americanas, o designer estava começando a aprender a utilizar a união da palavra e da imagem para comunicar de maneira mais eficaz.

Influenciado pelos pintores modernos, tomou consciência (talvez de maneira exagerada) das propriedades de textura e das tonalidades das cores dos tipos como elementos do design.

Além disso, os jornalistas certamente exerceram influência determinante sobre a tipografia norte-americana nos anos do pré-guerra.

Jornais e revistas eram o principal meio de comunicação de massa. A evolução eficaz do uso da manchete e da imagem foi uma influência muito mais predominante do que o pôster europeu. O jornal nos ensinou a informar com rapidez. Todo o mundo entendia, instintivamente, aquilo que o jornalista reduzira a uma fórmula: que, se você compreendesse a manchete, a imagem e os três primeiros parágrafos de qualquer história, entenderia todos os fatos principais.

Como se dirigia a um público mais seleto, o ritmo de transmissão de informações da revista era mais vagaroso e podia ser mais instigante. Por lidar mais com conceitos do que com informações, ela era muito mais imaginativa. Havia, nesse caso, maior possibilidade de criar dentro da estrutura de página dupla. Ainda assim, porém, coube à invenção da "manchete impressionante" e da "imagem extraordinária" a grande responsabilidade de atrair o interesse do leitor.

Talvez tenha sido o crescimento do rádio, uma mídia concorrente, que acelerou um novo esforço da revista.

Os progressos técnicos da fotografia certamente ampliaram o alcance de suas reportagens.

No entanto, o que lhe deu um novo rumo e um novo estilo não era tão norte--americano assim. Creio que foram pessoas como Agha e Brodovitch. Trazidas da Europa, elas implantaram um padrão de referência que não modificou apenas o aspecto das revistas e, consequentemente, do design publicitário, mas também o *status* do designer. Fizeram isso provando, com um processo simples, que o designer era capaz de pensar.

O "homem do layout" estava se tornando editor. Ele não era mais aquele sujeito esperto e talentoso da sala do fundo que deixava o texto do redator mais atraente arrumando de maneira criativa as palavras e imagens na página impressa. Ele agora era capaz de ler e compreender o texto e conseguia, até, dar uma opinião sobre ele. Podia surpreender o editor, sugerindo conteúdo. Não levou muito tempo para que começasse a desenhar a página antes que ela fosse escrita e que os redatores passassem a escrever levando em conta o número de toques que se ajustasse ao layout.

Quaisquer que tenham sido os êxitos alcançados por essa revolução, eles ocorreram por meio da demonstração – por meio de designers que provaram a seus clientes e patrões (resolvendo seus problemas) a solidez de seus pontos de vista e o valor de seu talento. E isso foi feito sem que houvesse uma única conferência em Nova York, no Colorado ou em qualquer outro lugar dos Estados Unidos.

É claro que se realizaram exposições e almoços de premiação. Mas as exposições eram um prolongamento do processo de demonstração, e os organizadores dos almoços de premiação, por uma feliz intuição, raramente deixavam o designer falar sobre seu trabalho, obrigando, em vez disso, que este fosse discutido pelos homens de negócios.

Contudo, mais do que qualquer outro fator isolado, creio que o designer conquistou esse novo *status* na comunidade de negócios por ter demonstrado que podia transmitir uma ideia ou um fato na página impressa tão bem, e muitas vezes melhor, do que o redator, o cliente ou seu representante. E ele só podia demonstrar isso se fosse pelo menos tão fiel ao conteúdo como era ao estilo.

Durante a guerra e por certo tempo depois dela, os tipógrafos norte-americanos tomaram uma grande dianteira com relação aos europeus, pela simples razão, suponho, de que a Europa não estava carente apenas de papel, mas também de design. Os impressores e os designers encontravam-se nas trincheiras, nos campos de concentração ou mortos, e as gráficas e fundidoras estavam sendo bombardeadas.

Nesse período, a maior parte do material gráfico mundial estava sendo produzida nos Estados Unidos. Apesar de certa escassez de papel também por aqui, havia recursos excedentes para serem gastos com publicidade. Como não existiam muitos produtos para serem divulgados, não havia muito o que dizer sobre eles. Porém, já que era relativamente barato manter impresso o nome da empresa, não importava muito o que ou como isso era anunciado. Produzimos tal volume de material impresso durante tanto tempo que fomos capazes de assimilar uma quantidade enorme de design europeu do pré-guerra, adaptando-o a nossa própria linguagem e a nossos próprios costumes. Ele havia se tornado um idioma tão familiar para nós que, hoje, dificilmente ficamos surpresos que o anúncio desta conferência possa denominar a tipografia contemporânea de puramente norte-americana.

A primeira vez que olhei para a tipografia do pós-guerra fiquei totalmente desorientado. Eu vira e aplaudira a obra de Burtin e Beall do pré-guerra. Eles estavam desenvolvendo novas formas gráficas e utilizando palavras e imagens na página impressa para se comunicar. Nas mãos deles, as imagens eram empregadas para tornar a mensagem mais clara e rápida.

A nova vanguarda nada dizia e o dizia com considerável facilidade. Ela podia dizer, em sua defesa, que o mundo estava mais caótico do que nunca, que ninguém estava dizendo algo muito racional e que sua necessidade de construir uma espécie de ordem era satisfeita, até certo ponto, criando-a sobre a página impressa. Ela significava, basicamente, uma ordem sem conteúdo.

Esse ponto de vista tinha um precedente. A firme campanha de promoção de venda dos pintores expressionistas abstratos estava a pleno vapor nos Estados Unidos. O fato de ela ter sido tão bem-sucedida em tão pouco tempo deve ser debitado, em parte, a sua falta de conteúdo. Curiosamente, essa revolução era notavelmente segura – ela era muito descomprometida.

Eu não tenho nenhuma rixa com o movimento abstrato – à exceção de sua clamorosa intolerância com relação a qualquer outra escola. Creio, porém, que o efeito sobre a mente dos jovens designers é algo que deve ser objeto de preocupação. Encarar o retângulo vazio em um bloco de layout com a mesma atitude que o pintor abstrato enfrenta a tela vazia é, seguramente, uma ilusão que não faz sentido.

A página impressa não é, fundamentalmente, um meio de autoexpressão. O design para impressão não é Arte. Na melhor das hipóteses, é uma profissão que requer extrema habilidade. Uma profissão sensível, criativa e interpretativa, se quiserem, mas sem relação alguma com a pintura.

O designer gráfico é contratado, por determinada quantia de dinheiro, por uma pessoa que deseja dizer algo a alguém por meio de um material impresso. O indivíduo que tem algo a dizer procura o designer acreditando que este, com suas habilidades especiais, dirá isso em seu lugar de maneira mais eficaz.

Às vezes, como resultado da auspiciosa transação, a declaração torna-se um anúncio mais por causa do designer do que por causa do cliente. E, se restar alguma dúvida quanto à intenção do designer, ele assinará a obra – exatamente como faz o pintor de cavalete.

É lógico que essa postura diante do design só é permitida quando o cliente nada tem a dizer. Quando seu produto não difere em nada do produto dos outros nem é melhor que o deles. Quando sua empresa não tem "personalidade" – ele pega emprestada a personalidade do designer. Essa postura raramente é aceita pela corrente majoritária no meio publicitário, tendo lugar apenas nos palcos "off-Broadway".

O designer de vanguarda imaturo parece implacável com relação à conduta que predomina na publicidade norte-americana. Ele detesta a "propaganda impositiva" e evita clientes que interferem em sua liberdade. Acredita que o papel da empresa é patrocinar as Artes. E insiste que sua profissão é arte.

Não defendo a volta a nenhuma forma de tradicionalismo. O que defendo é um sentido de responsabilidade do designer e uma compreensão racional de sua função.

Penso que ele deve evitar desenhar para os outros designers.

Sugiro que a palavra "design" seja considerada um verbo, no sentido de que desenhamos algo a ser transmitido a alguém.

Se estivéssemos a par do volume de dinheiro envolvido nas atividades editorial e publicitária, isso talvez ajudasse a tornar as coisas um pouco mais claras. Se o designer fingir que o dinheiro a ser gasto para reproduzir seu design lhe pertence, desconfio que se sujeitará a uma disciplina muito mais rigorosa.

Ao examinar sua obra levando em conta a função, ele não deixará o texto escondido, tornando-o ilegível, com base no fato de que este, de qualquer maneira, é inferior. Em vez disso, insistirá para que o texto fique melhor. Se ninguém escrever um texto melhor, ele terá de aprender a fazê-lo sozinho. De fato, por ter se tornado seu próprio cliente, desejará estar seguro de que aquilo que tem a dizer será compreendido com clareza – que essa é sua função principal.

Ele descobrirá que as soluções mais satisfatórias para um problema gráfico vêm de seu conteúdo básico e que é desnecessário e desagradável sobrepor um efeito visual a uma mensagem que não está relacionada a ele.

Ele poderá até descobrir que os redatores também dispõem de certa habilidade e sentir prazer em lê-los e em tornar seu texto legível.

Talvez a coisa mais importante a acontecer seja que todas aquelas questões sem sentido sobre tradição e modernismo, ou se nossa tipografia é norte-americana ou europeia, vão se tornar apropriadamente irrelevantes. Todas essas influências, e muitas outras, terão se tornado parte do vocabulário completo da atividade de designer.

Se ele for bem-sucedido em sua aplicação, o produto final não apresentará nenhum indício de que foi desenhado. Parecerá absolutamente óbvio e inevitável.

Se estiver mais preocupado com a qualidade de seu trabalho do que com o fato de ele ser "novo" ou não, ele poderá até vir a ser premiado por seu desempenho.

Contudo, por mais que seja homenageado ao longo da carreira, ele nunca confundirá a página impressa com uma galeria de arte.

Na conferência do ano passado, o orador que mais despertou meu interesse não era, de modo algum, um designer. Era um especialista em semântica – o dr. Anatol Rapoport, do Instituto de Pesquisa em Saúde Mental da Universidade de Michigan.

Em sua tentativa de analisar nossa profissão, creio que ele passou perto ao nos considerar intermediários. Ele nos comparou a executores. A atores que dizem o texto dos outros. A músicos que interpretam o que os compositores escrevem.

Apesar de ter nos arrancado da estratosfera e colocado em nosso devido lugar, ele também acalmou, ou massageou, nossos egos ao sugerir que alguns desempenhos eram magníficos.

Se esta análise estiver correta, pode ser útil citar um antigo redator "quadrado" sobre o tema.

Por acaso, no momento estou trabalhando em uma reedição de *Hamlet*. Vejam o que o autor exigia dos intérpretes:

"Suplico que digam o texto tal como o enuncio a vocês... Pois, se o pronunciarem de forma empolada, como muitos atores iguais a vocês fazem, eu preferiria, de bom grado, que o pregoeiro público dissesse minhas falas.

"Tampouco, portanto, façam movimentos bruscos no ar com as mãos; façam tudo com leveza. Porque, bem no meio da torrente, da tempestade e, como eu diria, do torvelinho de paixões, é preciso que vocês conquistem e produzam um autocontrole que possa suavizar isso.

"Também não sejam demasiado submissos. Ajustem a ação à palavra, a palavra à ação... Pois tudo o que é exagerado afasta-se do propósito da atuação, cuja finalidade, por assim dizer, é manter o espelho diante da natureza.

"E não permitam que os que atuam como palhaços falem mais do que lhes foi estabelecido. Vão se aprontar."

*Discurso proferido na Associação dos Diretores Tipográficos, Nova York, 18 de abril de 1959. Publicado como um dos ensaios da conferência O que há de Novo na Tipografia Norte-Americana, em 1960. Reeditado em* The Visual Craft of William Golden *(Nova York: George Braziller, 1962).*

# 1959
# O QUE HÁ DE NOVO NA TIPOGRAFIA NORTE-AMERICANA?
## *Herb Lubalin*

A INTRODUÇÃO DA FOTOCOMPOSIÇÃO NOS *Estados Unidos no final da década de 1950 e o lugar que ela acabou ocupando em substituição ao modelo metálico desencadearam uma onda de simpósios dedicados às novidades em tipografia. Entre os inúmeros luminares do design convidados a falar no encontro de 1959 promovido pela Associação dos Diretores Tipográficos no Biltmore Hotel, em Nova York, Herb Lubalin (1918--1981) foi o mais presciente acerca do tema televisão e seus efeitos sobre os hábitos de leitura nos Estados Unidos. Na época designer publicitário/diretor de arte da Suddler and Hennesey, em Nova York, Lubalin era conhecido por seu domínio da fotocomposição e pela inovadora combinação de títulos e imagens, em uma fusão da palavra com a ilustração. Ele foi um dos pioneiros da "Grande Ideia" visual em publicidade, a tendência a uma imagem única, forte e muitas vezes arguta, em lugar de um texto descritivo prolixo. Nesta palestra, ele pede à atividade publicitária conservadora que estimule a experimentação como forma de aumentar seu impacto. Ele sabia que mesmo a feiura deliberada podia ser usada para criar mensagens que chamassem a atenção. As próprias experiências de Lubalin no âmbito do que ele denominava "distorção e desfiguração" acabaram se transformando no inconfundível modelo tipográfico norte-americano dos anos 1960. – SH*

A tipografia tem significado diferente para cada pessoa.

Essa arte de produzir impressões sobre o papel com o uso de símbolos é universalmente aceita como forma de comunicação, mas sua aceitabilidade como ferramenta criativa para despertar uma resposta emocional por meio da aparência física das palavras está longe de ser disseminada.

Como esse tema está relacionado ao design publicitário, gostaria de me estender sobre ele, visto que satisfaço a necessidade de ganhar a vida com base na intimidade que tenho com essa área.

Nos últimos anos, a tipografia nos Estados Unidos tem assumido papel cada vez mais importante na criação publicitária. No passado, a maioria dos anúncios era composta de uma ideia traduzida em termos de texto (transferida para a página impressa com recursos tipográficos mecânicos), mais uma ilustração (fotografia ou arte) que interpretava a mensagem do texto. A tipografia era utilizada unicamente como título para a ilustração, ou a ilustração era usada como recurso gráfico para criar uma imagem visual que ressaltasse a mensagem do texto.

Os tempos mudaram. Com o aumento da concorrência no marketing de produto nos Estados Unidos, os publicitários estão achando difícil criar anúncios que não reflitam, no texto ou no design, as posturas dos concorrentes. As chamadas dos textos tornaram-se praticamente indistinguíveis. A semelhança entre todas as marcas de cigarro, bebida, cosmético ou automóvel fez as pessoas criativas terem muita dificuldade de propor chamadas diferentes.

A televisão teve sua cota de influência sobre os hábitos de leitura do povo norte-americano. Estamos ficando cada vez mais acostumados a olhar imagens e cada vez menos interessados em ler textos longos. Como resultado, a tendência de nossa publicidade tem sido utilizar grandes elementos pictóricos e textos curtos espirituosos, com ênfase muito menor na identificação descritiva do produto.

Essas influências geraram na publicidade uma necessidade de fazer experiências com padrões gráficos novos. Um dos mais importantes resultados dessa experimentação é aquilo que gosto de chamar de imagem tipográfica. Muitos designers perceberam que, quando os recursos habituais para estimular o leitor a assumir uma atitude de consumo tornam-se lugar-comum, o uso da tipografia como imagem-palavra amplia seu espaço criativo.

Para compor uma imagem tipográfica, da mesma forma que para compor uma fotografia ou ilustração de qualidade, é necessário que os elementos sejam perfeitamente harmônicos. Consequentemente, tivemos de tomar liberdades com relação às inúmeras regras e regulamentos tradicionais que passaram a ser aceitos como critérios da boa tipografia. Esses desvios, que incluem dimensões maiores, eliminação das entrelinhas, remoção do espaço entre as letras e modificação na forma dos tipos, provocaram uma reação violenta dos tipógrafos e designers tradicionais, para quem tais regras são sagradas.

Em muitos casos, as objeções são justificadas. Durante o processo de experimentação e de tentativa e erro, muitos equívocos são cometidos. Vimos, nos últimos anos, mais tipografia de má qualidade do que em qualquer outro período da história da publicidade. Contudo, também vimos novas e estimulantes abordagens sendo trazidas em abundância por grande número de designers, enquanto no passado esse estímulo provinha de uns poucos indivíduos isolados.

Com os recursos tipográficos agora disponíveis, o designer apresenta, em uma única imagem, a mensagem e o conceito pictórico. Essa "brincadeira" com o tipo tem resultado, às vezes, em certa perda de legibilidade. Embora pesquisadores considerem esse estado de coisas deplorável, de outro lado, às vezes o estímulo produzido por uma imagem nova mais do que compensa a pequena dificuldade de leitura.

Hoje, o designer tem usado a tipografia para complementar e dar significado a uma ilustração ou a uma fotografia e utilizado as fotografias como partes essenciais dos elementos tipográficos. Apesar de ele ter recorrido à distorção e à deformação das formas tipográficas (palavras duras que servem de combustível para nossos críticos), o resultado emocional evidente justifica essas deformações.

Grande parte desse conceito relativamente novo em tipografia depende do impacto. Por esse motivo, muitos classificariam a moderna tipografia norte-americana como feia. Há muito de verdade nessa observação. No entanto, a feiura não representa, necessariamente, um empecilho à publicidade de qualidade. A feiura proposital pode ser simpática e cativante. Basta olhar para os primórdios do design norte-americano e a era vitoriana subsequente. O design retorcido dos móveis, os espalhafatosos pôsteres de circo e de política, as lâmpadas de gás enfeitadas têm sido cada vez mais apreciados como parte integrante dos ambientes modernos. Acabaremos nos acostumando com o apelo da tipografia que cria um clima por meio do espetacular – e mesmo do espetacularmente feio.

Uma consequência importante dessas tendências da tipografia é a revogação do comportamento comum na publicidade de o texto determinar a abordagem gráfica. Em muitos casos, o que determina a abordagem do texto agora é a apresentação gráfica, o que confere uma relação íntima entre texto e design. Uma consequência estimulante, e da qual a publicidade do futuro só tem a ganhar, é que o pessoal do texto está raciocinando mais em termos gráficos ao escrever, e o designer, inversamente, está raciocinando em termos de palavras enquanto desenha. Essa cooperação íntima está dando uma nova feição à publicidade.

Neste momento, eu gostaria de fazer uma advertência. O propósito deste ensaio é estimular a exploração de todas as possibilidades de comunicação criativa. Ele não pretende passar a ideia de que todos os complicados problemas de design podem ser solucionados com uma abordagem tipográfica específica. A tipografia não é um produto final. Ela é apenas um dos recursos para alcançar o único objetivo importante da publicidade – a venda de bens e serviços.

Fatores sociais, políticos e econômicos induziram a experimentação em inúmeras áreas da criação. Em nosso pequeno mundo do design tipográfico, essas influências resultaram naquilo que, acredito, é o começo de uma tradição norte-americana em tipografia. Sempre fomos muito influenciados pelos tipógrafos e designers europeus e pelas escolas que eles representam. Penso que agora, pela primeira vez, desenvolvemos uma tipografia inconfundivelmente norte-americana, que está estendendo sua influência para o resto do mundo.

*Discurso proferido na Associação dos Diretores Tipográficos,*
*Nova York, 18 de abril de 1959. Publicado nos anais da conferência*
*O que há de Novo na Tipografia Norte-Americana, 1960.*

# 1959
## O IMENSO FUTURO DA NOVA TIPOGRAFIA
### Ladislav Sutnar

PIONEIRO DO DESIGN DA COMUNICAÇÃO, *o tcheco Ladislav Sutnar (1897-1976) desenvolveu, no final da década de 1950 e início da de 1960, sofisticados programas de design que organizaram dados complexos em sistemas fáceis de assimilar. Ele insistia na ordem e na lógica e lutou para sistematizar os procedimentos gráficos. Em seu livro* Visual Design in Action *(1961), afirma que a "base sólida para o design gráfico e a tipografia modernos [...] é uma herança direta do pioneirismo de vanguarda dos anos 1920 e 1930 na Europa", que se baseava em princípios elementares de economia e clareza. Esse foi um tema recorrente em numerosos ensaios, em que não havia lugar para excessos verborrágicos nem para maneirismos desnecessários. Seus textos, sua correspondência pessoal e mesmo este discurso proferido na Associação dos Diretores Tipográficos (que mais tarde serviu de base para uma seção de* Visual Design in Action*) foram publicados e organizados em segmentos conceituais que muitas vezes começam com um subtítulo entre parênteses ou colchetes, a fim de sinalizar o assunto ou conceito. O lugar ocupado pelo conceito na hierarquia da argumentação é indicado por uma letra ou número. Pensados para estimular a leitura, esses artifícios possibilitaram consultas rápidas e eficazes. – SH*

1. *New needs demand new means* "faster, faster" [Necessidades novas exigem recursos novos "mais rápido, mais rápido"] (título de um livro de W. J. Eckert e Rebecca Jones).

    1.a. *Produção em massa, a causa fundamental da:* para compreender os avanços do design gráfico e da tipografia, é preciso examinar as causas que deram origem a eles. Tais avanços, que levaram o dinâmico design de comunicação visual a um novo pico, foram especialmente rápidos nos últimos trinta anos. Eles decorrem de outra faceta de nossa vida que também passou por mudanças e desenvolvimentos surpreendentes ao longo do mesmo período. Essa faceta é a rápida evolução das técnicas industriais que denominamos produção em massa.

    1.b. *Comunicação em massa, a causa imediata da:* a produção em massa não foi possível sem a distribuição em massa, que, por sua vez, não foi possível sem a venda em massa. A venda em massa era impossível sem formas aperfeiçoadas, e novas formas, de técnicas de comunicação em jornais, revistas, rádio e televisão, e até mesmo no produto e em sua embalagem. As transformações desses elementos fundamentais em nossa vida espalharam-se para outras áreas. O arquiteto precisa que o designer gráfico forneça um sistema de orientação e identificação visual para as escolas, lojas e shopping centers modernos. Os educadores necessitam de materiais visuais de apoio. Sem uma tipografia eficiente, o piloto de jato não é capaz de ler o painel de instrumentos com a rapidez necessária para garantir sua sobrevivência.

    1.c. *Comunicação visual mais rápida, a necessidade de:* novos recursos tiveram de satisfazer o ritmo acelerado da indústria. O design gráfico foi obrigado a desenvolver padrões mais elevados de desempenho para tornar mais rápida a transmissão de informação. Como o título de um livro recente, que, de maneira bastante apropriada, trata de computadores eletrônicos, o lema de hoje é "mais rápido, mais rápido" – produzir mais rápido, distribuir mais rápido, comunicar mais rápido.

2. *Rejeição do tradicional, bem como do "modernístico"* – "a maioria das obras é mais bela sem ornamentos" (Walt Whitman).

2.a. *A maioria das abordagens não é funcional:* todas as abordagens convencionais, além de outras não funcionais, mostram-se inadequadas quando examinadas à luz da nova necessidade que a indústria tem de um sistema dinâmico de design de comunicação. Elas não conseguem atender às exigências do fluxo de comunicação funcional, tão indispensável para a percepção rápida. Essas exigências são: (a) proporcionar atração visual a fim de conquistar a atenção e dar início ao movimento dos olhos, (b) simplificar a composição visual para acelerar a leitura e a compreensão e (c) proporcionar continuidade visual visando a uma sequência clara.

2.b. *Abordagens tradicionais inadequadas:* as abordagens tradicionais baseiam-se em regras arbitrárias. O ideal de Aldus Manutius é "um cinza prateado uniforme em todo o material impresso, no título e no texto ou nos adereços". Mas isso é monótono e sem atrativo. Ao situarem o título sobre um eixo central, as regras formalistas do período renascentista geraram forças estáticas de um equilíbrio simétrico. Isso tem de ser rejeitado como algo imóvel demais. E as composições do século XIX, com tipos extravagantes, devem ser abandonadas como algo irracional e tão falso como o *"gingerbread"*\* sem sentido da arquitetura norte-americana.

2.c. *Abordagens "modernísticas" não são construtivas:* as abordagens "modernísticas" baseiam-se em fórmulas que estão preocupadas unicamente com o aspecto decorativo. De um ponto de vista funcional, elas não passam de bibelôs, porque são arranjos estritamente de efeito decorativo. Não conseguem satisfazer as novas necessidades. O formalista, o sentimental, o moderno e o especulativo nada mais são do que modas com objetivos superficiais. Eles não oferecem uma abordagem construtiva para a tarefa de design à mão.

3. *Premissa do design contemporâneo* – "o belo é a promessa da função" (Horatio Greenough).

3.a. *A "nova tipografia":* existe uma base sólida para o design gráfico e a tipografia modernos. Ela é uma herança direta do pioneirismo de vanguarda dos anos 1920 e 1930 na Europa. Corresponde a uma mudança fundamental que é revolucionária. Esse movimento foi inicialmente chamado de "construtivista", o que significa construído ou com estrutura lógica, em contraposição àquilo que é improvisado ou guiado pelas impressões pessoais. Também foi denominado de "tipografia funcional", para enfatizar a ideia de um design programado para desempenhar uma função, em oposição ao emprego de regras formalistas ou da arte pela arte. Mais tarde, o claro distanciamento da apática tradição comercial e do antiquado lugar-comum tornou-se conhecido como "nova tipografia". Esse nome ainda significa vitalidade das experiências criadoras, inovações e invenção de novas técnicas, revelando novas possibilidades nas comunicações visuais.

3.b. *Base da "nova tipografia":* como uma espécie de credo, Teige[1] caracterizou essa nova tipografia da seguinte maneira: (1) independência da tradição; (2) simplicidade geométrica; (3) material tipográfico diferenciado; (4) eliminação de qualquer ornamento que não seja funcionalmente necessário; (5) preferência pela foto-

---

\* Estilo arquitetônico caracterizado pela ornamentação detalhista, espalhafatosa e exagerada. (N. do T.)
1. Karel Teige, escritor e editor de revistas e livros sobre arquitetura e arte modernas, designer tipográfico.

grafia, pelo tipo composto mecanicamente e pelas combinações de cores primárias; finalmente, reconhecimento e aceitação da era da máquina e do propósito utilitário da tipografia[2]. Esses pontos foram citados por Tschichold como uma estrutura de seu livro *Eine Stunde Druckgestaltung* (Uma aula de design tipográfico criativo).

3.c. *As implicações sociais da "nova tipografia":* em 1934, discursando na abertura de uma exposição da obra gráfica de Sutnar, Teige tentou formular a nova função social do designer gráfico e a relação deste com seu meio. Em tradução livre, ele disse: (1) nosso mundo é o mundo de hoje, a caminho do amanhã; (2) nossa tarefa é a do servidor público em seu sentido mais pleno, dedicado à gradual evolução dos mais elevados padrões culturais; (3) nossa tarefa é a do editor gráfico, do arquiteto gráfico, do planejador gráfico, compreendendo e empregando técnicas avançadas de impressão mecanizada, colaborando com o especialista da gráfica. Ele também observou que, excepcionalmente, alguns poemas visuais (montagem-tipografia) podem assemelhar-se à obra dos poetas; que, quando feita por razões utilitárias, a obra do tipógrafo moderno pode ser comparada ao jornalismo, nas "categorias de artes em transição", e à obra do arquiteto-planejador quanto ao modo de raciocínio e abordagem[3].

4. *Princípios do design de comunicação contemporâneo* – "design é um processo definido estruturalmente" (K. Lönberg-Holm).

4.a. *A necessidade de princípios básicos de design:* em seu livro *Vision in Motion* (1947), Moholy-Nagy dedica um capítulo à discussão da ideia de que "o design não é uma profissão, e sim uma postura". Nos últimos anos, as sinceras tentativas de aderir ao significado original da nova tipografia, com seu empenho em criar valores permanentes, foram impedidas por imitações confusas. Os truques publicitários ridicularizaram os impulsos morais que estão por trás do movimento. Mesmo assim, não foi possível deter a gradativa evolução da nova tipografia. Hoje, para evitar uma concepção errônea a respeito dela, é necessário olhar de vez em quando para suas verdadeiras origens. Com base nesse conhecimento e na experiência da época atual, é possível estabelecer princípios de design sólidos que sejam aplicados universalmente.

4.b. *A definição dos princípios básicos de design*: dependendo das exigências apresentadas pelas dificuldades de problemas específicos, os diversos aspectos do design podem ser reduzidos a três princípios básicos: função, fluxo e forma. Podemos defini-los assim: *função* é a característica que satisfaz as necessidades utilitárias ao atender a determinado objetivo ou meta; *fluxo* é a característica que satisfaz as necessidades lógicas ao fornecer uma ligação de elementos em uma sequência espaço-temporal; *forma* é a característica que satisfaz as necessidades estéticas com respeito aos elementos básicos de tamanho, espaço vazio, cor, contorno e aparência[4].

4.c. *A nova síntese do design:* tendo esses três princípios como fundamento, avaliamos o design como um processo que culmina em uma entidade que fortalece a compreensão. Além disso, os aspectos do design poderiam ser polarizados analiticamente como função *versus* forma, utilidade *versus* beleza, racional *versus* irracional.

---

2. A tradução inglesa citada é de autoria de L. Sandusky, *PM Magazine*, 1938, publicada por The Composing Room, Nova York.
3. "Sutnar and new typography", revista *Panorama*, Praga, janeiro de 1934.
4. Catalog Design Progress (K. Lönberg-Holm e Ladislav Sutnar, 1950).

Por esse aspecto, determina-se que a função do design é resolver o conflito entre essas polaridades por meio de uma nova síntese[5].

5. *A nova tipografia nos Estados Unidos* – "precisamos obedecer ao tempo" (Shakespeare).

    5.a. *A "nova tipografia" criou raízes:* qualquer um que visite este país pela primeira vez não pode deixar de se surpreender com a infinidade de publicações impressas e com a diversidade de posturas com relação ao design gráfico e à tipografia. Aqui e agora existe "l'École de New York" em arte abstrata de vanguarda internacionalmente reconhecida. Ela rivaliza com a antiga "l'École de Paris" por conta do valor inquestionável de suas realizações. Aqui também está crescendo rapidamente uma escola de "nova tipografia-EUA", que, inspirada no modelo europeu, revela imensa quantidade de novas descobertas em comunicação visual.

    5.b. *Soluções não encontradas na história:* é difícil imaginar hoje que a visão de Da Vinci do homem voando possa ter qualquer influência sobre a pesquisa aeronáutica contemporânea. Da mesma forma, é difícil compreender como se poderia permitir que os "tradicionais" ou "conservadores liberais" influenciassem o desenvolvimento mais amplo da nova tipografia nos Estados Unidos. Mesmo no campo do design do livro, apenas o preconceito emocional, a inércia e o convencionalismo impedem os progressos do design. A forma estrutural do livro permanece a mesma há séculos. Entretanto, o dinamismo dos novos padrões de design e os princípios do design contemporâneo estão penetrando esse campo. O presente tem a aprender com o passado uma única lição: a da arte esmerada e refinada, que parece estar desaparecendo.

    5.c. *A oportunidade de inovação é única:* a espetacular complexidade e variedade do sistema impresso de comunicações deste país proporciona ao designer norte-americano oportunidades incomparáveis. Revistas com centenas de páginas, catálogos com milhares de páginas, todos implicando despesas enormes de publicidade, são algo exclusivo dos Estados Unidos. Essa imensa quantidade de produtos também traz em sua esteira vastos recursos de reprodução. Quanto maior a oportunidade, maior o risco do oportunismo e da relutância em aceitar as inovações. Contudo, só é possível chegar à solução de design correta por meio de uma reflexão culta e sem preconceito. Isso significa examinar e analisar profundamente as necessidades e pesquisar, de maneira ampla, os recursos de design e de produção que atendam a essas necessidades.

6. *Progressos futuros do design gráfico* – "a verdade prevalecerá" (Masaryk)[6].

    6.a. *A necessidade é evidente e urgente:* com o mundo tornando-se cada vez menor, a sensação de interdependência mundial passa a ocupar rapidamente o centro das atenções. E, com ela, fica evidente a nova carência de uma comunicação visual capaz de ser compreendida mundialmente. Isso exigirá grande número de formas de comunicação visual novas, de sistemas de comunicação simplificados e de padrões e técnicas aperfeiçoados, assim como tornará urgente o desenvolvimento de dispositivos mecânicos para processar, integrar e transmitir a informação. Esses avanços também influenciarão o design da informação visual voltada para o consumo doméstico.

---

5. Ibid.
6. Tomás Masaryk, filósofo, professor de filosofia da Universidade Charles, em Praga, fundador e primeiro presidente da República da Tchecoslováquia.

6.b. *Um progresso mais rápido após um acordo sobre princípios:* o caminho que conduz aos avanços do amanhã exige que se chegue a um acordo sobre a aplicação e a ampliação contínua dos princípios básicos. Foi desse modo que o progresso acelerado aconteceu nas ciências naturais – os axiomas da geometria euclidiana, as leis de Newton e as teorias de Einstein na física, para citar apenas alguns. Quando eles forem aplicados ao design gráfico, então os truques espertos, as consequências efêmeras dos métodos contraditórios, os renascimentos de estilo emocionais, a especulação com novos e falsos estilos, a predileção pelos novos tipos e a grande variedade de fórmulas que "garantem" um resultado certo serão rapidamente esquecidos.

6.c. *O progresso será proporcional a nossa integridade:* não temos dificuldade em aceitar o acelerado ritmo dos avanços da ciência e da tecnologia, em que as invenções de ontem são a realidade de hoje. De modo semelhante, os potenciais avanços do novo design gráfico de hoje também estão desenvolvendo um entendimento do vocabulário de design que, amanhã, será aceito sem questionamentos. E as forças produtivas em ação serão legitimadas, basicamente, com base nos valores humanos da sinceridade e da honestidade e na crença no significado do trabalho individual e nas pessoas que desprezam as vantagens materiais por causa das novas experiências que tornarão possíveis os futuros avanços.

*Discurso proferido na Associação dos Diretores Tipográficos,*
*Nova York, 18 de abril de 1959. Publicado nos anais da conferência*
*O que há de Novo na Tipografia Norte-Americana, em 1960.*

# 1959
## O AMBIENTE VISUAL DA PUBLICIDADE
*William Golden*

MUITOS DESIGNERS SÃO CÉTICOS *com relação à teoria e aos teóricos. No que diz respeito a William Golden (1911-1959), da CBS, que confessava preferir produzir design a falar sobre ele, isso era particularmente verdadeiro. Em seu discurso, Golden questiona a atitude de qualquer designer – incluindo, nesse contexto, ele próprio – que troca a prancheta pelo posto de conferencista. No entanto, por meio de frases sucintas e de uma linguagem claríssima, ele levanta as questões teóricas mais abrangentes. Qual é a relação entre arte e design, e entre forma e conteúdo? Como é possível conciliar a responsabilidade social do designer com as exigências do cliente, que visa ao lucro? Por quais critérios a profissão deve julgar a si própria? O notoriamente taciturno Golden não oferece muitas respostas. Um colega certa vez o descreveu como "um professor que nunca ensinou", observando também, contudo, que "sua grande contribuição à publicidade deveu-se ao pouco tempo passado na prancheta". O fato de as questões aqui levantadas por ele ainda continuarem pertinentes tantos anos depois revela o pensador do design por trás do pragmático consumado que era William Golden. – MB*

Acontece que acredito que o ambiente visual da publicidade melhora toda vez que um designer cria um design de qualidade – *e de nenhuma outra forma*.

Pode ser que haja, de fato, algum motivo de preocupação a respeito do caos que o designer está trazendo ao ambiente visual da publicidade.

Penso que tendemos a fazer isso toda vez que trocamos nosso trabalho pelo posto de conferencista ou pela máquina de escrever. Tendemos a exagerar nossa argumentação da maneira mais complexa e a misturar o objetivo despretensioso de uma profissão perfeitamente honesta, útil e insignificante com a linguagem do sociólogo, do psiquiatra, do cientista, do crítico de arte e, às vezes, até do místico.

A função óbvia do designer é produzir design. Seu principal talento está em compor, com grande número de elementos, uma ordem simples. O próprio ato de criar design expõe elementos que são inconsistentes e que, evidentemente, devem ser rejeitados. Quando esses elementos estão sob seu controle, ele normalmente produz um design aceitável. Quando tal controle está nas mãos de outra pessoa, o máximo que ele consegue produzir é uma contrafação. É por esse motivo que, em alguma etapa de sua maturidade, ele sente a necessidade de ser ouvido com relação ao próprio conteúdo. Se o designer publicitário começa a "examinar os objetivos a que esta imensa máquina de comunicação se dedica" (como um folheto desta conferência sugere), ele pode mergulhar de cabeça em seu conflito básico com o mundo dos negócios – uma insatisfação com o conteúdo que lhe pedem para transmitir.

Para a Empresa, a questão de conteúdo é algo muito simples. O objetivo dela está refletido em seu mais importante documento impresso – o Relatório Anual. Ele é o padrão de referência pelo qual todas as decisões são tomadas. Se o Relatório for desfavorável por muito tempo, a empresa deixará de existir. Tudo o que contribua para seu êxito está certo. Qualquer coisa que ponha em risco o balanço financeiro está errada.

Assim, a ética da Empresa é clara e razoavelmente defensável. Embora a ética do empresário possa ser algo diferente, à medida que a Empresa cresce, ela fica cada vez menos relevante. O próprio indivíduo tende a desaparecer, e, em seu lugar, começa a surgir a figura do Executivo Corporativo.

Sua primeira responsabilidade é perante a Corporação, não perante a sociedade. Ele diria que, em nosso sistema econômico, o que é conveniente para a corporação inevitavelmente deve ser bom para a sociedade, porque a corporação bem-sucedida oferece mais empregos, mais produtos e serviços e paga mais impostos, os quais financiam uma quantidade ainda maior de serviços públicos. Portanto, sem ter de tomar uma única decisão de caráter social, o executivo corporativo pode se dedicar exclusivamente à empresa, com a certeza reconfortante de que, não importa como a conduza (exceto no caso de escândalo público), suas energias serão socialmente úteis – se a empresa for rentável o bastante.

O dilema do designer publicitário culto é que, em termos afetivos, ele é em parte pequeno empresário e em parte artista. Não é suficientemente decidido para se desligar do mundo dos negócios e elaborar o manifesto pessoal do artista. E não é um homem de negócios suficientemente genuíno para desviar toda a sua atenção da arte.

Ao querer o melhor dos dois mundos, ele se torna, de certa maneira, uma espécie de homem de negócios medíocre.

Quando ele se volta para a Empresa, dizem-lhe que o conteúdo de nosso tempo é a Realidade. A Realidade da Ciência. A Realidade da Empresa. A Realidade está acima de qualquer suspeita. Ela não tem nenhum ponto de vista sobre Arte, Religião ou Política. Não está sujeita à opinião de ninguém. Pode ser medida e tabulada. É incontroversa.

Na era do marketing de massa, a controvérsia é vista como algo ruim para a empresa, pois não se deve ofender nenhum possível consumidor. Embora a Empresa possa não ter nenhum interesse legítimo nas pessoas, ela tem um interesse permanente nos consumidores.

Creio que o designer geralmente estaria disposto a aceitar que a Realidade fosse o conteúdo de seu trabalho. No entanto, ele logo descobre que, apesar da conversa infantil do especialista em relações públicas sobre "as áridas e difíceis realidades", o designer raramente é chamado para trabalhar com elas.

Ora, a Empresa quer que ele ajude a criar uma atitude diante das realidades, não que as transmita. E somente algumas realidades, já que, dispostas de determinada maneira, as realidades podem ofender uma parcela do mercado.

Ele constata, portanto, que está trabalhando com meias verdades e sente que não está utilizando todos os seus talentos. Descobre que faz parte de um gigantesco aparato de *merchandising* em que a mídia de comunicação de massa alcançou um grau surpreendente de perfeição técnica e está sendo operada na velocidade máxima, para dizer o mínimo necessário do modo mais impressionante.

E isso, também, é o que o designer publicitário é chamado a fazer. Caso consiga se adaptar com facilidade a essa estrutura, ele poderá trabalhar satisfeito e mesmo ser generosamente recompensado por seu empenho.

Se relutar em aceitar o papel de propagandista da empresa e, além disso, esperar que seu trabalho tenha significado mais profundo, ele talvez encontre mais conforto no divã do psiquiatra do que em Aspen.

Só existe uma possibilidade de saída sedutora que parece servir de consolo a um número crescente de designers e certamente a quase todos os jovens designers. É aquela maravilhosa panaceia que desabrochou plenamente no conturbado mundo do pós-guerra: a escola de pintura expressionista abstrata. Ela é, em si, uma Realidade. E é aceitável porque é Arte.

A empresa pode aceitá-la porque ela é bem-sucedida e, estranhamente, "segura", uma vez que não diz absolutamente nada. O designer publicitário cínico pode abraçá-la porque ela pode ajudá-lo a demonstrar sua independência de conteúdo. O jovem designer acha que ela representa um magnífico atalho – uma Arte do faça você mesmo. E qualquer um pode deleitar-se com sua absoluta concentração na técnica.

Duvido, porém, de que seja preciso buscar em tantos lugares estéreis uma solução para a difícil situação em que se encontra o designer.

Assim que ele parar de confundir Arte com design feito para Empresa e de exigir do universo empresarial aquilo que este não tem nem a capacidade nem a obrigação de satisfazer, provavelmente se sentirá bem. Na verdade, acho que ele tem muita sorte. No admirável mundo novo do estrôncio 90 – um mundo em que a arte representa um obstáculo intolerável à produção em massa –, é agradável poder exercer uma profissão útil.

É uma profissão passível de crescimento e capaz, até agora, de fazer algo que nem os Diretores Executivos nem os computadores eletrônicos podem fazer.

Caso não goste do objetivo a que sua profissão atende, é possível que ele encontre um cliente cujos produtos ou serviços pareçam convenientes. Ele pode "melhorar o ambiente visual da publicidade" recusando-se terminantemente a realizar um trabalho inferior para quem quer que seja, mantendo, assim, os padrões de sua profissão.

Ele pode satisfazer-se com o fato de que o desempenho de seus colegas do design gráfico não para de melhorar.

Ele até pode satisfazer-se, assim como me satisfaço, com o fato de que inúmeros designers estão começando a tomar cuidado com o que dizem.

Talvez eles tenham percebido que estávamos começando a assustar os clientes por meio de nossa estranha literatura. (Afinal, não está longe o tempo em que os clientes desconfiavam de qualquer design publicitário que parecesse simplesmente atraente.) Talvez eles achem mais gratificante o trabalho do que falar sobre ele. Seja qual for o motivo, porém, creio (e espero) que se pode detectar uma transformação no ambiente que, outrora, deu origem ao jovem que queria mudar o rumo das artes gráficas.

Até Leo Lionni cansou-se de sua ridícula invenção do Novo Homem Renascentista e está disposto a aceitar qualquer um que seja capaz de fazer bem uma única coisa em vez de fazer mal muitas.

Will Burtin declarou que simplesmente não está interessado se a tipografia é ou não é uma Arte, contanto que ela faça o que se espera dela.

Saul Bass confessou que "nossos designs tipográficos são manifestações ridiculamente insignificantes de um profundo padrão cultural".

Mesmo a presente conferência reconhece que a única forma de demonstrar o processo de comunicação "por Imagem" é a apresentação visual.

No entanto, pode ser útil reconsiderar a mais simples e mais válida de nossas atividades grupais. Temos competições anuais em que atribuímos prêmios uns aos outros, estabelecendo, por meio de exemplos, padrões para nossa profissão.

Trata-se de uma atividade sincera, mas embaraçosa, de valor talvez duvidoso, uma vez que os critérios dessas exposições costumam ser definidos de maneira muito insatisfatória. Seu objetivo é impressionar e educar a comunidade empresarial e reverenciar os profissionais de nossa área.

Contudo, quem ainda não ouviu o conhecido refrão dos clientes: "Eu não quero um anúncio que seja premiado. Eu quero um anúncio que venda"? E quem, dentre nós, não disse meio envergonhado: "Claro, é legal ganhar prêmio, mas o prêmio foi dado ao trabalho errado"? Evidentemente, tampouco estamos dizendo as coisas entre nós de modo muito claro em nossas exposições.

Permitam que eu tente fazer um resumo de minhas experiências como jurado.

Em uma mostra regional relativamente pequena, o júri generoso não conseguiu encontrar mais do que trinta peças que, segundo eles, merecessem ser reconhecidas. O comitê responsável pela exposição ficou consternado. Eles tinham dado instruções ao júri para expor uma cota de oitenta peças e premiar doze. Dessa forma, o júri foi obrigado a endossar peças que, em sua opinião, não tinham mérito algum, fazendo com que, em consequência, um trabalho incompetente pudesse ser citado como tendo firmado um padrão.

Em outra mostra regional, o júri atribuiu nove dos dez prêmios a um único indivíduo. Ele teve um desempenho nitidamente brilhante em todas as categorias. O comitê responsável pela exposição explicou que isso não era apenas "injusto" com os outros, como também indisporia tanto as agências de publicidade locais que elas passariam a boicotar as competições futuras. O jovem brilhante ficou com dois prêmios.

Em uma grande exposição, um numeroso júri "que representava democraticamente todas as correntes de pensamento" foi dividido em pequenos grupos – cada um responsável por julgar diferentes categorias. Os critérios de um grupo estavam totalmente em desacordo com os de outro, e, não obstante, a tarefa do júri era produzir uma única exposição coerente.

Eu vi a obra de um artista ser eliminada de uma categoria porque, como estivera presente nas últimas dez exposições, ele não era "novo". Em outra categoria, ele foi selecionado para receber atenção especial de um grupo que estava mais interessado na excelência do que na novidade.

Um grupo tentava, diligentemente, selecionar "um corte representativo" da publicidade. Outro procurava selecionar apenas as inscrições que correspondessem a seu conceito de movimento de vanguarda.

Um recusou-se a expor qualquer segmento de uma grande campanha – certamente a melhor da mostra – com a justificativa de que um anúncio individual da mesma série fora premiado no ano anterior. Não obstante, outro grupo pôde selecionar o mesmo trabalho em outra categoria porque ele "manteve os mais altos padrões".

Vi um grupo eliminar, relutante, uma obra que todos admiravam porque sua categoria exigia uma quantidade fixa de trabalhos expostos, enquanto outro estava tendo dificuldade para preencher sua cota.

Em outra ocasião, ainda, o comitê responsável pela exposição percebeu que o júri não conseguira encontrar um único exemplo de uma indústria que era o maior anunciante dos Estados Unidos. Isso foi imediatamente corrigido, embora antes ninguém tivesse descoberto nada que valesse a pena expor.

Tenho encontrado jurados tristes porque trabalhos notáveis que eles haviam visto em publicações nunca foram inscritos nas exposições. Embora não entendessem como sua mostra pudesse refletir de verdade as realizações do ano sem aquelas obras, o regulamento da exposição impedia-os de exibi-las.

Cheguei a conhecer principiantes que rezavam para que o júri não selecionasse mais do que uma de suas obras inscritas, porque eles não poderiam arcar com a taxa de exposição. Já que não tinham como saber se o júri seria da "velha guarda" ou de vanguarda, eles haviam inscrito vários trabalhos.

Talvez a experiência mais embaraçosa que tive como jurado foi quando atuei ao lado de alguém que eu admirava de longa data. Ele passara anos demonstrando que qualquer página em que a mão do designer fosse evidente era ruim – que executar uma boa ideia com perfeição e simplicidade deveria ser o objetivo de todo diretor de arte.

A categoria era "Publicidade em Revista: a Unidade Completa do Design". Eu encontrara um anúncio composto por uma fotografia extraordinária e uma única linha de texto. Não parecia ser uma daquelas fotografias acidentais, mas uma solução claramente proposital para um problema. Meu colega do júri bufou em sinal de desprezo. "Isso não passa de uma foto com uma legenda. Onde está o 'design'? Qualquer um é capaz de pôr uma legenda debaixo de uma foto. *Ele não acrescentou nada a isso.*"

Para mim, a roda tinha dado uma volta completa. Agora que havíamos mostrado quanto era difícil produzir algo simples e começávamos a ensinar nossos clientes a entender isso, tínhamos de abrir a mala de truques para demonstrar nossa habilidade da maneira mais óbvia.

Tenho certeza de que seria útil discutir sobre como definir nossas exposições de modo mais inteligente.

Elas devem ser representativas ou seletivas? Que modelos precisam refletir? É mais prudente ter júris maiores ou menores? Os jurados e os critérios devem ser diferentes de um ano para o outro? O costume de premiar estimula o sentimento de comunhão entre os designers ou contribui para sua desunião? Os organizadores da exposição não devem anunciar o júri e os critérios que serão seguidos *antes* de abrirem as inscrições, em vez de enfrentar uma quantidade imensa de material que parece ter sido enviada por engano? As seleções precisam estar restritas à capacidade de pagamento do expositor?

Não posso deixar de pensar que, se essas questões puderem ser amplamente discutidas e se forem encontradas soluções para elas, haverá menos exposições, de melhor qualidade. E o designer publicitário terá dado um grande passo à frente no aperfeiçoamento de seu ambiente visual.

*Discurso proferido na Nona Conferência Internacional de Design, Aspen, 21-27 de junho de 1959. Publicado em* The Visual Craft of William Golden *(Nova York: George Braziller, 1962).*

# 1959
## A TIPOGRAFIA DA ORDEM
### Emil Ruder

O Estilo Tipográfico Internacional *(também conhecido como Tipografia Suíça e* Neue Grafik*), que foi lançado logo após a Segunda Guerra Mundial e que se baseava nos ensinamentos da Bauhaus, era um movimento progressista que usava a grade como fundamento da clareza e da eficácia. Um de seus principais defensores foi Emil Ruder (1914-70), que ensinou tanto na Kunstgewerbeschule, em Zurique, como na Allgemeine Gewerbeschule, na Basileia. Em 1967, Ruder escreveu* Typographie, *um manual de design que demonstrava que a aplicação sistemática da tipologia e da imagem com base na grade e no tipo sem serifa era fundamental para uma comunicação clara – o livro teve considerável impacto e ainda permanece em catálogo. Ruder desenvolveu um método de ensinar o design modernista suíço de influência internacional e, mais do que qualquer outro designer da década de 1950, percebeu as implicações criativas do sistema Univers de vinte e uma fontes afins. Tanto ele como seus alunos (entre os quais Wolfgang Weingart) mostraram como usar esse vocabulário visual de maneiras semântica e sintaticamente inovadoras. Embora a* Graphis *já tivesse publicado artigos sobre Max Bill, Armin Hofmann e Josef Müller-Brockmann, o artigo ilustrado de Ruder forneceu a primeira visão geral da tipografia suíça para o público leitor internacional da revista. – SH*

A tipografia é considerada principalmente uma forma de ordenar os diversos elementos que compõem o layout. Já não se exigem postulados ou invenções artísticos; trata-se simplesmente de encontrar uma resposta às necessidades diárias que seja formal e funcionalmente satisfatória. Existe uma regra incondicional: o texto tem de ser lido com facilidade. O volume de texto composto em uma página nunca deve superar aquilo que o leitor possa enfrentar com facilidade; linhas com mais de sessenta caracteres são difíceis de ler; o espaço entre as palavras e a entrelinha estão intimamente relacionados e têm influência extremamente importante sobre a leitura feita sem esforço. Apenas depois de atendidas essas condições elementares é que surge a questão da forma. No entanto, essas regras não significam, de maneira alguma, que se deva limitar a liberdade artística em nome de um sistema inflexível.

Caracterizada pela fabricação e composição mecânica de tipos para atender às dimensões precisas de um padrão retangular, a tipografia exige estruturas tipográficas claras que sejam organizadas metodicamente e tenham uma formulação elegante e compacta. A linha solta e livre de uma ilustração – um fio ou uma espiral de corda – produzirá, então, o mais vívido contraste a ela.

Todas as tentativas de infringir essas regras são prejudiciais à tipografia de qualidade. Embora por vezes desculpáveis por citarem o elemento "artesanal" da tipografia, os contornos irregulares dos caracteres ou a introdução de letras alternativas para dar flexibilidade a um tipo isolado são intromissões externas que, na verdade, têm origem em outras técnicas de reprodução. Talvez ainda mais que o design gráfico, a tipografia é uma expressão de nossa era de ordem e precisão técnicas.

**Inter-relação entre função e forma.** Quando utilizamos letras para construir palavras, linhas e espaços tipográficos, surgem problemas de função e de forma. Vamos explicá-los aqui tendo como referência a palavra alemã "buch".

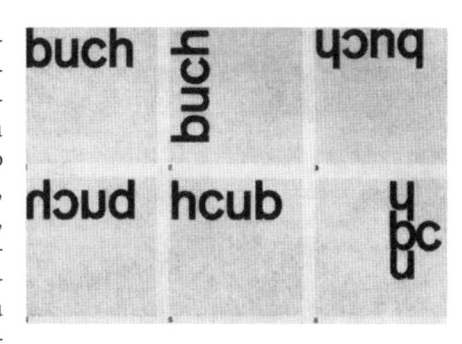

Na figura 1, primeiro lemos "buch", enquanto o padrão gráfico é uma questão secundária. Desse modo, a legibilidade é garantida como um princípio básico. A tipografia é adequada quando se alcança esse objetivo por meio de recursos explicitamente comuns, o que certamente acontece aqui. Na figura 2, a linha fica de pé, prejudicando a compreensão, enquanto a ênfase é colocada no padrão; a forma, consequentemente, deriva da função. Na figura 3, a linha invertida compõe um padrão quase abstrato de legibilidade bastante duvidosa. Embora familiar para o compositor, o reflexo espelhado (figura 4) também é ilegível para o leigo, sendo percebido apenas como um padrão. Ao reorganizar as letras (figura 5), é possível criar um padrão de certa beleza, mas nessas circunstâncias a palavra é completamente ilegível (prova de que as características formais de um tipo são reconhecidas mais facilmente em uma língua estrangeira). Na figura 6, as letras foram totalmente reordenadas. Linhas e curvas contínuas estabelecem uma interação de formas gráficas sem comunicação: a tipografia perdeu seu propósito.

Determinar o equilíbrio correto entre função e forma não é, de modo algum, uma questão fácil, porque mesmo um leve enfraquecimento de uma pode resultar no predomínio absoluto da outra.

**Espaços não impressos.** A importância dos espaços em branco no interior de um caractere está ligada a sua forma, e o espaçamento das palavras e das linhas influencia muito o aspecto e a legibilidade do texto. A impressão óptica pode também depender, em grande medida, dos espaços não impressos.

Nosso exemplo mostra espaços em branco de diversos tamanhos e com diferentes valores ópticos, tal como se apresentam quando reunimos três letras. O espaço entre as letras é estreito e, portanto, intensamente brilhante; o branco dentro do *o* é um pouco mais suave, e o branco acima do *o*, mais fraco. Tomadas em conjunto, as três letras apresentam um intenso e poderoso padrão claro. Consequentemente, o espaço não impresso tem um valor próprio que é utilizado de maneira deliberada pela tipografia.

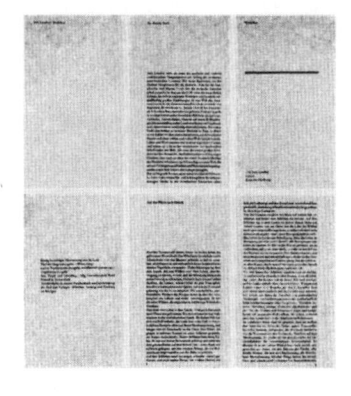

**Design "global".** Todas as publicações que têm grande número de páginas, tais como catálogos, brochuras, revistas e livros, exigem um design "global" sistemático. Como não deve estar limitado a uma única página, e sim espalhar-se por toda a publicação, ele requer raciocínio e planejamento lógicos do tipógrafo.

O declínio da tipografia na virada do século revelou-se na incapacidade de criar um vínculo formal que unisse todas as páginas de uma obra impressa. Um dos preceitos por meio dos quais a tipografia se reabilitou desde a época de William Morris foi o de que as linhas da frente e do verso da folha deveriam estar exatamente no mesmo registro.

Na tipografia contemporânea, a ligação bastante estreita entre todas as partes de uma obra impressa com várias páginas é algo que tem sido aceito sem contestação. Se o livro contiver ilustrações, elas não deverão ser distribuídas de modo arbitrário, mas segundo um planejamento bem definido. As seis páginas aqui reproduzidas (ver página 143) foram extraídas de um livro cuidadosamente desenhado e são exemplos de (da esquerda para a direita): título bastardo, introdução, página de rosto, página de créditos, início de capítulo e uma página-padrão de texto. Nas páginas de abertura, a parte superior do texto foi reconhecida como um limite muito importante que atravessa o livro todo e que também é perceptível na página de rosto.

O material de escritório de uma empresa é concebido para ter o mesmo efeito uniforme. Nesse caso, o ponto de partida é a folha de papel de carta comum, à qual estão subordinados todos os outros materiais, como faturas, formulários, memorandos, cartões e envelopes de resposta comercial.

**Grade.** No material impresso com variações de texto frequentes, títulos e ilustrações de tamanhos diversos, o design pode basear-se nas divisões de uma grade. A aceitação intransigente dos tamanhos ditados por essa grade resulta em um design global preciso e coerente. Quanto menores e mais numerosas forem as divisões da grade, maiores as possibilidades oferecidas por ela.

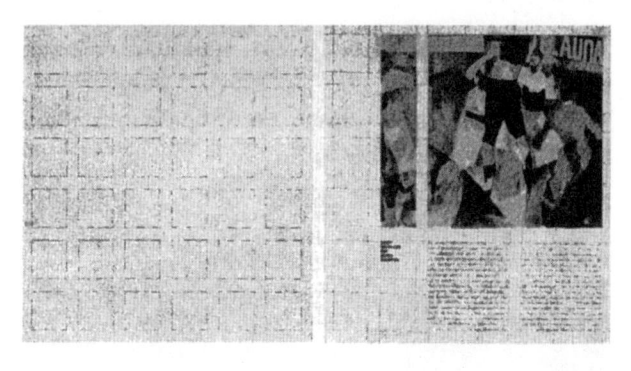

O exemplo da esquerda mostra uma grade composta de trinta e seis quadrados como base de um modelo complexo de texto e ilustração. A grade admite cerca de setenta tamanhos diferentes de ilustração, oferecendo, assim, grande possibilidade de variar a composição da página. O exemplo da direita mostra como, utilizando essa grade, foi feito o layout de um material composto de duas fotografias de tamanhos diferentes, com um texto e uma legenda. [...]

**Textos escritos e textos impressos.** Escrever e imprimir são duas técnicas fundamentalmente diferentes que devem ser sempre claramente distinguidas.

O caractere escrito é pessoal, espontâneo e único. O caractere impresso, fundido em grandes quantidades a partir do mesmo molde, repete-se indefinidamente de forma rigorosamente idêntica, sendo, portanto, universal e impessoal. Sua natureza neutra e reservada permite que o tipógrafo ou designer o utilize em muitos padrões novos de composição. Toda tentativa de obter a espontaneidade da escrita manual com caracteres impressos (particularmente com o tipo manuscrito) está destinada ao fracasso, pois os dois são incompatíveis.

As duas imagens mostram uma carta que Paul Klee escreveu ao *marchand* Herman Rupf durante os anos da guerra, na qual manifesta seus temores e preocupação com os artistas amigos seus que viviam na França. A comoção do autor é claramente visível na carta escrita à mão. O mesmo texto composto em tipos evoca uma atmosfera completamente diferente; a comunicação tornou-se factual e documental.

**Tipografia na obra pictórica.** Na arte do Extremo Oriente, a imagem e o texto formam um todo indivisível. As formas são decididas, em ambos os casos, pela técnica do pincel, na pintura, e pelo buril, na reprodução gráfica. Nossa situação é muito menos favorável, e muitas vezes é difícil combinar imagem e tipografia. Por esse motivo, a conquista da harmonia no que diz respeito a isso é uma das importantes tarefas do tipógrafo contemporâneo.

Desse modo, o conjunto de letras pode entrar em contato com um desenho a traço utilizando linhas da mesma espessura, ou a forma de uma área de matéria tipográfica pode se ligar a uma parte da imagem. É possível, também, deixar que a imagem e as letras estabeleçam um contraste entre si, como quando o cinza delicado da matéria tipográfica é composto junto ao preto vigoroso da imagem.

O exemplo mostra como a tipografia entra em contato com o conteúdo pictórico. O plano vertical dominante no terço à esquerda da imagem é reduzido pelas duas áreas de matéria tipográfica acima e abaixo.

*Publicado originalmente em* Graphis 85
*(Zurique, setembro-outubro de 1959).*

# 1960
# ANÚNCIO: *AD VIVUM* OU *AD HOMINEM*?
## Paul e Ann Rand

PAUL RAND *(1914-1996) foi o mais notável tradutor do modernismo europeu para a linguagem norte-americana, precursor da "Grande Ideia" na publicidade e pioneiro da identidade corporativa que combinou o conceito de funcionalidade "menos é mais" com perspicácia e humor. Com Ann Rand (de quem estava divorciado na época), escreveu este ensaio, sobre "as artes visuais hoje", para uma edição especial da revista acadêmica de arte e cultura* Daedalus. *Crítica severa dos baixos padrões da publicidade, o texto é uma mistura presunçosa e tipicamente didática das interpretações práticas, teóricas e filosóficas de Rand sobre o modernismo e uma reafirmação da convicção a respeito do modelo que orientou sua carreira de professor em Yale e serviu de base para seus ensaios subsequentes sobre design gráfico. Embora o primeiro livro de Rand sobre a publicidade contemporânea,* Thoughts on Design *(1947), tenha sido recebido pela classe dos designers como texto canônico, seu estilo literário era rude, revelando sua inexperiência como escritor. Neste artigo, ele esforçou-se, com Ann, para burilar sua linguagem, descobrindo, nesse processo, uma linguagem madura. Ele percebeu que, ao chamar a atenção para o impacto social do design, tinha a possibilidade de atingir um público mais amplo e talvez mais sofisticado. – SH*

> *Tudo o que possui algum significado tem lugar na profundidade e na validade de uma experiência da qual a arte resulta; se ela resultar do mero raciocínio inteligente e intencional, está condenada de antemão.*
>
> – Alfred North Whitehead[1]

Nunca na história da humanidade o artista visual foi submetido a tal barragem de experiências sensoriais como o artista comercial contemporâneo. Ao cruzar a paisagem urbana a que se destina a arte que produz, ele é bombardeado por uma torrente de novidades e de alarido. Ele não entra simplesmente em contato com as pessoas: é quase pisoteado por elas. Suas formas de arte (outdoor, letreiro e anúncio) não se comunicam com ele: gritam em seus ouvidos de todos os lados, em uma cacofonia maluca. Ele depara com uma enorme multiplicidade de coisas – de produtos e de acontecimentos. Diferentemente de outros artistas, não consegue se desligar desse ambiente nem ignorá-lo – ele representa seu mundo. Trabalha nele, com ele e para ele.

Será que, esmagado como está por tantos estímulos, o artista publicitário consegue ter aquelas experiências profundas e válidas que são a base imprescindível da verdadeira arte? Esse artista – cujo campo de atuação vai do design industrial à tipografia – pode ser vagamente descrito como uma espécie de artista popular profissional; no entanto, diferencia-se deste último tanto por depender das exigências de um mercado de massa e da utilização de recursos de massa para criar sua obra como por fazer parte de um ambiente cultural extremamente diferente. O artista popular flo-

---

1. *Dialogues of Alfred North Whitehead, as recorded by Lucien Price* (Boston: Little, Brown and Company, 1954), p. 70.

resceu em sociedades relativamente estáveis mergulhadas na tradição, nas quais, embora ele próprio pudesse muitas vezes permanecer no anonimato, sua obra era aceita como um componente natural da matriz social. Hoje, não perguntamos apenas se o artista popular produz uma obra de qualidade, mas também se ele deve ou pode até ser artista. Na maioria das vezes, esse assunto é discutido em termos de mudança tecnológica e restrições de natureza econômica. Contudo, a questão principal não é tanto que tenha ocorrido uma transformação radical em determinados elementos do ambiente, e sim que todo o nosso modo de vida e as nossas formas de pensar, sentir e acreditar tornaram-se absolutamente diferentes.

Embora convivamos há bastante tempo com a transformação drástica na estrutura e no conteúdo da vida que a Revolução Industrial proclamou de forma bombástica, ainda não descobrimos nosso rumo. Talvez a palavra-chave neste novo mundo seja "mudança". Nosso compromisso com a mudança dá-se hoje em uma velocidade tão vertiginosa, em todos os níveis, em todas as direções e no interior da vida de todos os indivíduos, que seu impacto nos faz cambalear. Mal temos tempo de entender as mudanças, quanto mais avaliá-las.

No entanto, é exatamente isso que o artista popular terá de fazer se quiser trabalhar de maneira eficaz. Seu ambiente é a mudança. Como artista da indústria, ele projeta a miríade de produtos de uma época industrialmente produtiva. Como pintor, raramente – e muitas vezes apenas por acaso – é aceito pelos homens de negócio. O que a estética tem a ver com a venda? A resposta provável é: diretamente, muito pouco; indiretamente, talvez muito. O artista comercial que não quer ser só um "estilista" precisa ter clareza a respeito de sua contribuição cultural, ou então será triturado pelas exigências dos clientes, pelos mitos a respeito do gosto popular, pelas avaliações das pesquisas de consumo etc.

Para os indivíduos que viveram em outra época, o sentido da vida era, por assim dizer, algo "dado", em parte, pela definição relativamente inequívoca do papel vocacional do indivíduo. É claro que, para o homem, o sentido da vida não é determinado apenas em termos de objetivos, mas também de sua conduta, de sua atuação como ser humano produtivo. Se o artista não é capaz de definir objetivos ou não consegue atuar dentro do ambiente cultural, não é somente sua arte que está "condenada de antemão", ele também está. Instalado precariamente entre a economia e a estética, com seu desempenho julgado pelo inflexivelmente impessoal, embora arbitrário, "Isso vende?", o artista comercial tem muita dificuldade em descobrir sua personalidade artística, quanto mais em afirmá-la. Mas o exercício da arte sofreu, com frequência, severas restrições, viessem elas da comunidade, da Igreja ou do patrono. Excetuando a tirania absoluta, a arte normalmente consegue prevalecer em quase todas as condições. Mesmo que Lorenzo de Medici odiasse a arte, é difícil imaginar que Michelangelo não tivesse encontrado uma maneira de esculpir e pintar. O artista – pintor de cavalete ou designer –, se está verdadeiramente comprometido com sua vocação, não precisa que lhe deem uma razão para existir: ele próprio é a razão.

Infelizmente, ele nem sempre reconhece esse fato. Alguns acreditam que o papel que o designer deve desempenhar é determinado e delimitado pelo ambiente socioeconômico. Ele precisa encontrar seu nicho funcional e se encaixar nele. Eu diria que essa imagem chavão desconsidera a participação do artista (ou, no que diz respeito a isso, do carpinteiro ou da dona de casa) na criação do ambiente socioeconômico. Embora todos deem sua contribuição criativa, por bem ou por mal, ela poderá se tornar muito mais significativa se a pessoa estiver ciente do que faz.

Além disso, essa consciência é fonte fundamental daquela dignidade e daquele amor-próprio humanos que são os pré-requisitos para que o artista atinja a condição criativa. O indivíduo que se sente como um infeliz e impotente peão em um jogo desconhecido sem dúvida tem dificuldade em acreditar em si próprio ou no valor de seu esforço. É indiscutível que, como seres humanos ou artistas, precisamos ser capazes de nos adaptar às condições do meio, mas só podemos fazê-lo até certo ponto. Eu diria que a compreensão das necessidades intrínsecas do ser humano e da busca de um ambiente em que essas necessidades possam ser satisfeitas é fundamental para a formação do designer. Magnatas da publicidade, construtores de foguetes, cidadãos públicos ou privados, somos todos seres humanos, e, para resistir, precisamos, antes de mais nada, nos posicionar em nossa *defesa*. A criação de um sistema produtivo que valoriza o lucro em uma proporção muito maior que um serviço público responsável ou esboços de anúncios em que o único critério estético é "Quanto a garota é sexualmente atraente?" só se tornam factíveis quando *não* se aceita que o ser humano (e as multidões que o termo representa) é o centro da preocupação humana.

Se o artista popular se defronta muito rapidamente com uma quantidade exagerada de coisas, se está dividido, sob forte pressão, e faz parte de uma sociedade moralmente confusa e esteticamente apática, é fácil dizer que ele pode fazer algo a respeito disso – mas a grande questão é como.

Talvez ele deva, em primeiro lugar, tentar ver o meio e a si próprio em relação a ele do modo mais objetivo possível. Isso não é fácil. Quando o "eu" está em jogo, seja de maneira específica, seja genérica, vem à tona todo tipo de resistência. É bem mais simples e muitas vezes mais agradável vermos nós mesmos e o mundo através de lentes de cores suaves. Entretanto, se o artista cair nos mares revoltos de perplexidade que rodeiam sua pequena ilha de individualidade, ele só conseguirá, na melhor das hipóteses, manter a cabeça fora d'água – certamente não será capaz de ditar seu rumo. Ele não terá mais a possibilidade de desenvolver a independência de pensamento necessária para opinar e tomar decisões de modo válido.

Se for capaz de pensar com independência e lógica, o artista popular poderá acabar considerando a mudança constante e acelerada não uma mistura confusa, mas a forma presente da estabilidade. Ele também poderá ser capaz de distinguir entre a mudança aparente e a verdadeira mudança.

Para o artista comercial, essa distinção é vital. Como designer de produto, cada vez mais se exige dele que leve em conta o que tem sido chamado de "fator novidade"; como designer publicitário, ele ouve do redator que o resultado da criação é *Novo! Estupendo! Diferente! Pela primeira vez na história!* Essa "novidade" muitas vezes não tem nada a ver com a inovação que representa uma verdadeira mudança – uma invenção, um sistema de trabalho original ou uma forma de compreender e raciocinar. A "novidade" frequentemente consiste em efeitos surpreendentes planejados e efêmeros, como fogões cor-de-rosa, automóveis rabos de peixe, truques gráficos. A onda da *novidade pela novidade*, que vem acompanhada de hipocrisia, superficialidade e desperdício, corrompe o designer que é enganado por ela.

A diferenciação entre realidade e ficção fornece ao artista comercial a base para as decisões de longo prazo que ele muitas vezes tem de tomar. É em razão de seu relacionamento com a indústria que essas decisões têm consequências que extrapolam as decisões estéticas imediatas. Quando o artista desenha um produto, não são apenas os milhões de dólares da indústria que estão em jogo, mas também o emprego de todos os que estão envolvidos na fabricação do produto. Mesmo o artista gráfico, ao "vender" um produto, ajuda a proteger empregos e lucros. Nessas circunstâncias, compreender clara e firmemente o que e por que está fazendo se torna uma questão de responsabilidade social para o artista comercial.

A profissão ou tarefa do artista no campo comercial é clara. Ele deve projetar um produto que venda ou criar uma obra visual que ajude a vender um produto, um método ou um serviço. Ao mesmo tempo, se tiver talento e estiver comprometido com valores estéticos, ele automaticamente procurará fazer com que o produto ou design gráfico seja ao mesmo tempo agradável e estimulante visualmente para o usuário ou observador. Por estimulante entendo que sua obra acrescentará algo à experiência do consumidor.

Embora não haja a menor dúvida de que o talento é, de longe, o atributo mais importante de qualquer artista, também é verdade que, se esse talento não estiver baseado em uma certeza de propósitos, pode ser que ele nunca seja exercitado de maneira eficaz. O verdadeiro artista precisa não apenas do apoio moral que a crença em sua obra como afirmação estética lhe dá, mas também do apoio que a compreensão de seu papel geral na sociedade pode lhe dar. É esse papel que justifica que ele gaste o dinheiro do cliente e ponha em risco o emprego de outras pessoas e que lhe dá o direito de errar. Tanto por meio de sua obra como da afirmação pessoal de sua existência, ele acrescenta algo ao mundo: oferecendo-lhe novas formas de sentir e pensar, abrindo portas para experiências novas, proporcionando novas alternativas de solução para antigos problemas.

Como qualquer outra arte, a arte popular liga elementos formais e materiais. Embora os elementos materiais possam ser de natureza específica, como em toda arte o material e o formal estão unidos por uma ideia. Tal ideia provém originalmente da experiência consciente e inconsciente que o artista tem do mundo que o rodeia. A experiência que pode fazer surgir a ideia é de um tipo especial. Como diz Joyce Carey, "o artista, pintor, escritor ou compositor começa sempre com uma experiência que é uma espécie de descoberta. Ele chega até ela com a sensação de uma descoberta; na verdade, é mais correto dizer que ela chega até *ele* como uma descoberta"[2]. Essa observação faz lembrar o conselho de Picasso de que não devemos *procurar*, mas *encontrar*. O que os dois estão dizendo é que o próprio ato de experimentar é, para o artista, um ato criativo; ele tem de trazer o suficiente para a experiência, pois ela o conduz à descoberta a respeito de sua natureza, uma descoberta que ele tentará materializar e transmitir em uma obra de arte. Farto de estímulos sensoriais, hoje o artista será incapaz de converter a experiência em ideias se não puder selecionar, organizar e sentir profundamente suas experiências.

As ideias não precisam ser esotéricas para serem originais ou estimulantes. Diz H. L. Mencken a respeito das peças de Shaw: "Todas elas têm suas raízes no lugar-comum; *toda* peça que funciona tem suas raízes no lugar-comum." E, quando pergunta por que Shaw é capaz de "provocar tanto barulho", ele responde: "Pela mais simples das razões: porque ele exerce com enorme prazer e habilidade a nobre arte de expor o óbvio de maneira inesperada e horripilante."[3] O que Cézanne fez com as

---

2. Carey, Joyce, *Art and Reality* (Nova York: Harper and Brothers, 1958), p. 1.
3. Mencken, H. L., *Prejudices: A Selection* (Nova York: Vintage K58, Alfred A. Knopf, 1958), p. 27-8.

maçãs e Picasso com os violões deixa bem claro que a revelação não depende da complexidade. Em 1947, escrevi algo que ainda considero verdadeiro: "O problema do artista é transformar o lugar-comum em lugar incomum."[4]

Se a qualidade artística dependesse de uma temática elevada, o artista comercial, assim como a agência de publicidade e o anunciante, estaria em maus lençóis. Por vários anos trabalhei para uma empresa fabricante de charutos cujo produto, visualmente, não é extraordinário. Um charuto é algo quase tão banal quanto uma maçã, mas, se eu não conseguir criar anúncios de charutos que sejam vívidos e originais, a culpa não é do charuto.

O importante nas ideias visuais é que elas exprimam a experiência e as opiniões do artista de tal maneira que ele as transmita para os outros e que estes, por sua vez, tenham uma sensação de descoberta ao verem a obra, uma sensação semelhante à do próprio artista. Só isso é que pode enriquecer a experiência pessoal do espectador. No caso do artista gráfico, essas ideias devem, ainda, ser concebidas para ajudar a vender o produto.

O artista certamente não está sozinho diante desses problemas: o mesmo acontece com o empresário, o cientista e o tecnólogo. Nem está sozinho em seu esforço criativo. O artista popular que vê o mundo como se fosse dominado por um pensamento mecânico descontrolado e a si próprio como a vítima da máquina sente-se impotente e alienado. Isso é fantasioso. A natureza criativa, imaginativa e mesmo estética da ciência é hoje amplamente reconhecida.

Se o reconhecimento dessa semelhança é motivo de tranquilidade tanto para o artista como para o cientista, seu desconhecimento representa um perigo real. A visão mecânica do mundo considerava que a sociedade era regida por leis semelhantes às "leis" absolutas e imutáveis da ciência natural nas quais se acreditava. Ela tendia a dissociar as forças sociais das ações e decisões do ser humano. A popularidade ininterrupta de tal postura é, em minha opinião, muito mais ameaçadora do que as conquistas materiais da ciência e da tecnologia. Penso que, se estamos à mercê de "forças sociais", é porque nos colocamos nessa situação. Se nos tornamos, ou estamos nos tornando, "escravos da máquina", é porque consentimos na escravidão.

Mesmo no universo extraordinário do computador e da máquina de simulação, é preciso lembrar que, ao menos no começo, somos nós que lhes fornecemos um programa. O tipo de serviço prestado por eles depende de nossas decisões, daquilo que achamos (levando em conta sua capacidade) que eles devem fazer. O principal problema não reside na máquina nem na tecnologia em geral, mas no "dever". Tanto para o cientista como para o artista, assim como para a indústria que os aproxima, é uma questão de metas globais, objetivos específicos e valores. Está em nossas mãos decidir o que queremos.

A percepção – o modo como vemos algo – é sempre condicionada por aquilo que procuramos e pelo motivo dessa procura. Dessa forma, estamos sempre diante de questões de valor. Para funcionar, a turbina tem de ser projetada "cientificamente"; porém, antes mesmo de iniciar o projeto, foi preciso tomar uma decisão. As decisões podem ou não estar baseadas em necessidades, mas certamente estão baseadas em desejos. Os produtos não precisam ter um design bonito. Os objetos podem ser fabricados e comercializados sem levar em conta seus aspectos estéticos; os

---

4. Rand, Paul, *Thoughts on Design* (Nova York: George Wittenborn, 1947), p. 53.

anúncios podem convencer sem agradar ou aguçar a consciência visual do espectador – mas será que devem? O mundo dos negócios consegue, ao menos por certo tempo, funcionar sem o auxílio da arte – mas será que deve fazê-lo? Creio que não, ainda que somente pela simples razão de que o mundo seria um lugar mais pobre se o fizesse.

A própria *raison d'être* do artista comercial, a saber, ajudar a vender produtos e serviços, muitas vezes é por ele mencionada como o motivo pelo qual não consegue realizar um trabalho de qualidade. Em minha opinião, essa postura é tanto a culpada como a natureza básica do trabalho. O artista comercial pode se sentir inferior e, consequentemente, na defensiva com respeito às belas-artes. Não há dúvida de que existe uma grande e real diferença entre as chamadas belas-artes e a arte comercial, isto é, a diferença de objetivo – uma realidade que precisa ser reconhecida e aceita. Contudo, não existe nada de errado ou vergonhoso em vender. A vergonha e o erro ocorrem apenas se o artista conceber produtos ou anúncios que não satisfaçam a seus padrões de integridade artística.

A queixa do artista popular de que não permitem que ele realize um trabalho de qualidade porque seus empregadores não desejam nem entendem um trabalho de qualidade é universal e, com bastante frequência, verdadeira. Entretanto, se o artista fizer uma avaliação sincera de seu trabalho e do trabalho dos outros queixosos, ele descobrirá, geralmente, que o "trabalho de qualidade" que o empresário recusou não tinha de fato tanta "qualidade". O cliente talvez esteja certo: o artista pode estar sendo farisaico. Ao acusar o empresário de ser "antimoderno", o artista é frequentemente desculpado. Muitas vezes, porém, "isto é moderno demais" significa apenas que o cliente não sabe o que ele está de fato desaprovando. Sem que ele próprio se dê conta, o cliente pode estar reagindo a uma modernidade exagerada, a um símbolo inadequado, a uma tipologia deselegante ou a uma exposição francamente inadequada do produto. O artista deve tentar interpretar, sem preconceito, essas reações.

Se não há nada de errado com a venda, mesmo com a venda "agressiva", existe um tipo de venda que é imprópria: a venda enganosa. Eticamente, é muito difícil para o artista executar um trabalho sincero e criativo se forem feitas afirmações falsas com relação ao produto cujo anúncio lhe pedem ou se, como designer industrial, espera-se que ele ponha em prática uma simples criatividade estilística para dar uma aparência nova a um produto velho. O sentido de valor do artista depende do que representa a integridade para ele. Se isso for destruído, ele não conseguirá mais atuar de modo criativo.

De outro lado, certamente é mais reconfortante para o artista comercial considerar-se traído pela visão estreita do mundo dos negócios ou acreditar que ele é obrigado a se sujeitar "à vontade do público" do que pensar que a falha pode ser dele. O artista não deseja se ver como alguém indiferente à qualidade nem aterrorizado pelos fatores econômicos a ponto de ter optado por uma saída fácil – fazer só o que o empregador diz e, quem sabe, dar a isso um novo tratamento. Na verdade, contudo, nem sempre se pode atribuir o trabalho de qualidade inferior à falta de gosto do cliente e do público, e sim à própria falta de coragem do artista.

Para realizar um trabalho íntegro, o artista deve ter a coragem de lutar por aquilo em que acredita. Pode ser que ele jamais venha a ser condecorado por essa bravura, e, além do mais, ela deve apresentar-se diante de um perigo que não traz em si nenhum elemento de grande aventura – a deprimente e desagradável possibilidade de perder o emprego. Não obstante, a coragem de suas convicções representa, com seu talento, sua única fonte de energia. O empresário nunca respeitará o profissional que não acredita no que faz. Nesse caso, o empresário pode apenas "usar" o artista para alcançar seus objetivos – e por que não o faria, se o próprio artista não tem objetivos? Embora o artista mantenha o emprego enquanto continuar sendo "útil", ele perderá o autorrespeito e acabará desistindo de ser artista, exceto, talvez, melancolicamente, aos domingos.

Ao pedirmos ao artista que seja corajoso, devemos pedir o mesmo à indústria. Se não for controlado, o estímulo ao conformismo, tão difundido hoje em dia, destruirá todas as formas de criatividade. No universo da arte comercial, o conformismo se manifesta, por exemplo, na persistente falta de ousadia com que os publicitários se apegam à exibição descarada do sexo, do sentimentalismo e do esnobismo e em fenômenos como a explosão inesperada de rabos de peixe em praticamente todos os carros norte-americanos. Ainda que o artista saiba que precisa combater o conformismo, ele não é capaz de vencer sozinho essa batalha.

O mundo dos negócios tem forte tendência a esperar que um punhado de pioneiros corajosos crie ou dê seu aval a uma obra original para então seguir a banda – e o artista vai atrás. É claro que a banda pode nem estar indo na direção certa. Por exemplo, a atenção e a admiração despertadas pelo tamanho do anúncio da Container Corporation fizeram com que muitos anunciantes dissessem "Vamos fazer um anúncio igual ao da Container" sem levar em conta que ele poderia não se adaptar, de maneira alguma, a suas necessidades. Problemas específicos exigem soluções visuais específicas. Isso não quer dizer que o anúncio feito para um fabricante de sabão não possa ter muita coisa em comum com o anúncio feito para a Container Corporation ou que uma torradeira não possa ser projetada segundo os mesmos sólidos princípios com que se projeta um martelo de carpinteiro. Ambos os anúncios e ambos os produtos podem ser feitos para satisfazer suas funções e também para ser esteticamente gratificantes; ambos podem demonstrar respeito e levar em conta o interesse maior do consumidor.

Infelizmente, é raro o artista comercial e seu empregador, seja ele a indústria, seja a agência de publicidade, trabalharem juntos em um clima de compreensão e cooperação mútuas. Em comparação com as realizações extraordinárias em termos de design que empresas como Olivetti, Container Corporation, IBM, CBS, El Producto Cigar Company, CIBA e outras tornaram possíveis, existe um volume desanimador de trabalhos medíocres. A falta de confiança que a indústria como um todo demonstra com relação ao talento e ao trabalho criativos é o mais sério obstáculo à elevação dos padrões da arte popular. As empresas pagam bem pelos serviços dos artistas que já são reconhecidos e, consequentemente, "de sucesso". Embora o sucesso seja uma recompensa absolutamente legítima para a competência e a integridade, se for um pré-requisito de aprovação, ele deixará o iniciante e o até então inovador desconhecido cm um *cul-de-sac* econômico. Além disso, quando a empresa simplesmente pede algo só "um pouquinho melhor" ou "um pouquinho diferente", não é apenas a criatividade artística que ela pode inibir, mas também todas as formas de criatividade, inclusive a científica e a tecnológica.

Vistos no longo prazo, os interesses da empresa não se opõem aos da arte. Por certo tempo, a primeira talvez possa sobreviver sem a segunda; entretanto, a arte é uma forma essencial da atividade criativa que torna possível qualquer tipo de crescimento. Somos inundados por discursos, artigos, livros e *slogans* que nos advertem que nossa sobrevivência como nações livres depende do crescimento e do progresso – econômico, científico e tecnológico. O tipo de ambiente que favorece o trabalho original equivale a uma postura global, a um compromisso geral com valores que apoiem e estimulem o artista, bem como o cientista e o homem de negócios.

*Publicado originalmente em uma edição especial de* Daedalus: The Visual Arts Today, *coordenada por György Kepes (inverno de 1960).*

# 1963
## POESIA CONCRETA
### *Dom Sylvester Houédard*

As IMPLICAÇÕES DO *movimento internacional da poesia concreta, que floresceu de meados da década de 1950 até meados dos anos 1970, não escaparam aos designers e tipógrafos mais perspicazes do pós-guerra. Representantes da poesia visual também acompanhavam com interesse as experiências tipográficas de designers profissionais como Brownjohn, Chermayeff e Geismar. Na Grã-Bretanha, a revista de alcance internacional de Herbert Spencer,* Typographica *(1949-1967), publicava regularmente exemplos de tipografia profissional e não profissional em sugestiva justaposição. O ensaio que Dom Sylvester Houédard escreveu em 1963 sobre o uso que a poesia concreta fazia do espaço gráfico como "agente estrutural" foi o primeiro a introduzir o movimento aos designers de língua inglesa. Escrito no estilo poeticamente compacto de Houédard, sua prosa idiossincrática demonstra com brilhantismo o desejo da poesia concreta, tal como ele a caracterizou, de limitar e comprimir a linguagem do dia a dia em novos modelos de "economia semântica". Monge beneditino e estudioso das religiões do mundo, Houédard (1924-1992) foi um dos principais teóricos da poesia concreta em língua inglesa, tendo criado inúmeras composições sem palavras – chamadas de "typestracts" – usando uma máquina de escrever manual Olivetti. – RP*

Infelizmente, & especialmente na Alemanha, a poesia concreta virou moda nos últimos anos. Eugen Gomriger me escreveu em julho: na Grã-Bretanha, os únicos leitores com acesso à poesia concreta têm sido os assinantes de TYPOGRAPHICA & de *POTH & fishsheet* (coordenada & desenhada por Ian Hamilton Finlay & Jessie McGuffle para The Wild Hawthorn Press, Edimburgo): o número de verão de poesia de *The Aylesford* trazia a *mensagem afetuosa* de Finlay.

Principal interesse neste caso: relação da nova tipografia & da nova poesia – lugar desta nas novas dimensões cinéticas/espaciais da arte hoje – importância do fato de que Finlay, principal poeta concreto da Grã-Bretanha, é tipógrafo & fabricante de brinquedos, assim como poeta.

A poesia concreta contemporânea surgiu em 1953 com *avenidas mujeres* de Eugen Gomringer (nascido na Bolívia em 1925, ele fundou a gráfica eugen gomringer em Frauenfeld, Suíça, em 1960, onde edita *konkrete poesie/poesia concreta*). A história da poesia concreta teve início bem antes; seus antepassados: a origem de todos os grafismos – pinturas em cavernas pictogramas ideogramas alfabetos hieróglifos – qualquer meio concreto para *contemplar* e para olhar *através* dele – quaisquer palavras tratadas como amigas e não como escravas – como algo sagrado e não como entulho. Textos criados para serem usados de maneira concreta: amuletos talismãs grigris muros-mani armadilhas do diabo kemioth* filactérios mezuzás medalhas monogramas sagrados.

---

* **Grigri:** amuleto de papel com versículos do Alcorão usado pelos muçulmanos da costa ocidental da África; **muro-mani:** muro feito de pedras grandes com orações budistas gravadas; **armadilha do diabo:** vaso de terracota usado pelos antigos hebreus em certas regiões da Babilônia no qual estavam inscritos feitiços e palavras mágicas para afastar o mal; **kemioth:** amuletos. (N. do T.)

Ou símbolos medievais dos maçons, criptogramas do século XVIII, marcas comerciais do século XIX – todos objetos e símbolos ao mesmo tempo. Mistérios & sacramentos – velando/revelando – precursores chamados de plano-piloto em 1958: Malarmé Pound Joyce Cummings Apollinaire: exploradores semelhantes: Webern Boulez Stockhausen & todos os músicos concretos/eletrônicos (= intervenção espacial na arte temporal da música); Mondriaan & Max Bill (= intervenções temporais nas artes espaciais e visuais). Nomes do *Manifeste* de 1963 Morgenstern Albert-Birot Schwitters Hugo Ball Seuphor Raoul Hausman alguns Letristas Surrealistas Expressionistas. Richard Hamilton em *Typographica 3*: POETAS que usam layouts para reforçar ideias poéticas (Marinetti Maiakovski) ou fazer desenhos com tipos (Apollinaire); ARTISTAS que usam os tipos para criar mensagens tanto pictóricas como literárias (Schwitters Picabia Van Doesburg Lissitzky Boccioni). Isso põe o concreto em um contexto que atualmente fascina críticos & historiadores – a reencarnação da criatividade pré-Primeira Guerra Mundial no mundo pós-Segunda Guerra Mundial.

Nos cem anos que se seguiram ao Salão dos Recusados de Napoleão III, de 1863, tiveram lugar duas tendências na arte moderna:

(1) o movimento em grande parte da Primeira Guerra Mundial para o autêntico & o não mimético, um movimento sustentado pelo próprio impulso nuclear próton-nêutron natural:

(a) as negativas necessárias épurations antipassado (mas ainda criativas) de eg dadaístas & surrealistas, a musique concrète do club d'essai neobruitist &c de Paris: imagem & sentido se rompendo; iconoclastas & logoclastas: peristálticas, eliminatórias:
CONSTRUTIVO CONTRATIVO

(b) a criatividade afirmativa voltada para o futuro em cada lado da divisão emocional/cerebral (coração/mente ou expressionista/cubista &c/&c) como p ex os fauves construtivistas puristas futuristas suprematistas: o serialismo eletrônico dos músicos da Rádio Colônia.
CONSTRUTIVO

(2) O transbordamento em grande parte do pós-Segunda Guerra Mundial para o coexistencialismo & a interpenetração recíproca, rejeição de divisões & fronteiras, prazer em aceitar a ambiguidade/ambivalência: alegre indefinição de fronteiras entre arte & arte, mente & mente, mundo & mundo, mente arte & mundo. Novo Dada Novo Anarquismo beat-bop ecumênico P & J, Novos Rumos, Novas Tendências, Novos Ventos, Nova Tipografia: planetarização humanista de um mundo que encolhe.
COEXISTÊNCIA ESPACIAL

**Concreto puro**

Os 3 principais manifestos da poesia concreta pura até hoje foram: os artigos de Gomringer (1954, 56, 58, 60) reunidos em *as constelações* de 1963; o *plano-piloto* dos brasileiros de 1958 e os 2 *manifestes & project* de Pierre Garnier de 1963.

A poesia concreta é hoje: Pós-beat – o ciclo histórico do verso em forma de ritmo está encerrado. A poesia concreta pode ser semântica (pura) ou não semântica, *mutatis mutandis*, no entanto, cada qual se origina das 3 tendências da arte moderna & constritiva (contrativa), construtiva & coexistente. Ela reduz a linguagem (verbosidade & sintaxe) ao mínimo, ao MMC dos substantivos; ela constrói poemas-objetos; ela transborda para todos os lados, principalmente para a tipografia "Ikon & Logos são a mesma coisa" (Hugo Ball 12 de junho de 1916), secundariamente para toda a arte espacializante contemporânea. A nova poesia é CONCRETA porque é uma poesia de substantivos, palavras para coisas concretas: também porque ela constrói poemas que são eles próprios objetos concretos, não janelas que dão para as almas; ela é ESPACIAL porque cria o próprio espaço. Poesia concreta pura (semântica) é a poesia de Finlay, de Gomringer, dos brasileiros & de Pierre Garnier, dos japoneses Kitasono Katué & Kobayashi.

linguagem *constritiva*: o concreto faz parte do cenário de 1963: o falar & o escrever estão ficando mais concisos, mais ágeis, períodos inteiros comprimidos em uma palavra, longas frases em iniciais. A troca recíproca entre o falar & o escrever, normalmente despercebida na vida diária, só precisa ser apontada & p ex anúncios (pictografias, *slogans*) tornam-se a nova poesia. Essa dicção simples direta da nova poesia semelhante a signo está fazendo da literatura elemento da vida de todos (cf Hans Arp sobre Hugo Bal 1932 trad Eugene Jolas "o homem também pode crescer na vida por meio da linguagem"): ela reassegura o lugar dos autores criativos na sociedade.

Ausência de inflexão & declinação das palavras (infinitivo usado em francês concreto); ausência da sintaxe que gruda as palavras em frases: sintaxe substituída por organização tipográfica das palavras na página. Assim como no caso dos ideogramas, o leitor completa os elos que faltam. O poema é cinético, obriga o leitor a cruzar a fronteira & entrar nele. Essa ausência de sintaxe (duplamente oriental, como o japonês aglutinante e o chinês isolante) é muito parecida com Manchetes, Títulos de Páginas, Telegramas, Pidgin e Pôsteres. Como a contemplação, meta da poesia purificada, era o *poème blanc branco sobre branco* sem palavras suprematista, rupturas linguísticas concretas que pulverizam as palavras até a incoerência, comprimindo a linguagem em áreas semânticas semelhantes a joias onde poeta & leitor se encontram em uma comunicação máxima com o mínimo de palavras.

Palavras: difíceis & adoráveis como diamantes exigem ser vistas, livres no espaço; as palavras são selvagens, as sentenças as domesticam. Toda palavra uma pintura abstrata, lidas rapidamente em uma frase as palavras se perdem: no concreto, o olhar vê as palavras como objetos que liberam e ecoam som/pensamento no leitor. A oposição AVIÃO/FERRO (AVION/FER) não tem nada a ver com o número de sílabas: a diferença entre a imagem reconfortante de *O tigre na margem do rio veio matar a sede* & a força de TIGRE. O Logos como um poema de uma só palavra OM, ícone eterno de um golpe só.

*construtivo:* os poemas concretos simplesmente SÃO: não têm nenhuma referência externa; são objetos iguais a BRINQUEDOS & FERRAMENTAS (brinquedos podem ser ferramentas), coisas em si mesmas concretas semelhantes a joias, preciosas; uma vírgula colocada, uma flor, um espaço em branco, algo admirado no tokonoma\*.

*Constelações*: o mais simples possível no uso das palavras – apenas grupos de palavras como grupos de estrelas. A poesia concreta é "sem-Eu" sem-ego anuladora do indivíduo, não mimética do poeta, não subjetiva (ao menos explicitamente). Poeta: dissolvido, não emite *ordens* ao leitor que tem de providenciar a própria sintaxe co-

---

\* Na arquitetura japonesa, caramanchão baixo onde se expõem arranjos florais. (N. do T.)

lante mental. Leitores não controlados – logo, a nova poesia é a nova anarquia ou simbiose livre, como observar uma natureza não exigente, o espectador vê a própria imagem. Como o misticismo e o zen, superação dos obstáculos dos problemas semânticos de Oxford. Como Ginsberg em *Pa'lante*: "Desistam de qualquer exercício poético que dependa da existência de vida no interior da estrutura da língua – de palavras como o instrumento do ser consciente." A fonte existencial de contradição (objetividade/subjetividade) desaparece.

A poesia concreta transmite a própria estrutura: é um objeto em si & por si. Sua matéria: palavra (som, forma visual, carga semântica); seu problema: a função & relação dessa matéria: fatores: proximidade & similaridade – psicologia gestáltica; ritmo: força relacional. Como a cibernética: o poema como máquina autorreguladora. Poemas concretos podem ser monótonos divertidos grandiosos satíricos brincalhões tristes – tudo menos épicos. "Evite pensamentos e jogos mentais sérios; poeta concreto: especialista em brincadeiras que faz as regras do discurso" (Gomringer: Independentemente de Wittgenstein?). O poema construído atrai: ele é humano, amistoso, faz as palavras mover-se na página – elas se movem tão rápido quanto o olhar que o poema atrai. O verso visual não é "lido" – ele produz uma impressão por meio do modelo gestáltico do poema total brinquedo-ferramenta, arquitetado – por meio de cada palavra à medida que o olhar passeia sobre elas em qualquer sequência.

*coexistente* transbordamento & indefinição de fronteiras: a poesia concreta começa tomando consciência do espaço gráfico como seu agente estrutural, como o cosmos em que ela se move, o universo dentro do qual ela vira a página, o livro. Um poema concreto impresso é de maneira ambígua tanto poesia tipográfica como tipografia poética – não apenas um poema *neste* layout, mas um poema que é a própria combinação tipográfica. Daí muitos layouts tipográficos serem poemas. Como ideogramas, anúncios, pôsteres, um poema concreto gera uma área linguística específica – *verbicovisual* – com as vantagens da comunicação não verbal. Ele faz propaganda de si próprio. De forma não semântica, ele transborda na direção de Diter Rot, dos tipogramas & signos tipográficos*.

Poemas concretos: estruturas dinâmicas – existem em tensão entre poema-objeto & espaço-tempo: poesia semântica motorizada ainda não disponível porém concreta *é* volúvel, cinético-espacial, em razão de sua existência tipográfica. Seu efeito sobre o olhar: ambivalência perceptiva. O mundo encolhendo: contraído/comprimido negativamente pelo medo da bomba & do espaço, positivamente pelas comunicações a jato telstar sonda espacial. Isso torna a coexistência inevitável, internacional: ie, todas as artes se fundem, as barreiras se desintegram e se misturam (*sculpture sonore*, afrescos mecanizados); por meio de uma nova tipografia fisionômica & de um cuidado suprematista pelo espaço, o novo verso visual semântico divide a preocupação tempo-espaço e cinético-temporal de toda arte que se move para frente. O conflito entre tipógrafo & poeta (forma & conteúdo) chegou ao fim – poeta & tipógrafo (alma & olhar) devem existir em equilíbrio na mesma pessoa: sua responsabilidade total, diante da linguagem, de criar problemas definidos & solucioná-los em termos de linguagem acessível. Uma arte geral da palavra.

---

* *Typikons* no original. (N. do T.)

## Concreto não semântico

Como a poesia de Alan Davie (cf o novo Methuen de Michael Horovitz), ele pode se espalhar pelo jazz & pela pintura, & a pintura espalhá-lo pela vida. O imediatismo do zen, o problema inexprimível do não & do não não. A não semântica é ainda mais concreta, mais autocomunicativa. Espalha-se para o VERSO AUDITIVO (poesia para ler): sonoridades como p ex poemas sonoros inventados por Hugo Ball em 1915; n. 1 gadgi beri bimba; o belo priimiitittii de Schwitters (*transition* n. 3): grim glim gnim bimbim (*mécano* 4-5 1923) & Sonata Primordial clássica (Ursonata, baseada no *fmsbw* de Hausmann: 1924-33); as estruturas 'FA:M'AHNIESGWOW' de hans g helm desenvolvendo isso com um cuidado tipográfico mais marcante quase de verso visual; toda a música serial eletrônica que começou no início dos anos 1950 na Rádio Colônia (Stockhausen Boulez &c). Mesmo o poema *W* de Schwitters, de 1924 (começou suave terminou barulhento na 1ª apresentação). VERSO VISUAL (poésie visuelle): como p ex o poema-retrato de Tristan Tzara, de 1918, de Francis Picabia, os *boks* de Diter Rot, as pinturas a pincel japonesas, os poemas sem palavras de Alcopley, as elaborações espaciais de John Furnival, poemas-bonecas de papel rasgado. Reduzido ao suprematista máximo, *branco sobre branco, & poème blanc para ian hamilton finlay*.

A não semântica espalha-se mais para p ex as ambiguidades completas natureza/arte de *Yard & Combines*, de Kaprow, *Assemblages*, de Rauschenberg; *Collages*, de Dine, & o *Novo Realismo* de Paris; *Happenings* de Nova York; o *Dilaby* de Amsterdã (labirintos dinâmicos de Rauschenberg Raysse de Saint-Phalle Tinguel Ultveldt & Daniel Sporri ele próprio um concretista); para as atuais pintura & escultura motorizadas, afrescos móveis, esculturas sonoras, pyromagnétiques, hydrauliques; criações luminodinâmicas iluminadas de dentro ou de fora; & genuíno cinétisme plastique em 3-d. Todas estas: invasões, interpenetrações, coexistência entre as artes, intervenções recíprocas tempo-espaço; cinéticas, dinâmicas, espaciais (cf trabalho de avaliação de campo útil de Schöffer Malina Tinguely Calder Bury Le Parc Kosice Aubertin Takis Monari Vardenaga Boto & Hoenisch no *Courier* da Unesco de setembro de 1963) são concêntricas à poesia concreta/espacial não semântica: elas são o background do concreto puro, o mundo da "création d'objets sonores poétiques ou visuels", um mundo onde fauves & suprematistas se encontram. [...]

*Publicado originalmente em* Typographica, *nova série, n. 8 (Londres, dezembro de 1963).*

# 1964
## ÀS VEZES TOCO COISAS QUE EU MESMO NUNCA OUVI
### William Bernbach

WILLIAM BERNBACH *(1911-1982), com David Ogilvy, é considerado o pai da propaganda moderna. Depois de trabalhar como redator na Agência William H. Weintraub, que tinha entre seus colaboradores o jovem Paul Rand, em 1949 ele fundou a própria agência com Ned Doyle e Maxwell Dane. Doyle, Dane e Bernbach acabaram revolucionando a aparência e a percepção da publicidade norte-americana com campanhas para Polaroid, Levy's Jewish Rye, Avis Rent-a-Car e, particularmente, Volkswagen. Exprimindo-se com sinceridade e humor no tom da linguagem cotidiana, o anúncio típico "Doyle Dane" contrastava fortemente com o tom retumbante pomposo, enganoso e vazio da publicidade da década de 1950 e foi amplamente imitado no mundo inteiro. A principal influência de Bernbach, entretanto, não foi sobre a aparência dos anúncios, mas sobre o modo como eram feitos: rompendo com o padrão das agências tradicionais, seus redatores e diretores de arte trabalhavam lado a lado, em um processo colaborativo cuja intenção era fundir o poder de comunicação da palavra e da imagem. O fato de se dizer que o processo criativo que Bernbach advogava era extremamente parecido com a improvisação do jazz é realçado pela origem do título de seu discurso na Conferência de Design de Aspen, em 1964, o pianista de bebop Thelonius Monk. – MB*

Quando Eliot Noyes me convidou para fazer uma apresentação nesta conferência de design, eu lhe perguntei se sabia o que estava pedindo. Eu não sou designer. Sou publicitário, e meu conhecimento de design está restrito a esse campo de comunicação. A bem da verdade, tenho fortes restrições com relação ao design, tão fortes que comuniquei ao Sr. Noyes que o tema de minha palestra seria: "É possível pôr o design nos eixos." Ele me disse: "Seja como for, venha." Portanto, aqui estou. Pelo menos, vocês sabem de quem é a culpa. Só peço que se lembrem de que minhas referências ao design são ao design na publicidade, e, se perceberem uma relação com o design de outras áreas, isso não tem nada a ver comigo.

Há algum tempo, durante uma entrevista, um de nossos grandes artistas disse: "Algumas pessoas confundem asseio com arte." Com sua genialidade habitual, esse indivíduo concretizou para mim, em uma única pincelada, o perigo do design. O perigo é o culto da técnica, o preciosismo e a preocupação com a boa aparência. O que eu temo, e vejo com frequência, na preocupação exagerada com o design é a falta de vigor. O objetivo parece ser apresentar um pacote asseado em vez de revelar seu conteúdo. Parece haver um esforço em prol da docilidade, do bom gosto e das boas maneiras. Bem, não existe nada mais dócil ou bem-comportado do que um defunto bem-vestido. O único problema é que, como está morto, ele não inspira ninguém.

Não é possível simplesmente enfiar a vida à força dentro de um pacote. Ela vai acabar vazando por um lugar ou por outro. Creio que é extremamente importante ter consciência disso. Do contrário, podemos acabar supervalorizando normas e técnicas e tendendo a distorcer e ignorar a vida quando ela não se adaptar escrupulosamente a nosso modelo ou a nossa teoria. Há cerca de um ano, um filho meu concluiu o curso colegial. O orador principal era o reitor do MIT, e ele contou a história de um jovem que ele conhecera lá que o deixara fascinado. O jovem tinha um importante projeto de vida. Ele não havia dividido o dia em horas, mas em minutos. Sabia exatamente o que ia fazer em cada minuto do dia: um tanto de tempo para estudar, outro tanto para conviver com as pessoas, outro tanto para praticar esportes; e até sabia exatamente com que tipo de garota ia se casar. Estava tudo em sua cabeça. A moça teria entre um metro e setenta e um e oitenta de altura, dentes brancos perfeitos e cabelos pretos, e seu pai contaria com uma renda razoável. Ele sabia de cor o projeto. E, mesmo um ano depois, o reitor não conseguia se esquecer do rapaz. Encontrando-se com ele certo dia, perguntou: "E então, John, como é que vão as coisas?". Ele respondeu: "Bem. Tudo está acontecendo do jeito que eu planejei. Até encontrei aquela moça de quem lhe falei, a que projetei para mim. Ela tem cabelos pretos, dentes brancos, entre um metro e setenta e um e oitenta de altura, seu pai tem um emprego em Wall Street, mas eu não gosto dela." O design pode ser perigoso.

Na publicidade, é preciso mais do que um bom design para motivar e convencer o consumidor. Eu me lembro – e não faz mais de vinte anos – de quando tudo de que um anúncio precisava para ser rejeitado pelo cliente era ter uma boa aparência. Ele desconfiava de anúncios bonitos e bem projetados. E tinha todo o direito de desconfiar. Os primeiros designers haviam começado a entrar no ramo. Eles achavam que o trabalho era fácil. Para melhorar a aparência de um anúncio, não havia segredo. Qualquer mudança representaria um aperfeiçoamento. Para eles, o texto não passava de um elemento gráfico que deveria encontrar um equilíbrio perfeito com os outros elementos do anúncio. Tornar o texto convidativo e fácil de ler nunca foi algo importante. Tudo estava alinhado de maneira tão uniforme e asséptica que as partes do anúncio ficavam completamente submetidas à configuração gráfica total. Bem, isso pode ser design de qualidade, mas como anúncio não vale nada! E até questiono se é design de qualidade. Se medirmos a eficácia de qualquer tentativa pelo grau em que seu objetivo foi alcançado, então não podemos chamar algumas dessas tentativas iniciais do design publicitário de bem-sucedidas. O objetivo de um anúncio é convencer as pessoas a comprar um produto, e tudo, por mais prático que seja, que espertamente desvie a atenção dessa ideia e dessas palavras, é, no que me diz respeito, design inferior.

Cerca de 85 por cento de todos os anúncios hoje não são vistos. Essa estatística acabou de ser revelada por uma pesquisa realizada pela AAAA\*. Essa pesquisa foi conduzida pelo setor publicitário para descobrir o que o público achava da publicidade. Queríamos saber se o público nos amava ou não. Nosso problema é que eles nem sequer nos odeiam. O triste é que as empresas estão gastando tempo e dinheiro demais para tornar a publicidade chata, e nós estamos alcançando essa chatice com uma grande eficiência norte-americana. Da maneira científica que estamos lidando com isso, não há como errar.

A resposta não é o design. Essa estatística lamentável – cerca de 85 por cento dos anúncios não são vistos – existe apesar do fato de nos últimos dez anos ter ocorrido um tremendo aumento de demanda das empresas por uma publicidade que apresente um design mais prático. Como chefe de uma agência que ganhou mais prêmios de arte e design do que merecia, digo que entre um anúncio simples que fosse alegre e cheio de vida e outro que fosse belo mas taciturno, cuja vitalidade es-

---

\* American Association of Advertising Agencies (Associação Norte-Americana de Agências de Publicidade). (N. do T.)

tivesse enterrada debaixo da ordem e do constrangimento de um design tecnicamente perfeito, eu não hesitaria um segundo em optar pelo primeiro.

É claro que o ideal é combinar beleza e vitalidade em um anúncio. O verdadeiro perigo, contudo, é nos deixarmos cegar pela beleza e esquecermos que o que realmente toca e mobiliza as pessoas é a ideia, o entusiasmo, a sinceridade e a perspicácia que nós mesmos trazemos ao anúncio. O simples fato de um anúncio ser bonito não é garantia de que seja visto. Não conhecemos um monte de pessoas que se arrumam de maneira impecável, mas são estúpidas?

Acompanhei, desde o começo, a evolução de alguns dos mais importantes diretores de arte do setor. E estou me referindo à indústria e ao comércio. Esses diretores de arte seguiam todos o mesmo modelo. Nas etapas iniciais, estavam preocupados com design – e seu trabalho era constrangedor e pretensioso. Em seguida, passaram a se preocupar com o objeto de seu design: estudavam-no, analisavam-no e procuravam formas de aperfeiçoá-lo. E então buscaram uma maneira de registrá-lo com simplicidade e de maneira crível, de modo que nada viesse a se colocar entre o produto e o leitor do anúncio.

Recentemente lançamos uma campanha para uma empresa chamada Avis Rent-a-Car que alcançou sucesso razoável, tanto que as pessoas estão comprando seu produto. E eu gostaria de fazer uma observação muito importante acerca da abordagem que adotamos nesse caso. Não achamos que o simples fato de dizer coisas agradáveis ou provocativas vá fazer com que o produto tenha êxito. Para dizer a verdade, acreditamos firmemente que uma excelente campanha publicitária fará com que um produto de má qualidade fracasse mais depressa – ela simplesmente permitirá que maior número de pessoas saiba quanto ele é ruim. Em nossos anúncios, dizemos que o limpador de para-brisa funciona; que os cinzeiros estão limpos; que, embora em segundo lugar, estamos dando duro; que queremos ser os primeiros. Mostramos a campanha para as pessoas que entregam os carros para o consumidor, para os lavadores de carro e para os mecânicos. Nós lhes dissemos que dependíamos completamente deles, que, a menos que cumprissem o que havíamos prometido no anúncio, fracassaríamos, e que nunca uma empresa precisou tanto de seus empregados como precisávamos deles. Pela primeira vez, então, eles sentiram que tinham importância dentro da empresa. Eles partiram para o trabalho, criaram um produto melhor e, com isso, nós alcançamos um sucesso muito maior.

Alguns anos atrás, falando para um grupo de arte em Nova York, de diretores de arte, eu disse o seguinte:

> Assistimos, na última década, a uma revolução do bom gosto gráfico, de tal maneira que hoje ele ocupa uma posição de destaque sem precedentes. Atualmente todo mundo fala em criatividade, e, francamente, isso me deixa preocupado. Sou cioso da posição que vocês e eu alcançamos em nossa profissão e tenho medo de vir a perdê-la. Tenho medo de ficarmos com o bom gosto e perdermos a venda. Tenho medo de todos os pecados que possamos cometer em nome da criatividade, e tenho medo de estarmos entrando em uma era de imposturas. Ninguém acredita mais em vocês do que eu, ninguém tem sido mais ajudado por vocês ou agido para que vocês sejam bem aceitos do que eu. Desde meu primeiro trabalho com Paul Rand, há cerca de quinze anos, passando pelo período em que trabalhei com monstros do grafismo comercial, como Bob Gage, Bill Taubin, Helmut Krone e muitos outros, tenho assistido ao vibrante sopro de vida que vocês, com seu talento, têm insuflado em minhas ideias. Minha preo-

cupação nasce dessa imensa dívida que tenho com vocês. Podemos perder todo o terreno conquistado em um espaço muito curto de tempo. Basta nos esquecermos de que bom gosto e técnicas avançadas não são fins em si mesmos, mas ferramentas admiráveis com as quais podemos realçar a superioridade de um produto. O objetivo de um anúncio é vender, e, se não vendermos, as pessoas voltarão a desconfiar de nossos anúncios. A principal responsabilidade dos indivíduos verdadeiramente criativos não é simplesmente exercer a liberdade criativa, mas saber distinguir entre o trabalho verdadeiramente criativo e o que não passa de acrobacia pretensiosa. Com o extraordinário aumento das pressões políticas e sociais, com a violência que temos de enfrentar em cada esquina, com a feroz concorrência entre os anunciantes, cada vez mais será preciso dispor de uma enorme capacidade de lidar com palavras e imagens se quisermos entrar em contato e mexer com o leitor. Ele encontra-se tão exposto a banalidades e a tentativas constrangedoras e artificiais de prender sua atenção que ele olha, mas não vê; escuta, mas não ouve; e, o que é pior, não sente. Nosso talento nunca esteve diante de um desafio tão grande. Para aqueles de vocês que forem capazes de enfrentar esse desafio, que, com a magia de sua capacidade, conseguirem fazer com que o leitor veja, ouça e sinta, as recompensas são maiores do que nunca, pois vocês são a garantia de que o anunciante escolherá com base em todas as verdades que ele quer transmitir ao público, porque somente vocês, trabalhando de maneira honesta e criativa, são capazes de dar vida a essas verdades inertes, tornando-as memoráveis para todos os que as virem. E, para concluir, gostaria de citar meu filósofo favorito, Thelonius Monk: "Os únicos gatos que têm algum valor são os que arriscam. Às vezes toco coisas que eu mesmo nunca ouvi."

*Discurso proferido na Quarta Conferência Internacional de Design, Aspen (IDCA, na sigla em inglês), 1964. Dos anais da IDCA.*

# 1964
## PRIMEIRO O MAIS IMPORTANTE
### Ken Garland

PRIMEIRO O MAIS IMPORTANTE, *publicado pelo designer gráfico britânico Ken Garland em janeiro de 1964, em uma edição de quatrocentos exemplares, foi esboçado durante um encontro da Associação dos Artistas Industriais em Londres. Garland (n. 1929) pediu para ler seu manifesto, e a recepção calorosa estimulou-o a colher assinaturas de apoio de vinte e um designers, fotógrafos e estudantes. O surgimento da profissão de designer gráfico na Grã-Bretanha entre o início e meados da década de 1960 foi acompanhado, em revistas como* Design, *da qual Garland foi editor de 1956 a 1962, por discussões e exames de consciência periódicos sobre o propósito da comunicação visual. O argumento de* Primeiro o mais importante *em defesa de uma mudança nas prioridades do designer que deixe de lado o "berro estridente da venda ao consumidor" e se volte para formas de atividade mais dignas é a declaração mais contundente do gênero. O manifesto foi republicado em* Design, SIA Journal, Ark *e* Modern Publicity, *e o político trabalhista Anthony Wedgwood Ben escreveu sobre ele em sua coluna do jornal* Guardian. *Garland também foi convidado a ler o manifesto no telejornal* Tonight, *da BBC. Republicado até hoje de forma intermitente, seu repto ainda sem resposta ao design gráfico comercial continua repercutindo. – RP*

Nós, abaixo assinados, somos designers gráficos, fotógrafos e estudantes que crescemos em um mundo em que as técnicas e os instrumentos publicitários nos têm sido insistentemente apresentados como o recurso mais lucrativo, eficaz e desejável para empregar nosso talento. Nós temos sido bombardeados por publicações dedicadas a essa crença, que aplaudem o trabalho daqueles que fustigaram sua habilidade e imaginação para vender coisas como:

comida de gato, antiácidos, detergente, tônico capilar, pasta de dentes em listras, loção pré e pós-barba, dieta para emagrecer, dieta para engordar, desodorante, água com gás, cigarro, desodorante em bastão, pulôver e blusa sem botão.

A maior parte do tempo e do esforço de quem trabalha em publicidade é gasta, de longe, com esses objetivos insignificantes, que pouco ou nada contribuem para a prosperidade nacional.

Juntamente com uma crescente parcela da população em geral, nós chegamos a um ponto de saturação em que o berro estridente da venda ao consumidor não passa de puro barulho. Cremos que há coisas mais importantes em que aplicar nossa habilidade e experiência. Existe a sinalização de ruas e edifícios, livros e periódicos, catálogos, manuais de instrução, fotografia industrial, anúncios educativos, filmes, programas de televisão, publicações científicas e industriais e todas as outras mídias por meio das quais promovemos o comércio, a educação e a cultura e uma consciência maior do mundo.

Não defendemos a abolição da publicidade maciça voltada para o consumidor: isso não é factível. Nem desejamos retirar nenhuma parcela de prazer da vida. Não obstante, estamos propondo uma inversão de prioridades em favor das formas de comunicação mais úteis e duradouras. Esperamos que nossa sociedade se canse dos mercadores cheios de truques, dos vendedores de *status* e dos formadores de opinião ocultos. Com isso em mente, propomos partilhar nossa experiência e nossas opiniões e disponibilizá-las para colegas, estudantes e outras pessoas que possam se interessar.

Edward Wright
Geoffrey White
William Stack
Caroline Rawlence
Ian McLaren
Sam Lambert
Ivor Kamlish
Gerald Jones
Bernard Higton
Brian Grimbly
John Garner
Ken Garland
Anthony Froshaug
Robin Fior
Germano Facetti
Ivan Dodd
Harriet Crowder
Anthony Clift
Gerry Cinamon
Robert Chapman
Ray Carpenter
Ken Briggs

*Publicação pessoal, 1964.*

# 1964
## AS RESPONSABILIDADES DA PROFISSÃO DE DESIGNER
### *Herbert Spencer*

QUANDO ESTAVA PRESTES A DEIXAR o cargo *de editor de* Typographica, *Herbert Spencer recebeu proposta de Lund Humphries, diretor da revista, para assumir a editoria e o design da* Penrose Annual, *publicação da empresa que existia havia muito tempo (fora fundada em 1895). Publicado em 1964, o primeiro volume sob a direção de Spencer continha seu artigo sobre as responsabilidades da profissão de designer, no qual as tensões da nascente disciplina, expostas com tanta clareza pelo manifesto* Primeiro o mais importante [First things first], *estão em evidência uma vez mais. A Associação dos Designers e Diretores de Arte Britânicos, fundada em 1962, vinha criticando regularmente as frívolas preocupações comerciais antecipadas por muitos dos designs apresentados em suas premiações anuais, e o ensaio de Spencer dá mais peso ao ataque desferido contra os "designers de designers", os quais, segundo ele, não trabalham visando ao bem comum, e sim à "aprovação dos colegas". Ele conclui com um apelo em defesa de uma pesquisa voltada para os aspectos práticos e psicológicos do design de comunicação, apelo que seria repetido muitas vezes, embora nem sempre fosse ouvido, nos anos seguintes. – RP*

Durante os últimos dez ou quinze anos, ocorreram enormes mudanças na prática do design. O grande aumento na percepção do público sobre a importância de um design de qualidade, o efeito da crescente concorrência internacional no setor, a influência das revistas estrangeiras, a afluência do pós-guerra, a facilidade e o preço relativamente baixo das viagens e as oportunidades de trabalhar no exterior – tudo isso ajudou a desfazer posturas rígidas e ideias preconcebidas com relação ao design de produtos, edifícios e material impresso.

Em uma sociedade próspera, surgiram jovens executivos e editores cheios de energia e ambição, determinados a firmar sua reputação pelo impacto que conseguem provocar e não pelas economias que podem introduzir, como costumava acontecer no passado. Os esforços que as próprias organizações profissionais de designers fizeram nos últimos vinte ou trinta anos garantem que, hoje, os designers que respondem a esse desafio com imaginação e habilidade sejam, em geral, devidamente recompensados. Na maioria dos setores industriais, técnicos atentos estão substituindo artesãos decepcionados, e o papel do designer profissional passou a ser aceito – ao menos em princípio.

Atualmente, as oportunidades e as remunerações melhores têm atraído para a profissão de designer muitos rapazes e moças talentosos e criativos; além disso, desde 1945 as escolas de arte vêm dando ênfase cada vez maior em seus cursos ao design gráfico e industrial. A maioria dos designers de hoje recebeu uma educação formal e tem uma atitude extremamente profissional com relação ao trabalho, e sua educação proporcionou aos mais capazes entre eles grande fluência na linguagem visual de nossa época. Essa mudança na condição e na formação dos designers talvez seja o progresso mais importante que ocorreu na profissão ao longo da última década.

Parece que muitas das metas e objetivos originais de organizações profissionais, como a Sociedade de Artistas Industriais, foram agora alcançados. O design estabeleceu-se como profissão; a condição do designer é respeitada; o pagamento de remunerações de acordo com um piso profissional razoável geralmente é aceito pela indústria; diversas escolas contam com equipamentos e corpo docente adequados para formar estudantes de bom nível profissional; e a maioria dos designers adere, de fato, a um código de conduta profissional. Diante dessa visão otimista – com tanta coisa já conquistada e, aparentemente, tão pouco a ser resolvido –, os designers podem se sentir estimulados a se acomodar e a usufruir o brilho confortável da respeitabilidade recém-conquistada, agitando-se apenas por meio de rompantes ocasionais moderados em defesa de uma remuneração melhor.

Felizmente, a profissão de designer não conquistou apenas reconhecimento, mas também responsabilidades. E creio que é enfrentando essas responsabilidades que a profissão escapará do *cul-de-sac* em que, especialmente no design gráfico, parece ter se metido.

O design como profissão é novo. Faz apenas cerca de trinta anos que ele existe como atividade independente da pintura, da escultura ou da arquitetura. Durante os últimos vinte anos, cada vez mais o design gráfico e industrial e a tipografia passaram às mãos de pessoas formadas especificamente para atender às exigências da profissão e criar obras de alto padrão de competência técnica. No entanto, muitas escolas de arte e de design se contentaram simplesmente em produzir artistas hábeis em uma linguagem aceita, e não pessoas capazes de encontrar soluções de maneira lógica e criativa. E faz muito tempo que a profissão de designer como um todo tem se contentado em fechar os olhos para essa situação, em vez de se manifestar veementemente em defesa de uma formação de design que tenha a amplitude necessária. Com essa omissão, os designers criaram a situação que se encontra na origem de seu atual dilema.

Se examinarmos a evolução do design durante os últimos 150 anos, fica evidente que o profundo desafio que os designers enfrentam hoje não é a sua capacidade, mas a sua integridade. Emergindo de um longo período de adolescência, o designer agora parece hesitar, como se estivesse indeciso entre aceitar suas obrigações de adulto e voltar para o jardim da infância. E, por toda parte, um número assustadoramente grande de designers parece se contentar simplesmente em virar as costas para o problema, como se eles esperassem que, desviando o olhar para suas pranchetas – ou para a do vizinho –, essa ameaça ao vigor de sua profissão de algum modo se evapore.

Vamos dar uma rápida olhada no que entendemos como prática do design e verificar como ela evoluiu gradualmente.

É claro que não existe produto ou amostra de material impresso que "não tenha design". Por mais breve que seja a mensagem ou por mais curto que seja o artigo (ou por pior que seja o resultado), todo produto e toda página impressa são projetados por alguém. Em geral, muitas pessoas contribuem para o resultado. Alguém tem de decidir o tamanho, a forma, a cor, os materiais e todos os outros detalhes visuais. Consciente ou inconscientemente, considerações sobre gosto, moda, tradição, convenção, conveniência, eficiência e utilidade moldam o resultado. Quando a indústria era muito menos complexa do que é hoje, todas essas decisões eram tomadas pelo mestre-impressor e pelo mestre-artesão, que discutiam pessoalmente cada trabalho com o cliente e orientavam pessoalmente os membros de sua "equipe" (com frequência realizando, eles próprios, parte do trabalho). Os padrões do mestre-artesão e, normalmente, suas habilidades pessoais eram superiores às de seus empregados.

Os engenheiros e inventores do final do século XVIII e início do XIX muitas vezes arriscavam a fortuna e a reputação em suas aventuras: quando eram bem-sucedidos, enfeitavam seus produtos – fossem locomotivas, motores ou máquinas – com adornos e ornamentos, para fazer deles monumentos dignos de seu êxito. É verdade que, embora esses embelezamentos nem sempre fossem adequados aos novos materiais que utilizavam, eles geralmente exprimiam de forma eficaz o grande entusiasmo que seus promotores sentiam por seus produtos e a sinceridade de propósitos do artesão que lhes dera forma.

Além disso, com a mecanização da produção, desenvolveram-se novas espécies de material impresso. Primeiro, além dos comparativamente simples cartões de visita, folhas com endereço impresso e faturas já em uso, as novas indústrias de produção em massa consideraram indispensável uma gama cada vez maior de formulários impressos para controlar de maneira eficaz os processos de produção e distribuição. Então, com o aumento tanto da produção como da concorrência, foi preciso estimular a demanda por meio da publicidade.

Depois de 1800, com o crescente uso de superlativos pelos anunciantes, os tipos ficaram maiores, mais largos e mais exuberantes, embora o layout continuasse se baseando no do livro – linhas centralizadas como em uma página de rosto e pontuadas como em um texto contínuo. O tipo expandido, introduzido na primeira década do século XIX, foi o resultado inevitável da rígida adesão do impressor ao layout simétrico e centralizado e da cada vez maior exigência do anunciante por uma tipografia mais atraente que a do concorrente.

Até meados do século XIX, as experiências tipográficas estavam restritas, em grande medida, às variações no design do tipo; por volta de 1870, porém, a invenção da impressora plana levou a uma nova espécie de impressão conhecida como "Impressão Artística". Esse estilo utilizava tintas coloridas e uma profusão de ornamentos e adornos elaborados (muitas vezes sem muita relação com a temática do texto), provocando, consequentemente, o primeiro distanciamento real do layout centralizado usado pelo impressor de livros. Em seu melhor aspecto, a Impressão Artística estimulou elevados padrões de excelência profissional e considerável criatividade técnica. No entanto, especialmente na forma diluída de sua aplicação comercial, ela se traduziu em habilidade mal empregada, pelo menos do ponto de vista do verdadeiro propósito da impressão.

A maioria dos impressores perdeu completamente a noção da genuína tradição da impressão não faz muito tempo. Eles haviam dissipado sua herança criativa e estavam presos na teia do convencionalismo estéril ou comprometidos com uma orgia de truques técnicos, ignorando a palavra impressa como recurso de comunicação.

Não surpreende que logo tenham perdido o respeito tanto do público como de seus clientes. Esteticamente falida e confusa, a indústria da impressão era incapaz de assimilar, ou mesmo de identificar, os limites ultrapassados de suas rigorosas tradições. Ela estava pronta para ceder (ainda que ressentida) o controle do design a "amadores" como William Morris e seus seguidores.

Como explicarei depois, infelizmente existem, de vários aspectos, semelhanças íntimas e inquietantes entre a tipografia do final do século XIX e a situação do design gráfico de hoje.

Em termos gerais, contudo, o que aconteceu com o design impresso no século XIX também aconteceu com o design de produto e de móveis – embora não exatamente pelas mesmas razões nem seguindo o mesmo roteiro, o resultado foi uma enxurrada de designs totalmente carentes de qualquer honestidade de propósitos ou de função que ignoravam de modo deliberado a natureza dos materiais e davam pouca atenção à conveniência ou ao conforto do usuário.

O emprego leviano e irresponsável de importantes inovações tecnológicas desvirtuou a impressão do final do século XIX. A indústria da impressão perdeu de vista sua verdadeira função e permitiu que seus tipógrafos manipulassem as palavras para deleite próprio e dos colegas, sem levar em conta a importância dos resultados como comunicação. No fim, a palavra foi resgatada do meio de todas essas bugigangas por pintores, escritores, arquitetos e outros profissionais que não pertenciam ao setor e que, durante a primeira metade do século XX, eliminaram, aos poucos, a afetação vulgar e devolveram a lógica e a disciplina à impressão.

Assistimos hoje ao nascimento de outra revolução técnica na impressão. O metal está sendo gradualmente extinto da composição. Livre de sua disciplina, o designer pode colocar as linhas de composição nos cantos, dobrar, diminuir ou dividir as linhas de apresentação, justapor uma linha de composição bem próxima a outra ou mesmo sobrepor palavras. Essa independência da limitação mecânica oferece ao designer oportunidades extraordinárias de produzir soluções visuais criativas e harmoniosas e de transmitir a mensagem do autor com grande exatidão. Entretanto, ele também pode, se quiser, usar essa nova oportunidade – como os tipógrafos do final do século XIX usaram a deles – não para se comunicar melhor, mas simplesmente para criar um padrão superficial.

Infelizmente, existem claros sinais de que hoje, tanto no campo do design gráfico como no do design de produto, muitos designers trabalham visando à aprovação de seus colegas, em vez de fazerem um esforço sincero para resolver problemas específicos de design da melhor maneira possível. Motivados mais pela moda do que pela convicção, eles estão solapando rapidamente o fundamento e os princípios do design do século XX. Alguns, estimulados pela própria indecisão, tentam transformar o processo do design em uma mística profissional encerrada dentro de um círculo rígido, e ainda assim cada vez mais estreito, que exclui qualquer atividade genuinamente criativa. O designer, porém, precisa tanto do coração como da cabeça, e esta não deve acomodar apenas um par de olhos.

Assim como não acredito que o designer honesto possa, deva ou mesmo queira resistir às tradições sadias, também não penso que ele jamais deva aceitar de bom grado convenções estéreis ou artificiais – nem mesmo as recém-criadas.

Esse é, portanto, o centro do dilema que a profissão de designer enfrenta atualmente. Existe hoje em atividade um número exagerado de "designers de designers", e o resultado disso é que em muitos casos o público se vê privado dos produtos confiáveis e esteticamente satisfatórios a que tem direito. Tal situação, no final das contas, só pode ser sanada por uma formação em design que tenha a amplitude e a vitalidade adequadas.

É claro que o objetivo principal dos cursos que escolas de arte seletas da Grã--Bretanha instituíram recentemente é assegurar que, no futuro, os designers sejam *educados*, e não simplesmente treinados.

As pessoas que completarem esses cursos, ou outros similares a eles, no final da década de 1960 estarão mais bem equipadas para enfrentar muitas das tarefas vitais e fundamentais que, até agora, a sociedade e a profissão de designer mal começaram a vislumbrar.

Este é o momento, portanto, de os designers e suas associações profissionais examinarem as oportunidades e os deveres que têm diante de si. Na medida em que o design passou de atividade amadora para profissional, os empregos e as oportunidades também aumentaram. A maioria dos designers gasta importante parte do tempo trabalhando não em encomendas individuais, mas em projetos relacionados a uma política de design corporativo ou a um padrão de moradia. As vantagens de tal situação são evidentes. Esses exercícios mais amplos oferecem uma base mais sólida para a condução da atividade de design e, o que é especialmente importante, permitem que se dedique tempo para a pesquisa, a experimentação e a investigação, algo que a encomenda individual não permite. Grande parte do conhecimento e dos dados úteis que foram criados sobre o design originou-se de alguns dos mais importantes projetos desse tipo, os quais foram patrocinados por interesses comerciais totalmente legítimos.

No entanto, a contribuição dos designers não deve se voltar apenas à economia, mas também, de maneira mais direta, à saúde e à felicidade da sociedade.

Por exemplo, é incrivelmente pequena a quantidade de pesquisas que estão sendo conduzidas sobre os aspectos psicológicos do letreiramento, da cor ou do padrão. E elas geralmente são dirigidas por cientistas, sem a participação de designers, e suas conclusões ingênuas em matéria de design muitas vezes fazem com que os resultados não tenham importância prática.

Todos os anos, dezenas de milhares de homens, mulheres e crianças morrem ou se ferem nas estradas europeias. Muitos dos que perdem a vida ou se mutilam são vítimas de uma sinalização malfeita e inadequada concebida por engenheiros e funcionários públicos. Embora não haja dúvida de que esses engenheiros e funcionários fazem o melhor que podem, eles fracassam porque, sem dispor de ajuda, tentam resolver problemas que vão além de seu conhecimento e de sua experiência.

Vejamos outro exemplo: na Grã-Bretanha e em inúmeros outros países, os pedestres são estimulados a atravessar a rua em locais identificados com faixas brancas. Teoricamente, os pedestres têm preferência nesses cruzamentos com "zebras". Contudo, é bastante compreensível que, do ponto de vista psicológico, a posição das listras esteja errada. Como estão direcionadas no sentido do fluxo do tráfego, elas estimulam o motorista a avançar, atuando como uma barreira visual para o pedestre.

Existem aproximadamente 10 milhões de cegos no mundo. A maioria depende de algum tipo de caridade – direta ou disfarçada. Alguns recebem ajuda para levar uma vida útil e integrada, aprendendo a ler pelo tato e a operar máquinas e produzir artesanato. Mas designers treinados poderiam, inventando, de diversas maneiras, técnicas e equipamentos criativos, apressar o processo pelo qual essas e outras pessoas portadoras de deficiência recebem ajuda para ocupar um lugar útil na sociedade. Muitos dos artigos feitos pelos deficientes poderiam ser mais bem projetados, tanto em relação ao mercado como à capacidade daqueles que os produzem.

A eliminação do analfabetismo no mundo é uma das maiores e mais prementes necessidades do século XX. Gostaria de saber quantos designers estão envolvidos ativamente nessa luta na África, na Ásia e na América do Sul. Professores, missionários e funcionários do governo passam anos elaborando métodos que um designer experiente resolveria em meia hora, enquanto outras técnicas originais permanecem inexploradas. Na África, artistas e designers recebem por ano muito mais dinheiro para aumentar as vendas da Coca-Cola do que o que se gasta para planejar e projetar as armas que vencerão o analfabetismo.

Essas são apenas algumas das situações enfrentadas hoje pela sociedade às quais a profissão de designer pode dar uma contribuição vital.

Não estou sugerindo que os designers se envolvam em uma enorme campanha de caridade. O que estou dizendo é que o designer tem importante papel a desempenhar na solução de muitos dos verdadeiros e estimulantes problemas que a sociedade do século XX nos apresenta – tanto quanto o cientista, o engenheiro, o médico ou o professor. Os designers não devem ficar sentados nos bastidores esperando serem chamados ao palco. *Alguém* precisa tomar uma atitude a respeito disso. E, como membros da sociedade, aconselho que os designers se engajem ativamente em defesa do reconhecimento do papel que devem desempenhar. Afinal, ninguém melhor do que eles para saber o que têm a oferecer como profissionais.

*Publicado originalmente em* The Penrose Annual *57 (Londres, 1964).*

# 1965
## EDUCAÇÃO PARA O DESIGN VISUAL
### Gui Bonsiepe

A HOCHSCHULE FÜR GESTALTUNG *de Ulm, Alemanha (1951-1968), foi a primeira instituição a fazer um esforço significativo para desenvolver uma teoria do design nos anos do pós-guerra. Nas gestões de Tomás Maldonado, seu segundo diretor, e de seu colega Gui Bonsiepe (n. 1934), teórico do design, deu-se especial destaque à exploração da relação do design com a tecnologia e a ciência. Em abril e maio de 1964, Rudolf de Harak e o Instituto Americano de Artes Gráficas organizaram uma série de cinco conferências intitulada "Sobre Novos Compromissos e Disciplinas no Design, na Pintura e na Educação Artística", e a contribuição de Bonsiepe foi publicada mais tarde, levemente resumida, em* Ulm, *a revista da escola com pretensões intelectuais. Bonsiepe traça uma distinção fundamental entre o papel do designer, que se esforça para melhorar o ambiente humano, e o do artista, que revela a influência do mundo sobre o indivíduo. Ele defende as limitações da emergente visão da publicidade como "informação", sugerindo que necessidades comerciais devem ser consideradas apenas uma faceta da responsabilidade que o design tem para com a sociedade, cujas atitudes são manipuladas e moldadas pelas mensagens publicitárias. – RP*

### RESTRIÇÃO CONTRA PROGRAMAS

Educação para o design visual – tais palavras poderiam ser o prenúncio de um manifesto. Poderiam alimentar a expectativa de que agora será apresentado um programa. Minha intenção, porém, não é essa. Tornamo-nos reticentes com referência a programas, provavelmente porque nosso ambiente social não favorece a sinceridade necessária para a formulação e apresentação de programas. Meu objetivo é mais modesto. Tentarei indicar alguns caminhos que podem conduzir a uma filosofia do design visual que inclua a educação.

### DESIGN ABRANGENTE

Quando se emprega o termo "design" sem especificá-lo, isto é, sem falar em design arquitetônico, design visual ou design de produto, esse termo vago e indefinido pode alimentar falsos conceitos. "Design" abarca grande variedade de atividades humanas. Seu âmbito vai do design de um tapete de parede ao de uma exposição, chegando até a mais recente variação de design: os sistemas de armamento e defesa. Limitarei, ao longo de minha fala, o emprego muitas vezes extremamente livre da palavra "design". Tentarei definir, sobretudo, o termo "design visual".

### SOBRE A HISTÓRIA DO DESIGN

A história do design começou oficialmente em 1919, quando Walter Gropius inaugurou a Bauhaus. O que havia de novo e específico na escola que hoje é lenda era o fato de pela primeira vez o ambiente humano em sua totalidade ser considerado um objeto do design. Pela primeira vez, estabeleceu-se como tarefa abrangente que o ambiente humano baseado na tecnologia e na indústria modernas tinha de ser humanizado. Os impulsos da turma da Bauhaus eram direcionados para o aperfeiçoamento do ambiente com o uso da tecnologia. O programa da Bauhaus continha traços político-sociais.

É claro que a Bauhaus não começou do zero. As origens de sua filosofia datam de meados do século XIX.

## ESTÉTICA E SOCIEDADE

Ruskin, horrorizado com as consequências estéticas e sociais da industrialização, afirmou cerca de cem anos atrás: "A vida sem a indústria é um atraso, mas a indústria sem a arte é a brutalidade." No entanto, não foi apenas a aversão estética pela expansão desenfreada do mundo das máquinas que induziu Ruskin a buscar medidas preventivas contra a técnica bárbara e soluções para ela. Ele percebia, mais propriamente, que a miséria estética era uma expressão da miséria social. Ao aperfeiçoar esteticamente o mundo, esperava aperfeiçoar a sociedade. Ruskin bem que poderia ter dito que os direitos humanos também incluem o direito a um ambiente humano, a um ambiente ordenado e funcional.

Hoje, um cínico poderia rejeitar tais ideias como uma ideologia ingênua e falsa. Não devemos nos esquecer, porém, de que a ancoragem da estética na sociedade impediu que ela fosse reduzida a um elemento de embelezamento anêmico abstrato ou de exploração comercial, como na moda.

## AS CONSEQUÊNCIAS DA BAUHAUS

O curso básico mostrou-se o núcleo do conceito da Bauhaus; todos os diferentes movimentos artísticos dos anos 1920 contribuíram para deixar uma marca nesse curso básico: o expressionismo alemão, o construtivismo russo e o Stijl holandês. À primeira vista, apenas o surrealismo francês não deixou traços claramente visíveis, se pusermos de lado, por um momento, as fotomontagens de Moholy-Nagy. Entretanto, deve-se fazer uma pesquisa histórica mais profunda para esclarecer essa questão. É difícil avaliar com precisão a extensão da influência da Bauhaus na educação artística e de design como um todo. Embora ainda nos falte uma pesquisa histórica sobre essas ramificações, talvez nos perdoem se dissermos que é difícil encontrar uma escola de arte que não tenha incorporado o curso básico, seja ele modificado ou não.

## A INDÚSTRIA DA COMUNICAÇÃO

A Escola de Ulm concebeu um programa de design visual que não apenas difere das tentativas similares da Bauhaus, mas que também é essencialmente novo. Não se deve culpar a Bauhaus por isso, porque as condições históricas simplesmente não lhe permitiram fazê-lo. A indústria que designamos hoje como "indústria da comunicação" – que compreende cinema, televisão, rádio e imprensa de massa – começou a se firmar durante os anos 1920, logo após o fechamento da Bauhaus. E é precisamente na indústria da comunicação que os dramas e farsas da vida comunicativa têm lugar hoje. Além disso, a transição de uma economia de escassez para uma economia de abundância colocou a publicidade como nova instituição de controle social no centro do design visual. Essas mudanças tecnológicas e econômicas impedem a transferência *en bloc* da Bauhaus. Contudo, as restrições que outras escolas de design fazem à Escola de Ulm não se devem às partes novas de seu programa. Os motivos de tensão e animosidade advêm do fato de a Escola de Ulm dar mais atenção à questão da relação do design com a ciência do que à questão de sua relação com as artes.

## O DESIGN ENTRE A ARTE E A CIÊNCIA

O design é um recém-chegado, que não se adapta ao esquema das instituições tradicionais. No entanto, o direito à autonomia não é aceito, sendo até mesmo recusado, pelos representantes das artes, de um lado, e pelos representantes das ciências aplicadas, de outro. A profissão de designer – que existe há pouco mais de uma geração – tem de se defender constantemente contra tendências de usurpação vindas de ambos os lados. Para os tradicionalistas das belas-artes, o design nada mais é do que uma variante da atividade artística – aliás, de uma atividade artística medíocre, porque o design está infectado pela tecnologia. Aos olhos deles, o design de produto é um prolongamento da escultura com recursos diferentes, e o design visual, uma categoria inferior da pintura e das artes gráficas. Os cientistas futuristas tentam agora explicar o design como um fenômeno cuja existência deve ser atribuída ao fracasso de uma profissão mais antiga, a engenharia, por exemplo, tendo, portanto, de ser devolvido ao lugar que lhe cabe. Em ambos os casos, a autonomia do design é negada. O design, porém, não pode ser reduzido nem à arte nem à ciência. Quem utiliza o design principalmente como veículo da autoexpressão da racionalidade fria – ou daquilo que se acredita ser a racionalidade fria da Escola de Ulm – causa certo mal-estar. Pois o sumo sacerdote do implacável método científico que está do outro lado da Escola de Ulm não é suficientemente científico, inclinando-se muito para o lado intuitivo e misturando-se demais com alguns ideais estranhos. Assim, a Escola de Ulm move-se em uma zona de incerteza. Ela se coloca entre aqueles que querem fazer do design uma arte e aqueles que querem fazer do design uma ciência.

## A ARTE COMO INSTITUIÇÃO NÃO PROGRAMÁVEL

O costume dos tradicionalistas em belas-artes de classificar o design no campo das artes provocou uma reação paradoxal no próprio campo do design: as verdadeiras obras de arte do século XX são – segundo esse ponto de vista – as obras de design; a arte anterior em forma de pintura e escultura será substituída pelos pôsteres, embalagens, marcas, produtos e máquinas; a paisagem da vida comum secular tomará o lugar da exceção sublime. Nesse caso, a diferença essencial entre arte e design não é reconhecida, o que não exclui a possibilidade de existir relações frutíferas entre essas duas áreas do conhecimento humano. A arte é uma das poucas áreas em que o indivíduo está protegido contra o choque das forças opressoras e pode manter o acesso a seu horizonte experimental. Desde que a arte se emancipou – esse processo corre em paralelo ao processo de industrialização –, ela foi abalada por incertezas e exposta à insegurança. Ela resiste ao princípio gerencial que parece ser *o* princípio da sociedade industrial. Não se pode planejar a arte como se planeja a construção das barragens de Boulder. A arte não pode ser justificada, não pode ser deduzida de um esquema funcional. A arte e a filosofia ainda permitem o luxo da negação.

Baudelaire, por exemplo, insistiu no direito de dizer "não" de modo exemplar, ao escrever nas variações da introdução de "As flores do mal": "não é para minhas mulheres, nem para minhas irmãs, nem para minhas filhas que escrevi estas linhas;

nem para as mulheres de meu vizinho, nem para suas irmãs ou para suas filhas. Deixo isto para aqueles que têm interesse em usar a paixão pelo belo idioma para confundir as boas intenções". Essa negação contém mais veracidade do que qualquer otimismo exuberante. O artista interpreta; o designer não. O designer dirige seus esforços para o aperfeiçoamento imediato do ambiente humano. O artista mostra como esse mundo aflige o indivíduo. Até agora, a arte foi o espaço típico da experiência estética. Pode ter sido por esse motivo que o design era considerado inicialmente uma atividade artística: ele também estava envolvido com a estética. Entretanto, é enganoso impor a estética da arte à estética do design.

## O SIGNIFICADO DE "DESIGN"

No início de minha fala enfatizei a necessidade de atribuir ao conceito de design um significado preciso. Isso pode ser alcançado por exclusão.

Em primeiro lugar, quero excluir da atividade do designer o planejamento de sistemas de armamento e defesa. Afinal, desde o início, a filosofia do design interpretou o design como defesa da vida, de maneira alguma como defesa da sobrevivência e da destruição. À pergunta: "O que o designer tem a ver com foguetes espaciais?", hoje só existe uma resposta: nada.

Em segundo lugar, desejo distinguir, dentro dos campos do design, os setores que continuam sob a influência da tradição das artes e ofícios. No que se refere ao design visual, esses setores são: caligrafia, tipografia do livro único de alto valor, xilogravura, gravura a água-forte, gravura em cobre e ilustração. Em Ulm decidimos não introduzir essas atividades em nosso currículo – em primeiro lugar, inúmeras escolas oferecem formação nos campos citados; em segundo, queremos concentrar nossas energias nas mídias e técnicas da comunicação moderna, com relação às quais tornou-se habitual aplicar o termo "comunicação visual".

## COMUNICAÇÃO PERSUASIVA E NÃO PERSUASIVA

Como disse Tomás Maldonado em um seminário durante a Conferência Mundial de Design em Tóquio, em 1960, temos a tendência de equiparar a comunicação visual com a publicidade. Existe, porém, uma forma de comunicação na qual a questão não é persuadir os consumidores a comprar este ou aquele sabão ou a eleger este ou aquele candidato. Sem dúvida, a comunicação persuasiva fica com a parte principal, a tal ponto que fez surgir, há alguns anos, uma crítica cada vez maior.

É claro que a reação da opinião pública contra a quantidade excessiva de mensagens publicitárias não poderia ser bem-aceita por quem utiliza e financia a publicidade. Não lhe faltaram defensores. Justificativas em defesa da publicidade e críticas a ela revelaram alguns antagonismos de nossa sociedade. Na maioria das vezes, a publicidade é criticada com base em considerações de natureza econômica. Não são apenas os críticos sociais que estão alarmados com o fato de que os Estados Unidos investem em publicidade metade dos recursos destinados à educação em todo o país (cerca de 12,5 bilhões de dólares, em 1963). A dúvida quanto à função social do design fica encoberta em termos econômicos. Os apologistas da publicidade afirmam agora que ela presta um serviço considerável e importante para a sociedade e a economia como um todo. Por meio da publicidade, amplas camadas da população têm acesso à informação sobre produtos e serviços que, de outra maneira, nunca conheceriam.

## INFORMAÇÃO E PUBLICIDADE

O conceito visivelmente neutro de "informação" não deve nos enganar, fazendo com que tomemos uma meia verdade pela verdade inteira. Ninguém nega que publicidade informa. Não obstante, isso não nos diz nada a respeito da qualidade e da necessidade social dessas informações. Ninguém nega que, em um sistema de mercado específico, a publicidade é uma instituição indispensável. No entanto, ninguém pode negar que o objetivo da publicidade é influenciar a escolha do consumidor. Em outras palavras: queiramos ou não, a publicidade é refém de forças econômicas que são capazes de penetrar todos os estágios dos meios de comunicação, isso sem falar no papel que desempenharão depois.

Quem louva o papel educativo e informativo que a publicidade desempenha de modo voluntário comodamente omite o fato de que existem diferenças fundamentais entre a educação transmitida por uma instituição como a escola e a educação transmitida por uma instituição como a publicidade. A publicidade não utiliza a informação da maneira que a educação o faz, ou deve fazer. Convencer e manipular uma pessoa é tudo menos emancipá-la. Não pretendo forçar a realidade a uma opção rígida.

A questão não é persuadir ou não persuadir, influenciar ou não influenciar, e sim as intenções que estão por trás disso.

## A SUPERFICIALIDADE DA VIDA COMUNICATIVA

O designer visual está sujeito às idas e vindas de interesses antagônicos. Como ocupa lugar de destaque, ele serve muitas vezes de bode expiatório para todos os males da comunicação. Assim, é descrito como o único responsável pela superficialidade e vulgaridade da conduta comunicativa da sociedade. Embora essa acusação genérica simplifique bastante a questão, as críticas ao designer visual por ajudar a disseminar a inconsciência coletiva em vez da humanização do indivíduo não são totalmente infundadas. Além disso, é preciso ser muito ingênuo ou cínico para se identificar com um modelo de comunicação que se esgota na glorificação incessante dos atributos de máquinas de lavar, batedeiras de bolo, desodorantes, detergentes, analgésicos, cigarros com filtro de carvão, tinturas de cabelo e cremes faciais rejuvenescedores. Sim, é verdade que o espectro da publicidade está mais rico. Entretanto, uma filosofia da educação não pode fechar os olhos diante dos excessos. Em vez disso, deve enfrentar os fatos desconfortáveis e contraditórios sem, contudo, sucumbir a eles e sem se tornar advogada deles.

## TOTALITARISMO CULTURAL

Sob o manto de uma agressividade incisiva, será que a afirmação "Negócio é negócio, e nada mais" dá conta de toda a verdade sobre a profissão de designer? A formação em design deveria chamar a atenção do aluno para sua responsabilidade social, tornando-o imune às tentações de considerar a produção e a distribuição de bens e serviços uma questão que diz respeito exclusivamente ao mundo dos negócios. O designer visual é responsável pela cultura visual da sociedade em que as empresas estão inseridas, mas apenas por um de seus aspectos, e não, como muitas vezes se afirma, pelo conjunto.

Que os interesses das empresas nem sempre coincidem com os da sociedade é algo que ninguém pode deixar de reconhecer quando trabalha com a indústria da comunicação. A indústria da comunicação molda a mente dos membros da sociedade – tanto a parte consciente como a inconsciente. Ela a dirige, controla e manipula. Possui muito mais poder – e, portanto, responsabilidade muito maior – do que geralmente se sabe e do que as pessoas que a utilizam para atingir seus objetivos estão dispostas a admitir.

## DESIGN VISUAL E PROMOÇÃO DE VENDAS

Alguns anos atrás, o público em geral – que até então tinha uma ideia muito imprecisa acerca das ligações entre poder e comunicação – ficava irritado com uma série de publicações. Havia uma desconfiança subliminar dos procedimentos e interesses da indústria da comunicação, e as suposições vagas pareciam se cristalizar em uma percepção acurada por meio do uso não muito lisonjeiro da expressão "fornecedores de opinião ocultos". A forma e o conteúdo das informações, assim como o apoio deliberado por trás delas, transformam-se em dificuldades imensas na obra do designer visual. Sua formação deve prepará-lo para não aceitar com indiferença o papel que lhe é proposto, no qual ele é prejudicado pela inexorável aceleração do giro das mercadorias.

## ESFERAS DA COMUNICAÇÃO VISUAL

Até agora, as observações acerca da comunicação persuasiva e de sua contrapartida, a comunicação não persuasiva, representam um espaço praticamente inexplorado. A infinidade de sistemas de sinalização voltados para o trânsito e para os avisos colocados nas máquinas, de mensagens com finalidades educativas e o universo da representação visual de fatos científicos oferecem oportunidades e desafios magníficos para o designer visual. Nesses casos, a motivação principal da comunicação não é econômica, como acontece na comunicação persuasiva com seus anúncios, outdoors e comerciais de TV.

Em Ulm, não tivemos dificuldade para introduzir esse novo campo de atividade porque adotamos o princípio de formar generalistas em vez de especialistas. Não formamos ninguém como tipógrafo especialista, designer de embalagem ou fotógrafo, e sim como designer visual que disponha de suficiente conhecimento básico para, depois de formado, adaptar-se a determinadas áreas e, quando necessário, especializar-se.

*Publicado originalmente em* Ulm, *n. 13-14 (março de 1965).*

# 1965
# RETÓRICA VISUAL/VERBAL
## Gui Bonsiepe

GUI BONSIEPE *(n. 1934) e Tomás Maldonado foram os primeiros a tentar aplicar ao design conceitos extraídos da semântica. No seminário sobre semiótica realizado em 1956 na Hochschule für Gestaltung, em Ulm, Maldonado propôs a modernização da retórica, a arte clássica da persuasão. Em seguida, ele e Bonsiepe escreveram uma série de artigos sobre semiótica e retórica para a publicação inglesa* Uppercase *e para a revista* Ulm *que se tornariam importante fonte de pesquisa para os designers interessados nessa área. Neste ensaio sobre retórica visual e verbal, apresentado originalmente em março de 1965 para o Arbeitsgruppe für Grafik Wirtschaft (Grupo de Trabalho da Indústria Gráfica e de Design), em Stuttgart, Bonsiepe sugere que é necessário um sistema de retórica moderno, atualizado pela teoria semiótica, como ferramenta para descrever e analisar os fenômenos da publicidade. Utilizando essa terminologia intimidante, mas precisa, era possível expor a "estrutura persuasiva" da mensagem publicitária. "Informação sem retórica", concluía ele, "é uma ilusão". Quando criamos algo para ser comunicado, inevitavelmente pomos em ação mecanismos retóricos; consequentemente, o conceito de objetividade imparcial é um mito. Na versão posterior deste ensaio, publicada em 1966 para os leitores norte-americanos em* Dot Zero, *Bonsiepe aproveitou a oportunidade para revisar seu texto e torná-lo mais penetrante. – RP*

Mais do que ser desacreditada, a retórica praticamente caiu no esquecimento. Ela chegou até nós vinda de épocas remotas, envolta em uma aura de antiguidade que, à primeira vista, faz com que ela pareça inadequada para transmitir as mensagens do anunciante, que é a retórica da era moderna. É possível demonstrar, no entanto, que um sistema de retórica moderno pode ser uma ferramenta descritiva e analítica útil para lidar com os fenômenos da publicidade. O objetivo deste artigo é explicar como.

Os antigos gregos dividiam a retórica (a arte da eloquência) em três partes: política, legal e religiosa. Os conhecedores da retórica eram, principalmente, os políticos, os legisladores e os sacerdotes, já que eram eles que faziam uso do discurso para influenciar o público. Seu objetivo era tomar uma decisão definitiva (sobre uma campanha bélica), inculcar um juízo (a respeito de um prisioneiro no tribunal) ou despertar o ânimo (em uma cerimônia religiosa). O domínio da retórica é o domínio da logomaquia, a guerra de palavras.

Existem duas espécies de retórica: uma está preocupada com o uso de recursos persuasivos (*rhetorica utens*); a outra, com a descrição e a análise (*rhetorica docens*). Na retórica, prática e teoria estão intimamente ligadas. Ela é geralmente definida como a arte da persuasão, ou o estudo dos recursos de persuasão. O objetivo da retórica é, fundamentalmente, moldar opiniões, determinar a atitude de outras pessoas ou influenciar suas ações. Onde a força impera, não há necessidade de retórica. Como diz Burke (em *A Rhetoric of Motives*, Nova York, 1955), "ela só se dirige ao homem na medida em que ele é *livre*... Quando ele *é obrigado* a fazer algo, a retórica é supérflua".

Essas condições de escolha são satisfeitas pela situação existente no mercado competitivo, no qual diversos produtos estão disponíveis. O consumidor conta com ampla gama de opções de bens e serviços, de modo que se torna desejável influenciá-lo em sua escolha. É essa a função da publicidade. E, dessa forma, um novo parceiro vem se juntar à clássica tríade política, justiça e religião no domínio da retórica: o marketing.

A lista de técnicas de retórica não tem fim, e as nuances de significado estão registradas com precisão. Os manuais de retórica (apesar de ainda serem manuais de retórica clássica) destacam-se tanto pela abundância de referências extremamente sutis como pela aceitação acrítica das classificações tradicionais. Uma terminologia baseada no latim e no grego dificulta o uso prático desses conceitos; a retórica leva um lastro de mais de dois mil anos. Chegou a hora de atualizá-la com a ajuda da semiótica (uma teoria geral dos signos e símbolos). Pois, além de estar repleta de conceitos incoerentes entre si, a retórica clássica (que lida unicamente com a língua) não consegue mais descrever e analisar os fenômenos em que signos verbais *e visuais*, ou seja, palavra e imagem, estão associados. Nesse caso, a prática da retórica ultrapassou bastante a teoria.

Se pensarmos na enxurrada de pôsteres, anúncios, filmes e comerciais de televisão despejada por uma sociedade industrial que tem a seu dispor todas as facilidades da indústria da comunicação e a compararmos com as tentativas muito esporádicas de lançar um pouco de luz sobre os aspectos retóricos dessa informação, a discrepância salta aos olhos.

Das cinco principais partes da retórica clássica, apenas uma é útil para analisar a informação publicitária: a terceira, que engloba a formulação linguística e estilística do material. As regras referentes à coleta, à disposição, à memorização e ao discurso podem ser em grande medida ignoradas. Os aspectos estilísticos da retórica apresentam-se principalmente como figuras de retórica, que podem ser definidas como (segundo Quintiliano) "a arte de dizer algo de uma nova maneira" ou (segundo Burke) "a alteração do significado ou emprego das palavras a fim de dar mais suavidade, vitalidade e impacto ao discurso". Segundo a teoria clássica, a essência das figuras de retórica consiste em um distanciamento do uso do discurso normal com o objetivo de tornar a mensagem mais efetiva.

Essas figuras podem ser classificadas em: (1) figuras de palavras, que trabalham com o significado das palavras ou com sua posição na frase; e (2) figuras de pensamento, que trabalham com a forma e a organização da informação. A terminologia da semiótica facilita o ordenamento dessas figuras. Partindo do fato de que todo signo tem dois aspectos, a saber, forma e significado, chegamos a dois tipos básicos de figura de retórica, pois esta pode operar por meio da forma ou do significado do signo. Se levarmos em conta a forma, estaremos na dimensão da sintaxe. Se levarmos em conta o significado – ou *relata*, para usar o termo da semiótica –, estaremos na dimensão da semântica. (*Relatum* é um termo que abarca tudo o que um signo representa; suas subcategorias são as coisas designadas, as coisas denotadas e as coisas significadas. Os termos técnicos para essas coisas são *designata, denotada* e *significata*.) Usando essa classificação, conclui-se que as duas categorias de figura de retórica são a sintática e a semântica. A figura é sintática quando opera por meio da forma do signo e semântica quando opera por meio do *relatum* (ou referente). Nos sinais de trânsito, percebemos que os contornos, as cores e as disposições dos signos pertencem às dimensões sintáticas, e os significados, à semântica.

Analisadas e simplificadas as distinções super-refinadas da retórica clássica, podemos classificar assim as figuras de retórica verbal:

I. FIGURAS DE SINTAXE
   A. Figuras de transposição (afastamento da ordem normal das palavras)
      1. Aposição (inserções explicativas)
      2. Atomização (tratar partes dependentes de uma frase como independentes)
      3. Parênteses (inclusão de uma frase dentro de outra)
      4. Reversão ou anástrofe (deslocamento de uma palavra para enfatizá-la)
   B. Figuras de omissão (falta de palavras)
      1. Elipse (omissão de palavras que podem ser intuídas pelo contexto)
   C. Figuras de repetição
      1. Aliteração (repetição da letra ou do som inicial)
      2. Isofonia (repetição, em sequência, de sons de palavras ou de parte de palavras semelhantes)
      3. Paralelismo (repetição do ritmo em orações ou frases sucessivas)
      4. Repetição (reprodução de uma mesma palavra em diversas posições)

II. FIGURAS DE SEMÂNTICA
   A. Figuras de oposição (baseadas na união de referentes opostos)
      1. Antítese (confrontação, em uma frase, de partes que possuem significados opostos)
      2. Conciliação (união de referentes contraditórios)
      3. Lítotes (afirmação por meio de uma dupla negação)
   B. Figuras de comparação (baseadas na comparação dos referentes)
      1. Gradação (ordenação das palavras em progressão ascendente ou descendente)
      2. Hipérbole (exagero)
      3. Metáfora (uso de uma palavra em outro campo ou aplicação de tal maneira que se pressupõe e se externa uma semelhança de qualquer espécie entre os dois campos)
      4. Subestimação
   C. Figuras de substituição (baseadas na substituição dos referentes)
      1. Metonímia (substituição de um signo por outro, com os referentes de ambos em uma relação autêntica)
      2. Sinédoque (um caso especial de metonímia: substituição de um signo por outro, com os referentes de ambos em uma relação quantitativa)

III. FIGURAS DE PRAGMÁTICA
   A. Diálogos fictícios (o orador pergunta e ele próprio responde)
   B. Discurso direto
   C. Conversão de uma objeção em um argumento em benefício próprio
   D. Asteísmo (respostas despropositadas a uma pergunta ou argumento)

Com a ajuda dessas definições provenientes da arte da retórica, o anúncio publicitário pode ser analisado e descrito de acordo com características retóricas. Desse modo, sua estrutura persuasiva pode vir à luz.

É costume entre os filósofos da linguagem distinguir entre persuasão e informação, entre formação de opinião e documentação e regulamento e entre discurso comum e linguagem científica. Aos olhos dos representantes ortodoxos de uma linguagem purificada e não ambígua, a retórica é simplesmente um manual de truques verbais, indigna do verdadeiro cientista. Em resposta a isso, os defensores da retórica afirmam que a ambiguidade sistemática dos signos linguísticos é consequência inevitável do poder da linguagem e, além disso, parte indispensável dos recursos de comunicação do ser humano. Quando se desbasta a questão teórica sobre se é possível ou não existir comunicação sem retórica, os argumentos parecem favorecer a última alternativa. Os únicos exemplos de informação simples e sem atrativos, livre de qualquer sinal de retórica, que nos surgem de imediato são coisas como tabelas de logaritmos, horários de ônibus e aviões e listas telefônicas. Felizmente, a comunicação não se limita a isso; em maior ou menor grau, as declarações informativas vêm recheadas de retórica. Se não fosse assim, a comunicação morreria de inanição profunda.

Para o designer, a informação "pura" só existe em uma abstração estéril. Assim que ele começa a lhe dar uma forma concreta, a retórica inicia seu processo de infiltração. Parece que muitos designers – cegos pelo esforço de transmitir uma informação objetiva (o que quer que isso signifique) – simplesmente não enfrentam essa realidade. Eles não conseguem se conformar com a ideia de que publicidade é informação *dirigida* e de que seu conteúdo informativo é muitas vezes secundário, se é que desempenha algum papel.

É difícil não simpatizar um pouco com esse ponto de vista, por mais equivocado que seja. Ele expressa certo mal-estar e insatisfação com o papel do designer visual, perceptíveis em nossa sociedade competitiva, onde sua capacidade muitas vezes é desperdiçada na mera representação dos atributos imaginários de bens e serviços. E o tom grandiloquente dessa representação muitas vezes contrasta ostensivamente com a vulgaridade e a banalidade dos produtos oferecidos. O superlativo eufórico prescrito é tapeação, tanto quanto a informação "objetiva" na publicidade, a qual, envergonhada de seu propósito promocional, tenta se disfarçar.

Posto que existem diversos níveis de infiltração retórica, surge então a questão de como avaliar esses diferentes níveis em termos quantitativos. A mensuração e os dados numéricos estão na ordem do dia, exibindo-se como realizações admiráveis da ciência. Apesar de certa desconfiança do fetichismo dos números, que só aceita um novo conhecimento que seja representado em termos numéricos, podemos esboçar uma possibilidade simples de medir o conteúdo retórico de um texto. Quando se trata de formas de medida, devemos nos ater àquilo que se pode apurar. Em um texto, o que se pode apurar é a quantidade de figuras de retórica de diversos tipos que ele contém. Em um texto publicitário, a proporção de figuras de retórica em comparação com as frases normais é um indicador de sua persuasão. Se dez figuras de retórica e cinco frases normais aparecerem em um texto, podemos dizer que ele tem um nível 2 de persuasão. O que significa persuasão não é especificado nem mesmo definido. Tudo o que se oferece são os dados necessários para medir o que é chamado de persuasão.

A retórica verbal abre caminho para a retórica visual. Como dissemos, a retórica clássica estava confinada à linguagem. No entanto, a maioria dos pôsteres, anúncios, filmes e comerciais de TV contêm signos linguísticos e não linguísticos lado a lado; esses signos não são independentes, mas interagem intimamente. Portanto, é bastante razoável fazer perguntas acerca das típicas combinações imagem/palavra, das típicas relações de signos e das figuras de retórica visuais/verbais.

A retórica visual ainda é um território virgem. A seguir, tentaremos explorar esse novo país. Nossa argumentação baseia-se principalmente em interpretações da análise de uma série de anúncios.

Guiando-nos pelas conclusões da retórica verbal, dissecamos as figuras que se referem exclusivamente à interação entre palavra e imagem. Foram utilizados os termos da retórica verbal para designar os conceitos dessa nova retórica. Quando necessário, novos conceitos foram introduzidos. Nessa primeira abordagem, as figuras visuais/verbais foram simplesmente anotadas. O trabalho de classificá-las e sistematizá-las ainda está por fazer.

Para definir uma figura visual/verbal, não basta mais aplicar o critério do "afastamento do uso normal" como nas figuras verbais, porque não é possível estabelecer quais relações entre signos verbais e visuais compõem o padrão do qual se pode partir. Portanto, em termos de definição, parece mais adequado recorrer às possíveis interações que já são próprias dos signos. Assim, uma figura de retórica visual/verbal é uma combinação de dois tipos de signos cuja eficácia comunicativa depende da tensão entre suas características semânticas. Os signos deixam de simplesmente se somar, passando a atuar, mais propriamente, em relações recíprocas cumulativas.

[A seguir, os títulos das ilustrações originais. Em razão da baixa qualidade das ilustrações, não as reproduzimos aqui.]

## COMPARAÇÃO VISUAL/VERBAL

Uma comparação que começa com signos verbais e continua com signos visuais.

*Anúncio: Young & Rubicam*
As "ideias afiadas" expressas verbalmente são representadas pelo lápis apontado. A monotonia dos anúncios dos quais o anúncio eficaz se destaca é ilustrada pela fileira uniforme de lápis não apontados (= não eficazes).

## ANALOGIA VISUAL/VERBAL

Um referente expresso verbalmente é confrontado com um referente semelhante expresso visualmente.

*Anúncio: Esso*
"Abasteça em qualquer lugar." O abastecimento dos carros é ilustrado pela analogia do beija-flor se alimentando.

## METONÍMIA VISUAL/VERBAL

Um referente indicado por signos verbais é visualizado por signos em uma relação real com o referente verbal; por exemplo, causa em vez de consequência, ferramenta em vez de atividade, produtor em vez de produto.

*Anúncio: Esso*
"Seja preciso!" O imperativo expresso verbalmente é visualizado por meio da ferramenta (um micrômetro) para executá-lo.

## CADEIA VISUAL/VERBAL

Um assunto começa com palavras e continua e termina visualmente.

*Anúncio: revista Time*
"Onde há fumaça"

## NEGAÇÃO VISUAL/VERBAL

Signos verbais negam o que é mostrado visualmente.

*Anúncio: Kardex*
"Nós não fazemos isso." A imagem é neutralizada pela declaração verbal.

## SINÉDOQUE VISUAL

Um referente expresso verbalmente é visualizado por meio de uma parte representando o todo, ou vice-versa.

*Anúncio: Kardex*
"Você encontra Kardex nos lugares mais improváveis." O bebê é um signo visual que simboliza o berçário inteiro e todo tipo de "lugares improváveis".

## ESPECIFICAÇÃO VERBAL

Um signo visual é acompanhado apenas do mínimo de texto necessário para sua compreensão.

*Anúncio: Elizabeth Stewart*
"Maiô Elizabeth Stewart"

## SUBSTITUIÇÃO VISUAL

Um signo visual é substituído por outro em razão de suas características formais.

*Anúncio: Univac*
"Geizkragen" ("colarinho ganancioso" = "pão-duro"). A palavra metafórica é ilustrada por um cartão perfurado dobrado para parecer um colarinho.

## CLÍMAX E ANTICLÍMAX SINTÁTICO

Uma figura puramente visual.

*Anúncio: General Electric*
"Como ter pedras de gelo sem nunca encher as forminhas." A série de imagens cria praticamente um modelo simétrico, com a imagem do meio sendo o ponto de inflexão. Até esse ponto, a fotografia torna-se mais próxima e mais detalhada; a partir daí, ela recua novamente, distanciando-se.

## PARALELISMO VISUAL/VERBAL

Signos visuais e verbais representam o mesmo referente.

*Anúncio: Dow*
"Nós fazemos embalagens de plástico..." A afirmação verbal é descrita pela ilustração de uma garrafa de plástico. A afirmação "Nós fazemos embalagens a rodo..." é complementada pela ilustração paralela de um barril*.

## PARALELISMO VISUAL/VERBAL

Signos visuais e verbais representam o mesmo referente.

*Anúncio: VW*
"Você nunca fica sem ar." A abundância de ar sugerida verbalmente é visualizada por meio da inserção de uma área cinza-claro.

## MEDIAÇÃO ASSOCIATIVA

Em uma sequência de signos verbais, um deles é ilustrado por um grupo de signos visuais, que, por sua vez, conduzem a outro referente dos signos verbais.

*Anúncio: Vodca Smirnoff*
"Tire férias dos drinques comuns!" O elemento verbal "férias" é pinçado da sequência e ilustrado por meio de uma vigia de navio, um pôr do sol e um mar calmo. É assim que a ligação entre vodca e férias é feita.

*Publicado originalmente em* Ulm, *n. 14-15-16 (Ulm, dezembro de 1965).*
*Esta versão revista foi publicada em* Dot Zero, *n. 2 (Nova York, 1966).*

---

\* "*By the drumful*", no final da afirmação, significa "a rodo, a granel, em grande quantidade". No caso, é possível usar a imagem do barril ("*drum*") para complementar a afirmação. (N. do T.)

# 1966
## O DECLÍNIO DO VISUAL
### Marshall McLuhan

Após brilhante carreira *nos anos 1960 como guru da mídia internacional, Marshall McLuhan (1911-1980) caiu no esquecimento. Então, na década de 1990, dominada pelo computador, uma nova geração de leitores começou a reparar na excepcional clarividência das ideias do professor canadense sobre tecnologia, mídia e sociedade na "aldeia global". Seu status de mascote dos autointitulados "digerati"\* foi confirmado quando a* Wired *fez dele seu santo protetor.* Understanding Media *(1964) e* The Medium Is the Message *(1967) foram reeditados (este último pela* Wired*) e deram origem a estudos acadêmicos. As colaborações de McLuhan com o designer Quentin Fiore também foram revistas como tentativas paradigmáticas de desafiar a hierarquia editorial estabelecida de texto e imagem. O artigo que McLuhan escreveu para a revista de design nova-iorquina* Dot Zero *(1966-1968) repete alguns temas familiares – a eletricidade seria uma extensão global do sistema nervoso do homem –, ao mesmo tempo que cria percepções que fazem mais sentido hoje do que provavelmente fizeram na época. A afirmação de McLuhan de que a revolução elétrica liberta o tipógrafo para explorar letras como "designs esculturais abstratos" antecipa a tipografia digital experimental dos anos 1990. Suas reflexões sobre o desejo das crianças de se envolverem com o texto são um prenúncio das atrações animadas do Nickelodeon e da MTV. – RP*

Em recente conferência em Delos, os delegados se reuniram para analisar a "crise da ocupação humana". Uma consideração básica foi que nos próximos quarenta ou cinquenta anos haverá mais edifícios erguidos no mundo do que nos seis mil anos anteriores. De acordo com os índices atuais, cada ano registra uma área construída superior à dos quarenta ou cinquenta anos anteriores. O que escapa à compreensão dos arquitetos e planejadores é que esses índices de transformação e crescimento são ainda maiores em outras áreas da atividade humana. Enquanto eles se preocupam com uma "explosão" populacional, a eletricidade implodiu, ou encolheu, o mundo, deixando-o com as dimensões de uma aldeia.

Para os construtores e planejadores urbanos, uma coisa é evidente: o enorme aumento da velocidade e da área construída exige uma abordagem inteiramente nova dos problemas de design. A tripulação de um jato tem de utilizar recursos de percepção diferentes dos de um pedestre. No entanto, a mesma velocidade que exige uma consciência desenvolvida e a ampliação da percepção também possibilita a identificação de padrões que não são acessíveis àqueles que se movem mais lentamente. A 4 mil metros de altitude, a Terra ainda parece uma pintura realista. A 11 mil metros, ela começa a ganhar contornos abstratos. À medida que o componente visual é rebaixado, os componentes tátil e cinético ganham força. O design puro surge como algo de qualidade superior. À medida que a mudança se torna nossa única constante, a velocidade se transforma em um elemento giroscópico de estabilidade em nosso

---

\* Neologismo em inglês resultante da fusão de *"digital"* e *"literate"*, significando aqueles que conhecem computadores e dispõem de habilidades para lidar com eles. (N. do T.)

mundo. Além disso, como o piloto do jato, toda a sociedade vive hoje por meio de instrumentos, não por meio dos desamparados sentidos humanos.

Com a eletricidade, o ser humano estendeu seu sistema nervoso por todo o mundo. As extensões e as tecnologias anteriores eram extensões incompletas do corpo. A roupa era uma extensão da pele; a roda, dos pés; a escrita, do olhar. Dessa forma, séculos de mecanização gradual por meio de extensões incompletas foram abolidos rapidamente pelo conjunto de circuitos das extensões elétricas de nosso sistema. Com tal conjunto de circuitos, passamos rapidamente do mundo da roda e dos dados confidenciais para o da identificação de padrões. O próprio processo de aprendizado pode passar da fase de aquisição de dados para o nível da descoberta.

A comunicação instantânea assegura que todos os elementos do ambiente e da experiência coexistirão em um estado de interação rápida. É essa interação que produz a percepção da forma e do design, enquanto a velocidades mais baixas de movimento continuamos com uma visão parcial e com nossos pontos de vista. Não é paradoxal que o modelo ou design não floresça em culturas extremamente visuais ou letradas. As sociedades industriais deixam o sentido da visão em uma situação de isolamento porque a fragmentação e a análise dos processos sujeitos à mecanização são conduzidos pelos recursos visuais. É o poder que a visão tem de isolar e controlar aspectos das funções (um poder que os outros sentidos não têm) que é tão indispensável para os processos de mecanização. E, nesse isolamento, o design sofre. Entretanto, com a extensão elétrica dos nervos e do *feedback*, o sentido da visão volta a se relacionar com os outros sentidos, particularmente com o sentido ativo do tato. A eletricidade não é mecânica nem fragmentária, mas algo inteiramente "ligado".

Especialmente com a televisão, parece ocorrer uma extensão do sentido ativo de exploração do tato (que envolve todos os sentidos ao mesmo tempo), mais do que da visão apenas. No entanto, em todos os fenômenos elétricos o visual é somente um dos componentes de uma interação complexa. E, uma vez que na Era da Informação a maioria das informações é controlada eletricamente, a tecnologia elétrica significou para o homem ocidental uma queda considerável do componente visual em sua experiência e um aumento correspondente da atividade dos outros sentidos. Na verdade, com o advento da tecnologia elétrica, penetramos em um mundo relativamente opaco e inconsciente, no qual a extensão dos nervos de todos os indivíduos envolveu profundamente cada um deles na vida dos outros. Embora tenha ameaçado o senso de identidade de muitas pessoas, isso elevou nossa percepção geral da forma e do significado da vida e dos acontecimentos a um nível extremo de sensibilidade.

Em seu novo livro, *The Begining of Architecture*, Siegfried Giedion menciona várias vezes o fato de antes da escrita não existir arquitetura em nenhuma cultura. Com a escrita, ocorrem a ampliação do papel dos valores puramente visuais e a diminuição do complexo audiotátil. Com a escrita, os planos vertical-horizontal podem se separar do envolvimento de profundidade da pressão cinética, assim como do tato e da audição. O sentido da visão oferece, sozinho, a homogeneidade, a continuidade e a conectividade necessárias para a organização "racional" ou visual da experiência. O tato, a audição e o resto não têm nem a homogeneidade nem a conectividade necessárias para o "cercamento" arquitetônico do espaço. Entretanto, os homens pré-letrados possuem uma sensibilidade inigualável para a plasticidade única das formas, as quais o homem visual, por sua natureza, tende a reduzir a um espaço uniforme e contínuo e a encerrá-las dentro dele. A própria escrita é um exemplo de redução das complexas formas sensoriais das palavras em uma única forma visual. E agora, na era da eletricidade, quando todas as formas sensoriais estão acessíveis simultaneamente, a tirania da tipografia, que impõe seu regime monótono a todos os aspectos da vida e da percepção, não pode mais ser tolerada. No entanto, o tipógrafo pode tirar algum proveito da revolução elétrica. Pela primeira vez, ele está livre para explorar as letras como designs esculturais abstratos.

O que estou sugerindo é que, na era da eletricidade, os homens são capazes, pela primeira vez, de perceber como suas tipologias sensoriais assumiram, psíquica e socialmente, as formas atuais. E, além disso, eles estão, pela primeira vez, livres para reestruturar as relações sensoriais típicas que suas culturas lhes impuseram. Já temos consciência do papel da arte como uma espécie de pacote de AJUDA que é enviado para as áreas subnutridas do sensório. Agora ficamos sabendo que é possível organizar todo o ambiente humano como uma obra de arte destinada a maximizar a percepção e a transformar o aprendizado diário em um processo de descoberta. Os urbanistas estão aplicando o método Montessori à vida comum. E, reciprocamente, à medida que adentramos a nova era do planejamento arquitetônico voltado para as necessidades de inclusão de uma comunidade de aprendizado contínuo, o design se torna tão indispensável para o educador como para o engenheiro. As disparidades ancestrais entre arte e comércio estão desaparecendo com a mesma rapidez das que existem entre educação e governo.

Com a extensão elétrica do sistema nervoso, os homens tiveram não apenas de se envolver profundamente uns com os outros, mas também mudar o foco de sua atenção da ação para a reação. Hoje é indispensável conhecer antecipadamente as consequências de qualquer política ou ação, uma vez que os resultados de uma ou de outra são rapidamente sentidos. Poderíamos esperar e ver. Com a velocidade da eletricidade, é impossível esperar. Os projetos mais luminosos e sonoros, envolvendo simultaneamente todos os elementos e todos os sentidos, agora se tornam obrigatórios nas situações mais comuns. Assim, o tipógrafo, por exemplo, se vê diante da necessidade de conceber tipos que, na era da televisão, possam prender novamente a atenção das crianças. Com sua exigência míope de envolvimento com o texto, os tipos que eram aceitos pela criança pré-TV não despertam interesse algum na criança que convive com a TV.

Outra forma de descrever a revolução dos sentidos na Era da Informação elétrica é mencionar o fato de que os cursos de pós-graduação de nossas universidades, que na Era Mecânica eram locais em que um pequeno número de jovens passava pelo processo de transformação, constituem hoje órgãos de percepção de toda a sociedade. O objeto de seus estudos ampliou-se, passando a incluir a sociedade inteira (por exemplo, recursos estatísticos de pesquisa de audiência), e seus resultados (da previsão do tempo aos instrumentos para observar a estrutura da matéria) servem mais diretamente ao conjunto da sociedade.

Com a transformação do papel da universidade, veio também a necessidade de redesenhar todas as características do *campus* e do currículo. Essa situação não deixa de estar relacionada àquela mencionada no início destes comentários. As novas cidades não devem ser mais simples cercados para abrigar ou acomodar populações com interesses fragmentados. Elas precisam se tornar instrumentos imediatos de elevação da consciência e aumento da cooperação.

*Publicado originalmente em* Dot Zero, *n. 1 (Nova York, 1966).*

# 1967
# A TIPOGRAFIA É UMA GRADE
*Anthony Froshaug*

NA GRÃ-BRETANHA, ANTHONY FROSHAUG *(1920-1984) foi um dos primeiros a adotar a Nova Tipografia de Jan Tschichold e outros, o que fez dele uma figura-chave do design de comunicação britânico do pós-guerra. Ele montou a própria gráfica, o que lhe permitiu prosseguir suas pesquisas tipográficas matematicamente precisas com um controle que não poderia ter sido alcançado dentro da estrutura da impressão comercial. Como professor da Escola Central de Artes e Ofícios e, posteriormente, da Real Academia de Arte, em Londres, ele exerceu uma influência duradoura sobre uma geração de designers gráficos britânicos. Com uma postura decididamente não comercial, também foi professor de design gráfico e comunicação visual na Hochschule für Gestaltung, em Ulm, de 1957 a 1961. Froshaug escreveu regularmente, muitas vezes para discordar, e este artigo foi uma resposta a uma dogmática interpretação tschicholdiana da utilidade da grade feita pelo editor de arte da revista* Design, *Brian Grimbly, em um número anterior da* Designer. *O foco preciso de Froshaug nas particularidades de seu material tipográfico (assim como um pouco de seu comportamento muitas vezes difícil) pode ser percebido nestas reflexões decididamente não dogmáticas sobre as estruturas de grade, que, sugere ele, estão implícitas na própria palavra "tipografia". – RP*

Mencionar "tipográfico" e, no mesmo fôlego/frase, "grades" é algo rigorosamente tautológico. A palavra "tipografia" significa escrever/imprimir usando elementos padronizados; a utilização de elementos padronizados implica uma relação modular entre tais elementos; uma vez que essa relação é bidimensional, ela implica a definição de dimensões, que são tanto horizontais como verticais.

Consideremos os problemas enfrentados por Gutenberg, há cerca de quinhentos anos, quando ajudou "o eterno Deus" a trazer "à vida a louvável arte por meio da qual os homens agora imprimem livros, multiplicando enormemente seu número..."[1]. Atenção, Johann Gutenberg estava a par da invenção do papel (que chegara a Colônia por volta de 1320); atenção, ele estava a par do desenvolvimento de tintas apropriadas... das características gerais das máquinas de tecer e de prensar uvas para extrair vinho, das habilidades dos gravadores, da fabricação de moldes e ferramentas pelos ourives (afinal, ele próprio era ourives)[2]. O que Gutenberg inventou?

Para que as letras e outros caracteres possam ser organizados em linhas, uma sobre a outra, para impressão, cada um deles deve ser da mesma altura ou ter o mesmo tamanho de corpo dos que lhes são contíguos, independentemente de sua largura individual: a dimensão vertical (*y* nas coordenadas cartesianas) é crucial. Se, como parece historicamente provável,

3. Die unregelmäfsigkeit diefes fatzes wird durch die typen der buchftaben a und e verurfacht; fie find zwar gröfser als die anderen lettern, bei genauer mefsung aber doch nur um dreizehn taufendteile eines zolls. Diefer verfchwindend kleine unterfchied wiederholt und vergröfsert fich mit jeder zeile, bis der zufammenhang der wörter und linien zum teil zerftört wird. Wenn das gröfsere a und e noch zu einem dutzend linien verwendet werden follte, fo wäre der lefer gar nicht mer im ftande den fatz zu lefen.

---

1. *Chronicle of Cologne*, 1499.
2. Usher, A. P., *A History of Mechanical Inventions*, Harvard, 1954. O Capítulo X trata da "Invenção da impressão"; contudo, o Capítulo IV, sobre "O surgimento da novidade no pensamento e na ação", não deve ser deixado de lado.

o que Gutenberg inventou foi a matriz tipográfica ajustável, flexível com caracteres de largura diferente, mas inflexível com corpos de tamanho diferente[3], essa invenção atuou como uma grade vertical sobre a composição, a rama e a página.

No entanto, o comprimento da linha, a largura da composição, estabeleceu outra dimensão. Parece que essa dimensão horizontal (x) da grade foi determinada pela convenção e incorporada no leito de Procrusto do diagramador – provavelmente, na época, como mais tarde no caso das 13 paicas fixas do diagramador de jornal, uma bandeja não regulável na qual os blocos-padrão de caracteres podiam ser sucessivamente empilhados.

É claro que a fixação de uma dimensão ou "medida" horizontal requer a existência de convenções quanto ao espaçamento variável entre as palavras[4] ou quanto à abreviação das próprias palavras[5], se todos os caracteres estão alinhados à esquerda, onde começa a linha, e terminam alinhados à direita. As múltiplas grades usadas pelos escribas foram diretamente traduzidas nas técnicas de composição em metal. Havia muito os escribas exploravam os eixos bidimensionais, muito antes de Gutenberg, muito antes de Descartes tê-los chamado de prisão.

Esse cálculo está restrito àqueles que utilizavam o alfabeto latino, que era lido da esquerda para a direita, porém apenas na medida em que se referia a um texto narrativo contínuo. Muito antes, mesmo no tempo dos incunábulos, não eram apenas as cartas que precisavam ser compostas, mas também outros caracteres, como os numerais – e, na tentativa de mostrar a sequência de uma prova, as convenções matemáticas alinhavam igualdades e tabulações, cada uma abaixo da etapa anterior, centralizando, com isso, um novo eixo implícito na página[6].

Assim foi durante séculos. Os primeiros noventa anos de impressão tipográfica assistiram à exploração e ao desenvolvimento da composição justificada e não justificada, do itálico, das novas letras (o *J* e o *U* sobreviveram; algumas, como o ômega, finalmente saíram de cena), dos sinais de pontuação. Contudo, após 1530, os interesses se voltaram para a experiência com o design da letra e, mais tarde, para o progresso mecânico.

Tudo o que foi produzido depois disso considerou que a grade tipográfica era inalterável, até que as exigências de escritores como Blake ou Mallarmé[7] rompes-

---

3. A ilegibilidade resulta da mistura de tipos com tamanhos de corpo diferentes (o "a" c o "c" são 13, embora maiores do que as outras letras). Meisner, H. e Luther, J., *Die Erfindung der Buchdruckerkunst*, Bielefeld e Leipzig, 1900.
4. Capa: fina, média, grossa, espaços en e em para 5, 6, 7, 8, 9, 10, 12, 14, 18, 24, 30, 36, 42, 48 e 60 pontos anglo-americanos. Os espaços impressos em cinza são intercambiáveis com 2-, 3- e 4- quadratins de paica. Froshaug, A., *Typographic Norms*, Birmingham/Londres, 1964.
5. Abreviações de palavras e sílabas na *Bíblia* de 36 linhas de Gutenberg. Observe os os hífens extrapolam a medida.
6. Ptolomeu, *Cosmographia*, Ulm, 1482. Observe o tamanho comparativamente pequeno do numerador nas frações; compare as frações da Bolsa de Valores nas colunas financeiras com relação a uma das soluções alternativas.
7. Mallarmé, Stefan, "Un Coup de Dés", *Cosmopolis*, Paris, 1987. Considere também os problemas de cunho sociorreligioso que os poetas inevitavelmente levantaram, examinados por Themerson, Stefan, *Cardinal Pölätüo*, Londres,

sem com as tradições. E, mesmo no que diz respeito aos poetas, sua compreensão da tipografia era tal que eles mal consideravam que a apresentação de seus desejos pessoais fosse um desafio à grade.

Estamos, porém, diante de algo preocupante. A tipografia, tal como é ensinada nas escolas de arte e ressaltada nos livros ilustrados, na maioria das vezes não passa de uma palavra que delimita um campo da história da arte e da habilidade; livros de tipos, de ornamentos e de regras tipográficas, de páginas de rosto (poucos livros de página espelhada) repousam em prateleiras ou gráficas. A tipografia (*sic*) tornou-se a disciplina de colocar letras em um campo: tipografia, uma forma mais precisa de inscrição. E a inscrição, a caligrafia, morreu de uma doce morte romana ou transportou-se em letraset para debaixo da terra.

*Passado um milênio, é chegada a hora de fazer uma reavaliação da tipografia.*

Na arquitetura, as pedras, o barro e as máquinas, simultaneamente domados, foram controlados; o trabalho foi delegado, artesãos trabalharam seu amor pelos materiais por meio daquele material, construtores se organizaram e, posteriormente, arquitetos supervisionaram as construções. Hoje, após o declínio da arquitetura, todo trabalho importante é feito por aqueles que sonharam com catedrais brancas ou tiveram uma experiência ou um interesse íntimo em seu material, fosse ele antiquado ou novo.

Assim foi na tipografia: os primeiros tempos foram de experiência; as experiências tornaram-se convenções; as convenções, regras – e, depois disso e até agora, quase sempre uma brincadeira com as formas e com tipos de papel e a extraordinária facilidade do aparelho mecânico, para alcançar um objetivo que raramente vale a pena.

Imprimir o slogan "re-avaliar" nada significa por si só. Recursos qualificados e definidos *conhecem*, recursos *descobrem a essência da coisa*. O que se pode fazer, por exemplo, com esses componentes padronizados? – padronizados diante do uniforme militar, na verdade. A resposta, evidentemente, é aceitar a grade que é sua essência.

"grade, s., Estrutura de barras paralelas intercaladas ... rede ... alambrado ..."⁸

Ou "rede, emaranhado, teia, malha, trama, meada, luva, feltro, laço; cesto; esteira; trança, paliçada, vime, treliça, gradeado, grelha, alambrado, bordadura, arraiolo, filigrana, retícula; tecido, tela"⁹.

Tendo aceitado, determine as convenções. Para cada texto a ser traduzido em termos tipográficos, não determine apenas como o texto será apresentado, mas o que ele pretende dizer. Descubra se existe uma linguagem tipográfica que permita demonstrar esse significado em sua plenitude máxima; se não, como a semântica sintática tipográfica deve ser mudada para que esse significado extremamente adorado e pleno

---

1961; observe, ainda, os problemas de relacionar o manuscrito às restrições da tipografia, examinados pelo mesmo autor no artigo extremamente criativo "Idéogrammes lyriques", *Typographica 14*, Londres, dezembro de 1966.

8. [No original: "*grid, n, Frame of spaced parallel bars ... network ... gridiron ...*".] *The Concise Oxford Dictionary of Current English*, Oxford, 1951.

9. [No original: "*net, plexus, web, mesh, twill, skein, sleeve, felt, lace; wicker; matting; plait, trellis, wattle, lattice, grating, grille, griditon, tracery, fretwork, filigree, reticle; tissue, netting*".] *Tabular Synopsis of Categories*: Class 2, Space; 2. Dimensions; 2. Linear; 219. Crossing. Roget, P. M.: *Thesaurus*, Londres, 1852.

possa ficar evidente. (E se for um texto sagrado, como esse próprio texto altera e enriquece os padrões tipográficos?) Faça como os poetas, que brincam com a linguagem "normal" (assim como os loucos e os agentes publicitários, seus golpes e significados baseiam-se na norma, muitas vezes afastando-se dela, mas sempre em alusão a ela). Olhe para o comprimento da linha – pense no leitor; observe o tipo, seu tamanho, o comprimento da linha em que ele foi composto (a horizontal) ou a relação entre a altura de $x$ de cada linha com as linhas contíguas (a vertical). Cometa todos os enganos possíveis, enquanto pensa que essas tentativas, que podem se revelar equivocadas mais tarde, merecem ser seriamente exploradas (mas nunca cometa enganos deliberadamente, com a visão intencionalmente encoberta). Reconheça todas as restrições.

Embora pareça, isso tudo não está distante das grades. (Simplesmente, esta última palavra tornou-se um termo consciente.) Não consigo imaginar nenhum antigo impressor empregando somente essa palavra; só consigo imaginar tal conceito informando sua abordagem. *Descobrir* o texto, determinar as formas em que ele é manipulado, combinar todas as exigências mutuamente destrutivas (como elas podem parecer à primeira vista) em um núcleo tranquilo de discreto significado: para isso, é preciso conhecer e identificar a tipografia. Aceite as restrições; então, tendo-as aceitado, preencha-as com a descoberta.

*Publicado originalmente em* Designer, *n. 167 (Londres, janeiro de 1967).*

# 1967
# DESIGN DE MARCAS
## Jay Doblin

A CARREIRA DE JAY DOBLIN *(1920-1989) compreendeu um conjunto extraordinário de experiências: ele ocupou posições-chave tanto no escritório de Raymond Loewy como no de Lippincott e Margulies, antes de fundar em 1965, com Ralph Eckerstrom, Bob Noorda e Massimo Vignelli, a Unimark International. Durante toda a sua vida, Doblin esteve obcecado pela reconciliação entre o tradicional caráter intuitivo da prática do design e os métodos analíticos associados à ciência e aos negócios. Professor dedicado, conduziu, de sua posição de presidente do Instituto de Design no Instituto de Tecnologia de Illinois, uma rigorosa e sistemática exploração do design como disciplina quantificável, visão que, por sua vez, mostrou-se atraente a clientes comerciais como Amoco e Xerox. Com seu ceticismo a respeito do exercício convencional do design e suas tentativas de ordenar métodos de design anteriormente inclassificáveis, este ensaio é bem típico de Doblin. Ele foi publicado em* Dot Zero, *publicação interna da Unimark e veículo pioneiro da crítica do design (esse número foi dedicado à identidade corporativa e contou com contribuições de origens tão diversas como Reyner Banham e John Kenneth Galbraith). Hoje praticamente esquecida,* Dot Zero *(1966-1968) foi, ela própria, uma demonstração extraordinária do compromisso de Doblin com o design como empreendimento intelectual.* – MB

Bem utilizada, a marca pode ser um ativo empresarial extremamente valioso. Pode ser mesmo a propriedade mais valiosa de uma corporação, mais do que seus produtos, máquinas, fábricas etc. A marca pode se tornar o núcleo ao redor do qual toda a atividade vai girar. Como exemplo, a suástica, signo que significava boa sorte, tornou-se o símbolo de um patriotismo exacerbado ou do terror, dependendo do lado em que estivesse o observador. No livro *Ascensão e queda do Terceiro Reich*, William L. Schirer traça um esboço do papel de Hitler como designer gráfico: "No verão de 1920, Hitler, o artista frustrado que, no entanto, se tornava agora um mestre da propaganda, teve uma inspiração que só pode ser definida como um golpe de gênio. O que faltava ao partido, disse ele, era um emblema, uma bandeira, um símbolo que expressasse o que a nova organização defendia e que mexesse com a imaginação das massas, as quais, segundo Hitler, precisam de um símbolo fora do comum para seguir e pelo qual lutar. Depois de refletir bastante e de fazer inúmeras experiências com diversos designs, ele chegou a um emblema com um fundo vermelho, um círculo branco no centro e, dentro deste, uma suástica negra. A cruz da suástica em forma de gancho – a *hakenkreuz* –, embora tivesse sido tomada de empréstimo de épocas mais remotas, tornar-se-ia um símbolo poderoso e assustador do Partido Nazista e, em última análise, da Alemanha nazista."

"Hitler ficou eufórico com sua singular criação. 'Isso é que é um verdadeiro símbolo!', exclama ele em *Mein Kampf*. 'No vermelho, vemos o conceito social do movimento; no branco, o conceito de nação; na suástica, a missão de lutar pela vitória do homem ariano.'" Por mais torpes que fossem as intenções e os resultados de Hitler, ele merece o título de designer de marca do século XX.

A marca é uma letra, palavra, desenho ou símbolo que serve para identificar o produtor ou proprietário, normalmente com propósitos comerciais. No entanto, essa afirmação simples não explica como a marca funciona como meio de comunicação. Podemos citar, de diversas fontes da teoria da comunicação, conceitos interessantes que iluminam o papel da marca. Tais conceitos incluem a grade de comunicações, os oito tipos de simbolismo, a escala de ambiguidade e o diferencial semântico. A Grade de Comunicações revela como a marca se ajusta às diferentes formas de comunicação.

## A GRADE DE COMUNICAÇÕES

Os recursos por meio dos quais nos comunicamos apoiam-se em dois tipos de símbolo: sequencial linear e presentacional. O símbolos sequenciais lineares são formas de letras que incluem o verbal e o numérico. Os símbolos presentacionais são recursos visuais que incluem modelos, fotografias, desenhos, esboços etc. Os símbolos sequenciais lineares – letras e números – devem ser lidos um a um para que, somados, criem um acúmulo de significado. Os símbolos presentacionais agem de maneira diferente. Eles são percebidos e compreendidos como um todo, instantaneamente (a menos que sejam apresentados em uma sequência temporal, como acontece muitas vezes com um luminoso, por exemplo). Esses tipos de símbolo – verbal, numérico e visual – podem ser montados em uma matriz que tem como pano de fundo as quatro formas de atuar das comunicações: *identificação, instrução, significado* e *estética*.

A *identificação* é um recurso das comunicações que utiliza símbolos para descrever uma pessoa, uma organização, um objeto ou uma ideia. Nomes, medidas e retratos são alguns tipos de identificação.

A *instrução* orienta sobre como proceder. Ela pode assumir a forma de instruções verbais, fórmulas numéricas ou indicadores visuais.

Os *significados*, em comunicação, são mensagens não verificáveis factualmente, exigindo interpretações. As frases "Eu te amo", "O 13 dá azar" ou "o rabo de peixe de um Cadillac" são mensagens que transmitem ambiguidades ocultas por emoções, preconceitos ou posturas e, geralmente, respostas subjetivas que ultrapassam a utilidade das comunicações.

A *estética* é utilizada na comunicação para tornar as mensagens mais belas e expressivas, tanto em termos de organização como de apresentação. Poesia e pintura são manifestações de símbolos estéticos.

As marcas são, claramente, símbolos de identificação – normalmente visuais ou verbais, raramente numéricos. Existe certa confusão entre as marcas que são símbolos de identificação visual e as que são símbolos de instrução visual.

Os símbolos presentacionais instrutivos são hoje um ramo importante do design visual, especialmente no que diz respeito ao emprego interidiomático. Sinais de trânsito, comandos de máquinas, sentidos de direção etc. cada vez mais estão sendo simbolizados visualmente e não verbalmente. Essas tentativas de solucionar problemas da linguagem verbal por meio de recursos visuais são fascinantes. No entanto, parece que a causa do fracasso de muitos desses símbolos é que as complexas mensagens que eles tentam transmitir são mais obscuras como signos do que como palavras e, além do mais, não são redutíveis a um único símbolo presentacional. Muitas dessas marcas se tornam pictogramas em vez de símbolos. A sinalização instrutiva é um tema que não se confunde com a criação de marcas – e, embora sujeita a muitos conceitos idênticos de design, trata-se de uma questão bem diferente. A Grade de Comunicações ajuda a explicar isso.

## OITO TIPOS DE SIMBOLISMO

Os dois conjuntos de símbolos de marcas comerciais – os grafismos e os logotipos – refletem a classificação dos símbolos em presentacionais e lineares sequenciais.

As marcas comerciais podem ser divididas em duas categorias: logotipos, formas de letras desenhadas de maneira inconfundível; e grafismos, designs gráficos inconfundíveis.

Uma das oito formas, as formas de letras compreendem amplo segmento dos símbolos de marcas comerciais, sejam eles uma única letra ou número, um sinal semelhante a uma letra, um monograma composto de um grupo de letras ou um logotipo.

Os símbolos presentacionais das marcas comerciais são classificados em seis grupos visuais: formas de objeto, formas humanas, formas vegetais, formas animais, formas inorgânicas da natureza e formas geométricas. Qualquer marca comercial deve representar um desses símbolos ou uma combinação deles.

Oitavo elemento identificador, normalmente a cor é cuidadosamente indicada para servir de suporte tanto a símbolos lineares sequenciais como a símbolos presentacionais. Utiliza-se a identificação por meio da cor em uniformes de equipes, postos de gasolina, carros de corrida, bandeiras etc. Com relação à identificação, a cor apresenta muitos problemas interessantes que não serão explorados aqui.

Em comparação com a capacidade comunicativa quase infinita dos símbolos sequenciais, os símbolos presentacionais normalmente têm significado bastante específico e preciso. Empregam-se, em geral, os dois juntos para que se apoiem mutuamente, o que é fácil de constatar na publicidade, nos livros didáticos, em peças de teatro etc. – as palavras e as imagens são usadas juntas para compor uma mensagem abrangente. Isso nos leva diretamente ao primeiro problema das marcas comerciais.

*Da esquerda para a direita:*
*1. Forma de letra para a Westinghouse, de Paul Rand.*
*2. Forma de letra para a siderúrgica alemã Friedrich Heybring, de A. Stankowski.*
*3-8. Forma de objeto para a Creative Photographers, de E. Roch, forma humana para a CBS, de W. Golden, forma vegetal para a Nago, forma orgânica para concurso de embalagem suíço, de P. Wenger, forma geométrica para a Triennale de Milão, de R. Sanbonet, e forma animal para a loja de departamentos Carr's, de L. Sutnar.*

## CONSTRUÇÃO DE MARCAS COMERCIAIS MISTAS

A maioria dos textos sobre a construção de marcas comerciais começa dizendo ao leitor que elas representam a viga mestra da identidade corporativa. No entanto, em seguida, eles propõem duas marcas comerciais: um grafismo e um logotipo. O design de marca é uma atividade desafiadora e gratificante. Todos os designers gráficos são convidados a criar marcas comerciais, e muitos deles praticamente só fazem isso. A criação de marcas comerciais está ficando cara. Há rumores de que alguns dos nomes mais brilhantes cobram mais de cem mil dólares para criar uma marca comercial. Muitos designers inventam uma marca comercial e caem fora, sem elaborar um método de utilização ou um plano de controle. É como aqueles curandeiros que vendem uma poção que cura todos os males.

Contudo, os diretores de empresa pedem, e até exigem, que se crie uma marca comercial porque todo mundo tem uma. Além de atender a sua necessidade de encher os olhos, ela também serve de elemento catalisador para levantar o moral. Parece que a marca comercial representa uma profunda necessidade psicológica que é preciso satisfazer.

Após um longo e dispendioso programa de reformulação, grande parte das empresas acaba com duas marcas comerciais – um grafismo e um logotipo. A maioria dos manuais de identidade corporativa mostra como utilizar ambas as marcas de forma adequada, separadamente e em conjunto. A construção de uma marca comercial mista é um erro fundamental no processo de comunicação da identidade de marca. A premissa básica é ter uma marca que seja padronizada e utilizada de maneira coerente. Conviver com duas marcas comerciais representa um incômodo, e qualquer planejamento que as inclua provavelmente estará equivocado. Em itens como papel timbrado, identificadores de matéria-prima, embalagens, caminhões, edifícios etc., é provável que o grafismo não seja suficiente para identificar a propriedade da empresa. O logotipo sempre é colocado próximo dele para garantir a identificação. Poucos industriais têm a ousadia de utilizar apenas a marca comercial. A construção de marcas comerciais mistas conduz a um design poluído e confuso.

## O TESTE TAQUISTOSCÓPICO DA BORDEN'S

A Borden's é uma empresa que normalmente usa duas marcas comerciais bem conhecidas – "Elsie" e um logotipo vermelho. Foi realizado um teste taquistoscópico – que se faz em laboratórios que examinam a visão – utilizando três combinações: o grafismo "Elsie", o logotipo "Borden's" e os dois juntos. Noventa participantes foram expostos às três marcas durante meio segundo.

O logotipo da Borden's sozinho foi corretamente identificado por 97 por cento dos participantes. A margarida com o grafismo "Elsie" foi identificada como a marca comercial da Borden's por 74 por cento dos participantes. O logotipo da Borden's e o grafismo "Elsie", quando mostrados juntos, atraíram 87 por cento de respostas certas. A conclusão nada surpreendente a que se chega é que o logotipo apresenta o nível mais alto de identificação, e o grafismo, o mais baixo. Quando ambos são mostrados juntos, o esforço visual complementar prejudica a comunicação, causando a diminuição de respostas certas. Isso parece estar de acordo com outras pesquisas psicológicas – que demonstram que as percepções corretas diminuem à medida que o olho tem de trabalhar mais em um espaço limitado de tempo. Sobrepor grafismos aos logotipos pode levar a uma redução imediata dos níveis de comunicação. Levando em conta o fato de que, em média, o cliente de supermercado tem de examinar de dois a três mil itens durante quinze minutos, isso significa que cada item consegue menos de meio segundo de exposição. Por que sobrecarregar o sistema de percepção com mensagens desnecessárias, sem contar que também é preciso transmitir outras informações além do nome da marca?

## A ESCALA DE AMBIGUIDADE

A escala de ambiguidade é outra análise dos símbolos que ajuda a esclarecer o papel das marcas comerciais em relação a todas as formas de comunicação.

Ela está intimamente relacionada à "Tabela de Normas Técnicas", de Martin Krampen ["Chart of Coding Techniques", *Dot Zero*, n. 1].

A escala é montada como uma simples inversão do real para o simbólico (R = 1/S). À medida que o *real* diminui, o *simbólico* aumenta – e vice-versa. Observe que a escala ascendente não alcança o ponto mais baixo na extremidade do real. Isso porque o observador sempre acrescenta algo a tudo aquilo que percebe. Esse efeito enviesado ocorre quando a realidade é convertida em informação pelo aparato perceptivo. Na extremidade simbólica, é possível ter 100 por cento de contribuição do observador, como no caso de um sonho, um pensamento, uma alucinação etc.

Essa escala foi dividida arbitrariamente em quatro categorias.

A primeira categoria, a de modelos presentacionais, contém símbolos que estão bastante próximos do real. No nível mais real, os modelos são tridimensionais e reproduzem o objeto real da maneira mais exata possível. Estariam incluídos aí os protótipos de produtos industrializados de massa, os manequins para expor roupas etc. Modelos menos reais seriam as imitações, os modelos em escala etc., que transmitem uma impressão geral da realidade. Distanciando-se mais do real e subindo na escala, encontram-se modelos presentacionais como dioramas, cenários de teatro etc., que começam a alterar a profundidade, a escala, a cor etc.

A segunda categoria é composta por iconografias presentacionais com fotografia ou cinematografia. Embora sejam comumente bidimensionais, essas imagens transmitem uma quantidade relativamente grande de informação acerca da realidade. O degrau superior na escala seria ocupado pelos ícones, que vão desde representações feitas à mão semelhantes a fotografias até esboços impressos e cartuns.

A terceira categoria de símbolos é a de diagramas presentacionais, que incluem gráficos, desenhos feitos à máquina, traços de osciloscópio etc. Eles exigem maior contribuição do observador, na forma de treinamento.

A quarta categoria abrange os símbolos presentacionais. A bandeira japonesa, em que um círculo vermelho sobre uma superfície branca representa o Japão, é um exemplo disso. A incapacidade de identificar que um círculo vermelho sobre uma superfície branca significa Japão representa 100 por cento de perda de informação. Essa é a fraqueza dos símbolos presentacionais. Se a contribuição do observador não for bastante ampla, qualquer forma de comunicação estará perdida.

É necessária uma contribuição muito maior do observador para participar na extremidade da escala do simbolismo do que na do real. Em comparação com os símbolos, que podem ser desprovidos de significado a menos que o observador esteja preparado para contribuir para a maior parte das informações, os modelos são relativamente fáceis de compreender.

Os símbolos sequenciais lineares ocupam a mesma quarta categoria dos símbolos presentacionais: os dois conjuntos de símbolos devem ser conhecidos para que surja algum significado. A diferença é que, quando a linguagem é conhecida, o observador ainda pode contribuir, utilizando o significado convencional dos símbolos sequenciais lineares, em comparação com o mecanismo de tudo ou nada dos símbolos presentacionais.

A exigência de preparar grupos de observadores para que contribuam para os símbolos é chamada de penetração.

## PENETRAÇÃO

Duas coisas me impressionam quando folheio um livro de marcas comerciais. A primeira é a habilidade estética dos designers ao criarem símbolos precisos e claros. A segunda é o fato de eu identificar um número tão pequeno desses símbolos. Recentemente adquiri um exemplar de *Trademarks and Symbols of the World*, um volumoso e agradável compêndio de design que contém 763 marcas comerciais. Folheei cuidadosamente o livro, contando as marcas que conhecia. Consegui identificar 34. Pulei um grupo de símbolos relacionados aos Jogos Olímpicos de Tóquio, que não são marcas comerciais, e sim signos instrutivos. Muitas das marcas comerciais que identifiquei contavam com a ajuda de palavras nelas embutidas.

Aprender a ler marcas comerciais é como aprender a ler caracteres chineses. Para ser considerado alfabetizado, você tem de conhecer três mil caracteres. A descoberta de que sou um analfabeto em marcas comerciais me leva a assumir uma posição impopular. O que estou sugerindo é que, do ponto de vista da comunicação, para a maioria das organizações, uma marca comercial não é apenas perda de tempo, mas também de dinheiro. Ela pode prejudicar formas mais adequadas de transmitir as mensagens relacionadas ao nome da empresa. Além disso, a enorme quantidade de tempo e de recursos exigidos para atingir todo o público-alvo pode limitar sua eficácia comunicativa.

A maioria das marcas comerciais, com suas formas indefiníveis e confusas associadas a baixa penetração, não passa de decoração. É verdade que os ornamentos têm um papel útil a desempenhar nas artes gráficas e nos produtos. Eles fornecem ao designer um elemento visual lúdico (como uma joia em uma mulher). Isso está relacionado à necessidade do ser humano de manter o olhar ocupado e de alcançar um clímax visual – um centro de interesse. Motivada unicamente pela necessidade de manter o olhar ocupado, a grande porta branca da geladeira exige uma coroa, uma letra, um escudo etc. em seu peito que se contraponha a sua aridez. O carro traz um cavalo, um foguete com um índio, um brasão etc. no centro da grade dianteira e na par-

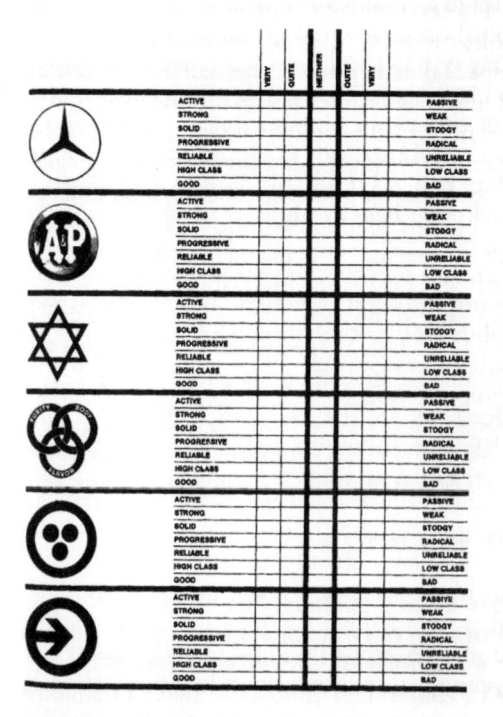

*O diferencial semântico é uma maneira eficaz de testar a marca. Ele permite medir tanto a imagem como a penetração das marcas. Pode-se apresentar uma série de marcas e medir o diferencial semântico. As marcas com perfil bem conhecido apresentarão maior estabilidade entre os participantes. As marcas com baixa penetração, que não são bem conhecidas, apresentarão perfis bem variados. O diferencial semântico pode realçar as respostas subjetivas a muitas das posturas que uma corporação estaria interessada em identificar, como moderna--antiquada, forte-fraca, grande-pequena, ativa-passiva, inteligente-enfadonha etc.*
*Para testar a penetração de uma marca, aplique este teste a ela. As marcas que apresentam perfil de respostas consistente a respeito de um grande número de temas possuem alta penetração. As que apresentam perfil mais inconsistente têm menor penetração.*

te de trás. Em termos de comunicação, grande parte dessas marcas é incompreensível. Elas não passam de adornos, uma tarefa para os olhos em vez de um acabamento visual satisfatório.

A menos que o significado de uma marca seja transmitido a todos os envolvidos *antes* que eles percebam, ela se torna um ornamento sem significado. Essa doutrinação pode se tornar um processo longo e dispendioso, e ela tem de ser mantida porque novos espectadores entram no mercado a todo momento.

Algumas marcas alcançaram penetração suficiente para que as pessoas identifiquem seu significado instantaneamente. Se uma marca consegue atingir grande penetração (90 por cento de seu grupo de referência), então ela é capaz de realizar um trabalho importante. Um exemplo clássico de marca com alta penetração é a Cruz Vermelha. Criada originalmente por meio da inversão da bandeira da Suíça, a Cruz Vermelha desenvolveu conotações fortes e instantâneas. Seja em um papel timbrado, em uma braçadeira, em uma ambulância, em um hospital etc., seu significado abrangente é logo reconhecido e captado. É difícil imaginar um instrumento melhor para transmitir essas mensagens do que aquilo que a marca oferece.

A Cruz Vermelha é um caso único. Nos Estados Unidos, existem marcas que desfrutam uma penetração bastante razoável. A bandeira nacional, a Coca-Cola e o olho da CBS provavelmente têm mais de 80 por cento de penetração. No entanto, é provável que a maioria das marcas apresentadas nos livros sobre marcas possuam menos de 5 por cento de penetração. Para a maior parte das empresas, é impossível alcançar alta penetração.

Quando a marca atinge penetração suficiente, as pessoas deixam de vê-la como design e passam a vê-la diretamente como seu significado. Isso é particularmente evidente no caso de logotipos eficazes, em que, na verdade, as pessoas param de ler as palavras (sequencialmente) e simplesmente as identificam (presentacionalmente). Esta parece ser a meta do designer: criar um logotipo que seja tão inconfundível, e ainda assim tão legível, que desempenhe ambas as tarefas. O artigo "Questions of Legibility" [Questões de legibilidade], de Bror Zachrisson [*Dot Zero*, n. 1], traz algumas observações em defesa dessa ideia: "Que as palavras inteiras são compreendidas com a mesma rapidez que as letras individuais. Que as palavras que fazem sentido são lidas com maior velocidade do que um material absurdo. Que as palavras podem ser percebidas por meio da visão indireta, enquanto as letras isoladas não. Que as palavras que possuem forma peculiar são lidas a distância mais facilmente do que as que têm forma mais regular. Evidentemente, o significado de uma palavra ou símbolo, sua configuração ou força gestáltica, desempenha importante papel na percepção."

Uma palavra (mesmo várias) pode transcender a leitura sequencial e se tornar um símbolo presentacional, desde que ela possa ser percebida em um único golpe de vista. Por exemplo, hoje a maioria das pessoas vê Coca-Cola como símbolo presentacional, e não como símbolo sequencial linear. Ele não é lido, é reconhecido. Apesar de o logotipo da Coca-Cola ser antiquado, meio batido e confuso, ele funciona porque atingiu enorme penetração. [...] Embora tenham aparência intrigante e decorativa, as marcas presentacionais frequentemente são comunicadoras bastante medíocres. Se não tiver alta penetração, é melhor que a corporação não tenha uma marca comercial, a menos que o nome em letras trabalhadas esteja incorporado nela. De outro lado, em uma sociedade letrada, as letras trabalhadas não deixam muita dúvida quanto a seu significado; porém, na forma tipográfica convencional, elas podem perder o impacto personalizado que transcende o reconhecimento imediato.

A marca ideal é uma palavra curta ou uma combinação de letras que possa ser lida e tenha, ainda, aparência presentacional inconfundível. Pode-se inventar outro nome para essas marcas especializadas feitas com letras trabalhadas, que são chamadas de "letras logográficas" ou "logogramas". De acordo com o dicionário, nenhum desses termos está correto; mesmo assim, poderíamos escolher um deles para representar esse símbolo de sentido peculiar. Nos Estados Unidos, a tendência favorece os logotipos mais bem concebidos. O velho truque de encaixar uma série de letras em uma forma qualquer (uma oval, um círculo etc.) deu lugar a uma clara série de letras em que uma delas apresenta uma cor ou um estilo contrastante.

O design europeu mais moderno está evitando as marcas e utilizando letras trabalhadas para comunicar o nome da corporação. Um pequeno letreiramento com Helvética em caixa baixa dá conta de tudo (a síndrome de Müller-Brockmann). Isso representa seguramente a comunicação mais pura e direta.

Para mim, qualquer uma é melhor do que as marcas imponentes das últimas décadas. Não me sinto nem um pouco insatisfeito por não ter uma coroa, um elmo, um cavalo, um cachorro, uma árvore, um peixe, uma flecha etc. pregado em algum lugar estratégico ou em cima da máquina.

*Publicado originalmente em* Dot Zero, *n. 2 (Nova York, 1967).*

# 1967
# EIS ALGUMAS COISAS QUE PRECISAMOS FAZER
## Ken Garland

A CONFERÊNCIA VISÃO 67 – *Design pela Sobrevivência, realizada na Universidade de Colúmbia em Nova York, em outubro de 1967, teve lugar no contexto do "flower power" e dos protestos contra a guerra do Vietnã; o orador Ken Garland (n. 1929) participou dela. Seu ensaio, um desenvolvimento de alguns dos temas de* Primeiro o mais importante [First Things First], *foi disponibilizado antecipadamente aos delegados no material impresso da conferência, e, em vez de lê-lo no palco, ele preferiu fazer uma apresentação irônica do desenvolvimento de um pacote de design para o fictício detergente em pó "Swiff", o qual ficava cada vez maior e mais elaborado, embora a essência do produto continuasse exatamente a mesma. Em uma crítica contundente do design e da comunicação que, estranhamente, evoca os comentários de Karl Marx, Garland identifica quatro tarefas a serem feitas em prol da sobrevivência de uma cultura contemporânea saudável: a necessidade de resistir à comemoração macluhanesca do meio à custa da mensagem; a necessidade de reduzir a excessiva produção de material inexpressivo, tanto o impresso como o difundido por rádio e TV; a necessidade de redirecionar os esforços para transmitir conhecimentos básicos; e a necessidade de isolar as elites da mídia, que agem para excluir as massas. – RP*

Antes de apresentar qualquer proposta genérica de ação futura, é necessário tentar definir como a situação atual se apresenta a mim.

Na condição de designer gráfico trabalhando na Grã-Bretanha em 1967, tenho de atuar dentro dos limites estabelecidos pelo sistema capitalista, que não funciona apenas em meu país, mas também no restante da Europa Ocidental, nas Américas do Norte e do Sul, na Australásia e em algumas partes da Ásia. As tarefas pelas quais meus clientes me pagam ou estão (a) diretamente relacionadas ao propósito de realizar negócios lucrativos, ou (b) indiretamente relacionadas a isso por meio da busca de influência ou reputação comercial, ou (c) são parte de um serviço público financiado por uma economia baseada na conduta da empresa lucrativa.

Portanto, quando penso em meu trabalho no curto prazo, sempre tenho em mente este fato: o lucro é o estímulo da atividade industrial, a recompensa pelo êxito comercial, o bálsamo para a consciência profissional ferida; a falta de lucro é sinal de fracasso, haja o que houver.

É claro que podemos deixar a motivação do lucro em segundo plano, como muitos fazem, e nos concentrar no trabalho que temos diante de nós como uma informação útil por si só, ou um instrumento para fazer experiência com novos modelos gráficos, ou simplesmente como algo divertido que possa agradar às pessoas. E é claro que um trabalho pode conter alguma dessas qualidades ou todas elas. Contudo, por mais esclarecido o patrocinador e por mais abertas as especificações, não há como escapar do fato de que, em nossa sociedade, um negócio tem de apresentar lucro saudável antes de poder ter acesso a esse patrocinador; tampouco é provável que quaisquer resultados desse patrocínio que se mostrem contrários à lucratividade do negócio continuem a ser bancados por muito tempo.

Quanto a mim, não desejo nem ficar de fora do universo comercial que constitui o centro da sociedade capitalista nem atacar e desconsiderar a busca do lucro que a motiva. Parece-me ridículo a pessoa se desculpar, como fazem muitos empresários em meu país, por buscar o lucro. Em geral, sinto-me muito mais satisfeito quando realizo um trabalho de venda como a criação de um catálogo do que quando estou trabalhando com uma peça promocional de prestígio cheia de alusões culturais. Não discuto com o cliente que diz que minha obra não tem valor para ele porque, embora tenha uma aparência bonita, ela não ajuda a aumentar as vendas. Esse é o elemento essencial para ele, e para mim também.

No entanto, eu discuto, *sim*, com o artista, o cientista, o açougueiro, o padeiro ou o fabricante de castiçais que afirma que, em seu trabalho diário, não é afetado pelas forças dominantes na sociedade capitalista. Discordo, muito especialmente, de meus colegas do setor de comunicações que minimizam essa influência. Um eminente autor do século XIX escreveu que:

> ... a classe que é a força material predominante da sociedade é, ao mesmo tempo, sua força intelectual predominante... Portanto, à medida que eles governam como classe e determinam a amplitude e o limite de uma época, é evidente que o fazem em toda a sua extensão; consequentemente, entre outras coisas, também governam como pensadores, como produtores de ideias, e regulam a produção e a distribuição das ideias de seu tempo...[1]

A conclusão é que não existe nenhuma diferença real entre o trabalho realizado nas artes e na ciência da comunicação, que é parte do sistema comercial, e o trabalho realizado fora das exigências imediatas desse sistema, mas que, não obstante, é financiado por ele e, portanto, sujeito a sua autorização. Talvez essa última situação proporcione um espaço marginal de liberdade artística e profissional; ambas, porém, dependem completamente da saúde e da resiliência de uma economia baseada no lucro, na qual o verdadeiro poder, como demonstrou Estes Kefauver, está concentrado cada vez mais nas mãos de um pequeno número de pessoas[2].

Como não acredito que o chamado sistema de livre iniciativa tenha um futuro apreciável, não tem sentido discutir seu potencial de crescimento. Entretanto, existem alguns objetivos limitados, como aumento da eficiência dos serviços sociais, aperfeiçoamento dos padrões de moradia, sistema de transporte público de melhor qualidade e assim por diante, que podem ser definidos como operações de sobrevivência.

Imagino que vocês possam dizer: "Se você está tão descontente assim com a situação atual e com as perspectivas futuras de nossa sociedade capitalista, por que introduz a partícula 'sobrevivência'? Por que não deixá-la simplesmente morrer por conta própria?". Bem, não posso aceitar a ideia de optar por não fazer parte do sistema; nem posso concordar com o revolucionário que afirma que o conjunto todo está tão corrompido que é preciso reduzi-lo a pedaços antes de podermos dar início a outro. Em um país mergulhado em estado de decadência social avançada, de um lado, ou de caos revolucionário, de outro, muitos inocentes sofreriam. Um deslocamento súbito de nosso delicado equilíbrio social resultaria no colapso das redes de comunicação, de transporte e de distribuição, o que poderia provocar a morte de centenas de milhares, quem sabe milhões de pessoas por doenças e fome.

---

1. Marx, Karl, *A ideologia alemã*, 1846.
2. Kefauver, Estes, *Em poucas mãos*, 1965.

Portanto, até que a maioria da população do mundo ocidental se convença (como há de fazê-lo) de que é vítima de um sistema elitista que se perpetua no poder e descubra formas de se livrar dele (como há de fazê-lo), quais são as tarefas de sobrevivência que, no curto e no médio prazos, podemos experimentar?

Em primeiro lugar, que aqueles de nós que trabalham em empresas de comunicação se livrem de todas as bobagens tolas que possam ter acumulado para que as mídias a que servimos tenham qualquer valor significativo intrínseco, que vá além das mensagens transmitidas por elas. Parece que virou uma doença ocupacional de nossa profissão essa ânsia de transformar seus processos em formas artísticas e seus truques em objetos de arte independentes. Ansiosamente empunhamos a câmera, acariciando seus controles sensíveis, enquanto procuramos revelar, por suas lentes penetrantes, outro fotógrafo igualmente hábil que mira sua câmera igualmente magnífica para nós! Mais uma reportagem sobre fotógrafos que estão na moda feita por fotógrafos que estão na moda: para quem? Ou, entrando rapidamente em uma galeria de arte, nossos extenuados globos oculares piscam freneticamente quando recaem sobre uma obra de nossa autoria: o anúncio de feijão cozido criado por nós no ano passado, agora grotescamente transformado no vencedor do prêmio de design deste ano. Não mais apenas uma mensagem sobre o valor imbatível do feijão cozido, o anúncio agora é reconhecido por aquilo que verdadeiramente é: uma joia premiada em nosso contexto sociocultural, um ponto de referência na corrida em busca de novos símbolos culturais – o que, por mais saborosos que sejam os feijões cozidos, excede aquilo que se pode dizer a respeito deles.

É certamente agradável, para nós que estamos no ramo da manipulação de informações, ter a certeza de que as formas inteligentes que encontramos para lidar com a mídia são, provavelmente, muito mais importantes do que as mensagens encomendadas para serem transmitidas por ela. É comum ouvir dizer que o conteúdo inicial de um filme, de uma peça, de um programa de TV, de um anúncio ou seja lá o que for tem pouco ou nenhum valor em si, mas que o valor cresce como resultado de sua manipulação pela mídia, de modo que o conteúdo torna-se maior, ou diferente, daquilo que se pretendia.

Entretanto, contenha ou não algum traço de verdade, essa observação seguramente não pode servir de fundamento para um programa de ação. A implicação do enganoso *slogan* "O meio é a mensagem" é que aqueles que trabalham nos meios de comunicação agora podem tratar com uma condescendência superior o conteúdo inicial que nos é apresentado, sabendo que, por mais insignificante que seja, vamos transformá-lo em algo significativo; na verdade, podemos acolher a insignificância como um desafio apropriado para nossos talentos.

Isso é besteira. Em nossa profissão, o respeito pelo conteúdo é uma exigência incondicional, quer se trate de feijões cozidos, quer do futuro da humanidade ou do que mais vocês quiserem.

Em segundo lugar – e isso é uma decorrência do primeiro ponto –, devemos buscar a cura para a elefantíase galopante que hoje acomete os meios de comunicação. Em 1955, Lewis Mumford escreveu:

> Por que deveríamos pressupor, gratuitamente, como fazemos com tanta frequência, que a mera existência de um mecanismo de multiplicação ou de produção de massa traz consigo a obrigação de utilizá-lo em sua capacidade plena? [...] para assumir o controle, desconfio que devemos até reconsiderar, e talvez

abandonar completamente, a ideia da publicação periódica [...] por ser um estímulo desnecessário à publicação prematura ou supérflua [...] não podemos continuar a aceitar passivamente uma técnica onerosa de superprodução sem forjar uma disciplina social para lidar com ela.³

Lembro-me de quando fui indicado o novo diretor de arte de uma revista voltada para o público geral. O editor enfiou um punhado de fotografias em minhas mãos e disse: "Faça o layout de uma matéria de seis páginas usando estas fotos." Quando perguntei qual seria o texto, ele respondeu que era só dizer de quantas colunas eu precisava que eles escreveriam o texto necessário para preenchê-las. Ao observar que, por maior que fosse a quantidade de texto, as ilustrações nem de longe eram suficientes para ilustrar seis páginas, ele disse: "Bem, use a cabeça: selecione alguns detalhes e aumente-os bastante, faça um título grande e chamativo, esse tipo de coisa." "Esse tipo de coisa" é agora um procedimento tão familiar para mim que sempre tenho de me lembrar de que ele não é parte do método por meio do qual se lida com a informação, mas antes o resultado infeliz do modo como abusamos dela.

É claro que o motivo principal da avassaladora superprodução de matérias radiofônicas, televisivas e impressas é o estímulo da publicidade extremamente competitiva. Quando perguntaram a um conhecido magnata da imprensa britânica se ele alguma vez interferia na política editorial dos jornais e periódicos sob seu controle, sua resposta foi que, no que lhe dizia respeito, o conteúdo editorial era exatamente aquilo que mantinha os anúncios à parte e que ele deixava o jornalismo para os jornalistas. Não devemos nos iludir com falsas declarações de imparcialidade como essa: a própria noção de notícia e opinião como produto puramente quantificável como geleia ou papel higiênico é, ela mesma, parcial. Um aumento no volume de publicidade exige um aumento no número de páginas editoriais – para ajudar a manter os anúncios à parte –, independentemente de haver ou não notícia para preenchê-las, e vice-versa.

A cura para isso? Bem, enquanto não nos livrarmos das condições que favorecem a produção de notícias e opiniões como se elas fossem plástico extrudado, a cura total não é possível. No entanto, *algo* pode ser feito pelas equipes editoriais na imprensa, no rádio e na TV. Sejam quais forem suas posturas políticas, esses profissionais certamente não gostam quando recorrem a eles para que se comprometam com o trabalho sujo de encher linguiça dessa maneira. Caso consigam que seus sindicatos e associações de classe sejam suficientemente solidários, serão fortes bastante para se recusar a colaborar no aviltamento do jornalismo a uma posição de auxiliar da publicidade.

Em terceiro lugar, não sobreviveremos se ignorarmos os sinais de deslocamento em nossas redes *básicas* de informação. Isso já está se tornando urgente. Em 21 de outubro de 1966, um monte de resíduos de carvão deslizou montanha abaixo no País de Gales causando a morte de 144 pessoas, entre elas 116 crianças. O relatório oficial sobre as causas do desastre dizia que a autoridade responsável "deve, incontinente, verificar novamente seus procedimentos de comunicação, para garantir que as informações básicas sejam transmitidas de maneira fácil e automática para aque-

---

3. Mumford, Lewis, "Technics and the future of Western civilization", *Perspectives* II, Nova York, 1955.

les a quem cabe estar de posse delas, e para eliminar os acidentes e omissões que, sem dúvida, cooperaram bastante para que o desastre acontecesse"[4].

Será que podemos esperar que o tipo de falha de comunicação que contribuiu para esse desastre não aconteça novamente? Acho que não. No caso em questão, embora os dirigentes responsáveis fossem pessoas dedicadas e inteligentes, não dispunham de um sistema de coleta, classificação, consulta e utilização de informações acerca dos montes de resíduos de carvão locais ou em geral. Se uma pequena parte da enorme quantidade de dinheiro gasto para induzir a população britânica a usar gás como combustível doméstico no lugar do carvão, ou carvão no lugar do gás, ou eletricidade no lugar dos dois tivesse sido desviada para a implementação de tal sistema, talvez esse desastre não tivesse acontecido.

Devemos despender mais energia e dar maior prioridade a tarefas de sobrevivência desse tipo. Elas podem muito bem exigir uma estreita cooperação de colegas desacostumados a trabalhar juntos, como psicólogos industriais, trabalhadores locais, engenheiros de telecomunicação, bibliotecários especializados, designers industriais e gráficos, redatores técnicos, políticos e funcionários públicos de diversas áreas. E aqueles de nós que, atuando na indústria da comunicação, venham a se envolver com tais tarefas precisam aprender a lidar com elas.

Não se trata apenas de juntar habilidades até então pouco conhecidas; é preciso haver também uma mudança de postura. Tomemos um pequeno exemplo: assim como muitos designers gráficos, estou familiarizado com a disposição de letras e símbolos em veículos comerciais como parte de um programa de identidade corporativa, a fim de produzir o maior impacto possível nos viajantes. Entretanto, se me pedissem para determinar os elementos de segurança viária ligados ao design desse tipo de sinalização de veículos e garantir que eles fossem levados plenamente em conta, eu mal saberia por onde começar, porque o conceito por trás desse tipo de consideração difere bastante de quaisquer considerações prévias envolvidas.

Não serve, porém, como desculpa dizer que ninguém jamais me pediu que pensasse sobre esse problema. Deveríamos ser capazes de *prever* necessidades sociais incipientes em nossa esfera de atividade, da mesma forma que alguns arquitetos perspicazes o fizeram na sua; assim, quando elas aparecessem, não nos deixariam tão abalados. Creio que, frequentemente, são os fatores secundários que importam, pois eles vão se acumulando até se transformar em um problema absolutamente sério. Prosseguindo com o exemplo da segurança viária: o que dizer de questões como o design eficaz (e não apenas vistoso) dos painéis dos veículos; do exame do conflito existente entre a iluminação de lojas e ruas e os sistemas de sinalização de tráfego; da apresentação do funcionamento do veículo e dos manuais de manutenção; e da avaliação das exigências de visibilidade no design das janelas dos veículos e dos espelhos retrovisores?

Não são esses alguns dos componentes daquilo que é, literalmente, uma importante tarefa de sobrevivência? No entanto, até que ponto exercemos alguma influência no campo das comunicações visuais em comparação com o tempo que gastamos para criar embalagens de detergente ou anúncios de desodorante?

Em quarto lugar, nós, mais do que ninguém, devemos compreender como é perigosa a insistência em criar grupos exclusivos e em aderir a elites restritas. Uma

---

4. *Report of the Tribunal Appointed to Inquire into the Disaster of Aberfan on October 21, 1966* (1967).

de nossas funções sociais específicas pode ser não somente ajudar a conceber novas técnicas de comunicação, mas também a manter abertos os canais de comunicação que estão ameaçados de extinção ou que vêm se tornando perigosamente apenas de mão única. Falando da tendência presente na sociedade ocidental (e temos todos os motivos para acreditar que o mesmo aconteceu na URSS), C. Wright Mills mencionou a seguinte evolução:

> (1) O número de pessoas que exprimem suas opiniões é muito menor do que as que as recebem... (2) O sistema de comunicações dominante é tão organizado que é difícil ou impossível para o indivíduo contestá-lo, seja de imediato, seja por meio de um esforço qualquer. (3) A transformação da opinião em ação é controlada pelas autoridades, que organizam e controlam os canais dessa ação. (4) A massa não tem nenhuma autonomia das instituições; ao contrário, os agentes das instituições autorizadas penetram na massa, reduzindo qualquer autonomia que ela possa obter na formação da opinião por meio da discussão.[5]

Não há motivo para sermos coniventes com essas tendências autoritárias; nossa experiência também pode ser útil para as organizações voluntárias e as associações locais que permanecem fora do processo de funcionamento dos meios de comunicação de massa e das elites que os controlam. Podemos, sobretudo, descobrir maneiras de trazer à luz pontos de vista que até o momento não foram ouvidos, embora estejam profundamente enraizados. O enorme sucesso da Associação de Consumidores britânica, baseada em organizações norte-americanas pioneiras do mesmo tipo, demonstra a necessidade urgente de um *feedback* efetivo na relação produtor-consumidor.

À medida que rompemos com os sentimentos e as expectativas daqueles que não dispõem de poder nem ocupam cargos privilegiados, reduzimos nossa utilidade social. É uma ironia cruel que muitos indivíduos criativos que se preocupam profundamente com a ameaça à vida em sociedade produzida pelas pressões autoritárias só consigam expressar seus sentimentos de forma enigmática. Em *O deserto vermelho*, Antonioni tenta descrever a condição de seres humanos isolados e alienados em um mundo em que as máquinas estão mais à vontade do que eles; filmes modernos como esse estão, porém, atulhados de símbolos para iniciados, distorções elegantes e truques visuais inteligentes, a tal ponto que só são compreendidos (se é que o são) por um público de classe média decididamente sofisticado. No entanto, há mais de trinta anos, em *Tempos modernos*, Charlie Chaplin tratou do mesmo tema fundamental de forma clara, despretensiosa e compreensível por todos. E mesmo o melhor dos diretores pode descobrir que sua obra perdeu contato com a experiência comum; por exemplo, a brilhante naturalidade de *A estrada*, de Fellini, transformou-se na bobagem esquisita e autoindulgente de seu *Oito e meio*. Em minha esfera de atividade, o design gráfico, muitas vezes caímos na armadilha do mesmo tipo de circuito fechado, de tal maneira que criamos para, e buscamos a aprovação de, nossos colegas designers, excluindo qualquer consideração por aqueles a quem a obra supostamente se dirige. Embora, na maioria das vezes, sejamos nós mesmos que construímos a armadilha, sentimo-nos imensamente aliviados quando escapamos dela. Não que, com isso, nosso trabalho esteja livre de ser duramente criticado; muito ao contrário. O círculo

---

5. Mills, C. Wright, *A elite do poder*, 1956.

fechado de profissionais e os críticos especializados muitas vezes podem ser excessivamente indulgentes acerca dos aspectos da obra sobre os quais a opinião dos leigos seria impiedosa. Os críticos de design mais exigentes que encontrei foram as crianças de minha rua, as quais consultei sobre um brinquedo que eu estava criando. Entretanto, elas também foram, de longe, os críticos mais úteis que conheço, livres que estavam de qualquer consideração de gosto ou tendência em voga, sem dar a mínima para detalhes irrelevantes e encantadas com qualquer demonstração de atenção pelos desejos *delas*, os usuários a quem o brinquedo se destinava.

O que sugiro como a quarta tarefa de sobrevivência de minha lista é que nos esforcemos um pouco para identificar, e para nos identificarmos *com*, nossos verdadeiros clientes: o público. Eles podem não ser os que nos pagam, nem os que nos concedem diplomas e títulos. Mas, se são os receptores finais dos resultados de nosso trabalho, são eles que importam.

Se sentirem que existe uma postura geral perpassando tais propostas e estiverem de acordo com ela, vocês certamente acrescentarão seus itens à lista. Entretanto, devo concluir dizendo o seguinte: essas tarefas funcionam no curto e no médio prazos. Elas podem ter alguma participação no processo que visa a impedir a desintegração de nossa sociedade, a qual certamente ocorrerá se a sociedade se cristalizar em sua miserável forma atual. No longo prazo, deverão ocorrer transformações imensas, provavelmente dolorosas. Contudo, não posso concordar com Buckminster Fuller quando diz:

> Todos os políticos são obsoletos no que diz respeito à solução de questões fundamentais. Eles só são adequados para as tarefas administrativas secundárias.[6]

Não podemos esperar, nem devemos tentar, realizar mudanças fundamentais em nossa sociedade deixando de lado os problemas do sistema político. A transformação política é o resultado inevitável das pressões econômicas; e os efeitos econômicos da revolução tecnológica resultarão, eles próprios, em decisões políticas. Aqueles dentre nós que acreditam em uma sociedade igualitária não apressarão seu advento desprezando os instrumentos políticos por meio dos quais ela será alcançada.

Existe um ditado histórico com o qual nós, participantes deste Congresso Visão 67, estamos de acordo:

> Os filósofos somente interpretaram o mundo de diversas maneiras: a questão, no entanto, é transformá-lo.[7]

*Republicado em Ken Garland,* A Word in your Eye
*(Reading: University of Reading, 1996).*

---

6. Fuller, R. Buckminster, Resumo final do Congresso Visão 65, em "New challenges to human communications", 1966.
7. Marx, Karl, *A ideologia alemã*, 1846.

# 1967
## *POP* VISUAL
### George Melly

REVOLT INTO STYLE, *do escritor britânico George Melly (1926-2007), é um dos relatos definitivos da evolução do estilo* pop *na Grã-Bretanha do pós-guerra. Cantor de jazz, autoridade em surrealismo e crítico, Melly trouxe uma sarcástica visão jornalística às manifestações visuais do terremoto que sacudiu a cultura popular, os comportamentos sociais e os padrões de bom gosto. Publicada originalmente em um jornal britânico, sua reportagem de 1967 sobre a dimensão gráfica do* pop *é um exemplo precoce de exposição que aborda a comunicação gráfica não da perspectiva do designer como atividade profissional, mas como forma de manifestação subcultural codificada na vida do público a que se dirige. Melly, como ele próprio admite, pode ter sido mais um observador dessa cultura do que um participante ativo da cena musical "Underground", porém suas avaliações e ideias simpáticas nascem do ponto de vista de um consumidor crítico. – RP*

Quando, no início do verão de 1966, fui até o Museu Victoria e Albert para ver a exposição de Beardsley, fiquei um pouco surpreso ao encontrar o local cheio de gente. O que me intrigou não foi somente o tamanho do público, mas minha incapacidade de classificá-lo. Muitos, claramente, eram estudantes de arte, alguns deles *beats*; outros poderiam ser músicos *pop*; a maioria era muito jovem, porém quase todos davam a impressão de pertencer a uma sociedade secreta que ainda não tivesse declarado seus objetivos ou intenções. Apesar de ter levado vários meses para me dar conta disso, hoje acredito que, pela primeira vez, eu havia topado com o emergente Underground.

Olhando uma vez mais em retrospecto, é significativo que esse encontro tivesse lugar em uma exposição de arte. O Underground é a primeira das explosões *pop* que desenvolveram um instrumento de expressão especificamente *gráfico*, e, embora não viesse a ser seu elemento mais importante, Beardsley foi uma das primeiras influências formadoras nesse processo abertamente eclético.

Uso a palavra "gráfico" deliberadamente. Cada momento *pop* britânico, do *rock'n'roll* em diante, criou o próprio estilo visual. Até o Underground, essa influência apenas se limitava a roupas, penteados, expressões faciais ou à opção por determinada lambreta ou certo rádio de pilha. Naturalmente, essa seleção visual refletia um comportamento, ao mesmo tempo que declarava fidelidade ao movimento que externava; o Underground, porém, começou a desenvolver imagens gráficas que forneceriam um paralelo a seus aspectos musicais, literários e filosóficos.

Já no início de 1965, havia vários indicadores que mostravam para onde as coisas estavam se encaminhando dentro do universo *pop*, os quais eu – um *outsider* amistoso em razão tanto da idade como da inclinação – havia absorvido apenas para interpretá-los mal. No entanto, embora imperceptível, meu engano ao menos era explicável. Desde os primeiros dias de Presley, o movimento intelectual "*pop*", cujos instrumentos de expressão eram em grande medida gráficos, frequentemente pagara um tributo pictórico aos heróis da música *pop*, e foi por esse motivo que, quando sobretudo as capas dos discos *pop* começaram a apresentar sinais de sofisticação visual, imaginei que isso acontecia simplesmente porque as gravadoras haviam decidido pôr o entusiasmo dos pintores e designers *pop* a serviço do comércio.

Eu também não estava totalmente enganado. Ainda que de início o encontro das duas extremidades do espectro *pop* fosse um processo lento, o que eu não percebera era que se tratava de um caso de atração mútua e não apenas de uma oferta intelectual inconfessada depositada no santuário da música pop.

A capa de *Sergeant Pepper*, o LP recente dos Beatles, podia ser colocada como o fruto dessa polinização por cruzamento. Com seu encarte de figuras para recortar e a página dupla com a fotografia dos Beatles usando uniformes militares do século XIX (John Lennon traz uma margarida na lapela), ela virou mais um objeto de arte do que uma capa. Além do mais, a parte da frente é quase um microcosmo do universo Underground.

"Encenada" pelos artistas *pop* Peter Blake e sua mulher, Jan Howarth, essa fotografia-colagem funciona como um símbolo de que a ligação entre as duas alas do *pop* foi concluída. Blake, no entanto, permanece um pintor reconhecido que se tornou aceito pelos objetos de sua admiração. Ele não é um produto do Underground, e sim um aliado. Os artistas gráficos autênticos continuam pertencendo ao movimento, inteiramente dedicados à ideia de envolvimento total. O instrumento deles é o pôster.

"Hapshash and the Coloured Coat"* é o curioso nome artístico de dois jovens, Nigel Waymouth e Michael English. Na linguagem *pop* de vanguarda, eles são músicos, mas também, e é esse o aspecto relevante aqui, designers de pôsteres. Com seus penteados à Harpo, camisas estampadas amassadas, calças justas, cintos folgados e botas de cano curto e bico fino de duas cores, são pessoas tranquilas, educadas e bonitas de ver. Conversei com eles em sua casa em Notting Hill, e percebi, depois de umas poucas frases, como é usual quando se fala com o Underground, que havia caído em um universo no qual o tempo transcorre em uma velocidade diferente.

English, que frequentara a Escola de Arte Baling, conhecera Waymouth quando este estava pintando a fachada de Granie Takes a Trip, uma butique em Chelsea, em dezembro de 1966, e, em março de 1967, eles tinham decidido unir forças e partir para a criação de pôsteres. Mas para que eram esses pôsteres? Aparentemente, a resposta era divulgar as atividades da UFO, que significa, entre outras coisas, "Unlimited Freak Out"** e que foi a primeira tentativa espontânea e bem-sucedida de criar um ambiente total com música, luz e gente.

O interesse de "Hapshash" era *usar* esse ambiente como plataforma de lançamento. Diferentemente dos designers de pôsteres convencionais, eles não estavam interessados em impor sua imagem a um produto estranho ao ambiente. Deve-se enfatizar aqui que o objetivo da UFO era colocar a expansão e a alucinação da mente a serviço da destruição do não hip, substituindo-o pelo "amor", de acordo com o significado especial e meio nebuloso que a palavra tem para o Underground.

Waymouth e English partiram em busca de um equivalente visual, mas seu método de agir mostrou que eles eram, em grande parte, filhos da sociedade tecnológica. Seus outdoors ressuscitaram a utilização do Day-glo, invenção que conhecera um breve período de sucesso comercial em meados da década de 1950 e que, eles espe-

---

* Hapshash e o Paletó Colorido. (N. do T.)
** Loucura sem limite. (N. do T.)

ravam, ia "arrebentar a cabeça do público". Dentro da associação, porém, uma exposição acidental do efeito da luz ultravioleta profundamente penetrante em determinadas cores deixou-os interessados em descobrir como poderiam explorar o acidente. No entanto, por que exibir pôsteres *dentro* do lugar que eles pretendiam divulgar?

A resposta é que o pôster underground é menos um instrumento de difusão da informação do que uma maneira de divulgar uma viagem para um paraíso artificial. O próprio letreiramento utilizado (uma síntese imprecisa entre o antigo Disney e a Mabel Lucie Attwell levada ao limite da ilegibilidade) reforça esse argumento e sugere que, mesmo nas ruas, o objetivo dos artistas Underground é deixar o mundo ligado.

Entretanto, essa abordagem não comercial do pôster não deve ser usada para demonstrar uma crença na improvisação e no trabalho de qualidade inferior no sentido técnico. Ao contrário, os pôsteres Hapshash têm um padrão que faz com que a maior parte da publicidade comercial contemporânea pareça sem criatividade e malfeita. Quando se trata de imagens, no entanto, não há nenhuma tentativa de esconder uma abordagem espalhafatosa a qualquer artista, do passado ou do presente, que dê a impressão de tocar a nota psicodélica certa. Como resultado, os pôsteres Hapshash representam quase uma colagem de visões que outros conquistaram com muito esforço: Mucha, Ernst, Magritte, Bosch, William Blake, revistas de histórias em quadrinhos, gravuras de índios peles-vermelhas, Disney, Dulac, antigas ilustrações de tratados sobre alquimia; isso tudo é reduzido para produzir uma visionária e alucinante *bouillabaisse*.

As fontes mais contemporâneas também não são desprezadas. Revistas *pop* e de histórias em quadrinhos desempenharam seu papel, e o moderno design comercial de Alan Aldridge[1], ele próprio um brilhante *pasticheur* dos anos 1930, é utilizado em profusão. (Talvez seja interessante observar que foi Aldridge quem primeiro teve a ideia de pintar desenhos em uma garota para divulgar a Penguin Books. Devorador onívoro, o Underground.)

No entanto, esse ecletismo aberto traz dentro de si um defeito: o esgotamento da oferta de novos temperos para acrescentar à sopa. O que nos deixou maravilhados na primavera de 1967 já começa apenas a nos encantar, e o encanto acaba se tornando insípido. Além disso, à medida que a influência do Hapshash se espalha pela publicidade comercial, a lei inevitável da cultura *pop* passa a funcionar; aquilo que se espalha fica mais tênue.

Outra característica favorável a ele é que, enquanto Waymouth e English estão associados à *International Magazine*, Sharp está ligado à revista *Oz*, e, embora *Oz* seja extremamente simpática ao Underground, ela tem uma confiança menos pueril de que a expansão da mente seja a resposta completa à crise de nossa sociedade. Como para ratificar essa análise, os pôsteres de Sharp parecem divididos entre uma amarga desilusão política e o universo mais agradável, ainda que banal, das crianças-flores. Neste último campo, no entanto, seu pôster "Dylan" revela uma imaginação extraordinariamente rica, e, se uma forma de arte deliberadamente transitória como o pôster Underground for capaz de criar uma obra de interesse duradouro, esse pôster bem que poderia representá-la.

Firmemente dedicado a um modo de vida que mostra sinais de desagregação, será interessante verificar se o pôster que explora a expansão da mente desaparece

---

1. Aldridge também está perfeitamente consciente de sua trajetória; ver *The Penguin Book of Comics*.

com o cenário ou se consegue embarcar em qualquer coisa que surja no horizonte navegando em nossa direção.

Embora a popularidade do "Nouveau Art-Nouveau" já possa ter começado a declinar, a ideia do "objeto massificado sem autoria" provavelmente veio, se não para ficar, pelo menos para ser jogada fora e substituída por sua sucessora. O pôster Underground conseguiu destruir o mito de que a imaginação visual tem de ficar trancada nos museus ou aprisionada dentro de pesadas molduras. Ele ajudou a abrir os olhos de toda uma geração, no sentido mais literal da expressão. Conseguiu, ainda que brevemente, realizar o cânone *pop*; atuou "no espaço entre a vida e a arte".

*Publicado originalmente no* Observer Colour Supplement *(Londres, dezembro de 1967). Republicado em George Melly,* Revolt into Style *(Londres: Allen Lane, 1970).*

# 1970
# PÔSTER: ANÚNCIO, ARTE, ARTEFATO POLÍTICO, MERCADORIA
## Susan Sontag

EMBORA OS OBSERVADORES DO DESIGN GRÁFICO *sempre pedissem uma crítica que fosse capaz de situar a produção gráfica dentro de uma matriz cultural mais ampla, isso raramente foi alcançado de modo tão convincente como no ensaio de Susan Sontag sobre os pôsteres revolucionários cubanos. Sontag (1933-2004), uma das críticas culturais norte-americanas mais conhecidas, visitou Cuba e, em 1969, escreveu sobre o país – de forma polêmica – na revista de esquerda* Ramparts. *Atendendo ao pedido de seu diretor de arte, Dugald Stermer, para que escrevesse a introdução de sua coleção de pôsteres cubanos em formato grande, Sontag apresentou uma análise argumentativa e parcialmente histórica desse veículo de comunicação, mostrando como uma invenção capitalista, que começou como recurso para estimular "um ambiente social em que comprar é a regra", acabou se tornando ela própria uma mercadoria. A autora relaciona essa nova forma de arte cubana, destinada a despertar e a dificultar a consciência, aos avanços do cinema, da literatura e das belas-artes, abordando em seguida a posição problemática do espectador não cubano. Os pôsteres, conclui ela, são os substitutos da experiência; colecioná-los é uma espécie de turismo afetivo e edificante, e o livro de Stermer está comprometido com uma traição tácita da utilização e do significado revolucionários de imagens que agora são consumidas como apenas mais um prato do cardápio da esquerda liberal burguesa. – RP*

Pôsteres não são apenas comunicados públicos. Um comunicado público, por mais ampla que seja sua circulação, pode ser um instrumento para mandar um sinal para uma única pessoa, alguém cuja identidade é desconhecida do autor do comunicado. (Um dos primeiros comunicados públicos de que se tem notícia, descoberto nas ruínas da antiga Tebas, é um papiro prometendo recompensa pela devolução de um escravo fugido.) Na maioria das sociedades pré-modernas, normalmente preparavam-se comunicados públicos que difundiam notícias sobre assuntos de interesse geral, como espetáculos, impostos e a morte e a posse dos governantes. No entanto, ainda que a informação que ele traz diga respeito a grande número de pessoas, e não a poucas ou apenas uma, o comunicado público não é a mesma coisa que o pôster. Tanto os pôsteres como os comunicados públicos se dirigem à pessoa não como indivíduo, mas como membro não identificado do corpo político. Porém, diferentemente do comunicado público, o pôster pressupõe o conceito moderno de público – aquele em que os membros de uma sociedade são definidos principalmente como espectadores e consumidores. O objetivo do comunicado público é informar ou ordenar. O do pôster é seduzir, exortar, vender, educar, convencer, atrair. Enquanto o comunicado público distribui informações para cidadãos interessados ou atentos, o pôster procura atrair aqueles que, em outras circunstâncias, poderiam ignorá-lo. Um comunicado público pregado em uma parede é passivo, exigindo que o espectador se apresente diante dele para ler o que está escrito. O pôster chama a atenção – a distância. Ele é visualmente agressivo.

Os pôsteres são agressivos porque aparecem no contexto de *outros* pôsteres. O comunicado público é uma declaração independente, mas a forma do pôster depende do fato de que existem inúmeros pôsteres – concorrendo (e algumas vezes se reforçando) mutuamente. Assim, os pôsteres pressupõem o conceito moderno de espaço público – como um teatro do convencimento. Por toda a Roma de Júlio César havia quadros reservados para afixar anúncios de interesse geral, mas eles estavam inseridos em um espaço relativamente livre de palavras escritas. O pôster, todavia, é um elemento integrante do espaço público moderno. Diferentemente do comunicado público, implica a criação do espaço urbano público como uma arena de signos: as fachadas e superfícies entulhadas de imagens e palavras das grandes cidades modernas.

Os principais atributos técnicos e estéticos do pôster decorrem todos dessas modernas redefinições do cidadão e do espaço público. Dessa forma, diferentemente dos comunicados públicos, não é possível imaginar os pôsteres antes da invenção da máquina impressora. O advento da impressão rapidamente provocou a reprodução tanto dos comunicados públicos como dos livros; William Caxton produziu o primeiro comunicado público *impresso* de que se tem notícia em 1480. Contudo, a impressão sozinha não deu origem aos pôsteres, que tiveram de esperar pela invenção de um processo de impressão em cores muito mais barato e mais sofisticado – a litografia –, por Senefelder, no começo do século XIX, e pelo desenvolvimento das impressoras de alta velocidade, as quais, em 1848, conseguiam imprimir dez mil folhas por hora. Diferentemente do comunicado público, o pôster depende essencialmente de uma reprodutibilidade eficaz e barata, tendo em vista a distribuição em massa. Além de ter sido pensado para uma reprodução em grandes quantidades, as outras características óbvias do pôster – escala, decoratividade e mescla de recursos linguísticos e pictóricos – também decorrem do papel que ele desempenha no espaço público moderno. Esta é a definição que Harold F. Hutchinson dá de pôster, no início de seu livro *The Poster, An Illustrated History from 1860* (Londres, 1968):

> O pôster é essencialmente um anúncio grande, normalmente com um elemento pictórico, normalmente impresso em papel e normalmente exposto em uma parede ou quadro para o público em geral. Seu objetivo é chamar a atenção para qualquer coisa que o anunciante esteja tentando promover e gravar uma mensagem no transeunte. O elemento visual ou pictórico proporciona a atração inicial – e ele deve ser suficientemente impressionante para prender o olhar do transeunte e superar a atração concorrente dos outros pôsteres, de modo que precisa de uma mensagem verbal suplementar que reforce e amplifique o tema pictórico. O tamanho grande da maioria dos pôsteres permite que a mensagem verbal seja lida claramente a distância.

O comunicado público geralmente é composto só de palavras. Seus méritos são os da "informação": inteligibilidade, explicitação, completude. No pôster, o que predomina são os elementos visuais ou plásticos, não o texto. As palavras (poucas ou muitas) fazem parte da composição visual total. Os méritos do pôster são, em primeiro lugar, os da "atração", e só depois os da informação. As regras de transmissão da informação estão subordinadas às regras que dotam uma mensagem, qualquer mensagem, de impacto: brevidade, ênfase assimétrica, condensação.

Diferentemente do comunicado público, que pode existir em qualquer sociedade que possui uma linguagem escrita, o pôster não poderia existir antes das condições históricas específicas do capitalismo moderno. Sociologicamente, o advento do pôster reflete o desenvolvimento de uma economia industrializada cujo objetivo é um consumo de massa cada vez maior e (um pouco mais tarde, quando os pôsteres se tornaram políticos) do moderno Estado-nação, secular e centralizado, com sua concepção particularmente difusa de consenso ideológico e sua retórica de participação política da massa. Foi o capitalismo que produziu essa redefinição particularmente moderna do público, classificando-o em consumidores e espectadores. Os primeiros pôsteres famosos tinham todos uma função específica: estimular uma crescente parcela da população a gastar dinheiro em bens de consumo de baixo valor, diversão e arte. Os pôsteres que divulgavam as grandes empresas industriais, os bancos e as mercadorias caras vieram depois. Típicos da função original são os temas de Jules Chéret, o primeiro dos grandes criadores de pôster, que iam de cabarés, teatros de variedades, salões de baile e óperas a lâmpadas a óleo, aperitivos e cigarros de papel. Chéret, que nasceu em 1836, criou mais de mil pôsteres. Os primeiros criadores de pôster importantes da Inglaterra, os Beggarstaffs – que começaram no início dos anos 1890 e copiavam despudoradamente seus congêneres franceses –, também divulgavam, em sua maioria, bens de pouco valor e o teatro. Nos Estados Unidos, o primeiro trabalho de pôster digno de nota foi feito para revistas. Will Bradley, Louis Rhead, Edward Penfield e Maxfield Parrish eram contratados por revistas como *Harper's*, *Century*, *Lippincott's* e *Scribner's* para criar uma capa diferente para cada edição; essas capas eram então reproduzidas como pôsteres para vender as revistas ao público leitor da classe média em expansão.

A maioria dos livros que tratam do tema pressupõe o contexto mercantil como essencial para o pôster. (O modo como Hutchinson define o pôster por meio de sua função de venda, por exemplo, é típico.) Porém, embora a publicidade comercial fornecesse o conteúdo visível de todos os primeiros pôsteres, Chéret e, em seguida, Eugene Grasset logo foram reconhecidos como "artistas". Já em 1880, um influente crítico de arte francês declarou que ele encontrava mil vezes mais talento em um pôster de Chéret do que na maioria das pinturas das paredes do Salão de Paris. Não obstante, foi necessária uma segunda geração de criadores de pôster – alguns dos quais já com a reputação estabelecida na arte da pintura séria e "livre" – para demonstrar ao grande público que o pôster era uma forma de arte, não uma simples ramificação do comércio. Isso aconteceu entre 1890, quando Toulouse-Lautrec foi contratado para criar uma série de pôsteres de divulgação do Moulin Rouge, e 1894, quando Alphonse Mucha criou o pôster para *Gismonda*, o primeiro de sua deslumbrante série de pôsteres de Sarah Bernhardt em suas apresentações no Théâtre de la Renaissance. Durante esse período, as ruas de Paris e Londres tornaram-se uma galeria a céu aberto, com novos pôsteres aparecendo quase todo dia. No entanto, os pôsteres não precisavam divulgar a cultura nem apresentar imagens exóticas e glamorosas para serem reconhecidos como obras de arte. Seus temas podiam ser bastante "comuns". Em 1894, obras com temas comerciais despretensiosos, como o pôster de Steinlen que fazia propaganda de leite esterilizado e o dos Beggarstaffs para o Rowntree's Cocoa, eram aclamados por suas qualidades de arte gráfica. Assim, apenas duas décadas depois de terem começado a aparecer, os pôsteres eram amplamente reconhecidos como forma de arte. Em meados dos anos 1890, aconteceram duas exposições de arte popular em Londres inteiramente consagradas aos pôsteres. Em 1895, surgiu em Londres a *Illustrated History of the Placard*; entre 1896 e 1900, um editor de Paris lançou *Les Maîtres de l'Affiche*, uma obra em cinco volumes. Uma revista inglesa chamada *Poster* foi publicada entre 1898 e 1900. Montar coleções particulares de pôsteres virou moda no início dos anos 1890, e *A Book of the Poster* (1901), de W.

S. Roger, destinava-se especificamente ao público já relativamente grande de entusiásticos colecionadores de pôsteres.

Em comparação com as outras formas de arte que surgiram no final do século XIX, os pôsteres alcançaram o *status* de "arte" muito mais rapidamente do que a maioria. O motivo talvez seja o número de artistas ilustres – como Toulouse-Lautrec, Mucha e Beardsley – que rapidamente começaram a trabalhar com a forma do pôster. Sem a infusão do talento e do prestígio desses artistas, os pôsteres poderiam ter tido de esperar tanto quanto o cinema para serem reconhecidos como obras de arte por mérito próprio. Uma resistência mais demorada ao pôster como arte provavelmente teria sido influenciada menos por sua origem "impura" no comércio do que por sua substancial dependência do processo de reprodução tecnológica. No entanto, é precisamente essa dependência que faz do pôster uma forma de arte inconfundivelmente *moderna*. A pintura e a escultura, os tradicionais modelos da arte visual, tiveram inevitavelmente seu significado e sua aura profundamente alterados quando entraram, na frase clássica de Walter Benjamin, "na era da reprodução mecânica". Contudo, o pôster (como a fotografia e o cinema) não traz consigo nenhuma história do mundo pré-moderno; ele só poderia existir na época da cópia mecânica. Diferentemente de uma pintura, a intenção não era que o pôster existisse como objeto único. Portanto, a reprodução de um pôster não cria um objeto de segunda geração, esteticamente inferior ao original ou diminuído em seu valor social, monetário ou simbólico. Desde sua concepção, o destino do pôster é ser reproduzido, existir em grande quantidade.

É claro, os pôsteres nunca atingiram o *status* de uma forma superior de arte. A criação de pôsteres é classificada geralmente de arte "aplicada", porque se pressupõe que o propósito do pôster é explicar o valor de um produto ou de uma ideia – diferentemente, digamos, de uma pintura ou escultura, cujo propósito é a livre expressão da individualidade do artista. Desse ponto de vista, o criador do pôster, alguém que empresta suas habilidades artísticas, em troca de remuneração, a um vendedor, pertence a uma espécie diferente da do verdadeiro artista, que cria coisas intrinsecamente valiosas e autojustificáveis. Escreve Hutchinson:

> O artista do pôster (que não é simplesmente um artista cuja obra é utilizada casualmente em um pôster) não desenha nem pinta apenas para se expressar, para liberar as próprias emoções ou para aliviar sua consciência estética. Sua arte é uma arte aplicada à causa da comunicação, que pode ser ditada pelas exigências de um serviço, de uma mensagem ou de um produto com o qual ele não simpatize, mas que ele aceitou defender temporariamente, em geral em troca de uma remuneração financeira adequada.

No entanto, definir o pôster como preocupado sobretudo, diferentemente das formas de "grande" arte, em defender – e o artista do pôster como alguém que, igual a uma prostituta, trabalha em troca de dinheiro e tenta agradar ao cliente – é algo questionável e simplista. (E também a-histórico. Foi só no início do século XIX que o artista passou a ser entendido, de modo geral, como alguém que trabalhava para se expressar ou por amor à "arte".) O que torna os pôsteres, assim como as sobrecapas de livro e as capas de revista, uma arte aplicada *não* é que eles sejam exclusivamente dedicados à "comunicação" ou que as pessoas que os criam sejam pagas com mais regularidade ou melhor do que a maioria dos pintores e escultores. Pôsteres são arte aplicada porque, normalmente, aplicam o que já havia sido feito nas outras artes. Esteticamente, o pôster sempre foi um parasita das respeitáveis artes da pintura, da escultura e mesmo da arquitetura. Nos inúmeros pôsteres que fizeram, Toulouse-Lautrec, Mucha e Beardsley só transpuseram um estilo que já estava enunciado em suas pinturas e em seus desenhos. A obra dos pintores – de Puvis de Chavanes a Ernst-Ludwig Kirchner, Picasso, Larry Rivers, Jaspers Johns, Robert Rauschenberg e Roy Lichtenstein – que de vez em quando fizeram experiências com pôsteres não apenas não é inovadora, mas, principalmente, dispõe em uma forma mais acessível seus mais inconfundíveis e conhecidos maneirismos. Como forma de arte, os pôsteres raramente estão na vanguarda. Eles servem, antes, para difundir convenções artísticas elitistas maduras. Na verdade, durante o século XIX, os pôsteres foram um dos principais instrumentos de popularização daquilo que é aceito, pelos árbitros do mundo da pintura e da escultura, como bom gosto visual. Uma mostra representativa de pôsteres feita em um período qualquer seria composta, em sua maioria, de obras banais e visualmente reacionárias. Entretanto, a maioria dos pôsteres considerados *de qualidade* tem uma relação clara com o que está na moda em termos visuais, e não com o que é meramente popular – na moda, porém, só até certo ponto. O pôster nunca expressa um estilo verdadeiramente novo – a alta moda é, por definição, "feia" e desagradável à primeira vista –, mas a moda em um estágio ligeiramente posterior de assimilação ou aceitabilidade. Por exemplo, os famosos pôsteres de Cassendre para Dubonnet (1924) e o transatlântico *Normandie* (1932), claramente influenciados pelo cubismo e pelo movimento da Bauhaus, empregaram esses estilos depois que, assimilados, eles se tornaram lugares-comuns no cenário das belas-artes.

A relação que os pôsteres têm com a moda visual é a da "citação". Assim, o artista do pôster é um plagiador (de si próprio ou dos outros), e o plágio é a principal característica da história da estética do pôster. Os primeiros criadores de pôster de qualidade fora de Paris, que eram ingleses, adaptaram livremente a aparência da primeira onda de pôsteres franceses. Os Beggarstaffs (pseudônimo de dois ingleses que haviam estudado arte em Paris) eram fortemente influenciados por Toulouse-Lautrec; Dudley Hardy, mais lembrado pelos pôsteres que fez para as montagens de Gilbert e Sullivan no Teatro Savoy, estava em débito com Chéret e Lautrec. Essa "decadência" inerente prossegue a todo vapor até hoje, uma vez que todo importante artista do pôster vai beber, até certo ponto, nas escolas pioneiras da arte do pôster. Um dos exemplos recentes mais notáveis desse parasitismo funcional com relação aos primeiros trabalhos com pôster é a brilhante série de pôsteres feita em São Francisco, em meados dos anos 1960, para os grandes salões de dança de *rock*, o Fillmore e o Avalon, que plagiaram livremente Mucha e os outros mestres da Art Nouveau.

A tendência estilisticamente parasitária na história do pôster é mais uma confirmação de que ele é uma forma de arte. Os pôsteres, pelo menos os de qualidade, não podem ser considerados principalmente instrumentos para transmitir algo cuja forma normativa é a "informação". Na verdade, é precisamente nesse aspecto que o pôster se diferencia, em geral, do comunicado público – e entra no território da arte. Diferentemente do comunicado público, cuja função é dizer algo de maneira não ambígua, o pôster não está preocupado, no final das contas, com nada tão claro ou inequívoco. O essencial do pôster pode ser sua "mensagem": a propaganda, o anúncio, o *slogan*. O que se reconhece como um pôster eficaz, porém, é aquele que vai além de sua utilidade em passar a mensagem. Diferentemente do comunicado público, o pôster (apesar de suas origens abertamente comerciais) não é apenas utilitário. O pôster eficaz – mesmo o que vende o mais modesto produto para o lar – sempre expõe essa dualidade que é a própria marca da arte: a tensão entre a vontade de dizer (explicitação, literalidade) e a vontade de calar (truncamento, economia, condensação, evocação, mistério, exagero). O próprio fato de que os pôsteres foram planejados para provocar impacto imediato, para ser "lidos" instantaneamente, por terem de competir com outros pôsteres, fortaleceu a essência estética da forma do pôster.

Provavelmente não é por acaso que a primeira geração dos grandes pôsteres foi criada em Paris, a capital da arte, mas de modo algum a capital econômica do século XIX. O pôster nasceu do impulso estetizante. Ele pretendia transformar o ato de vender em algo "belo". Além desse objetivo encontra-se uma tendência que perdurou ao longo dos cem anos de história da arte do pôster. Quaisquer que tenham sido suas origens na venda de produtos e espetáculos, a tendência do pôster foi desenvolver uma vida independente como elemento principal da paisagem pública das cidades modernas (e das autoestradas, como elos entre as cidades que eliminam a natureza). Mesmo quando um produto, serviço, espetáculo ou instituição é mencionado, a função última do pôster pode ser puramente decorativa. Apenas uma pequena distância separa os pôsteres feitos nos anos 1950 para o Departamento de Transportes de Londres, que serviam mais de enfeite do que de propaganda dos temas tratados, daqueles feitos por Peter Max no final da década de 1960, os quais, pendurados nas laterais dos ônibus municipais de Nova York, não anunciavam absolutamente nada. A possível subversão da forma do pôster por meio de sua tendência para a autonomia estética é confirmada pelo fato de as pessoas terem começado a colecionar pôsteres bem cedo, já nos anos 1890, removendo, com isso, esse objeto destinado acima de tudo ao espaço público e externo e, supostamente, ao olhar apressado e efêmero das multidões para um espaço privado e secreto – a casa do colecionador –, onde ele poderia se tornar objeto de um minucioso (isto é, estético) exame.

Mesmo a função comercial específica dos pôsteres, nos primórdios de sua história, fortalece o fundamento estético da forma deles. Paralelamente ao fato de os pôsteres, na origem um instrumento da publicidade comercial, refletirem a força de um único objetivo didático (vender algo), está o fato de que a primeira tarefa dos pôsteres foi a promoção de bens e serviços economicamente *marginais*. O pôster tem origem no esforço de expansão da produtividade capitalista para vender produtos supérfluos ou de luxo, artigos domésticos, alimentos não essenciais, licores e refrigerantes, entretenimento público (cabaré, teatro de variedades, touradas), "cultura" (revistas, peças de teatro, óperas) e viagens de lazer. Por isso o pôster possuía amiúde, desde o início, um tom leve ou espirituoso; existe uma importante tradição na estética do pôster que favorece o arrojado e o surpreendente. Muitos dos primeiros pôsteres deixam claro um elemento de exagero e de ironia, de estar fazendo "demais" em prol de seu tema. Por mais especializado que possa parecer, o pôster de teatro talvez seja o gênero arquetípico de pôster do século XIX, começando com as rudes Jane Avril e Yvette Guilbert de Toulouse-Lautrec, a suave Loïe Fuller de Chéret e a hierática Sarah Bernhardt de Mucha. Ao longo da história do pôster, a teatralidade foi um de seus valores recorrentes – na medida em que o próprio objeto pôster pode ser considerado uma espécie de teatro visual instantâneo na rua.

Quando as tarefas do pôster são comerciais, o exagero é um de seus atrativos. No entanto, a teatralidade da estética do pôster encontrou seu caráter violento, e também brincalhão, quando o pôster se tornou político. Parece surpreendente que o papel político do pôster tenha demorado tanto para seguir os passos do papel publicitário que ele teve desde suas origens, por volta de 1870. Ao longo desse período, os comunicados públicos continuaram a cumprir funções políticas como convocações militares. Um precedente ainda mais próximo do pôster político vicejara no início do século XIX: o cartum político, que, nas florescentes revistas semanais e mensais, atingira padrão superior nas mãos de Cruikshank e Gillray e, mais tarde, Nast. Apesar desses precedentes, até 1914 o pôster permaneceu destituído de qualquer função política. Então, quase da noite para o dia, os novos governos beligerantes da Europa se deram conta da eficácia do instrumento de publicidade comercial para fins políticos. O principal tema dos primeiros pôsteres políticos foi o patriotismo. Na França, os pôsteres conclamavam os cidadãos a subscrever os diversos empréstimos de guerra; na Inglaterra, exortavam os homens a se alistar no Exército (de 1914 a 1916, quando foi instituído o serviço militar obrigatório); na Alemanha, tinham caráter mais ideológico, estimulando o amor pela pátria por meio da demonização do inimigo. A maioria dos pôsteres feitos durante a Primeira Guerra Mundial era graficamente grosseira. Seu raio de ação emocional oscilava entre o bombástico, como o pôster que Leete fez de lorde Kitchener e seu dedo acusador, acompanhado da frase "O país precisa de VOCÊ" (1914), e o histérico, como o pôster antibolchevique do pesadelo, de Bernhard (mesmo ano). Com raras exceções, entre elas o pôster de Faivre (1916) estimulando as contribuições dos franceses para o empréstimo de guerra daquele ano com o *slogan "On les aura"*, os pôsteres da Primeira Guerra Mundial hoje em dia praticamente só têm interesse histórico.

O nascimento de uma produção gráfica de peso ocorreu logo após 1918, quando os novos movimentos revolucionários que agitaram a Europa no final da guerra estimularam uma enorme expansão dos pôsteres radicais com palavras de ordem, particularmente na Alemanha, na Rússia e na Hungria. Foi em consequência da Primeira Guerra Mundial que o pôster político passou a constituir uma ramificação valiosa da arte do pôster. Grande parte dos pôsteres revolucionários de melhor qualidade era feita por grupos de criadores de pôster, o que não surpreende. Entre os primeiros estavam o "Grupo Novembro", formado em Berlim em 1918, do qual faziam parte, entre outros, Max Pechstein e Hans Richter, e o ROSTA, formado em Moscou em 1919, que incluía artistas atuantes como o poeta Maiakovski, o artista construtivista El Lissitzky e Alexander Rodchenko. Exemplos mais recentes de pôsteres revolucionários produzidos por grupos de criadores são os pôsteres republicanos e comunistas feitos em Madri e Barcelona em 1936-1937 e os produzidos pelos estudantes revolucionários na Ecole des Beaux Arts de Paris durante a revolução de maio de 1968. (Os "pôsteres de parede" chineses entram mais na categoria de comunicados públicos do que na de pôsteres, na forma em que os termos são empregados aqui.) É claro que muitos artistas independentes criaram uma arte do pôster radical fora da disciplina de um grupo. Recentemente, em 1968, o pôster revolucionário foi tema de uma ampla e impressionante exposição retrospectiva no Museu de Arte Moderna de Estocolmo.

O advento do pôster político pode dar a impressão de que a função original dos pôsteres (promover o consumo) teria sofrido uma interrupção brusca. No entanto, as condições históricas que deram origem ao pôster primeiramente como publicidade comercial e posteriormente como propaganda política encontram-se entrelaçadas. Se o pôster comercial é fruto da economia capitalista, com sua necessidade de induzir as pessoas a gastar mais dinheiro em bens não essenciais e espetáculos, o pôster político reflete outro fenômeno específico dos séculos XIX e XX, enunciado pela primeira vez na matriz do capitalismo: o moderno Estado-nação, cuja reivindicação de monopólio ideológico tem como manifestação *mínima* e não questionada o objetivo da educação universal e o poder de mobilização das massas para a guerra. Apesar dessas ligações históricas, existe uma grande diferença de contexto entre o pôster comercial e o político. Enquanto a presença de pôsteres usados como publicidade comercial geralmente indica o nível em que uma sociedade se define como estável e em busca de um *status quo* econômico e político, a presença de pôsteres políticos geralmente indica que a sociedade se considera em estado de emergência. Durante os períodos de crise do Estado-nação, o pôster passou a ser um instrumento familiar na divulgação de propósitos políticos de forma sucinta. Nos países capitalistas mais antigos, com instituições políticas da democracia burguesa, seu uso se restringe principalmente aos períodos de guerra. Nos países mais jovens, que em sua maioria estão experimentando (sem muito êxito) uma mistura de capitalismo de Estado e socialismo de Estado e sofrendo crises econômicas e políticas crônicas, o pôster é uma ferramenta habitual na construção da nação. Particularmente impressionante é o grau em que o pôster tem sido utilizado para "ideologizar" sociedades do Terceiro Mundo relativamente não ideológicas. Dois exemplos que este ano político nos traz são os pôsteres espalhados por todo o Egito (a maioria representando cartuns de jornal ampliados), enquanto acontece a escalada da guerra aérea no Oriente Médio, identificando os Estados Unidos como o inimigo por trás de Israel, e os pôsteres que logo apareceram na Phnom Penh relativamente livre deles, em abril de 1970, após a queda do príncipe Sihanouk, inculcando ódio contra os vietnamitas residentes no país e incitando os cambojanos à guerra contra o "vietcongue".

Evidentemente, o destino do pôster é diferente quando ele difunde a visão oficial em um país, como acontece com os pôsteres de recrutamento britânicos na Primeira Guerra Mundial ou os pôsteres cubanos para a OSPAAAL e o COR* presentes neste livro, e quando ele tem de falar em defesa de uma minoria adversária que vive dentro do país. Os pôsteres que expressam o ponto de vista que a maioria tem de uma sociedade (ou situação) politizada contam com distribuição maciça, estando normalmente presentes de forma repetida. Os pôsteres que expressam valores insurgentes, e não os valores do *establishment*, têm distribuição mais restrita. Eles geralmente acabam sendo desfigurados pelos membros irados da maioria silenciosa ou arrancados pela polícia. É claro que as chances de longevidade do pôster insurgente e suas perspectivas de distribuição aumentam quando ele é patrocinado por um partido político organizado. O pôster contra a Guerra do Vietnã de Renato Guttuso (1966), feito para o Partido Comunista Italiano, é um instrumento político menos frágil do que os pôsteres de dissidentes independentes como Takashi Komo, no Japão, e Sigvaard Olsson, na Suécia. Porém, por mais que seus contextos e destinos sejam diferentes, todos os pôsteres políticos partilham um objetivo comum: a mobilização ideológica. O que varia apenas é a escala desse objetivo. Maximobilizações são uma meta realista factível quando os pôsteres constituem o veículo de uma doutrina política dominante. Pôsteres insurgentes ou revolucionários visam, mais modestamente, a uma minimobilização da população contra a linha oficial predominante.

---

* OSPAAAL: Organização de Solidariedade dos Povos da África, Ásia e América Latina. COR: Comitê de Orientação Revolucionária. (N. do T.)

Poder-se-ia supor que os pôsteres políticos feitos por uma minoria dissidente precisariam ser, e muitas vezes são, mais atraentes visualmente e menos estridentes ou ideologicamente simplistas do que aqueles produzidos pelos governos no poder. Eles têm de competir pela atenção de um público desatento, hostil ou indiferente. Na verdade, as diferenças de qualidade estética e intelectual não seguem essas linhas. Uma obra patrocinada pelo Estado pode ser tão alegre e solta como os pôsteres políticos cubanos ou tão banal e conformista como os da União Soviética e da Alemanha Oriental. A mesma variação de qualidade ocorre entre os pôsteres políticos insurgentes. John Heartfield e Georg Grosz, entre outros, criaram pôsteres muito notáveis para o Partido Comunista Alemão nos anos 1920. No mesmo período, os pôsteres que estavam sendo feitos para o Partido Comunista Norte-Americano, como o de William Gropper, que pedia apoio aos trabalhadores têxteis em greve em Passaic, ou o de Fred Ellis exigindo justiça para Sacco e Vanzetti, ambos de 1927, não passavam de trabalhos ingênuos de agit-prop. A impotência não enobrece nem refina necessariamente a arte da propaganda, da mesma forma que esta também não é inevitavelmente diminuída quando tem o apoio do poder ou quando atende a objetivos oficiais. Mais do que o talento dos artistas e a vitalidade das outras artes visuais, o que determina se serão produzidos pôsteres de qualidade em um país é a política cultural do governo, do partido ou do movimento – se ele reconhece, estimula e até exige qualidade. Contrariamente à ideia odiosa que muitas pessoas têm da propaganda como tal, a qualidade estética ou a integridade moral do pôster político não têm nenhum limite que lhes seja inerente – isto é, nenhum limite senão as convenções que afetam (e talvez limitem) a criação de todo tipo de pôster, seja seu objetivo a publicidade comercial, seja a doutrinação política.

Da mesma forma que os pôsteres comerciais, a maioria dos pôsteres políticos depende mais da imagem do que da palavra. Assim como o objetivo do pôster publicitário eficaz é estimular (e simplificar) os gostos e apetites, o objetivo do pôster político eficaz raramente vai além do estímulo (e da simplificação) dos sentimentos éticos. E a forma clássica de estímulo e simplificação é a metáfora visual. O mais comum é vincular algo ou uma ideia à imagem simbólica de uma pessoa. Na publicidade comercial, esse paradigma existe desde a época de Chéret. Ele criava a maioria de seus pôsteres, independentemente do que estivessem vendendo, em torno da imagem de uma moça bonita – a "noiva mecânica", como a chamou Marshall McLuhan há vinte anos em seu penetrante livro sobre as versões contemporâneas daquela imagem. O equivalente na propaganda política é a figura heroica. Tal figura pode ser um célebre líder guerreiro, vivo ou martirizado, ou um cidadão representativo anônimo, como um soldado, um operário, uma mãe, uma vítima de guerra. O objetivo da imagem no pôster comercial é ser atraente, muitas vezes sexualmente atraente, identificando secretamente, com isso, a ganância material com o apetite sexual e reforçando de maneira subliminar a primeira por meio do apelo ao segundo. O pôster político age de modo direto, apelando aos sentimentos que possuem importância ética maior. Não basta que a imagem seja atraente nem mesmo sedutora, uma vez que aquilo que está sendo recomendado com insistência é apresentado sempre como algo mais do que meramente "desejável": é imperativo. As imagens da publicidade comercial desenvolvem a capacidade de se deixar tentar, a disposição de ceder a desejos e liberdades pessoais. As imagens dos pôsteres políticos desenvolvem o sentido do dever, a disposição de renunciar a desejos e liberdades pessoais.

Para criar um sentimento de dever psíquico ou moral, os pôsteres políticos utilizam uma variedade de apelos emocionais. Nos pôsteres que apresentam uma única figura, a imagem pode ser de partir o coração, como a da criança atingida por napalm nos cartazes de protesto contra a Guerra do Vietnã; pode ser admonitória, como a de lorde Kitchener no cartaz de Leete; pode ser inspiradora, como o rosto de Che nos inúmeros cartazes produzidos desde que ele morreu. Uma variante do cartaz centrado em uma única personalidade exemplar é o tipo que descreve o conflito ou a própria guerra, justapondo a figura heroica à de um inimigo desumanizado ou caricaturado. O quadro normalmente mostra o inimigo – o huno, o capitalista de sobrecasaca, o bolchevique, LBJ* – sendo acossado ou batendo em retirada. Diferentemente dos pôsteres que apresentam apenas figuras exemplares, os pôsteres com imagens agonísticas apelam, em geral, a sentimentos menos nobres como vingança, ressentimento e complacência moral. Contudo, dependendo das reais probabilidades da guerra e do vigor moral da cultura, tais imagens também podem ignorar essas emoções e simplesmente fazer com que as pessoas se sintam mais cheias de coragem.

Assim como na publicidade comercial, no pôster político a imagem normalmente é auxiliada por algumas palavras – quanto menos (é o que se pensa), melhor. As palavras servem de apoio às imagens. Uma agradável exceção a essa regra é o pôster em preto e branco que Sigvaard Olsson fez de Hugo Blanco (1968), que põe uma extensa citação em negrito por cima do rosto do revolucionário peruano encarcerado. Outra exceção, ainda mais impressionante, é o pôster do COR, que dispensa a imagem e faz uma composição agressivamente colorida e quase abstrata das palavras de um sofisticado *slogan* ideológico em forma de axioma: *"Comunismo nos es crear conciencia con el dinero sino crear riqueza con la conciencia."*

## II.

Na sociedade capitalista, os pôsteres são um elemento onipresente do *décor* da paisagem urbana. Os *connoisseurs* das novas formas de beleza podem se sentir visualmente gratificados com a colagem desordenada de pôsteres (e anúncios de neon) que enfeitam as cidades. É claro que se trata de um efeito cumulativo, já que, considerados um a um, poucos dos pôsteres que vemos hoje em dia nos espaços públicos proporcionam algum prazer estético. *Connoisseurs* mais especializados – da estética da invasão, da aura libertina da confusão e das implicações libertárias da aleatoriedade – podem encontrar prazer nesse *décor*. No entanto, o que faz com que os pôsteres continuem a se multiplicar nos espaços urbanos do mundo capitalista é sua utilidade comercial em vender produtos específicos e, mais do que isso, em perpetuar um ambiente social no qual o princípio normativo é comprar. Uma vez que a saúde da economia depende do desrespeito constante a tudo o que restrinja os hábitos de consumo da população, não pode haver limite à tentativa de saturar o espaço público com publicidade.

É inevitável que uma sociedade comunista revolucionária, que rejeita a sociedade de consumo, tenha de redefinir e, com isso, limitar a arte do pôster. Nesse contexto, só faz sentido usar os pôsteres de maneira seletiva e controlada. Em nenhum

---

* Lindon Baines Johnson, presidente dos Estados Unidos entre 1963 e 1969. (N. do T.)

lugar esse uso seletivo dos pôsteres é mais autêntico do que em Cuba, que, com um objetivo revolucionário (estimulada pela aflitiva escassez econômica imposta pelo bloqueio norte-americano, mas não redutível a ele), repudiou os valores mercantis de maneira mais radical do que qualquer país comunista fora da Ásia. Cuba evidentemente não tinha por que utilizar o pôster para incitar seus cidadãos a adquirir bens de consumo. Entretanto, isso ainda deixa amplo espaço para o pôster. Toda sociedade moderna, tanto comunista como capitalista, é uma rede de símbolos. No comunismo revolucionário, o pôster permanece um tipo fundamental de símbolo público: enfeitando opiniões compartilhadas e estimulando solidariedades virtuosas, e não promovendo os apetites individuais.

Como seria de esperar, grande proporção dos pôsteres cubanos apresenta uma temática política. Porém, diferentemente da maioria das obras do gênero, o objetivo do pôster político cubano não é simplesmente levantar o moral. É despertar e tornar complexa a consciência – o propósito mais elevado da própria revolução. (Excetuando a China, Cuba talvez seja o único exemplo atual de uma revolução comunista que persegue esse propósito ético como meta explicitamente política.) O uso que Cuba faz dos pôsteres políticos lembra a visão de Maiakovski no início dos anos 1920, antes que a opressão stalinista esmagasse os artistas revolucionários independentes e descartasse a meta humanista-comunista de criar um tipo de ser humano melhor. Para os cubanos, o êxito de sua revolução não é medido por sua capacidade de se preservar contra a hostilidade desapiedada dos Estados Unidos e de seus sátrapas latino-americanos, mas sim por seu avanço na formação do "novo homem". Ter se armado para se defender, ter trilhado o exaustivo e espinhoso caminho em busca de algum nível de autossuficiência agrícola, ter praticamente abolido o analfabetismo, ter proporcionado à maioria da população alimentação e atendimento médico adequados pela primeira vez na vida – todas essas conquistas admiráveis são apenas preparativos para a revolução de "vanguarda" que Cuba deseja promover. Nessa revolução, uma revolução da consciência que exige a transformação do país inteiro em uma escola, os pôsteres são um método importante (entre outros) de educação pública.

Raramente os pôsteres expressaram a vanguarda da consciência política, tampouco representaram genuinamente a vanguarda em termos estéticos. Em geral, pôsteres revolucionários de esquerda ocupam as partes do meio e de trás da consciência política. Sua tarefa é ratificar, reforçar e difundir mais os valores defendidos pelos estratos da população ideologicamente mais avançados. Contudo, os pôsteres políticos cubanos não são como os outros. Na maioria dos pôsteres políticos, o grau de exortação não vai além de umas poucas palavras emocionais – uma ordem, um *slogan* de vitória, uma invectiva. Os cubanos utilizam os pôsteres para transmitir conceitos éticos complexos (particularmente alguns pôsteres feitos para o COR, como "Crear conciencia..." e "Espíritu de trabajo..."). Diferentemente da maioria dos pôsteres políticos, os pôsteres cubanos às vezes dizem muito; outras, não dizem praticamente nada. Talvez o aspecto mais avançado dos pôsteres políticos cubanos seja o gosto pela discrição verbal e visual. Tem-se a impressão de que não foi exigido dos artistas que fossem explícita e constantemente didáticos. E, quando são didáticos, os pôsteres – em um feliz contraste com a imprensa cubana, que parece subestimar seriamente a inteligência da população – quase nunca são estridentes, berrantes nem grotescos. (Isso não significa argumentar, de maneira alguma, que não existe lugar para a rispidez na arte política ou que a estridência sempre trai a inteligência. Um dos recursos mais importantes para transformar a consciência é dar o *nome* certo às coisas. E nomeá-las pode significar, em determinadas situações históricas, chamá-las pelo nome. Divulgar impropérios e insultos relevantes, como os pôsteres franceses de maio de 1968 que traziam em destaque *"C'est lui, le chienlit"* e "CRS=SS", teve um objetivo político absolutamente importante na desmistificação e deslegitimação da autoridade repressiva.)

No contexto cubano, porém, essa estridência ou exagero teria sido um erro, como os criadores dos pôsteres muitas vezes admitem. Os pôsteres, em sua maioria, mantêm um tom sóbrio e emocionalmente digno, embora nunca distante, apesar de terem de enfrentar os usos mais sensíveis que normalmente cabem aos pôsteres políticos em sociedades revolucionárias ativamente engajadas em sua transformação ideológica. Eles determinam os limites de importantes espaços públicos. Assim, a imensa Plaza de la Revolución, capaz de reunir um milhão de pessoas em um comício, é delimitada, em grande medida, pelos enormes pôsteres coloridos nas laterais dos altos edifícios que a rodeiam. Além disso, os pôsteres assinalam importantes datas nacionais. Desde a revolução, cada ano ganha um nome em janeiro (1969 foi "O Ano do Esforço Decisivo", em referência à colheita da cana-de-açúcar), e um pôster anunciando o evento é espalhado por toda a ilha. Os pôsteres também apresentam uma série de comentários visuais sobre os principais acontecimentos políticos ao longo do ano: eles anunciam jornadas de solidariedade a lutas externas, divulgam comícios e congressos internacionais, comemoram datas históricas, e assim por diante. Apesar do excesso de funções que acumulam, os pôsteres têm uma beleza fora do comum. Pelo menos alguns pôsteres políticos demonstram ter um nível surpreendente de existência independente como objetos decorativos. Com frequência, ao transmitirem uma mensagem específica, eles simplesmente expressam (com sua beleza) *prazer* por meio de determinados conceitos, posturas éticas e referências históricas enobrecedoras. Por exemplo, no pôster "Cien Años de Lucha 1868-1968", a sobriedade e a recusa em fazer um manifesto é bem típica daquilo que os cubanos fizeram. É claro que mesmo o texto curto de um pôster pode transmitir uma análise, e não apenas um *slogan*, mas uma peça genuína de análise política, como os pôsteres de maio em Paris alertando a população contra o veneno ideológico da imprensa, do rádio e da televisão – um deles mostrava o desenho tosco de um aparelho de televisão em cima do qual estava escrito *"Intox!"*. Os pôsteres cubanos são muito menos analíticos do que os da recente Revolução Francesa; eles educam de forma mais indireta, emocional e graficamente sensória. (Cuba, claro, não conta com uma tradição de análise intelectual comparável à dos franceses.) São raros aqueles que não contêm certo grau de bajulação moral de seu público. Os pôsteres políticos cubanos bajulam os sentidos. Eles são mais imponentes e mais dignos que os pôsteres franceses de maio de 1968 – os quais cultivavam, tanto por razões de ordem prática como por motivos ideológicos, um visual rude, ingênuo, improvisado e juvenil.

Que pôsteres com essa deliberada ambição estética aparecessem com frequência em Cuba não seria algo de esperar, nem que algum deles fosse feito ali. A expressão que os pôsteres cubanos buscam, e que normalmente conseguem alcançar, exige – além de artistas talentosos – trabalho técnico cuidadoso, papel de qualidade e outras instalações caras. Talvez seja compreensível que mesmo um país que convive com carências econômicas tão graves possa alocar tanto tempo, dinheiro e papel – escasso – para fazer pôsteres políticos (e outras formas de artes gráficas, como o layout exuberante da revista *Tricontinental*, feito por Alfredo Rostgaard, que produz a maioria dos pôsteres da OSPAAAL). No entanto, o importante papel educativo das artes gráficas políticas em Cuba dificilmente explica o alto nível e os caros recursos do pôster artístico cubano. Pois o pôster cubano, sem dúvida, não é exclusiva nem principalmente político (como a produção de pôsteres do Vietnã do Norte). Inúmeros pôsteres não têm conteúdo político, entre eles alguns dos mais caros e mais bem produzidos – os feitos para divulgar filmes. Divulgar eventos culturais é a tarefa de todos os pôsteres não políticos. Com imagens atraentes, às vezes extravagantes e dramáticas, e uma tipologia brincalhona, esses pôsteres anunciam filmes, peças, a visita do Balé Bolshoi, um festival nacional de música, uma exposição em uma galeria etc. Dessa forma, os artistas cubanos aparentemente perpetuam um dos gêneros de pôster mais antigos e perenes: o pôster teatral. Existe, porém, uma diferença importante. Os cubanos fazem pôsteres para divulgar a cultura em uma sociedade que *não* procura tratá-la como um conjunto de mercadorias – eventos e objetos planejados, conscientemente ou não, para a exploração comercial. Por conseguinte, o próprio projeto de divulgação cultural se torna, de alguma forma, paradoxal, quando não gratuito. E, de fato, muitos desses pôsteres não satisfazem realmente a nenhuma necessidade prática. Um belo pôster feito para a apresentação em Havana de, digamos, um filme menor de Alain Jessura, cujas sessões estarão lotadas de qualquer maneira (porque o cinema é uma das poucas diversões disponíveis), é um artigo de luxo, algo feito como um fim em si mesmo. Muitas vezes acontece de um pôster produzido por Tony Reboiro ou Eduardo Bachs para a ICAIC* acabar virando uma nova obra de arte, um complemento do filme, em vez de ser um anúncio cultural no sentido habitual.

O *élan* e a autossuficiência dos pôsteres cubanos parecem ainda mais notáveis quando se considera que o pôster é uma nova forma de arte em Cuba. Antes da revolução, os únicos pôsteres existentes no país eram os tipos mais vulgares de outdoor publicitário norte-americano. Na verdade, muitos dos pôsteres que existiam em Havana antes de 1959 eram escritos em inglês, dirigindo-se não aos cubanos, mas diretamente aos turistas norte-americanos, cujos dólares eram a principal fonte de renda de Cuba, e aos norte-americanos residentes no país, em sua maior parte empresários que controlavam e exploravam a economia cubana. Assim como grande parte dos países latino-americanos – as frágeis exceções são México, Brasil e Argentina –, Cuba não tinha tradição local na criação de pôsteres. Agora, os melhores pôsteres da América Latina vêm de Cuba. (No entanto, em razão do isolamento de Cuba do mundo não comunista imposto pela política norte-americana, o florescimento da arte cubana do pôster nos últimos anos é muito pouco conhecido. Escrevendo recentemente, em 1968, Hutchinson não exclui Cuba da falta de consideração geral com que trata a América Latina como lugar criador de pôsteres de alta qualidade.) O que explica a extraordinária explosão de talento e energia nessa forma de arte em particular? Não é preciso dizer que, além do pôster, outras artes são praticadas hoje em Cuba com alto nível de excelência – particularmente a literatura e a poesia, com uma tradição notável que vem de muito antes da revolução, e o cinema, o qual, assim como a criação de pôsteres, não tinha nenhuma raiz. Entretanto, talvez o pôster forneça, melhor do que qualquer outra forma nos dias de hoje, um instrumento ideal para reconciliar (ou ao menos conter) duas visões de arte potencialmente antagônicas. Em uma delas, a arte expressa e explora a sensibilidade individual. Na outra, serve a um objetivo

---

* Instituto Cubano de Arte e Indústria Cinematográficas. (N. do T.)

sociopolítico ou ético. O mérito por *não* ter sido resolvida a contradição entre essas duas visões de arte cabe à Revolução Cubana. E, nesse meio-tempo, a forma do pôster é aquela em que o conflito não é tão agudo.

Os pôsteres cubanos são feitos por artistas independentes; muitos deles são relativamente jovens (nascidos no final da década de 1930 e início da de 1940) e alguns, sobretudo Raúl Martinez e Umberto Pena, antes eram pintores. Parece não haver nenhum estímulo para a criação coletiva de pôsteres, tal como acontece com os pôsteres chineses (assim como grande parte das outras formas de arte, incluindo a poesia) ou com os produzidos pelos estudantes revolucionários da Ecole des Beaux Arts de Paris, em maio de 1968. Entretanto, embora os pôsteres cubanos, assinados ou não, continuem sendo uma obra de indivíduos, esses artistas, em sua maioria, empregam estilos próprios variados. Para o artista que vive em uma sociedade revolucionária, o ecletismo estilístico talvez seja uma forma de ocultar o dilema latente de ter uma marca pessoal. Não é fácil identificar o trabalho dos principais criadores de pôster cubanos: Beltrán, Peña, Rostgaard, Reboiro, Azcuy Martínez e Bachs. Como o artista fica daqui para lá, em uma semana criando um pôster político para a OSPAAAL, na outra o pôster de um filme para o ICAIC, seu estilo pode mudar rapidamente. E esse ecletismo dentro da obra dos artistas do pôster caracteriza, de maneira ainda mais impressionante, todo o conjunto de pôsteres feitos em Cuba. Eles revelam amplo leque de influências externas, que incluem os inflexíveis estilos pessoais de criadores de pôster norte-americanos, como Saul Bass e Milton Glazer; o estilo dos pôsteres dos filmes tchecos dos anos 1960, de autoria de Josef Flejar e Zdenek Chotenovsky; o estilo ingênuo das *Images d'Epinal*; o estilo neo-Art Nouveau popularizado pelos pôsteres de Fillmore e Avalon de meados da década de 1960; e o estilo *pop art*, ele próprio parasitário da estética do pôster comercial, de Andy Warhol, Roy Lichtenstein e Tom Wesselman.

Os criadores de pôster têm, é claro, uma situação mais cômoda do que outros artistas cubanos. Eles não compartilham o ônus herdado pela literatura, em que a busca da excelência artística é parcialmente definida em termos de uma limitação do público. Durante os séculos em que deixou de ser uma arte principalmente oral e, por conseguinte, pública, a literatura passou a se identificar cada vez mais com um ato solitário (a leitura), com uma fuga para um eu privado. A literatura de qualidade pode, e o faz com frequência, interessar somente a uma minoria culta. Pôsteres de qualidade não podem ser objeto de consumo de uma elite. (O pôster propriamente dito implica determinado contexto de produção e distribuição que exclui a obra produzida diretamente para o mercado das belas-artes, como os pseudopôsteres de Warhol.) O espaço no qual o verdadeiro pôster é exibido não é elitista, e sim público – comunitário. Como afirmam em inúmeras entrevistas, os artistas cubanos do pôster continuam bastante conscientes de que ele é uma arte popular que se dirige a uma multidão indiferenciada de pessoas *em nome* de algo popular (seja um conceito político, seja um espetáculo cultural). Em uma sociedade revolucionária, o artista gráfico não tem o mesmo problema do poeta quando emprega a voz individual, o *eu* lírico, o problema de *quem* está falando e por quem está falando.

A partir de certo ponto, contudo, o lugar do artista na sociedade revolucionária – seja qual for seu meio de comunicação – é sempre problemático. A visão moderna do artista está enraizada na ideologia da sociedade capitalista burguesa, com seu conceito altamente elaborado de individualidade pessoal e a suposição de que existe um antagonismo básico e absoluto entre indivíduo e sociedade. Quanto mais longe se leva a ideia de indivíduo, mais aguda se torna a polarização entre indivíduo e sociedade. E durante bem mais de um século o artista representou exatamente o caso extremo (ou exemplar) do "indivíduo isolado". Segundo o mito moderno, o artista é espontâneo, livre, tem espírito de iniciativa – e é frequentemente atraído pelo papel de crítico, de *outsider* ou de não participante descontente. Desse modo, pareceu óbvio aos líderes de todos os governos ou movimentos revolucionários modernos que, em uma ordem social radicalmente reconstruída, a definição de artista teria de mudar. Na verdade, muitos artistas que vivem em sociedades burguesas denunciaram o confinamento da arte a pequenos públicos elitistas (William Morris disse: "Eu não quero arte para poucos, da mesma forma que não quero educação nem liberdade para poucos") e ao individualismo egoísta da vida de inúmeros artistas. É fácil concordar com essa crítica em princípio, porém difícil traduzi-la na prática. Primeiro, a maioria dos artistas sérios está bastante apegada ao papel "culturalmente revolucionário" que eles desempenham em sociedades que (esperam) estão avançando na direção de uma situação revolucionária, embora ainda não a tenham alcançado. Em uma situação pré-revolucionária, a revolução cultural consiste essencialmente em criar modos de experiência e sensibilidade *negativos*. Ela significa promover rupturas e recusas. Quando a pessoa se torna experiente nesse papel, é difícil abrir mão dele. Outro aspecto particularmente intransigente da identidade do artista é quanto a arte importante se apropriou da retórica da revolução. Ao longo de toda a história moderna das artes, a obra que repele a fronteira do negativismo não é definida apenas como valiosa e necessária. Ela também é definida como revolucionária, embora, contrariamente aos padrões pelos quais os méritos dos atos politicamente revolucionários são medidos – apelo popular –, os atos dos artistas de vanguarda tendam a limitar o público da arte aos socialmente privilegiados, aos educados consumidores de cultura. Essa cooptação da ideia de revolução pelas artes trouxe uma perigosa confusão e estimulou expectativas ilusórias.

É natural que o artista – um crítico tão frequente de sua sociedade –, quando pego em um movimento revolucionário em seu país, pense que aquilo que ele considera revolucionário na arte seja similar à revolução política em curso e que acredite que pode pôr sua arte a serviço da revolução. Até o momento, contudo, existe no máximo uma união desconfortável entre as ideias revolucionárias na arte e as ideias revolucionárias na política. Praticamente todos os líderes das grandes revoluções políticas não conseguiram perceber, de modo algum, a ligação e, na verdade, logo identificaram na arte revolucionária (modernista) uma forma desagradável de atividade de oposição. A política revolucionária de Lenin coexistiu com um gosto literário claramente retrógrado. Ele adorava Puchkin e Turgueniev. Detestava os futuristas russos e achava a vida boêmia e a poesia experimental de Maiakovski uma afronta aos elevados ideais morais da revolução e ao espírito de sacrifício coletivo. Mesmo Trotski, muito mais sofisticado do que Lenin, escreveu (em 1923) que os futuristas encontravam-se afastados da revolução, embora acreditasse que eles poderiam ser integrados. Como é do conhecimento de todos, a carreira da arte revolucionária na União Soviética foi extremamente curta. A última experiência de pintura "formalista" na Rússia pós-revolucionária foi a exposição "5 × 5 = 25", do Grupo de Moscou, em 1921. O passo decisivo na direção oposta à arte não figurativa foi dado naquele ano. A situação foi piorando cada vez mais com o passar do tempo, até que o governo baniu os artistas futuristas. Alguns poucos gênios da famosa vanguarda da década de 1920 tiveram permissão para continuar trabalhando, mas em condições que facilitavam o embrutecimento de seus talentos (como Eisenstein e Djiga Vertov). Muitos se calaram de medo; outros escolheram o suicídio ou o exílio; alguns (como Mandelstam, Babel e Meyerhold) foram enviados para a morte nos campos de trabalhos forçados.

No contexto de todos esses problemas e precedentes históricos desastrosos, os cubanos adotaram uma conduta comedida. O debate acerca da arte gráfica cubana na edição de julho de 1969 de *Cuba Internacional*, citado mais adiante neste livro por Dugald Stermer, examina as costumeiras questões suscitadas pela tarefa de repensar a arte em uma sociedade revolucionária, de determinar quais são as liberdades e as responsabilidades legítimas do artista. As opções unilaterais são condenadas, o mesmo acontecendo com o utilitarismo puro e o esteticismo puro, a frivolidade do abstracionismo autoindulgente e a pobreza estética do realismo vulgar. As usuais crenças civilizadas são antecipadas: o desejo de evitar a publicidade massacrante, sem deixar de ser, porém, relevante e compreensível. É a mesma discussão de sempre. (Para uma discussão mais ampla, com referência ao conjunto das artes, ver a edição n. 4, de dezembro de 1967, de *Unión*, a revista publicada pela Associação de Escritores e Artistas.) A análise não é particularmente original. O que é impressionante, e estimulante, é a solução encontrada pelos cubanos: não chegar a nenhuma solução específica, *não* pressionar demais o artista. O debate segue em frente, e o mesmo se pode dizer da alta qualidade dos pôsteres cubanos. As comparações com a arte do pôster na União Soviética, existente há mais de quarenta anos – na verdade, com a arte propagandística oficial de todos os países do Leste europeu –, deixam as conquistas do governo cubano referentes à resistência a um tratamento ético e esteticamente filisteu de seus artistas em uma posição quase monotonamente favorável. O jeito cubano de tratar os artistas é pragmático e, em grande medida, respeitoso.

É preciso reconhecer que não se pode tomar a relação relativamente auspiciosa dos artistas do pôster com a revolução como algo uniformemente típico da situação dos artistas em Cuba. Em meio ao conjunto de artistas cubanos, os criadores de pôster encontram especial facilidade para integrar sua identidade de artistas às exigências e solicitações da revolução. Toda sociedade que passa pelas dores do parto da revolução exige muito que a arte tenha certa ligação com os valores populares. Como os pôsteres são tanto uma forma de arte como um instrumento extremamente literal de gerar valores, o criador de pôster não tem nenhuma dificuldade de aquiescer a essa exigência. Depois do pôster, a forma de arte que parece quase tão à vontade com essa exigência é o cinema – como deixa clara a admirável obra de Santiago Alvarez e dos jovens diretores de longas-metragens. Em relação a outras formas de arte, a situação é menos inequívoca. Ainda que a Revolução Cubana seja relativamente tolerante com os artistas, grande número de intérpretes individuais (mesmo entre os artistas cujo compromisso com a revolução é inquestionável) passou para a oposição. No ano passado, Hubert Padilla, provavelmente o melhor entre os jovens poetas, foi alvo de inomináveis pressões. Deve-se mencionar que, durante a provação por que Padilla passou – que incluiu ataques na imprensa, a perda temporária do cargo que ele ocupava no governo e a inclusão de um prefácio em seu livro, depois de este ter recebido o prêmio Casa de las Américas, criticando a concessão do prêmio –, nunca se cogitou recusar a impressão do livro nem de censurar sua poesia, muito menos prendê-lo. Espera-se, e existem fortes razões para acreditar nisso, que o caso Padilla seja uma exceção, embora seja sugestivo que ele não tenha recebido uma reparação completa e só tenha conseguido o cargo de volta com a intervenção pessoal de Castro. A poesia lírica, a mais individual das artes, talvez seja a mais vulnerável em uma sociedade revolucionária, da mesma forma que a criação de pôster é a mais adaptável. Longe de dizer, com isso, que apenas os poetas podem se decepcionar em Cuba. O conflito entre estética e considerações de ordem totalmente prática, mais ainda que de ordem ideológica, criou problemas mesmo para as outras artes populares – a arquitetura, por exemplo. É provável que Cuba simplesmente não possa se dar ao luxo de ter edifícios como a Escola de Belas-Artes nos subúrbios de Havana, feita por Ricardo Porro em 1965, uma das mais belas construções modernas do mundo. A prioridade que se dá hoje ao projeto de, digamos, casas pré-fabricadas de baixo custo esteticamente vulgares, e não à construção de mais um edifício original, glamoroso e caro como aquele, certamente é algo razoável. Entretanto, o conflito entre utilidade (e racionalidade econômica) e beleza parece ter afetado pouco a política relacionada ao pôster – talvez porque a produção de pôsteres não represente tanto um custo e pareça ter uma utilidade mais evidente e porque a "individualidade" é, tradicionalmente, uma norma menos importante na estética do pôster do que o é na literatura, no cinema ou na arquitetura modernos.

Com sua beleza, estilo e transcendência tanto da mera utilidade como da mera propaganda, esses pôsteres dão testemunho de uma sociedade revolucionária que não é repressora nem filistina. Os pôsteres demonstram que Cuba possui uma cultura viva, com postura cosmopolita e relativamente livre do tipo de interferência burocrática que destruiu as artes em praticamente todos os outros países em que a revolução comunista chegou ao poder. No entanto, não se pode considerar que esses aspectos atraentes da Revolução Cubana sejam um elemento orgânico da ideologia e da prática revolucionárias. Poder-se-ia argumentar que o grau de liberdade relativamente alto de que os artistas cubanos gozam, por mais admirável que seja, não faz parte de uma redefinição revolucionária do artista, nada mais sendo que a perpetuação de um dos valores mais elevados reivindicados pelo artista na sociedade burguesa. De forma mais geral, o vigor e a abertura da cultura cubana não significam que Cuba possua, necessariamente, uma cultura revolucionária.

É claro que, em um aspecto evidente, os pôsteres cubanos refletem a ética comunista revolucionária de Cuba. Toda sociedade revolucionária procura restringir o tipo, quando não o conteúdo, dos símbolos públicos (na verdade, quando não asseguram o controle centralizado sobre eles) – uma restrição que decorre logicamente da rejeição da sociedade de consumo, com sua pretensa livre escolha entre produtos clamando para serem comprados e entretenimentos pedindo para serem experimentados. Mas será que os pôsteres cubanos são "revolucionários" em algum outro sentido além desse? Como já foi observado, eles não são revolucionários no sentido em que esse conceito é usado pelo movimento artístico modernista. Por melhores que sejam, os pôsteres cubanos não são artisticamente radicais ou revolucionários. Eles são muito ecléticos para isso. (Contudo, talvez nenhum pôster o seja, dada a tradição de parasitismo estilístico em todos os gêneros de criação de pôster.) Além do fato de que muitos pôsteres, embora provavelmente não todos, ilustram as ideias, memórias e esperanças políticas da revolução, eles também não podem ser considerados manifestações de uma concepção de arte politicamente revolucionária.

Cuba não resolveu o problema de criar uma arte nova e revolucionária para uma sociedade nova e revolucionária – admitindo-se que uma sociedade revolucionária *precise*, de fato, ter o próprio gênero de arte. Alguns radicais, é claro, acreditam que ela não precisa, que é um erro pensar que uma sociedade revolucionária precise de uma arte revolucionária (como a sociedade burguesa tinha a arte burguesa). Desse ponto de vista, a revolução não precisa da cultura burguesa e não deve rejeitá-la, já que, tanto nas artes como na ciência, ela é, de fato, a forma mais elevada de cultura. O que a revolução deve fazer com a cultura burguesa é democratizá-la, tornando-a acessível a todos e não apenas a uma minoria socialmente privilegiada. Embora atraente, o argumento infelizmente é a-histórico demais para ser convincente. Não há dúvida de que muitos elementos culturais da sociedade burguesa devem ser mantidos e incorporados a uma sociedade revolucionária. No entanto, não podemos ignorar as bases sociológicas e a função ideológica dessa cultura. De uma perspectiva histórica, parece muito mais apropriado que, exatamente da mesma forma que a sociedade burguesa alcançou sua notável "hegemonia" por meio das brilhantes realizações da cultura burguesa, uma sociedade revolucionária deve estabelecer padrões culturais novos, igualmente convincentes e complexos. Na verdade, segundo o notável marxista italiano Antonio Gramsci – o principal expoente dessa teoria –, a própria derrubada do Estado burguês deve esperar até que ocorra, primeiro, uma revolução não violenta na sociedade civil. Mais do que instituições estatais estritamente políticas e econômicas, a cultura é o instrumento dessa revolução civil indispensável. Ela significa, acima de tudo, uma mudança na percepção que as pessoas têm de si próprias, a qual é criada pela cultura. Para Gramsci, é óbvio que a revolução requer uma nova cultura.

Na interpretação que Gramsci dá à transformação cultural, a arte cubana do pôster não encarna, de maneira radical, novos valores. Os valores representados nos pôsteres são internacionalismo, diversidade, ecletismo, sinceridade moral, compromisso com a excelência artística e sensualidade – a essência indiscutível da recusa de Cuba ao filistinismo ou ao utilitarismo bruto. Estes são, principalmente, valores *críticos*, a que se chega por meio da recusa de dois modelos opostos: de um lado, a comercialidade vulgar da arte do pôster norte-americano (e suas imitações nos outdoors que se espalham por toda a Europa Ocidental e América Latina); de outro, a feiura monótona do realismo socialista soviético e a ingenuidade folclórica e hagiográfica das artes gráficas políticas chinesas. Não obstante, o fato de que esses valores sejam críticos, valores de uma sociedade em transição, não significa que eles não possam ser também, em um contexto mais rico ou específico, revolucionários.

Falar de valores revolucionários de forma abstrata, sem ser historicamente específico, é uma atitude superficial. Em Cuba, um dos valores revolucionários mais poderosos é o internacionalismo. A promoção da consciência internacionalista desempenha, em Cuba, papel quase tão amplo como o da promoção da consciência nacionalista na maioria das outras sociedades revolucionárias (como Vietnã do Norte, Coreia do Norte e China) e movimentos insurgentes de esquerda. O *élan* revolucionário de Cuba está profundamente enraizado no fato de *não* se satisfazer com as conquistas de uma revolução nacional, mas de ser apaixonadamente comprometido com a causa da revolução em escala global. Desse modo, Cuba é provavelmente o único país comunista do mundo em que a população realmente se importa com o Vietnã. Cidadãos comuns e funcionários públicos muitas vezes fazem questão de relativizar a gravidade das próprias lutas e privações, comparando-as com a situação que os vietnamitas enfrentam há décadas. Dentre os enormes pôsteres que dominam a grande Plaza de la Revolución, em Havana, tanto o pôster de Che como o que exalta a luta do povo vietnamita e o que saúda a meta de dez milhões de toneladas de açúcar na colheita de 1970 têm o mesmo destaque. Os pôsteres que ilustram a própria história revolucionária de Cuba não pretendem simplesmente incutir sentimentos patrióticos, mas demonstrar a ligação de Cuba com a luta internacional. No calendário político, os dias que celebram os martírios da história cubana têm a mesma importância dos dias de solidariedade com outros povos, e para cada um deles é criado um pôster. (Exemplos, neste livro, são os pôsteres dos dias de solidariedade ao povo de Zimbábue, aos membros da comunidade negra norte-americana, aos povos da América Latina e do Vietnã.) Uma norma invertida dessa temática da solidariedade é o fato de que os pôsteres políticos cubanos raramente dividem o mundo em preto e branco, amigos e inimigos – como os pôsteres "Ame a Pátria" da Alemanha Oriental ou as imagens do "pirata agressor" norte-americano dos pôsteres vietnamitas. As imagens dos pôsteres políticos cubanos são quase sempre afirmativas, sem serem sentimentais. Quase nenhuma delas é injuriosa ou caricatural. Como poucas recorrem à exortação aberta, praticamente nenhuma depende de uma polarização moral maniqueísta.

Assim, mesmo o próprio ecletismo dos artistas do pôster cubanos tem uma dimensão política, uma vez que também reafirma a clara recusa do chauvinismo nacional por Cuba. As alegações da perspectiva nacionalista contra a perspectiva internacionalista talvez sejam o tema mais sensível da arte cubana hoje. Existe, em quase todas as artes, uma posição profundamente distinta a respeito desse tema, a qual tende a acompanhar – como tantos conflitos nos dias atuais – as linhas das gerações. Parece que a regra é a seguinte: qualquer que seja a forma de arte, a geração mais velha tende a ser nacionalista, isto é, folclórica, mais "realista", e a geração mais jovem, a ser mais inclinada ao internacionalismo, vanguardista, "abstrata". Na música, por exemplo, a divisão é particularmente forte. Os compositores mais jovens sentem-se atraídos por Boulez e Henze, enquanto os compositores mais velhos pressionam por uma música claramente cubana, baseada em ritmos e instrumentos afro-cubanos e na tradição do *danson*. No pôster e no cinema, porém, mal se percebe essa divisão – fato que pode ter ajudado a tornar essas formas de arte particularmente famosas em Cuba. Ninguém da geração mais velha está fazendo cinema, porque os únicos filmes produzidos antes de 1959 eram os pornográficos (Cuba era o principal fornecedor da América do Norte). Em menos de uma década, a nova indústria cinematográfica cubana já realizou diversos longas-metragens de ficção de qualidade e alguns curtas e documentários impressionantes. Todos os filmes cubanos refletem amplo leque de influências externas, tanto do cinema de arte europeu como do *underground* norte-americano. E toda a arte do pôster cubana, que não tem nenhuma raiz anterior à revolução e também está livre do conflito entre artistas mais velhos e mais jovens, sofre influência internacional.

Contrariamente ao que os artistas cubanos mais velhos alegam com frequência, é o internacionalismo – não o nacionalismo – na arte que melhor serve à causa da revolução, mesmo a sua tarefa secundária de construir um sentimento adequado de orgulho nacional. Cuba sofre de um profundo complexo de subdesenvolvimento, nas palavras do romancista Edmundo Desnoes. Isso não é apenas uma neurose nacional, mas um fato histórico real. É impossível superestimar o dano que o imperialismo cultural norte-americano, assim como o econômico, provocou em Cuba. Ora, embora isolado e sitiado pelos Estados Unidos, o país está aberto para o mundo inteiro. O internacionalismo é a resposta mais eficaz e mais libertadora para o problema do atraso cultural de Cuba. O fato de os teatros de Havana encenarem tanto Albee como Brecht não é nem um sinal de que os cubanos ainda estejam obcecados pela arte burguesa nem um sintoma de simpatia revisionista (como é o caso da política cultural similar da Iugoslávia não militante). Para Cuba, é um gesto revolucionário, neste momento histórico, continuar dando espaço a obras da cultura burguesa provenientes de todas as partes do mundo e aproximar-se dos gêneros estéticos aperfeiçoados na cultura burguesa. Esse acolhimento não significa que os cubanos não queiram uma revolução cultural, mas apenas que estão buscando esse objetivo a sua maneira e de acordo com suas experiências e necessidades. Não existe uma receita universal para a revolução cultural. E, ao definir o que uma revolução cultural significaria para determinado país, é preciso levar em conta, sobretudo, os recursos disponíveis de seu passado nacional. Na China, com uma cultura magnífica que se estende por milhares de anos de história, a revolução cultural precisa ter, necessariamente, regras diferentes de uma revolução cultural em Cuba. Tirando as marcas profundas deixadas pelos Iorubá e por outras culturas tribais africanas, Cuba conta apenas com restos degradados da cultura dos opressores – primeiro dos espanhóis e depois dos norte-americanos. Cuba não tem uma longa história nacional de orgulho à qual possa recorrer, como os vietnamitas. A história do país se resume praticamente à história de cem anos de luta, de Martí e Maceo a Fidel e Che. Por conseguinte, tornar-se internacional é o caminho natural de Cuba para a revolução cultural.

Esse conceito de revolução cultural não é, claro, o habitual. É muito mais comum a visão que atribui à arte, em uma sociedade revolucionária, a tarefa de purificar, renovar e exaltar a cultura. Tal exigência com relação à arte é um elemento conhecido do programa da maioria dos regimes fascistas, da Alemanha e Itália na década de 1930 aos coronéis gregos de hoje, bem como da União Soviética ao longo de mais de quarenta anos. Em sua forma abertamente fascista, esse projeto é, em geral, concebido em termos estritamente nacionalistas. Revolução cultural significa purificação nacional: eliminar do passado cultural da nação a arte inassimilável e dissonante e a contaminação externa da língua do país. Significa autorrenovação nacional, isto é, reconceber o passado da nação para que ele pareça dar sustentação aos novos objetivos propostos pela revolução. Esse projeto em defesa da revolução cultural sempre critica a antiga cultura burguesa da sociedade pré-revolucionária como elitista e intrinsecamente vazia, efêmera ou formalista. Essa cultura precisa ser purgada. Uma nova cultura é convocada para ocupar seu lugar, aquela que todos os cidadãos sejam capazes de apreciar e cuja função será aumentar a identificação do indivíduo com a nação e simplificar a consciência, esperando com isso reduzir a deslealdade pessoal (por meio da redução das ideias, humores e estilos dissonantes) e promover a virtude cívica[1]. Esse conceito de revolução cultural, talvez o mais usual, representa a política implementada não apenas por revoluções fascistas, mas, com frequência exagerada, por sociedades que realizaram revoluções a partir da esquerda. Entretanto, as sociedades e movimentos revolucionários genuinamente de esquerda têm, ou deveriam ter, um conceito de revolução cultural bastante diverso. O real objetivo de uma revolução cultural de esquerda não é ampliar o orgulho nacional, mas transcendê-lo.

---

1. Um exemplo sucinto, e pouco conhecido, dessa ideia de revolução cultural é o discurso feito por Pirandello em Roma em outubro de 1935, na presença de Mussolini, na abertura da nova temporada teatral no Teatro Argentina. Ele pode ser encontrado na *Tulane Drama Review*, n. 44. Um modelo menos enfaticamente nacionalista dessa concepção direitista de revolução cultural é o empregado por conservadores, como André Malraux, durante seu mandato como ministro da Cultura sob De Gaulle. Para uma análise arrasadora da concepção de Malraux de trazer a cultura de elite para as massas e os objetivos ideológicos da política cultural conservadora gaullista, ver o ensaio de Violette Morin "La culture majuscule: André Malraux", em *Communications*, n. 14, 1969.

Tal revolução não procuraria restaurar, de maneira sistemática, antigas formas culturais (nem praticar uma censura seletiva do passado), e sim estabelecer novas formas. Seu propósito não seria renovar ou purificar a consciência, mas transformá-la – despertar ou educar as pessoas para uma nova consciência.

De acordo com a visão de alguns radicais, as únicas formas autênticas de arte revolucionária são aquelas produzidas (e experimentadas) coletivamente; ou, ao menos, considera-se que formas de arte revolucionária não podem originar-se totalmente da obra de um único indivíduo. Desse ponto de vista, a organização de espetáculos coletivos seria a forma quintessencial de arte revolucionária – dos espetáculos que celebravam a Deusa da Razão, concebidos por Jacques-Louis David durante a Revolução Francesa, ao épico longa-metragem chinês do início dos anos 1960, *O Oriente é vermelho*. No entanto, o exemplo de Cuba, que rejeitou bastante a organização de espetáculos como forma válida de atividade revolucionária, nos leva a questionar essa visão. O espetáculo, a forma de arte pública favorita da maioria das sociedades revolucionárias, sejam elas de direita ou de esquerda, é percebido implicitamente pelos cubanos como repressivo. O que substitui o gosto pelo espetáculo revolucionário é o fascínio com o roteiro da ação revolucionária. Pode ser o roteiro de um projeto público importante, como a campanha contra o analfabetismo de 1960, a colonização da ilha dos Pinheiros pela juventude militante e a colheita de cana-de-açúcar de 1970. (Toda a população participa, na medida do possível, de tais projetos – mas não como algo que se vê, algo que se organiza visando ao olhar de um espectador.) Ou pode ser o roteiro de uma luta exemplar realizada por um indivíduo na história da libertação de Cuba ou por um movimento externo com cuja luta os cubanos se identificam e cujas vitórias fazem com que eles se sintam moralmente reconfortados. O que interessa aos cubanos, como recurso para a arte política, é o aspecto dramaticamente exemplar da atividade radical. O espetáculo dramaticamente válido pode ser a vida e a morte de Che, a luta dos vietnamitas ou o julgamento de Bobby Seale*. Isso porque a atividade radical pode acontecer em qualquer lugar e em todos os lugares – não apenas em Cuba. É essa identificação dramatúrgica fundamental que alimenta seu internacionalismo.

Nessa concepção política, a arte do pôster desempenha papel particularmente útil e compacto. Em Cuba, os pôsteres políticos apresentam um levantamento dos importantes fatos que estão se desenrolando agora mesmo – a luta dos negros nos Estados Unidos, o movimento guerrilheiro em Moçambique e no Vietnã etc., a lista é longa. A temática retrospectiva de muitos pôsteres cubanos não tem uma orientação menos internacional. O pôster que pede que as pessoas se lembrem das vítimas de Hiroshima tem o mesmo objetivo do pôster que relembra os mártires do assalto a Moncada, em 1956, que desencadeou a Revolução Cubana. Os pôsteres políticos cubanos atuam para ampliar a consciência moral, agregar o sentido de responsabilidade moral a um *crescente* número de questões. Para uma pequena ilha sitiada de sete milhões de habitantes, que mal consegue sobreviver ao cerco norte-americano, essa iniciativa pode ser considerada impraticável, gratuita e até mesmo quixotesca. O mesmo espírito de gratuidade se revela, em um caso específico, na decisão de fazer belos pôsteres para divulgar eventos culturais a que todo mundo quer assistir e aos quais todos comparecerão de qualquer modo. Só nos resta esperar que a capacidade cubana de defender aspirações morais idealistas e gratificações limitadas e apa-

---

* Um dos fundadores do grupo radical norte-americano Panteras Negras. (N. do T.)

rentemente arbitrárias, embora extravagantes, dos sentidos – dos pôsteres aos palácios do sorvete da Coppelia – se mantenha, que não venha a declinar. Pois é justamente esse gosto pelo gratuito que transmite à vida em Cuba uma sensação de amplitude, apesar de todas as graves limitações internas e externas, e que confere à Revolução Cubana, mais do que a qualquer outra revolução comunista em andamento, inventividade, juventude, humor e extravagância.

## III.

Se a tarefa de uma revolução cultural e da concepção de um papel politicamente revolucionário para os artistas é cheia de dificuldades e contradições *dentro* do contexto de uma revolução política em estágio avançado, as perspectivas para uma genuína revolução cultural fora (ou antes) de uma revolução política são ainda mais problemáticas. A história de praticamente todos os movimentos artísticos e culturais pretensamente revolucionários que surgiram em sociedades não revolucionárias ou pré-revolucionárias não é muito animadora. Trata-se simplesmente, mais ou menos, da história da cooptação. O destino do movimento Bauhaus é apenas um exemplo, entre tantos, de como formas revolucionárias de cultura que surgem no interior da sociedade burguesa são primeiro atacadas, em seguida neutralizadas e finalmente absorvidas por essa sociedade. O capitalismo transforma todos os objetos, inclusive a arte, em mercadoria. E o pôster – inclusive o pôster revolucionário – dificilmente está livre dessa regra de ferro da cooptação.

A arte do pôster passa, agora, por um período de renascimento. Os pôsteres chegaram a ser considerados objetos culturais misteriosos cuja banalidade e literalidade só aumentavam sua ressonância, bem como símbolos inesgotavelmente ricos da sociedade. Nos últimos anos, o olhar dos diretores de cinema tem se voltado cada vez mais para eles. Os pôsteres afiguram-se como referências mágicas e parcialmente obscuras; pensem no tratamento dos pôsteres como objetos fundamentais em quase todos os filmes de Godard. Eles são citados como uma evidência sociológica e moral eloquente e precisa; um exemplo recente é o *tour* que Antonioni faz pelos outdoors alucinantes de Los Angeles na primeira parte de *Zabriskie Point*. (Esse papel novo e fecundo do pôster na iconologia do filme a partir de 1960 não tem muito a ver com o uso tradicional do pôster na narrativa cinematográfica – para transmitir resumidamente alguns dados imprescindíveis –, que começa com a foto do pôster de Irma Vep, interpretada por Musidora, em *Les Vampires* [1915], de Feuilade.) Entretanto, a amplitude com que as imagens de pôster vêm sendo incorporadas, com frequência cada vez maior, dentro das outras artes é apenas um sinal de interesse bastante específico. Os pôsteres têm se mostrado cada vez mais atraentes não apenas como pontos de referência, mas como objetos em si mesmos. Eles se tornaram um dos tipos de objetos culturais mais onipresentes – apreciados, em parte, por serem uma arte barata, despretensiosa e "popular". O atual renascimento da arte do pôster não retira tanto sua força de algum tipo de produção mais original ou de um uso mais intenso dos pôsteres pelo público, mas da extraordinária onda de interesse em colecioná-los e domesticá-los.

O interesse atual difere, de diversas maneiras, da primeira onda de coleções de pôsteres, que teve início duas décadas depois que eles começaram a aparecer. Primeiro, esse interesse simplesmente apresenta uma escala muito maior, como convém a um estágio mais avançado na era da reprodução mecânica. Pode ser que, nos anos 1890, estivesse na moda colecionar pôsteres, mas isso dificilmente era, como agora, um hábito das massas. Em segundo lugar, hoje se coleciona um leque muito mais amplo de pôsteres. As coleções da década de 1890 compunham-se em geral de pôsteres do próprio país do colecionador, enquanto as de hoje tendem a ser ostensivamente internacionais. E provavelmente não é por acaso que o início da febre de colecionar pôsteres, em meados dos anos 1950, coincida com o crescente fluxo de turistas norte-americanos que viajavam para a Europa no pós-guerra, tornando as travessias regulares do Atlântico um privilégio tão corriqueiro da classe média daqui como foram, em outros tempos, as férias nas cidades litorâneas norte-americanas. Esse objeto tipicamente público, outrora colecionado apenas por um pequeno grupo de especialistas, tornou-se hoje um objeto privado clássico das salas de estar, quartos, banheiros e cozinhas da jovem burguesia norte-americana e europeia. Nessas coleções, o pôster não é simplesmente, como outrora, uma espécie nova e exótica de objeto de arte. Ele tem uma função mais específica. Como a arte do pôster normalmente é parasitária de outras formas de arte, a nova moda de colecionar pôsteres constitui um metaparasitismo – do próprio mundo ou de uma imagem altamente estilizada dele. Os pôsteres oferecem uma imagem portátil do mundo. Um pôster é como a miniatura de um acontecimento: uma citação – da vida ou da arte. A coleção de pôsteres moderna está relacionada ao fenômeno moderno do turismo de massa. Do modo como colecionado hoje, o pôster se torna o suvenir de um acontecimento. Existe, porém, uma diferença importante entre o pôster de El Cordobés ou a famosa retrospectiva de Rembrandt pendurada na parede e as fotografias que o turista de classe média tirou nas férias de verão passadas na Itália e que ele colou em um álbum. Alguém teve de ir lá para tirar as fotografias; ninguém precisou ir a Sevilha nem a Amsterdã para comprar o pôster. Na maioria das vezes, o colecionador nem chegou a visitar a exposição de arte ou assistir à tourada anunciadas nos pôsteres que estão pendurados na parede de sua casa. Os pôsteres são, mais propriamente, substitutos da experiência. Tal como a fotografia tirada pelo turista, o pôster funciona como suvenir de um acontecimento. Frequentemente, porém, o acontecimento é algo que teve lugar no passado, e o colecionador só toma conhecimento dele ao adquirir o pôster. Como muitas vezes aquilo que o pôster ilustra não faz parte de sua história pessoal, a coleção se torna um conjunto de suvenires de experiências imaginárias.

Os espetáculos, acontecimentos e pessoas escolhidos para serem pendurados na parede em miniatura não constituem simplesmente um tipo simplório de experiência vicária. Significam também uma forma clara de homenagem. Por meio dos pôsteres, qualquer um pode montar com facilidade e rapidez um panteão pessoal – mesmo que não se possa dizer que ele o criou, já que a maioria dos compradores de pôster se vê obrigada a escolher entre um sortimento quantitativamente limitado e pré-selecionado de pôsteres massificados postos à venda. Os pôsteres que a pessoa escolhe para afixar na sala de estar indicam, tão claramente como sua escolha de uma pintura poderia ter feito no passado, o *gosto* do proprietário daquele espaço privado. Isso representa, às vezes, uma forma de ostentação cultural – um exemplo particularmente barato de uma prática a que a cultura tem sido forçada em todas as sociedades de classe: indicar, afirmar ou reivindicar determinado *status* social. O propósito, muitas vezes, é mais contido e menos arrogante. Como troféu cultural, a exposição de um pôster no espaço privado de alguém é, no mínimo, um instrumento claro de identificação diante das visitas, um código (para aqueles que o conhecem) por meio do qual os diversos membros de um subgrupo cultural se apresentam e se identificam mutuamente. A exibição do bom gosto, no antigo sentido burguês, deu lugar à exibição de uma espécie de mau gosto calculado – o qual, quando está de acordo com a moda ou a antecede por pouco, transforma-se em sinal de bom gosto. As pessoas não aprovam necessariamente os temas representados nos pôsteres que penduram em suas paredes. Basta sinalizar que se tem consciência, com algumas nuances, do valor mundano desses temas. Nesse sentido complexo, os pôsteres se tornam, quando colecionados, um troféu cultural. Longe de indicar qualquer aprovação ou identificação sincera com o tema, a série de pôsteres expostos no espaço privado de alguém pode significar nada mais do que uma espécie de glossário nostálgico e irônico.

Como era de esperar, mesmo na história relativamente curta do moderno reflorescimento do hábito de colecionar pôsteres, a escolha do tipo de pôster a ser exposto está sujeita a profundas alterações de padrão. Os pôsteres de tourada e os das exposições de arte de Paris, que há uma década estavam em quase todos os lugares, hoje são um sinal de gosto ultrapassado. Não faz muito tempo, eles foram sobrepujados pelos pôsteres de Mucha e de filmes antigos (quanto mais antigos, melhor; os pôsteres de Saul Bass dos anos 1950 são recentes demais). A seguir, veio a onda de pôsteres que anunciavam exposições de artistas norte-americanos, não europeus (por exemplo, os célebres pôsteres das mostras de Warhol, Johns, Rauschenberg e Lichtenstein). Depois, foi a vez dos pôsteres dos salões de rock, seguidos pelos pôsteres psicodélicos, para serem vistos quando se estava chapado. A partir do final dos anos 1960, parte significativa do interesse dos colecionadores deslocou-se para os pôsteres políticos radicais. Parece estranho, à primeira vista, que o pôster político radical tenha funções aparentemente tão diversas. Ele atrai as populações de antigas sociedades coloniais economicamente subdesenvolvidas, muitas das quais mal sabem ler. Atrai também a juventude mais culta da nação industrial mais avançada, os Estados Unidos, que desafiou a preeminência da linguagem discursiva em favor de formas de expressão mais emotivas e não verbais.

É raro, na sequência de modas de pôster, que um tipo de pôster substitua outro. Mais propriamente, o interesse por uma nova temática de pôster vem se somar ao interesse já existente por outras. E com isso o público aumenta. Todas as grandes cidades norte-americanas e a maioria das cidades importantes da Europa dispõem hoje de inúmeros lugares onde se podem adquirir pôsteres. A loja voltada para o usuário de drogas é um tipo de estabelecimento comum nos Estados Unidos; embora limitado, sua mescla inconfundível de artigos inclui – além dos pôsteres – papéis de cigarro, cachimbos, porta-bitucas de maconha, luzes estroboscópicas, bijuterias com o símbolo da paz e broches com *slogans* satíricos, ofensivos ou obscenos. Os pôsteres são hoje vendidos nos fundos das livrarias de saldos e em algumas farmácias sofisticadas. Para os colecionadores mais importantes, ou pelo menos mais afluentes, lojas como a Posters Original Unlimited, de Nova York, só trabalham com pôsteres, que chegam de todas as partes do mundo. Ultimamente, entretanto, a impressão maciça de grandes fotografias ampliadas tem atrapalhado um pouco o mercado do pôster, embora desempenhem praticamente a mesma função. Essas fotografias em formato de pôster são ainda mais baratas e, por conseguinte, vendem muito mais do que os pôsteres impressos em escala industrial. É possível, também, que para muitos jovens – membros de uma geração marcada por profundas experiências de estados mentais não verbais, particularmente por meio do *rock* e das drogas – a fotografia em formato de pôster seja intrinsecamente mais atraente do que o pôster, por ser a imagem em estado puro: direta e frontal. Os pôsteres fotográficos são mais neutros e discretos do que os pôsteres, que são coloridos, simplesmente por serem sempre em preto e branco. Os pôsteres ainda trazem algumas marcas residuais de sua origem em artes como a pintura e das influências que receberam delas. No entanto, as grandes fotografias ampliadas de pessoas famosas que agora vemos penduradas nas paredes, ao estilo dos pôsteres, são quase tão neutras e impessoais como qualquer imagem (embora sejam a imagem de uma pessoa) e não trazem o mais leve traço de arte.

O ato de colecionar pôsteres parece não trazer nenhum risco de indigestão cultural. Assim como acontece na apertada e anárquica distribuição do espaço público para o qual os pôsteres são originalmente concebidos, cada pôster do espaço privado informal do colecionador não tem nada a ver com o pôster do lado. A reprodução de um pôster da Revolução Russa, comprado em uma livraria de Marboro, pode estar junto de um pôster, vendido no Museu de Arte Moderna, de uma mostra de Magritte que teve lugar ali há muitos anos. O mesmo ecletismo e a mesma falta de consideração por qualquer ideia de compatibilidade marcam o uso das fotografias em formato de pôster. Quase todas elas retratam celebridades, categoria à qual Huey Newton se adapta com a mesma facilidade de Garbo. O líder político radical tem o mesmo *status* de uma estrela de cinema. Embora ele venha do mundo da política e ela do mundo do entretenimento, ambos são celebridades, ambos são belos. O critério de popularidade e *glamour*, por meio do qual as fotografias são selecionadas para serem reproduzidas e comercializadas em formato de pôster, reflete-se em seu uso. O pôster é um ícone – assim como em Cuba, onde praticamente toda casa e todo prédio de escritórios tem pelo menos um pôster de Che. Entretanto, no estilo contemporâneo de colecionar pôsteres (e fotografias em formato de pôster), que é quase idêntico em todo o mundo capitalista – de Boston a Berlim, de Madison a Milão –, os ícones representam muitos tipos de admiração. Essas justaposições, por meio das quais Ho Chi Minh fica no banheiro e Bogart no quarto, enquanto W. C. Fields está pendurado ao lado de Marx acima da mesa da sala de jantar, cria uma espécie de vertigem moral. Essas colagens moralmente assustadoras revelam um modo bastante particular de ver o mundo, hoje característico dos jovens burgueses cultos dos Estados Unidos e da Europa Ocidental, que contém uma parcela de sentimentalismo, uma de ironia e uma de desinteresse.

Dessa forma, o ato de colecionar pôsteres está relacionado ao turismo de outra maneira além da já citada. O turismo moderno pode ser descrito como o instrumento de uma espécie de apropriação simbólica de outras culturas, a qual tem lugar em um espaço de tempo curto e que transcorre em um estado de alienação funcional da (ou de não participação na) vida do país visitado. Os países são reduzidos a lugares "interessantes", sendo relacionados e classificados em guias de viagem. Esse procedimento permite que o turista, depois de passar pelos locais mais importantes, acredite que realmente entrou em contato com o país visitado. O turismo de massa, essa forma especificamente moderna de viajar (na verdade, pós-Segunda Guerra Mundial), é algo bem diferente da viagem ao exterior tal como era entendida nas fases iniciais da cultura burguesa. Diferentemente da viagem em suas formas tradicionais, o turismo moderno transforma o ato de viajar em algo mais parecido com o ato de comprar. O viajante acumula países visitados como acumula bens de consumo. O processo não envolve compromisso algum e, além do mais, uma experiência nunca contradiz, exclui nem modifica verdadeiramente a que veio antes ou a que virá depois. É precisamente essa forma que a atual avidez pelo pôster assume. Colecionar pôsteres é uma espécie de turismo emocional e moral, uma predileção por aquilo que evita, ou ao menos contradiz, o compromisso político sério. A coleção de pôsteres é um modo de antologizar o mundo, de tal maneira que uma emoção ou lealdade tende a cancelar a outra. O sentido em que os seres humanos representados no pôster são miniaturizados ou têm sua escala reduzida é mais sério do que o sentido literal e gráfico. O desejo de miniaturizar acontecimentos e pessoas, materializado na atual onda de coleções de pôsteres da sociedade burguesa, representa o desejo de reduzir a escala do próprio mundo, particularmente naquilo que ele tem de tentador e perturbador.

No caso dos pôsteres políticos radicais, essa miniaturização dos acontecimentos ou das pessoas materializados na coleção de pôsteres revela uma forma sutil, ou não tão sutil, de cooptação. O pôster, em sua origem um instrumento para vender uma mercadoria, transformou-se ele próprio em uma mercadoria. Acontece o mesmo processo com a publicação deste livro, que implica uma dupla reprodução (e miniaturização) dos pôsteres cubanos. Primeiro, é feita uma antologia dos pôsteres cubanos disponíveis. Em seguida, os que foram selecionados são reproduzidos em tamanho reduzido. Esse conjunto de pôsteres é então convertido em um novo instrumento, um livro, que é prefaciado, embalado tipograficamente, impresso, distribuído e vendido. Dessa forma, o uso que está sendo feito aqui dos pôsteres cubanos está a pelo menos vários passos de distância de seu uso original e implica uma traição tácita desse uso. Pois, qualquer que seja seu valor artístico e político fundamental, os pôsteres cubanos surgem da situação real de um povo que está passando por uma mudança revolucionária profunda. Aqueles que produzem este livro, tal como a maioria das pessoas que vão comprá-lo e lê-lo, vivem em sociedades contrarrevolucionárias, sociedades que têm a propensão de arrancar todo objeto de seu contexto e transformá-lo em objeto de consumo. Assim, não seria inteiramente correto elogiar aqueles que fizeram este livro. Especialmente os amigos estrangeiros de Cuba, bem como os que simplesmente se inclinam a uma visão favorável da Revolução Cubana, não deveriam se sentir inteiramente à vontade ao folheá-lo. O próprio livro é um exemplo adequado de como todas as coisas nesta sociedade são transformadas em mercadorias, em formas (normalmente) miniaturizadas de espetáculo e em objetos de consumo. Não é possível, digamos, simplesmente julgar com simpatia o "conteúdo" deste livro, porque a ideia de que os pôsteres cubanos compõem o conteúdo do livro é, de fato, falsa. Por mais conveniente que seja aos produtores deste livro pensar nele como uma simples apresentação da arte cubana do pôster a um público o mais amplo possível, o fato é que os pôsteres cubanos aqui reproduzidos foram convertidos, com isso, em algo diferente do que eram – ou que jamais pretenderam ser. Eles agora são objetos culturais, oferecidos para nosso deleite. Tornaram-se um item a mais no variado cardápio cultural oferecido pela afluente sociedade burguesa. Esse banquete acaba entorpecendo completamente a capacidade de se comprometer de verdade, enquanto a burguesia progressista de esquerda desses países, enganada, pensa que está aprendendo algo e ampliando seus compromissos e solidariedades.

Desde que nós – com nosso talento ilimitado para o desperdício, a destruição e a reprodução automática – estejamos aqui e os cubanos lá, certamente não há como sair da armadilha. Não existirá saída possível enquanto permanecermos curiosos, enquanto continuarmos embriagados com o bem-estar cultural, enquanto vivermos dentro de nossas sensibilidades inquietas e negativas. A corrupção que este livro encarna é sutil, certamente não exclusiva e, pensando bem, nem sequer importante. Mas nem por isso deixa de ser corrupção. *Caveat emptor*, viva Fidel.

*Publicado originalmente em Dugald Stermer,* The Art of Revolution: 96 Posters from Cuba *(New York: McGraw-Hill, 1970).*

# 1972
# COMO ALGUÉM PODE FAZER TIPOGRAFIA SUÍÇA?
*Wolfgang Weingart*

PENSADOR RADICAL, DESIGNER e *pioneiro do pós-modernismo, Wolfgang Weingart (n. 1941) frequentou a Künstgewerbeschule, na Basileia, onde estudou e, posteriormente, ensinou ao lado de Emil Ruder e Armin Hofmann. No final da década de 1960, Weingart deu início a uma série de experiências tipográficas que desafiaram os princípios racionais e as geometrias rígidas que haviam caracterizado anteriormente a tipografia suíça, introduzindo padrões alternativos baseados na reconstrução de uma sintaxe verbal/visual. As ideias defendidas nesta conferência específica, apresentadas originalmente durante um circuito por escolas de design norte-americanas em 1972-1973, são importantes por questionarem as hipóteses teóricas fundamentais sobre as quais a escola suíça havia muito tempo baseara sua doutrina. Empregando maneirismos menos previsíveis – disposições diagonais, espaçamento aleatório entre as letras –, Weingart desenvolveu, tanto em sua obra como nos cursos que ministrou, uma série de exercícios sintáticos, semânticos e pragmáticos que abriram caminho para o que seria considerado mais tarde, no final da década de 1970 e início da de 1980, a Nova Onda nos Estados Unidos. – JH*

## O QUE É "TIPOGRAFIA SUÍÇA"?

Fico feliz por poder estar hoje aqui com vocês, especialmente porque seu convite possibilitou que eu visitasse os Estados Unidos pela primeira vez.

Não vim para lhes trazer algo parecido com a mensagem tipográfica de salvação do Velho Mundo, e sim para pô-los a par de minhas atividades escolares na Basileia.

Eu não digo "atividades de ensino" de propósito, porque o pensamento, os conceitos e os padrões tipográficos que desejo lhes apresentar não resultam apenas de minha atividade docente na Basileia, mas também de meu intenso trabalho individual com a tipografia e o design gráfico. As duas posições não são tão independentes uma da outra como pareço sugerir – muito ao contrário, como vocês mesmos perceberão mais adiante.

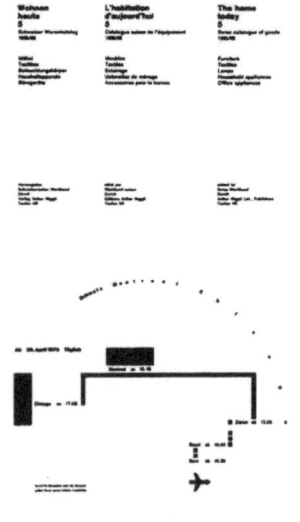

Como venho da Suíça e como para vocês o conceito de "Tipografia Suíça" provavelmente está ligado a uma ideia estabelecida, gostaria de completar minha apresentação. Desejo mostrar principalmente que na Suíça não existe somente uma concepção de tipografia. Dizendo de maneira simples, existem pelo menos duas orientações. Uma delas é a orientação moderadamente objetiva ou racional que todos conhecem, com seus princípios e métodos de design. A outra é uma tendência mais recente, voltada para um tipo de tipografia alegre e relativamente livre que rejeita os dogmas abrangentes de design e que procura parecer não ortodoxa. Essa segunda orientação, porém, é impensável sem a "Tipografia Suíça" clássica, porque ela representa sua evolução posterior lógica. É esse tipo de tipografia que, com meus alunos, procurei desenvolver durante os últimos cinco anos. Termino, com isso, minha apresentação.

Gostaria de fazer um resumo daquilo que vocês podem esperar nos próximos sessenta minutos: uma comparação com o lendário conceito de "Tipografia Suíça" e uma declaração bastante pessoal de um conceito bastante pessoal de tipografia e de formação tipográfica. (Para algumas pessoas, talvez pessoal demais.)

Primeiro, no entanto, a resposta a uma pergunta que me fazem com frequência e que talvez esteja na cabeça de alguns de vocês: "Como você acabou ensinando tipografia na Basileia?".

A resposta curta é que, em 1963, conheci Armin Hofmann por acaso. Na verdade, eu só queria me informar a respeito das aulas dele e de Emil Ruder. Mostrei alguns designs tipográficos que havia trazido da Alemanha, e, até onde me lembro, havia três designs em particular (à direita) que permitiram que eu começasse a estudar com os dois professores um ano depois. A experiência de aprender tipografia com Emil Ruder foi um fracasso. Eu me sentia mais um observador do que um aluno. Nesse papel, eu ficava livre dos dogmas tipográficos e continuava crítico diante dos critérios de design. Além disso, o contato com Armin Hofman naquele período foi muito breve – ele se afastou da escola durante certo tempo, indo para o Instituto de Design de Ahmedabad, na Índia. Nesse sentido, não me considero aluno nem de Hofmann nem de Ruder, e sim um autodidata.

Em razão da forma como eu faço tipografia, e por causa de publicações em revistas técnicas, minha relação com a Escola da Basileia foi distante, mas amistosa, especialmente com Armin Hofmann, que sempre apoiou ativamente minhas ideias. Ainda me lembro de quando ele me perguntou, em 1963, se eu gostaria de lhe ensinar tipografia em um futuro próximo.

Na primavera de 1968, teve início o Curso Avançado de Design Gráfico, que hoje, até onde sei, permanece exemplo único, não só na Suíça, como também em toda a Europa. Ele é frequentado predominantemente por estudantes estrangeiros, a maioria dos Estados Unidos. Dentro desse curso, foi aberta uma vaga no departamento de tipografia: foi assim que comecei.

Até aquela época, acreditava-se que os professores e os alunos de tipografia ensinariam e aprenderiam tipografia de acordo com o conceito patenteado da "Tipografia Suíça".

O que, então, devemos entender pelo termo "Tipografia Suíça"? Talvez possamos tentar explicar esse conceito complexo com a ajuda de cinco exemplos particularmente típicos.

Por meio deles, vocês poderão perceber que certos princípios de design são bastante predominantes. Isto é, determinadas características, como o estilo do tipo, a estrutura do design e a tonalidade do cinza, tornam-se imediatamente evidentes para o observador experiente. Tudo está baseado no ângulo certo, e tudo é ordenado tendo como referência os materiais e o processo de composição manual. O objetivo essencial é tratar o espaço branco não impresso como elemento do design. Os critérios para isso são os dois conceitos meio puritanos de "informação" e sua "legibilidade", os quais têm seu significado complexo simplificado. Existe um consenso de que hoje, apesar de todo o avanço e experiência na investigação dos sistemas de comunicação, não há nenhuma definição confiável do que seria uma mensagem razoável, honesta e não manipulada, isso deixando inteiramente de lado a questão de saber se tal definição poderia, ou mesmo deveria, existir. Além disso, também é difícil explicar como uma mensagem poderia ser traduzida tipograficamente e, ainda assim, continuar eficaz.

Foi aqui que comecei, porque, quando todas as perguntas anteriores continuam sem resposta, então a "Tipografia Suíça" só pode ser uma entre as inúmeras orientações possíveis e não, de maneira alguma, como alguns de seus defensores supõem, a tipografia absoluta. O fator decisivo para mim é tomar os critérios de design da "Tipografia Suíça" como um ponto de partida palpável e, por meio do ensino e da experimentação, desenvolver novos padrões de design. Sempre estive ciente, desde o início, de quais eram minhas responsabilidades como professor de tipografia na Basileia. Nunca pensei em me desfazer da "Tipografia da Basileia" nem da "Tipografia Suíça", e sim em tentar ampliá-las – estimulá-las e transformá-las com a ajuda de critérios de design profundamente respeitados e novos conceitos visuais. Por último, o motivo desta conferência é apresentar os resultados de um período de desenvolvimento relativamente curto, tanto no trabalho em classe como em minhas experiências.

Creio que devo explicar o que entendo pelos termos "método de ensino" e "escola". Isso me parece importante, porque tal definição tornará mais compreensíveis as imagens e as teorias que virão a seguir.

"Escola", para mim, é uma instituição que, por meio de certo programa de ensino, tenta esclarecer determinada informação. Essa informação é, em essência, independente das exigências concretas feitas pelos critérios profissionais em vigor. Os programas de ensino são abertos, não estando sujeitos a pontos de vista definitivos. O conteúdo do programa é definido e aperfeiçoado regularmente na escola. É importante que a "escola" conserve um caráter experimental. Não devemos transmitir aos alunos conhecimento ou valores imutáveis, e sim a oportunidade de buscar esses valores e esse conhecimento, de desenvolvê-los e de aprender a aplicá-los de forma independente.

O resultado dessa educação escolar não é um tipógrafo programado, e sim um tipógrafo ou designer gráfico que, como ponto de partida em seu trabalho prático, tem ao alcance de si as possibilidades e as potencialidades do design tipográfico. Esta visão é, na verdade, a marca registrada da Escola da Basileia: oferecer um conhecimento básico completo acerca das possibilidades do design e desenvolver e aperfeiçoar continuamente esse conhecimento. Não apenas a descoberta de padrões de design preestabelecidos, mas, em vez disso, o esforço de educar os sentidos para que eles identifiquem orientações alternativas de design e para que utilizem cada uma dessas orientações com a mesma consideração. Em vez de procurar a expressão tipográfica, nosso objetivo educacional é descobrir soluções tipográficas diferenciadas.

Em minha aula de tipografia podem ser encontrados métodos que utilizam um eixo central e uma grade sólida ao lado de práticas mais livres e flexíveis. O único pré-requisito é que para cada solução seja desenvolvido um critério de design. Com isso, a liberdade individual é tão ampla que, por exemplo, um design "feio" pode se tornar um design "bonito".

| Grafik einer Schweizer Stadt | Arts graphiques d'une ville suisse | Graphic art of a Swiss town |

Espero que minha breve definição tenha deixado claro a vocês que tipo de "escola" estamos defendendo na Basileia e como esses conceitos operam com relação aos objetivos, métodos e critérios de meu curso de tipografia. Mais tarde, quando vocês tiverem tomado conhecimento desses conceitos didáticos, perceberão que as generosas possibilidades da "Tipografia Suíça", que eu lhes mostrarei, são uma consequência natural deles.

Creio ter deixado claro, com isso, por que devo falar sobre educação tipográfica se quiser falar sobre tipografia. Para mim, uma não é possível sem a outra.

Retornemos ao nosso tema: "Como alguém pode fazer Tipografia Suíça?". A pergunta tem, evidentemente, duplo sentido. Seu primeiro objetivo é "Tipografia Suíça", embora, como vimos, ninguém saiba exatamente o que significa hoje "Tipografia Suíça". O segundo propósito da pergunta diz respeito à "feitura" da tipografia, o que é questionável, na medida em que é muito difícil fazer algo que não se pode definir com precisão. A resposta a minha dupla pergunta é: em primeiro lugar, todos os exemplos de meus cursos de tipografia e de meu trabalho pessoal são "Tipografia Suíça" – eles foram feitos na Suíça e têm origem na tipografia suíça clássica; em segundo lugar, vocês tomarão conhecimento da "feitura" dessa tipografia, uma vez que eu examinarei todo o seu processo de criação – isto é, as considerações preliminares, conceituais e de design, bem como nossos critérios finais.

Não quero descartar a discussão sobre o direito de existir da tipografia. Penso que sua existência faz sentido, desde que tenhamos algo a comunicar – e isso como seres humanos, com necessidades sensoriais bastante diferenciadas, não como robôs, com necessidades de informação factual, passíveis de serem satisfeitos automaticamente.

Apesar disso, não tenho certeza quanto à importância e à posição da tipografia no atual cenário do sistema de comunicações. Certamente, hoje a tipografia não tem, nem consegue levar, vida própria; muito menos do que tinha antigamente. Mas o que essa "vida própria" significa? Na verdade, nada mais do que uma vida de si, para si, suficiente.

Em comparação, essa capa interna do disco dos Rolling Stones *Exile on Main Street* é exatamente o oposto. Acima de tudo, o que se pretende é expressar visualmente os atributos específicos dos Rolling Stones: a estética de uma subcultura do *rock* pesado e atitudes não conformistas – "decadente-chique"*. Um crítico de música alemão, que não é designer, fez o seguinte comentário a respeito desse "conceito antidesign": "Com toda a sua vulgaridade e mau gosto, a capa funciona como uma observação irônica a respeito da imagem refinada que os Rolling Stones granjearam, aos olhos de muitos críticos, após sua última turnê pela Inglaterra."

A capa questiona o conceito convencional de tipografia, que normalmente significa aquilo que pode ser composto e impresso. Como sabíamos, essa ideia é muito limitada, tendo se originado de uma ideologia do artesanato, na qual não havia lugar para os importantes métodos de reprodução modernos.

Em comparação, hoje definimos a tipografia como um dos muitos campos do design em que o objetivo é gerar informação. Somos nós, os tipógrafos, que determinamos quais são os recursos tipográficos específicos e quais deles devem ser utilizados.

Este é um exemplo extraído da campanha de 1971 do Peter Stuyvesant na Alemanha Ocidental, que a maioria de vocês provavelmente desconhece. Uma das mais bem-sucedidas campanhas publicitárias alemãs de todos os tempos, ela foi exibida durante quase dez anos com o *slogan* "The Aroma of the Great Wide World"**. Quando a empresa decidiu desenvolver uma campanha mais original e mais moderna, o problema foi como manter, pelo menos parcialmente, o antigo conceito vitorioso. Não se joga simplesmente fora algo que funcionou tão bem. Como vocês podem perceber na solução encontrada, só deixaram acima do maço de Peter Stuyvesant as palavras "The Aroma", com as palavras "of the Great Wide World" ficando por conta da mente do consumidor alemão.

A consequência para a propaganda é que, quando os conceitos fortes vêm para o primeiro plano, o design é empurrado para o segundo plano. Qual a função da tipografia aqui? Por exemplo, será que nesse caso a legibilidade representa um problema, que deve ser resolvido com sensibilidade?

É por pensar assim que minha relação com a tipografia permanece intacta. Percebo a ambiguidade, porém menos do que outros tipógrafos. Para mim, nunca houve problemas da tipografia, mas apenas problemas *tipográficos*. Não existe competição entre texto e imagem, e sim aliança.

Embora não haja nenhuma imagem envolvida, esse exemplo mostra claramente aquilo que pretendo dizer. À primeira vista, identificamos apenas um tipo de organização técnica dos elementos tipográficos; contudo, após um exame mais crítico, percebemos que a vida do design está em seus valores sintáticos, isto é, na ligação entre elementos como tipo, formato e disposição. Creio que é justamente aqui, na expressão do momento sintático, que se encontram os critérios decisivos, por ser aqui que a configuração, gráfica ou completa, chega ao ápice.

Um exemplo paralelo: a palavra impressa só pode funcionar se as letras estão dispostas na ordem sintática correta. Entretanto, quando vemos a palavra, não temos

---

* *Shabby-beautiful*, no original. (N. do T.)
** O aroma do formidável e vasto mundo. (N. do T.)

consciência de que a sintaxe desempenha tal papel, ou seja, isso só se torna evidente quando uma das letras está fora de lugar. "Basel" é legível para uma pessoa que fala alemão e, além disso, encarna uma posição geográfica, ao passo que a palavra "Basle" não. De outro lado, "Basle" é compreensível para uma pessoa que fala inglês. "Basel": alemão, "Basle": inglês.

**BASEL**

**BASLE**

Gostaria de introduzir o conceito teórico de sintaxe aqui porque ele é, até certo ponto, um conceito-chave para compreender minha visão da tipografia. É uma espécie de ponto fixo em meus objetivos de design, além de ser aquilo que impulsiona minha atividade didática. De agora em diante, mencionarei frequentemente as relações sintáticas, semânticas e pragmáticas na tipografia. Como alguns de vocês provavelmente não estão familiarizados com esses conceitos elementares relacionados à chamada teoria da informação, preparei um diagrama que deve ajudar a ilustrar as funções dos signos. O ponto de partida é aquilo que se entende por "signo". A palavra "breast" tem dois significados: o peito do homem e o peito da mulher. Trata-se de uma palavra com dois significados completamente diferentes. Essa palavra impressa não está apenas aí; ela significa algo, determinado "breast", que, nesse caso, é o peito de um homem. O fato de que um signo só funciona como signo quando se refere a algo ou quando significa algo é chamado de "função semântica do signo".

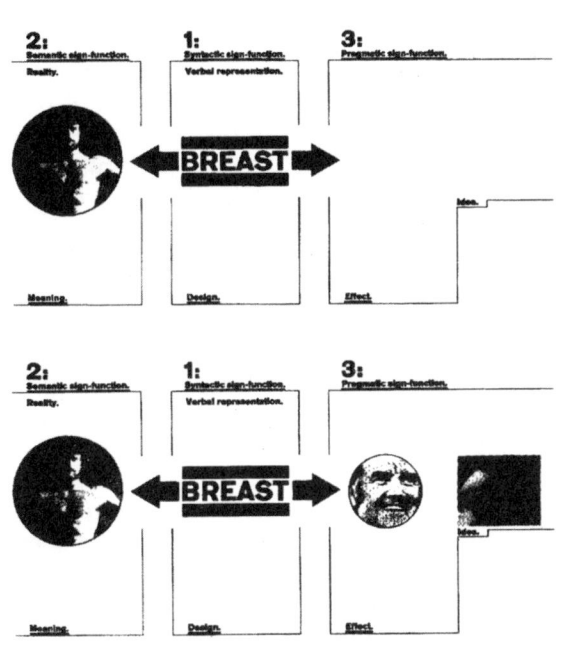

Esse signo, ou imagem tipográfica da palavra – "breast" –, é composto de diferentes signos ou letras básicos. A relação das letras entre si e com o papel é denominada de "função sintática do signo". E, claro, é evidente que o signo só pode funcionar como signo quando existe alguém para lê-lo; isso quer dizer que o signo tem de ser construído de tal maneira que possa ser visto, lido e compreendido. Tal "efeito" do signo pertence à área da "função pragmática do signo". Esse modelo simples mostra um processo de comunicação que não funciona muito bem. O receptor (3) da mensagem "breast" entende peito de mulher, que é algo diferente do que o emissor (1) realmente pretendia. Todos nós enfrentamos esse problema. Nossos designs produzem efeitos diversos. Nossos signos podem adquirir um sentido diferente do pretendido.

Respondendo à pergunta que serve de tema a esta conferência, gostaria de dizer que só podemos fazer tipografia hoje se compreendermos sua dimensão sintática. Dito de maneira mais simples, a dimensão sintática da tipografia é, para mim, um território novo. Vejo nela um vocabulário visual oculto e surpreendente, com técnicas de design mais eficazes para o fornecimento de informação. Naturalmente, essas novas possibilidades não estão ao alcance da mão; essas partículas de conhecimento e novos padrões fundamentais não podem ser transpostos imediatamente para o nível prático, especialmente no mundo atual da publicidade dirigida ao consumidor, a qual se baseia na saturação visual imediata. A diferenciação sintática do material tipográfico é mais difícil de alcançar em campos como o da publicidade dirigida ao consumidor, e ela só é plausível onde existe um público receptivo e atento. Completo, com isso, o espaço dos conceitos.

Qual é a essência de meu método de ensinar tipografia? Meu objetivo mais importante na aula de tipografia é mostrar a alunos interessados – e para mim só é possível trabalhar com esse tipo de aluno – todas as possibilidades que existem num *workshop* de tipografia. E, em seguida, relacionar essas possibilidades aos problemas de design próprios de cada aluno. Entendo por possibilidades tanto os materiais como os processos técnicos disponíveis em um *workshop*.

Para mim, a tipografia é uma relação triangular entre conceito de design, elementos tipográficos e técnica de impressão. Todo problema que surge em minha aula é tratado com base nesses três aspectos, e nenhum deles jamais pode estar ausente. Quanto à importância que atribuo à sintaxe tipográfica, algo muito especial para mim é a variabilidade dos materiais que sofrem influência do conceito e da técnica. Isso significa, em última análise, a flexibilidade com que a tipografia pode funcionar sem perder seu significado, com relação a diferentes tipos de problema. Todos os exemplos que se seguem foram elaborados tendo em mente essas reflexões. Eles estão livres de qualquer tendência da moda encontrada na publicidade e no design. São neutros e, de uma perspectiva visual, podem ser comparados a exercícios básicos de matemática.

Espero que esta introdução tenha sido suficiente para prepará-los para os exemplos que vêm a seguir. Embora ela tenha sido um pouco mais longa do que planejei, limitarei minha análise das imagens ao estritamente necessário. Dividi o material ilustrativo em tópicos, os quais estão relacionados às diferentes esferas de problemas encontradas em minhas aulas. Os temas tratados nesses tópicos apresentam uma complexidade crescente, da mesma forma que, em minhas aulas, os problemas e os métodos se tornaram mais complexos com o passar dos anos. Desse modo, vocês podem se tornar meus alunos durante certo tempo. Esqueçam que já conhecem alguma coisa de tipografia – possivelmente demais. Ao menos durante os próximos quarenta minutos, deixem de lado suas experiências, preconceitos e prevenções tipográficas.

## ATIVIDADE TÉCNICA E TIPOGRAFIA BÁSICA

Imaginem que vocês precisem frequentar meu curso e não conheçam nada de tipografia e que seu objetivo mais importante seja experimentar o maior número de possibilidades tipográficas que puderem em dois anos, talvez, e se tornar independentes.

Este é nosso primeiro exercício:

Nas primeiras horas eu os oriento nas técnicas de composição e nos problemas a elas relacionados. Vocês compõem uma coluna alinhada à direita, imprimem-na e tentam melhorá-la em termos visuais. A partir dessa composição alinhada à direita, vocês agora fazem composições blocadas, com eixo central e linhas irregulares.

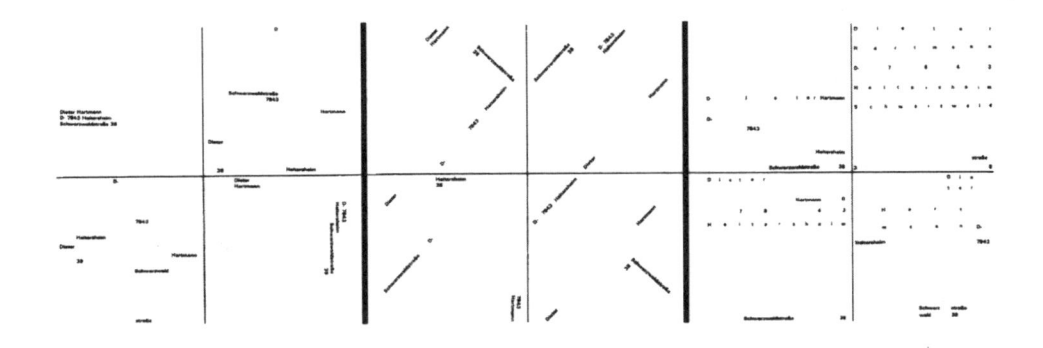

Quando estiverem dominando essas habilidades, poderemos passar para o segundo exercício. Eu lhes entrego um original datilografado para que vocês o componham em um único tamanho de corpo. É por isso que vocês aprenderam a fazer a composição tipográfica no primeiro exercício. A palavra impressa é a única realidade, não aquilo que foi esboçado ou feito a partir de um texto ininteligível. Somente com a palavra composta e impressa é possível perceber seu comprimento real, sua relação com as outras palavras e com o texto como um todo, bem como com o espaço que você predeterminou.

O exercício seguinte (acima) também pretende aprofundar suas experiências iniciais com a divisão do espaço; por meio do estudo da disposição de letras e linhas e de suas inter-relações, e com a ajuda de um projeto que vocês definiram, procurem ordenar visualmente seus nomes e endereços dentro de determinado espaço.

Com as mesmas restrições, tentem resolver um problema mais complexo e de cunho prático. Procurem visualizar a lógica e o conteúdo do texto. Tentem descobrir possibilidades tipográficas de design que sejam funcionais, baseando-se em critérios como legibilidade, organização do texto e qualidade visual.

Nesta altura, é preciso fazer uma breve digressão: é um equívoco supor que, para os designers gráficos, o conhecimento da tipografia não é muito significativo ou dizer que o ensino dos problemas básicos da tipografia não tem importância, já que qualquer aluno inteligente seria capaz de dominá-los sozinho. A isso eu gostaria de retrucar que, quanto mais básica a exposição de um problema, mais difícil se torna sua solução. Os problemas complexos permitem que erros e superficialidades sejam encobertos mais facilmente.

Como já avançamos bastante com os exercícios básicos, vamos resolver outro problema funcional para encerrar este primeiro tópico. Vocês terão de criar um papel timbrado empresarial de acordo com o sistema DIN, sistema de normas industriais alemãs que também é válido na Suíça.

Como já afirmei, estou convencido de que esses exercícios tipográficos elementares são um pré-requisito para a solução de problemas complexos de design tipográfico. Somente por meio deles é que o olhar, a mente e os sentidos podem ser treinados de maneira uniforme e gradual, e somente por meio deles é possível aprender a lidar com segurança com o formato, o espaço, a proporção e a composição. Além disso, estes exercícios básicos proporcionam a capacidade de discernir e compreender questões tipográficas genéricas e são indispensáveis à implementação de questões práticas específicas. Apenas quando o aluno tiver compreendido que fazer tipografia significa organizar visualmente determinado espaço visando a um propósito funcional específico é que ele será capaz de, no futuro, tomar decisões tipográficas independentes, quer a ênfase esteja posta no trato de questões práticas complexas ou em uma atividade experimental. É claro que vejo isso com uma pontinha de idealismo.

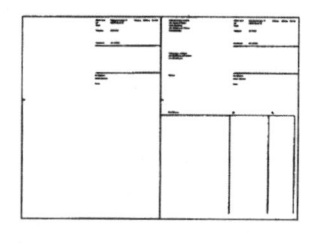

O resultado mais importante desses exercícios básicos é que o aluno desenvolve uma relação relativamente aberta com tudo o que tem a ver com a tipografia. Ele está em condições de demolir o antigo e venerável conceito de tipografia – pelo menos no sentido sintático. Crítico das tradições estabelecidas, ele é menos rígido ao lidar com as oportunidades técnicas e materiais do *workshop*. Ele aprendeu que uma palavra composta não precisa parecer uma palavra composta. Temos, por exemplo (no canto superior esquerdo), a imagem-palavra convencional para Swissair e, ao lado dela, a palavra Swissair composta em uma progressão crescente de baixo para cima, que se torna uma imagem-palavra semanticamente transformada. Nesse caso, Swissair é uma companhia aérea que, por meio da progressão das letras, tem parte de sua atividade mais típica visualizada – voar; a forma ergue-se no ar. O aluno percebeu agora que, diferentemente da tipografia clássica, o material não é rígido nem aplicável apenas de forma limitada.

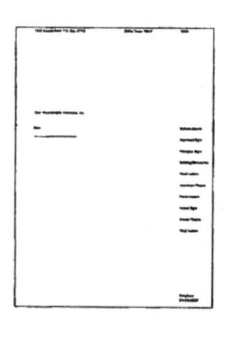

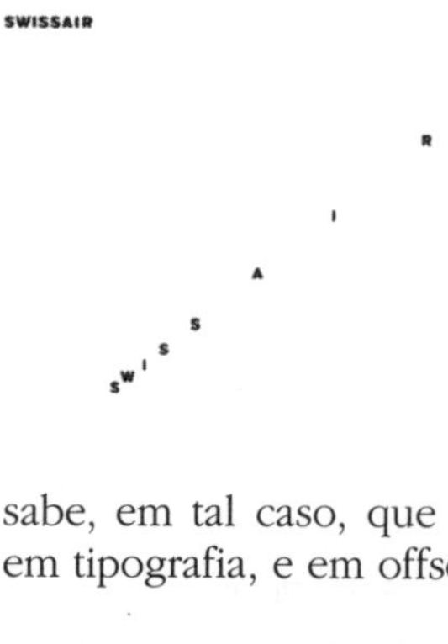

Esta ilustração mostra as limitadas possibilidades técnicas da composição manual – a horizontal e a vertical. O aluno deve ter a coragem de transgredir os mandamentos respeitados da linotipia, quando isso for necessário para a eficácia da composição tipográfica. Ele sabe, em tal caso, que quase tudo pode ser impresso em tipografia, e em offset, *tudo*.

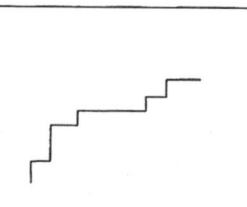

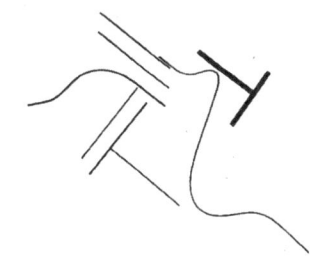

## A DIMENSÃO SINTÁTICA NA TIPOGRAFIA

Como vocês podem perceber, a disposição dos exemplos em tópicos não pretende ser tão precisa. Naturalmente, nos exercícios básicos começamos trabalhando com a ligação dos elementos tipográficos entre si. Em seguida, passei a propor problemas diferentes aos alunos – problemas mais complexos, que exigem maior esforço –, levando em conta, obviamente, os níveis de aptidão e interesse. Nosso quinto problema é, na verdade, um desdobramento dos anteriores. O texto é mais complexo, e, para obter uma série de efeitos bastante variados, vocês disporão de um tamanho de tipo, depois de dois e, finalmente, de diversos tamanhos de tipo.

Nestas propagandas da Swissair feitas para um jornal diário (à direita), vocês podem esgotar completamente as possibilidades interpretativas contidas no texto e na rota de voo. Existem menos restrições com relação ao material tipográfico e à liberdade de criação.

Estes outros exemplos (à esquerda) revelam um contraste pronunciado e uma tensão evidente no material de design tipográfico utilizado. Eles mostram anúncios feitos para o Serviço de Correios e Telégrafos da Suíça (PTT, na sigla em inglês), que, publicados na contracapa das listas telefônicas, trazem informação acerca dos diferentes serviços oferecidos pelo PTT.

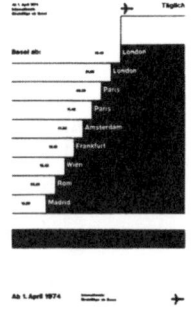

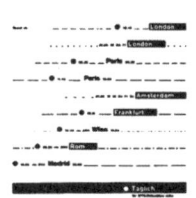

Trata-se de um pôster feito para o Trans-European Express (TEE). Nosso objetivo foi relacionar diferentes interpretações semânticas entre si. Isso deveria ser feito por meio da aplicação de diferentes materiais sintáticos de design: composição centralizada (parte superior esquerda e embaixo); composição blocada, com espaçamento exagerado entre palavras e linhas (parte superior direita); composição blocada, com espaçamento em sequências decrescentes (parte inferior esquerda); composição blocada sem manipulação suplementar (parte inferior direita).

O trabalho que apresentei a vocês é bastante multifacetado porque os próprios alunos são bem diferentes uns dos outros. Eles diferem em termos de formação básica, interesses e aptidões, bem como de nacionalidade. É comum haver até seis nacionalidades diferentes em um curso. Em média, conto com 25% de oposição convicta, 25% de apoio convicto, 25% de apoio não convicto e 25% de profissionais desorientados. Como vocês podem imaginar, essa é uma desvantagem básica para qualquer aula ou método de ensino. Alguns alunos – com frequência a maioria – são muito dependentes de seus respectivos professores e querem ser sempre orientados. Somente uns poucos se encontram em condições de buscar, descobrir e decidir de maneira independente.

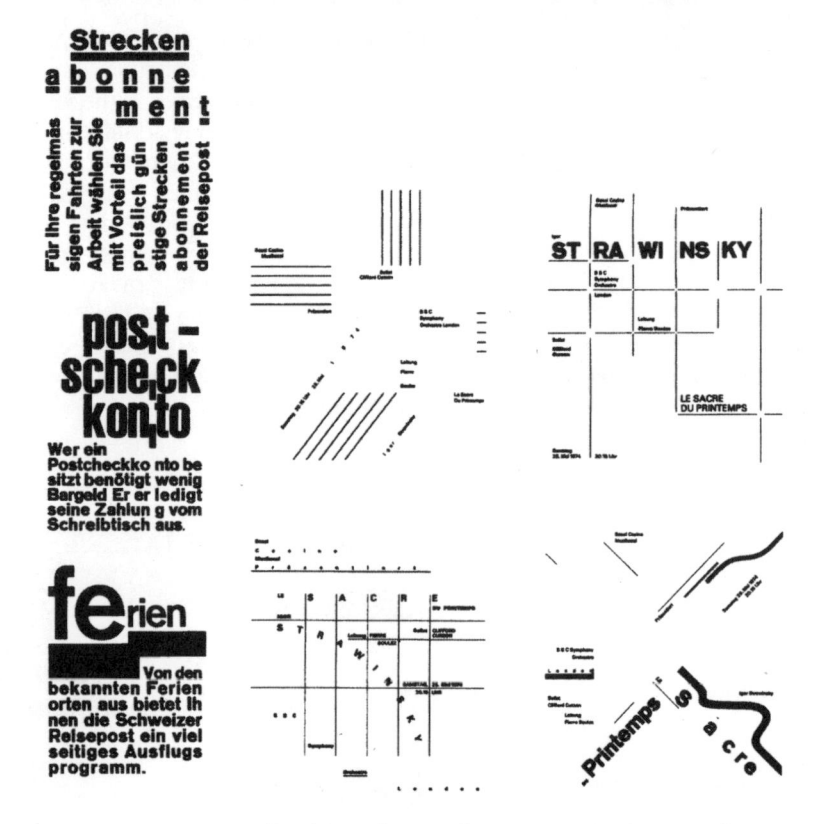

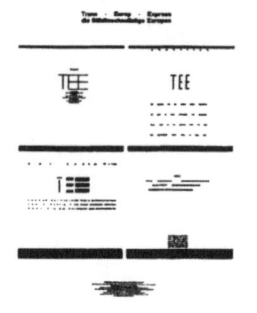

O relacionamento muitas vezes intenso entre professor e aluno causa, naturalmente, certa uniformidade de resultados na classe. A essa crítica frequente dirigida tanto à escola como a mim, eu diria duas coisas: em primeiro lugar, que método de ensino não leva a certa uniformidade? Para todo lado que olho só percebo diferenças mínimas. Em segundo lugar, esses sinais mais ou menos evidentes de homogeneidade no trabalho não têm importância capital; em vez disso, o que importa são os fundamentos sobre os quais eles foram construídos. Admito que, em certo sentido, nossa escola produz resultados uniformes – no sentido visual. Ao mesmo tempo, porém, penso que os exercícios permitem que os alunos transfiram seu conhecimento e capacidade básicos para uma situação por meio da qual, durante a atividade prática, cada um pode chegar a resultados completamente diferentes. Evidentemente, isso não pode ser facilmente generalizado – é importante levar em conta até que ponto a personalidade, a inteligência e a capacidade do aluno se desenvolveram.

Como já mencionei, dou grande importância a esses exemplos e ao processo de trabalho que leva até eles. São exercícios relaxantes para o estudante de design, semelhantes aos exercícios elementares em que não se enfatiza tanto a familiaridade com os aspectos materiais e técnicos como a expansão do vocabulário de design tipográfico. Os alunos descobrem uma linguagem visual – a linguagem visual. Quero dizer com isso que, quando a aula funciona corretamente, cada aluno deve aprender a se posicionar. Quando o professor é suficientemente dinâmico e estimulante na-

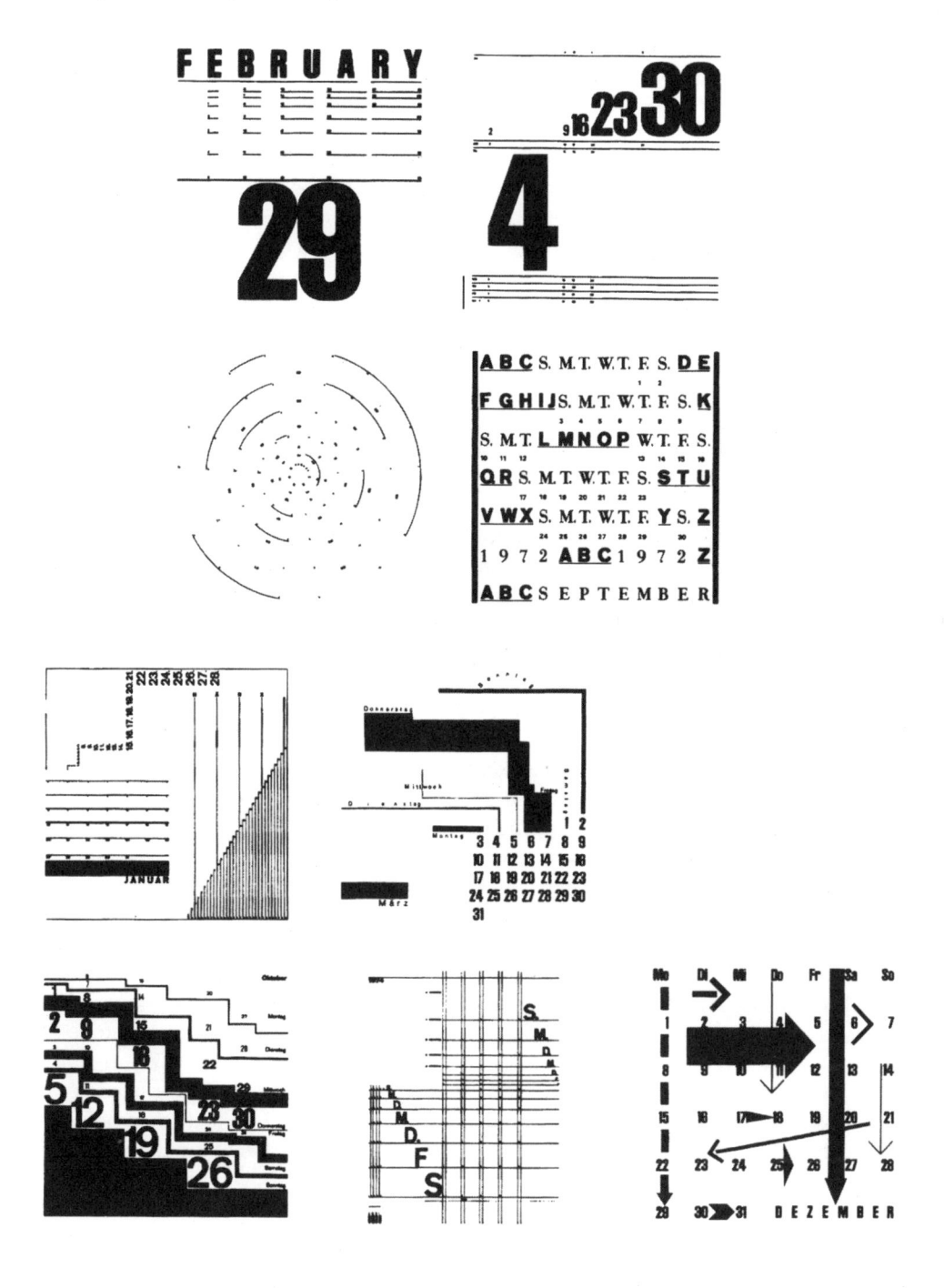

quilo que faz, o aluno se sente suficientemente estimulado a desenvolver as próprias ideias e habilidades.

Finalmente, não entrego nenhuma receita para o aluno guardar consigo, apenas modelos para resolver problemas específicos. Diante dos diferentes tipos de problemas que se apresentam, ele tem oportunidade suficiente de praticar, chegando a um acordo com os problemas e consigo mesmo. Entretanto, como eu disse, percebo o problema com bastante clareza, e estou ciente de que não é possível explicá-lo detalhadamente em poucas palavras. A assim chamada crise da escola de que se fala hoje é menos perceptível na Basileia do que em outras instituições similares. Do que tenho visto, em outros países a crise é evidente, sobretudo na Europa. Hoje, poucas escolas podem ou querem funcionar como antigamente. O motivo, claro, é que a percepção tradicional do próprio eu e o papel social da escola como instituição adaptável entraram em colapso. Creio, porém – e me exponho ao dizê-lo –, que existe outra razão: não foi apenas a "autopercepção" que entrou em colapso, mas também a "disciplina". Não existe mais nenhum conceito educacional confiável, nenhum programa no qual a educação possa se basear – nem mesmo uma orientação confiável que alguém possa seguir.

Cada um faz o que quer. O que faltam são professores e conferencistas de qualidade. Por exemplo, não conheço nenhuma escola alemã que dê prosseguimento, hoje, ao trabalho pioneiro e metódico iniciado pela Bauhaus. Houve a tentativa de *Ulm*, mas com pré requisitos diferentes e em outro ambiente – e vocês sabem no que deu a experiência. Com o exemplo de *Ulm*, vocês podem perceber o que quero dizer: que, entre outras coisas, *Ulm* foi destruída com a perda das três personalidades que estavam à frente dela – Max Bill, Tomás Maldonado e Bonsiepe. Os alunos de hoje certamente não querem nem saber deles. No entanto, sou contra essa postura. Se queremos reconstruir e não apenas buscar novos rumos, mas também imaginá-los, precisamos de pessoas fortes, flexíveis e ativas.

## A DIMENSÃO SEMÂNTICA NA TIPOGRAFIA

Em minhas aulas, os exercícios básicos são os sintáticos. Contudo, ao trabalhar com a dimensão sintática, não é possível excluir a semântica. Refiro-me, com isso, à ativação daquela parte da tipografia que lida com o significado dos elementos de design.

Conforme observei no início, o que é decisivo em meu processo de ensino é o aspecto tipo*gráfico* da tipografia. Não se trata apenas de uma questão de sintaxe, e sim de avaliação semântica dos elementos sintáticos.

Naturalmente, como não somos uma instituição científica – que poderia, com gastos técnicos de monta, realizar testes relacionados à qualidade e à eficácia semântica dos signos tipográficos –, nossos exercícios a respeito desse tema são bastante limitados e, desse ponto de vista, continuam relativamente subjetivos. No entanto, por meio da prática e da saudável inteligência humana de que dispomos, fazemos nossas experiências com o caráter da forma das letras, seus tamanhos e as associações que elas evocam como elementos semânticos. Pode-se dizer que estamos ampliando o vocabulário visual das alternativas de design. Em certos aspectos, porém, vamos muito além do que qualquer teste científico é capaz; isso porque a ciência empírica, com seus métodos experimentais científico-sociais, geralmente só consegue lidar com as expectativas e as experiências conhecidas do que foi testado. Só muito raramente é possível deduzir algo novo de tal informação.

Um exemplo: há alguns anos, a solução inteligente e comportada que a Arabian Airlines encontrou para seu logotipo me deu uma pista. Tentei averiguar se a associação com Arábia só funcionava porque o pingo do *i* estava virado sobre sua própria quina.

Ou será que ele funciona tão bem com pingos redondos simples, que normalmente não são utilizados com essa fonte, a Helvética?

Estou certo de que, assim como eu, vocês consideram que o efeito do quadrado virado é insuperável. Como prova da qualidade dessa ideia visual – a qual, sem sombra de dúvida, é uma ideia, e não um produto da chamada pesquisa sintática –, comparei-a com uma linha do alfabeto arábico.

Percebe-se onde está a ligação dessa invasão microestética extremamente engenhosa de nossa estrutura alfabética ocidental: nos pingos – que, no alfabeto arábico, são definidos pelo instrumento de escrita.

Aqui estão outros exemplos que encontrei em Israel. Eles confirmam minha teoria de que determinadas alterações gráficas na tipografia, ou no letreiramento, podem reforçar a qualidade semântica da tipografia como meio de comunicação. De modo inverso, a falta dessas modificações na tipografia normal reduz a dimensão semântica associativa da tipografia como meio de comunicação. O famoso símbolo da Coca-Cola tem uma aparência diferente em hebraico – e, no entanto, ele desperta em nós uma associação de ideias imediata, porque identificamos certas características básicas desse símbolo formidável e familiar. Todos nós somos capazes de reconhecer essas associações conscientemente ou, como no caso das menos visualmente perceptíveis, inconscientemente.

Com o conceito de "Polícia", conhecido internacionalmente, a coisa é completamente diferente. Embora a inscrição apareça em um jipe, seríamos incapazes de decifrar a palavra hebraica para polícia se a inglesa fosse apagada. Para nós, poderia muito bem passar por um jipe militar. Portanto, os signos tipográficos na versão em inglês não têm valor semântico.

Situação semelhante acontece com o conceito geográfico "Tel Aviv", que, ao ser falado, evoca grande quantidade de associações, mas nenhuma delas pode aflorar quando se olha para essa placa de rua. Para nos orientarmos em Israel, precisamos de inscrições que nos sejam familiares.

Embora ainda estejam em suas etapas iniciais, temos aqui alguns exemplos do resultado de nossos exercícios com a dimensão semântica e suas associações sintáticas. Explicarei os conceitos e adjetivos que serviram de objetivo semântico para cada um dos respectivos problemas. Vejamos duas interpretações semânticas das três letras TEE, de Trans-European Express. Sono tranquilo: as formas arredondadas representam "nuvens", que são macias e que devem levar à associação com "cama macia". A lua crescente reforça essa ideia de "cama" e de "noite de sono", por meio de associações com "sonho" e "noites românticas". Até o destino final com rapidez: a perspectiva exagerada das letras maiúsculas e o movimento "na direção de um ponto" ou "na direção de um objetivo" ajudam a visualizar o ritmo de corrida desse trem de longa distância e de alta velocidade.

Evidentemente, esses exemplos não têm muito a ver com "design tipográfico", embora de fato ofereçam uma visão muito boa da sobreposição entre design gráfico e tipografia, especialmente no que diz respeito às questões que enfatizam a semântica. Nessa medida, eles funcionam como exercícios preliminares de design ou como "blocos estruturais" no processo de criação de um pôster ou logotipo.

Este exemplo ilustra o tipo de desenvolvimento em nosso processo de criação. Vocês podem descobrir as etapas que percorremos para chegar ao resultado desejado de uma interpretação semântica do conceito "Bíblia".

Primeiramente, compusemos a palavra "Bible" tal como a conhecemos normalmente, isto é, legível e com as letras normais de nosso alfabeto.

Em segundo lugar, refletimos sobre qual seria a melhor maneira de interpretar esse conceito visualmente.

Escolhemos uma interpretação possível, as origens "clássicas" da Bíblia. Em seguida, analisamos cuidadosamente quais letras do alfabeto poderiam definir visualmente essa interpretação semântica específica.

Finalmente, juntamos as letras básicas escolhidas para criar o supersigno "Bible". Essa nova imagem-palavra desperta associações semânticas com o "antigo alfabeto grego" ou com a Bíblia "clássica".

Durante o processo de criação, procuramos estimular e verificar nossos conceitos por meio de estudos concretos – isto é, procuramos transmitir a opinião pessoal de uma forma que todos compreendam. No caso da palavra "Athens", investigamos a estrutura e, em seguida, as origens escritas das formas das letras gregas. No *workshop* de tipografia, procuramos representar corretamente as características que descobrimos com as letras e contornos de que dispúnhamos.

## A FORMAÇÃO DE SIGNOS COMO PROCESSO SINTÁTICO

Os procedimentos de mudança sintática que nós tomamos, que até agora diziam respeito principalmente a questões tipográficas complexas, também são possíveis com letras isoladas. Com exceção de alguns casos, os limites das possibilidades são determinados pela amplitude do material no *workshop* de tipografia e pela capacidade criativa de cada aluno.

Até que ponto é possível mudar a essência da letra *ö*? Em que ponto ainda é possível identificá-la como um *ö*? Em outras palavras, qual a característica visual mais típica que é indispensável para que ela seja reconhecida?

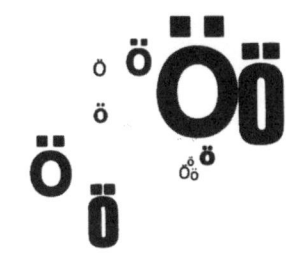

Será que é possível alterar o valor semântico da letra maiúscula *H*? De que modo seu significado se amplia por meio da diferenciação, em importância e harmonia, do material tipográfico de linha?

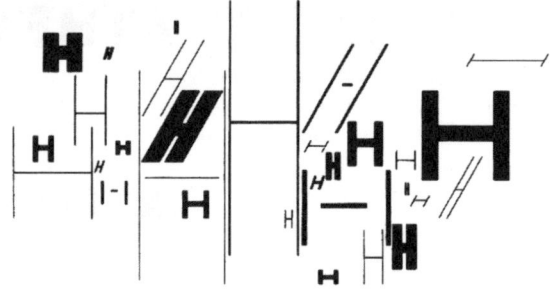

Neste exercício, é dada mais ênfase ao processo de exploração livre de ideias do que à utilização e aplicação conscientes desses signos tipográficos percebidos como marcas ou logotipos. Apesar da ausência de um problema específico, o aluno é capaz de perceber claramente a relação entre tipografia e design gráfico.

## PURO DESIGN – A TIPOGRAFIA COMO "PINTURA"

Caso vocês tenham a impressão, às vezes, de que trabalhamos meio no vácuo, gostaria de lhes mostrar o que trabalhar no vácuo realmente significa. Durante todo o nosso trabalho, estamos conscientes de que temos um espaço vazio, um vácuo, que devemos preencher com elementos tipográficos.

Eu diria que, tanto para mim como para meus alunos, o fascínio da tipografia reside em sua capacidade de transformar, com a ajuda de símbolos precisos, um pedaço de papel mudo e não impresso em uma forma dinâmica de comunicação.

## COMO A BASILEIA SE DIFERENCIA DAS OUTRAS ESCOLAS?

Já conversei com vocês inúmeras vezes sobre a "Tipografia Suíça", com referência a nosso trabalho na Basileia. No entanto, a Suíça tem muitas escolas, cada uma com conceitos de tipografia bastante distintos.

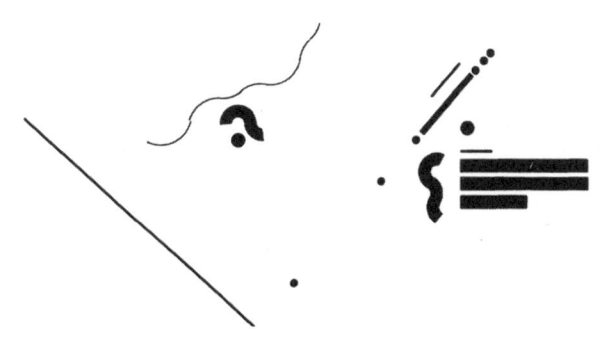

Como minhas ideias diferem das outras? Como resposta, gostaria de lhes mostrar alguns exemplos mais comuns de "Tipografia Suíça": cinco criações de Emil Ruder e de seus alunos (página oposta). O principal critério da forma do design tipográfico é a "legibilidade". Na organização óptica dos símbolos tipográficos, ela é o fator predominante. A "mensagem" a ser transmitida não é reforçada com o uso de material sintático ou semântico suplementar.

Questionar o motivo por trás desse comportamento com relação à tipografia significa questionar o comportamento com relação à comunicação em geral. Durante muito tempo, existiu uma tendência na "Tipografia Suíça" de passar a mensagem de maneira "isenta". "Isenta" significa apresentar simplesmente a mensagem, e não enfeitá-la com características visuais suplementares para aumentar sua efetividade semântica e persuasiva. Nesse caso, a ética do designer encontra-se bastante envolvida.

Deixando a ética de lado, podemos dizer que essa atitude "isenta" com relação à "mensagem" é apenas uma entre muitas. Não obstante, mesmo a informação mais objetiva, com a apresentação visual mais sóbria, ainda conecta o receptor a valores pessoais.

Essa ideia, contida na "Tipografia Suíça" e combatida na Suíça e em outros países – de uma organização puramente funcional, com grade, tipologia, tamanho de tipo e limitação semântica uniformes —, é um desejo inútil. Ela só pode ser um dos elementos da complexa tarefa que caracteriza a tipografia como instrumento de comunicação.

O ser humano não tem apenas necessidades técnicas e econômicas. Ele tem necessidades psicológicas bastante diferenciadas, especialmente nas áreas ligadas à cultura e à estética, ou seja, nas áreas que chamamos de "design". Esse é um lugar-comum sociopsicológico do qual a publicidade, por meio de conceitos inteligentes e textos e visualizações vibrantes, já se aproveitou bastante. (Isso foi apresentado de maneira divertida, e executado com perfeição, pelo grande filósofo da publicidade, Howard Luck Gossage.)

É claro que estes são só alguns dos exemplos da enorme quantidade de designs que eu poderia ter usado para ilustrar o conceito de "Tipografia Suíça". Em comparação, estes designs da agência de publicidade GGK (a seguir), da Basileia, mostram com que aparência algo pode ficar quando se tenta fazer uma tipografia atraente com base em um tema frio e objetivo.

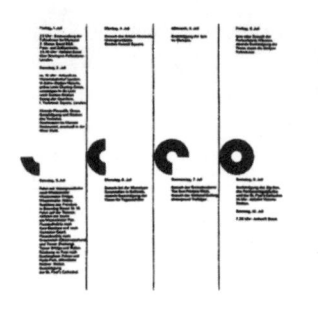

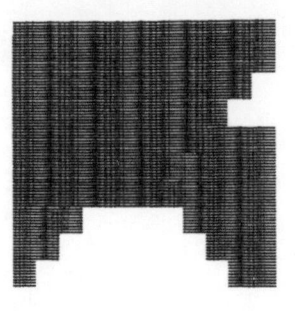

Estes dois exemplos revelam claramente que, pelo menos na Suíça, a "Tipografia Suíça" está passando por uma transformação radical. Ou, dito hoje de outra forma, ao menos na Suíça ninguém sabe mais o que os especialistas realmente querem dizer quando fazem uso do ilustre predicado "Tipografia Suíça".

Voltemos à pergunta: "Como meu conceito de tipografia e de ensino de tipografia se diferencia de outros conceitos semelhantes das escolas suíças?".

Em sua essência, esses conceitos não são diferentes. Bem ou mal, todos nós nos baseamos na "Tipografia Suíça" clássica. Aceitamos inteiramente os princípios fundamentais de clareza e precisão do material tipográfico, sua estrutura lógica e disciplinada e o significado do espaço branco no design. Todos nós estamos seguros de que esses "valores" jamais estarão errados.

Talvez a razão disso seja que a Suíça oferece condições bastante especiais a todos os indivíduos que trabalham de maneira criativa, o que, para eles, significa algo como uma "fecunda base" uniforme. Tanto interna como externamente, a Suíça é um país extremamente estável. A paz e a ordem predominam de modo incontestável, e ainda se respeitam as pessoas que pensam de maneira diferente. Para o indivíduo, isso significa a liberdade de trabalhar, de maneira ininterrupta, em seus projetos.

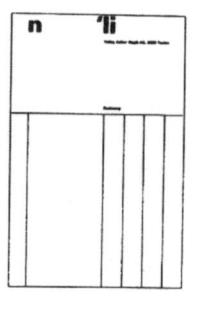

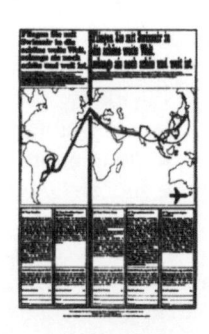

Depois de reconhecer as semelhanças com as outras escolas, gostaria agora de examinar as diferenças. Vocês podem perceber, por meio dos exemplos de meu trabalho e do trabalho de meus alunos que lhes apresentei, que enfatizamos conscientemente as possibilidades sintáticas da tipografia. É provável que vocês tenham pensado, de vez em quando, que isso prejudica a legibilidade do texto. Creio, porém, que o estímulo relativamente alto de um texto como esse é uma compensação adequada para a baixa legibilidade. De que serve a legibilidade quando o texto não tem nada que ao menos consiga fazer com que as pessoas o leiam? Essa postura leva, logicamente, a um esforço contínuo de romper com os padrões confiáveis de design. Procuramos testar experimentalmente as possibilidades semânticas e sintáticas da tipografia e derrubar suas fronteiras ideológicas ignorando conscientemente os marcos e as receitas tradicionais do design tipográfico. Além disso, tentamos permanecer imunes às mordaças e tendências do panorama internacional da publicidade e do design. Procurei explicar, com minha definição de "escola", por que somos tão lógicos e por que às vezes nos sentimos um tanto tolhidos em nosso trabalho.

Não seria correto apresentar nossa escola e seus métodos de ensino de tipografia apenas de um ponto de vista positivo. Também temos planos sobre como podemos, por meio do aperfeiçoamento dos recursos didáticos, atingir melhor nossos objetivos educacionais.

Um dos problemas é nossa preocupação quase exclusiva com as questões sintáticas e semânticas do design na tipografia. Contudo, isso não passa de uma manifestação externa de algo inteiramente diferente, ou seja, a verdadeira questão do significado do texto. De meu ponto de vista, não é possível fazer uma tipografia realmente de qualidade sem um conhecimento exato e uma compreensão precisa do texto. O estudo do significado dos textos, por meio de conferências, seminários e exercícios especiais e teóricos, está completamente ausente de nossos currículos. Dentro de um modelo teórico adaptado aos procedimentos de um sistema de comunicações, o raio de ação do "design tipográfico" é muito pequeno.

Como vocês podem perceber de minhas observações autocríticas, estamos cientes das deficiências de nossa escola. A tentativa de solucionar essa situação malogrou diante dos inúmeros problemas. Em primeiro lugar, por causa da organização e da estrutura institucional da escola. Em segundo lugar, em razão do tempo extremamente reduzido de que dispomos para atender às diversas áreas do currículo de tipografia. E, finalmente, a questão toda está inserida no processo social geral de transformação da consciência e na nova ordem de valores sociais e culturais. Assim, deparamos novamente com as questões da definição e dos objetivos da "escola" e da importância e da natureza da tipografia.

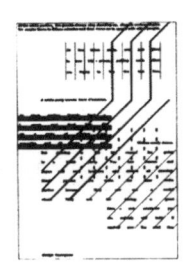

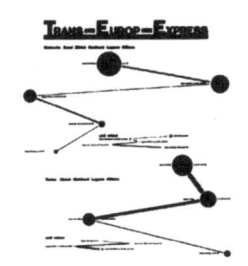

## CONCLUSÃO: O QUE UMA FORMAÇÃO ACURADA EM TIPOGRAFIA DEVE CONTER

Como deve ser a escola ideal de design? E, com referência a meu campo de atividade, em que consistiria uma formação tipográfica "acurada"? Talvez eu possa apresentar, de forma resumida, os objetivos que o curso de tipografia deve alcançar. Vejo, basicamente, três categorias:

1. A importância da tipografia nos mais variados processos de comunicação e sua eficiência como instrumento de comunicação precisam ser redefinidas. Essa redefinição seria uma tentativa de ampliar o significado e o alcance do conceito de "tipografia".
2. No futuro, a nova tecnologia da informação e os variáveis modelos de comunicação exigirão, evidentemente, novos critérios tipográficos no que diz respeito à sintaxe e à semântica. A essência da tipografia deve mudar com a informação que ela tem de transmitir e com o panorama cultural geral em que ela tem de atuar.
3. Finalmente, embora talvez seja uma afirmação subjetiva e provocadora, tenho a forte impressão de que essa nova tipografia também precisa ser o resultado – e enfatizo o também – de um processo de reflexão muito pessoal em design. Refiro-me, com isso, às conquistas baseadas na individualidade, na imaginação e nas qualidades artísticas.

Assim como aconteceu na primeira metade do século XX, também na segunda metade precisamos de indivíduos que possam influenciar o desenvolvimento da tipografia com suas contribuições pessoais. Com base nos objetivos mais simples que acabei de resumir, é possível começar a pensar em possibilidades de mudança do sistema educacional. No futuro, o estudo da tipografia deverá incluir, seguramente, o estudo do significado do "texto".

Se queremos fortalecer o tema "texto" e ampliar um trabalho conceitual e um sistema de comunicações planejado, precisamos de contribuições de outras áreas, tais como: sociologia, teoria da comunicação, semântica, semiótica, informática e métodos de planejamento. Além disso – como a experiência demonstrou nas escolas mais avançadas –, necessitamos de técnicos mais flexíveis que sejam capazes de combinar conhecimento especializado e compreensão das questões de design.

Antes de mais nada, porém, precisamos de escolas que

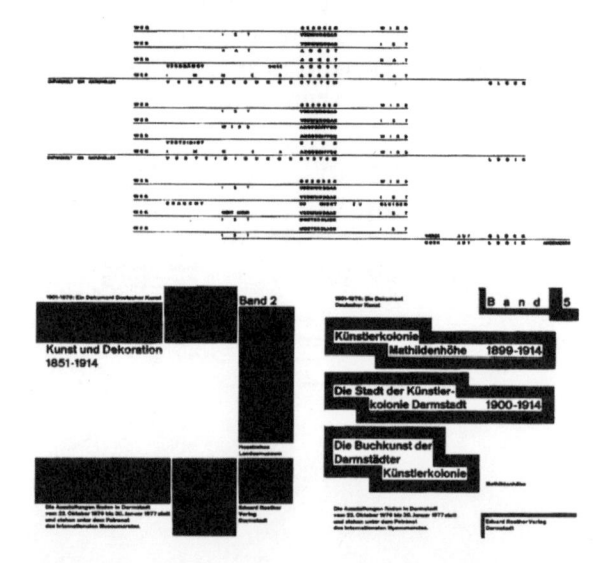

estimulem e concretizem esses desafios. Embora reconheça que esses desafios não são novos, eu os ponho aqui, no final da lista, porque decorrem de experiências pessoais em meu curso de tipografia. Como um processo de evolução da tipografia, meu trabalho e o de meus alunos só poderão avançar de maneira coerente quando, amparados nas experiências e no conhecimento por nós adquiridos, pudermos reformar o sistema educacional e seus métodos de ensino. Conceitos de tipografia, como os que estamos tentando desenvolver na Basileia, contêm mais do que a simples expansão dos vocabulários sintático e semântico. Não queremos criar uma espécie de "nata do design" que as agências e estúdios venham tirar depois.

Procuramos formar seres humanos que possam, com imaginação e inteligência, oferecer contribuições tipográficas responsáveis para a formação do ambiente, sobretudo do ambiente futuro, cujos problemas já começam a se tornar evidentes.

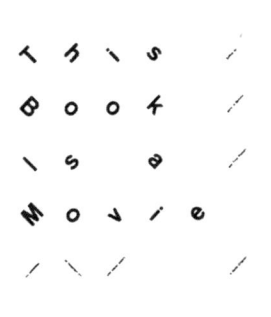

*Publicado originalmente em 1972 em uma edição xerocada de duzentos exemplares, distribuídos durante o ciclo de conferências em escolas de design e universidades dos Estados Unidos. Republicado em* Octavo, *n. 4 (Londres, 1987).*

# 1973
# ALGUNS ASPECTOS DO DESIGN DA PERSPECTIVA DE UMA DESIGNER
## Sheila Levrant de Bretteville

SHEILA LEVRANT DE BRETTEVILLE *(n. 1940), designer gráfica e educadora, foca seu trabalho sobretudo nas questões sociais, muito particularmente nas que dizem respeito às mulheres. Ela estudou história da arte na Faculdade Barnard e recebeu o título de mestre em belas-artes, na especialidade de design gráfico, em Yale, onde dirige, desde 1991, o Programa de Pós-Graduação em Design Gráfico. Em 1971, criou o primeiro programa de design para mulheres, no Instituto de Artes da Califórnia, e dois anos mais tarde participou da fundação de "The Woman's Building", centro voltado para a cultura feminina em Los Angeles. Neste ensaio, publicado no periódico britânico* Icographic, *De Bretteville examina os limites do modernismo, o qual, no afã de esclarecer e simplificar (o que ela chama de "fascismo visual"), reprime e restringe as necessidades de comunicação de um público fragmentado e culturalmente eclético. A falta de mulheres que escrevessem sobre design antes do início dos anos 1980 torna este ensaio – tanto uma diatribe contra a esterilidade do design moderno como um ataque à supremacia branca/masculina – ainda mais valioso. As ideias aqui expostas continuariam presentes nos projetos dela, assim como nos textos, nas aulas e na obra de designers e críticos durante os vinte anos seguintes. – JH*

### INTRODUÇÃO

A arte do design é uma arte popular e, como tal, o principal instrumento de formação da consciência. Esta, por sua vez, é iluminada pelo sistema de comunicação, pelos objetos, edifícios e ambientes. A esfera de ação do design encontra-se entre nós e nossa existência material, influenciando não apenas nosso ambiente visual e físico, como também a percepção que temos de nós mesmos.

O processo de construção das formas e as próprias formas embutem valores e padrões de comportamento que afetam grande número de pessoas e todos os aspectos de nossa vida. Quanto a mim, foi essa relação indispensável entre criatividade individual e responsabilidade social que me aproximou da arte do design. É possível e lucrativo reforçar valores existentes por meio do design. Em minha obra, contudo, ao agir de acordo com valores que eu mesma escolhi, tento propor valores alternativos para a sociedade, na esperança de fazer nascer uma cultura nova e mesmo utópica.

Podemos olhar para o design e realmente ler suas mensagens – e, assim, identificar, criar e utilizar métodos positivos que rejeitam os elementos repressivos da cultura dominante. Tenho tentado empregar formas e processos que projetam e reafirmam pontos de vista sociais que – embora de fundamental importância – foram reprimidos, desvalorizados e ficaram *restritos às mulheres,* na esfera privada do lar.

Quanto mais me torno sensível aos aspectos do design que reforçam atitudes e comportamentos repressivos, mais questiono a desejabilidade da simplicidade e da clareza. O impulso de controlar age, de maneira quase inevitável, por meio da *simplificação.* O controle é enfraquecido pela ambiguidade, pela escolha e pela complexidade, porque fatores subjetivos do usuário tornam-se mais efetivos, e ele é convidado a participar. *A participação enfraquece o controle.*

Supersimplificação, seriedade inflexível e racionalidade exagerada são as posturas coerentes relacionadas à obra esposada pelas principais instituições, assim como pelos homens e pelas poucas mulheres que elas empregam. No círculo de causa e efeito, essas posturas são reforçadas e reproduzidas à medida que se espalham visual e fisicamente pelo ambiente.

Uma forma de simplificar é atribuir certas características a grupos variados, reforçando, com isso, as divisões. A delimitação de determinado comportamento ao lar e a transformação das mulheres nas únicas guardiãs de uma série de características humanas criam um desequilíbrio prejudicial. A arte do design reforça esse desequilíbrio ao projetar unicamente o caráter "masculino" no espaço público do conjunto de nossas instituições: empresas, ciência, forças armadas e mesmo a educação valorizam seus aspectos anônimos e autoritários e afastam-se cada vez mais do espaço privado, continuando, assim, a isolar as mulheres, a experiência feminina e os valores "femininos".

## MÍDIA DE MASSA E SISTEMA DE COMUNICAÇÕES: UM DIAGRAMA DA DIVISÃO SIMPLIFICADA

A fim de isolar as mensagens e assim chamar a atenção, a mídia de massa normalmente trabalha com a simplificação visual. Essa simplificação recusa a complexidade da experiência da vida. Afirmações simples e imagens familiares e repetidas vendem o produto e a ideia de maneira extremamente eficaz. Elas também reforçam divisões restritivas.

Na publicidade, as mulheres aparecem – ou se permite que apareçam – rindo, chorando, indecisas, cometendo erros, hesitando: só elas são consideradas protetoras ou capazes de apoiar emocionalmente os filhos e o marido. Por exemplo, quando a empresa retrata a si própria em um espaço de prestação de serviços ou como particularmente acolhedora, ela usa a figura feminina, reforçando posturas tradicionais por meio dessas imagens simbólicas.

A iconografia relacionada aos homens é igualmente rígida. Em situações de trabalho, os homens são mostrados como sérios, decididos, profissionais, confiantes. Nada de emoções nem de fantasia; os poucos momentos de relaxamento ou de emoção a eles permitidos são relegados ao lazer e à casa.

Além disso, a casa se torna um lugar desvalorizado, em que não se pode realizar nenhum trabalho sério. E, como a mulher só é vista praticamente na casa, ela também é desvalorizada. Ao descrever as mulheres como exclusivamente emotivas, indecisas, cooperativas e auxiliares dos outros, mostrando essas atividades apenas na intimidade do lar, os polos opostos que, acredita-se, homens e mulheres ocupam são reforçados e legitimados. Na verdade, as próprias características que são aceitáveis para as mulheres em casa impedem que elas vençam no espaço público competitivo.

Se a ideia e o design forem elementares e rígidos e estiverem acabados, ninguém poderá transmitir os próprios valores às formas. Se não existe ambiguidade, o olhar é atraído uma vez só e a mensagem é compreendida e aceita rapidamente. Quando o material visual é ambíguo, as diversas nuances muitas vezes estimulam reações múltiplas e alternativas à mesma mensagem. Caso a mídia de massa incluísse contradições, caso suas imagens contivessem sugestões em vez de afirmações, o observador poderia se esforçar para preencher a lacuna, interpolar, extrapolar, participar. Entretanto, não é esse o objetivo do sistema de comunicações de massa. O pressuposto é que o design, por ser uma atividade que deve resolver problemas, envolva apenas a aceitação dos objetivos do cliente pelo designer. Se o objetivo do cliente é vender rapidamente um produto ou uma ideia, não é o caso de estimular um público que pensa.

O movimento do design contemporâneo estimulou formas simples e claras. Esse caminho foi adotado por alguns dos designers mais criativos e inteligentes. Embora a simplificação visando à clareza e à força da imagem tenha virado moda, quando o design vira moda a simplificação se torna perniciosa. Essa simplificação da forma e da técnica leva à limitação e à demarcação das divisões e das fronteiras. Os designers poderiam evitar esse tipo de fascismo visual relaxando as fronteiras e permitindo que as imagens sejam mais complexas.

O renascimento do feminismo renovou a exigência de que sejam ampliadas as expectativas sociais tanto para homens como para mulheres, permitindo que todos os indivíduos participem livremente do sistema social no limite de suas personalidades e moldem sua conduta de acordo com o espectro inteiro de possibilidades. Enquanto não houver uma mudança de expectativas, nós não apenas desconheceremos as diferenças imutáveis que existem, mas os próprios valores que estão desvalorizados e anulados permanecerão, consequentemente, indisponíveis de maneira viável tanto para homens como para mulheres.

Os designers poderiam ajudar a revalorizar o que tem sido designado como valores "femininos" e, como tais, desvalorizados.

## PUBLICAÇÕES: ALGUNS MODELOS ALTERNATIVOS

As pessoas informadas a respeito do design e de suas responsabilidades estão desenvolvendo uma profissão de design baseada em uma ideologia que estimula o surgimento da participação direta dos indivíduos que compõem a sociedade.

Os movimentos dos anos 1960 questionaram as estruturas e instituições geradoras de conformismo, e começaram a se desenvolver formas alternativas que mostraram as limitações dos canais de comunicação hierárquicos e unidirecionais. Por exemplo, a moderna tecnologia de impressão offset começou a ser utilizada para criar uma forma de participação política. Ao compilar um catálogo de bens e serviços recomendados por grande número de colaboradores em todo o país, *The Whole Earth Catalog* recuperou a importância da subjetividade individual e criou uma estrutura que estimulava a participação do consumidor. Essa tentativa, assim como outras dos movimentos de contracultura da juventude *hippie* e de afirmação do potencial humano, ajudaram a valorizar alguns valores "femininos" reprimidos e estimularam o crescimento do movimento feminista.

Atitude semelhante permeou o design que criei para uma publicação especial da Conferência Internacional de Design em Aspen. Normalmente, seis meses após a conferência, os participantes recebem um folheto com trechos dos discursos e comentários feitos por astros consagrados e em ascensão. Em vez de impor minha visão por meio desse tipo de controle e simplificação, compus um jornal com as opiniões diretas dos participantes que decidiram registrar suas experiências.

Distribuíram-se cartões para que os participantes escrevessem, desenhassem ou datilografassem qualquer comentário que quisessem. Na última noite, esses cartões foram colados um ao lado do outro, formando páginas. Em seguida, utilizando um modelo rotativo de offset litográfica barato e rápido, pela manhã o jornal já estava pronto. A distribuição e a montagem dos cartões padronizados criou uma organização não hierárquica. As páginas eram praticamente iguais, nenhuma se sobressaía, e todas convidavam o leitor a participar escolhendo quais registros queria ler e em que ordem.

É o leitor que tem de criar e combinar essas respostas fragmentadas, montando sua descrição pessoal da conferência. Os participantes escolheram os fragmentos, o leitor organizou-os individualmente.

Como designer, criei a estrutura que facilitou esse processo. A forma visual do jornal não foi resultado da tentativa de usar uma forma nova, um material novo ou um processo tecnológico novo, nem de desenvolver um estilo novo ou pessoal. Em primeiro lugar, as formas evoluíram para atender a um contexto social, para ajudar a alcançar, por meio de sua existência, o padrão de comportamento que elas refletiam. As formas constituem a expressão visual do esforço em ressaltar a notícia, de modo que padrões alternativos de comportamento e métodos alternativos de design ganhem destaque.

Um número crescente de periódicos passou a contar com editores e designers convidados – *Radical Software, Design Quarterly, Arts in Society*, entre outros. Como na estrutura de *The Whole Earth Catalog*, as edições especiais das publicações oferecem alternativas ao pequeno *establishment* autoritário e ampliam o número de fontes de informação.

Editei e diagramei, por exemplo, uma edição especial de *Arts in Society* sobre o Instituto de Artes da Califórnia, uma nova comunidade artística. Como as escolas do novo instituto começariam a funcionar dali a um ano, tentei criar um padrão gráfico que refletisse a formação de um local de aprendizado alternativo. As escolas estavam sendo desenvolvidas por pessoas que haviam alcançado uma posição de sucesso no *establishment* cultural e que agora estavam criando uma instituição por meio da elaboração de alguns conceitos e objetivos diferentes, entre eles, os dos movimentos dos anos 1960. Eu queria descobrir um design que ressaltasse a ideia de uma comunidade horizontal centrada na pessoa. Tudo o que foi decidido em termos de design buscou reforçar essa ideia na forma da publicação.

Selecionei diversos tipos de material visual e textual e organizei-os em blocos de informação. Espalhei pela revista todas as cartas trocadas entre Provost e os futuros membros da faculdade, bem como fragmentos gravados dos encontros do reitor, de memorandos e de fichas de inscrição dos alunos. Tudo isso entremeado de fotografias provenientes da televisão e dos jornais que descreviam o contexto social norte-americano durante a década em que o instituto estava sendo planejado.

A organização da revista evitou, de propósito, apresentar a informação de maneira linear, simples e inteiramente lógica. Em vez disso, era difusa e dependia da repetição de conteúdos e formas semelhantes, de ciclos e temas centrais, tanto nos textos como nas imagens. Muitas características do livro precisaram ser reconceituadas e reordenadas. O sumário tradicional, assim como sua localização no livro, não era a maneira adequada de apresentar o material. Eu o substituí por um índice alfabético que vinha logo depois do primeiro caderno e que continha todos os tipos de informação encontrados no volume. Os autores, ao longo da revista, são citados apenas pelo sobrenome e, no índice, em ordem alfabética. Fizemos isso para tentar evitar que a hierarquia e a autoridade servissem de critério e para indicar ao leitor uma forma diferente de leitura.

A experimentação com a estrutura fragmentada estimulou o leitor a participar da conceitualização final da comunidade. Como o Instituto de Artes da Califórnia ainda não havia começado a funcionar e, consequentemente, ainda não tinha seus contornos claramente definidos, sua natureza poderia, de alguma forma, ser configurada pela reação subjetiva de cada leitor. Senti que era possível estabelecer uma relação real e dinâmica entre o instituto e o público leitor. A organização não hierárquica e fragmentada e a difusão dos elementos formais haviam me atraído como uma projeção visual de métodos de relacionamento alternativos. Ela certamente representa uma alternativa ao procedimento de lançar, na mídia de massa, mensagens preestabelecidas simplistas que distorcem o processo de comunicação.

A projeção de dados de maneira clara e sistemática é a mais sensata quando se transmitem certos tipos de informação como mapas e catálogos, mas, quando utilizada para transmitir conceitos ou informação sobre os indivíduos e seus relacionamentos, ela cria distorção. Embora os designers sejam orientados a reduzir os conceitos a sua essência, na verdade esse processo muitas vezes resulta na redução dos conceitos a apenas um de seus elementos. Um material organizado de forma mais difusa conserva complexidade, sutileza e ambiguidade suficientes para instigar os leitores que normalmente se deixam levar pela visão resumida de outra pessoa, em vez de manter uma relação com o conceito por um período suficientemente longo e de maneira suficientemente aberta, até torná-lo seu.

Pedi aos alunos de minha turma na CalArts que pesquisassem essa forma e esse processo, utilizando um conteúdo que fosse pessoalmente significativo para eles, e que criassem um conjunto próprio. O conjunto deveria ser maior que a soma das partes. Uma aluna fundamentou assim sua solução:

> Sua presença enigmática ofusca a de seus componentes. Identificamos esses símbolos ao compreendermos sua simbologia completa (ou, no mínimo, ao decidirmos que eles podem ser unificados de maneira significativa)... Mãos masculinas descrevem, definem, propõem, rejeitam, ameaçam... os elementos femininos são única e grotescamente sensuais – corpos que preenchem um papel sexual aparentemente obrigatório e penteados que servem de moldura a um espaço despersonalizado, a uma identidade inexistente... Parece que estão presentes muitas das características superficiais da cultura, e, no entanto, pouco se vê do ser humano integral. Apesar das constantes alusões sexuais, apesar do cuidado dedicado aos instrumentos de comunicação... apesar das mãos que gesticulam e prometem ou ameaçam... não existe um contato genuíno... as características superficiais e as partes têm menos importância gráfica, linguística e psicológica que o todo.

À medida que a comunidade ficar mais habituada à ambiguidade e à sutileza do design e do conteúdo, ela terá maior capacidade de formular conclusões individuais e expressar opiniões subjetivas individuais, bem como propor a divisão da autoridade. Para mim, isso é um bem que o design pode estimular.

A organização do material em fragmentos, diversos picos em vez de um único momento de clímax, tem uma qualidade e um ritmo que podem ser comparados à experiência ontológica das mulheres, particularmente sua experiência do tempo. Embora eu tenha chegado a usar essa organização fragmentada em uma tentativa de refletir uma comunidade artística em formação e estimular o leitor a participar, esse modelo de organização visual corresponde mais ao mundo feminino.

Existem diversos gêneros de trabalhos femininos – *quilts* e mantas, por exemplo – que são uma reunião de fragmentos produzidos sempre que sobra tempo e que, tanto com relação ao método de criação como à forma estética, estão dispostos visualmente em numerosos centros. Uma associação de costureiras de *quilts*, bem como o próprio *quilt*, é um exemplo de organização essencialmente não hierárquica. A qualidade do tempo na vida de uma mulher, sobretudo se ela não está envolvida na corrida profissional em busca de fama e fortuna, certamente é diferente da qualidade do tempo experimentado por homens e mulheres presos em uma carreira em desenvolvimento.

A linearidade do tempo é estranha tanto à atual estrutura da vida como ao ritmo do período biológico mensal das mulheres. Os processos mentais liberados pelas distorções do progresso mecânico são complexos, compostos por miríades de fios, além de repetitivos e permeados das múltiplas necessidades dos outros e da própria pessoa. Relacionamentos em que não existem limites levam a maioria das mulheres a ter de pensar não apenas no trabalho, mas na feira, no jantar, no dentista das crianças etc., entre um e outro pensamento sobre o trabalho. As tarefas domésticas das mulheres também são variadas e intermináveis – educar os filhos é um exemplo clássico –, enquanto o trabalho que o homem faz em casa tem começo e fim e objetivos específicos, como consertar janelas, eletrodomésticos e arrumar o encanamento. A reunião de fragmentos e a organização de formas em uma matriz ressaltam essa experiência do tempo e sugerem a profundidade e a intensidade como alternativas ao progresso.

Quando a arte do design é chamada para ressaltar aspectos dos movimentos femininos, é especialmente relevante desafiar os pressupostos que existem a respeito de forma e processo. Quando um grupo de artistas mulheres me pediu que eu criasse uma edição especial de *Everywoman*, um jornal feminista, tentei incorporar a projeção visual do modelo igualitário e coletivo do sistema baseado em pequenos grupos. Toda semana, no país inteiro, mulheres se reúnem em pequenos grupos para conversar; para evitar que aquelas com personalidade mais vibrante e dominadora não desencorajem as mais tímidas, cada uma tem sua vez de falar, assegurando-se, dessa forma, que todas sejam ouvidas. No design dessa edição de *Everywoman*, evitei associar o espaço e o tamanho do artigo com a qualidade e dei a cada mulher uma foto grande de si mesma e uma página dupla espelhada, independentemente do tamanho do texto; tentei unir visualmente as páginas espelhadas e fazer com que nenhuma delas suplantasse as outras. Como eram parecidos, os artigos não competiam visualmente uns com os outros pela atenção do leitor; cabia a este perceber as diferenças que pudessem ser mais significativas subjetivamente. Além disso, ajudei as artistas a manter-se dentro dos limites do orçamento e do processo de impressão utilizado pela publicação existente, mesmo que elas tivessem acesso a recursos excepcionais. Pareceu que poderíamos produzir um modelo mais viável se não inchássemos a coisa, compartilhando a atual postura de que devemos viabilizar tudo o que seja tecnológica ou financeiramente possível – pelo menos para uns poucos.

Criar uma estrutura que promove uma relação participativa, não hierárquica e não autoritária entre o designer e o consumidor também resulta em formas visuais e físicas que estão fora da tendência dominante do design, assim como essas ideias e atitudes estão fora da tendência cultural dominante. Tais publicações têm uma aparência diferente das de alcance nacional: a diferença não é tanto o resultado de outro modo de criar estruturas que promovam valores diferentes. Por mais desejável que seja a propagação desses valores na sociedade, essas estruturas de design apresentam frequentemente uma aparência modesta, e não formas marcantes, elegantes, simplificadas, claras e dinâmicas. Talvez devamos questionar a importância das relações visuais dinâmicas e reavaliar as formas discretas e literárias.

Em comparação com as outras artes, parece que o design é um empreendimento particularmente ambíguo – ainda mais o design que defende a transformação social. O designer muitas vezes é pago pelas mesmas instituições que seriam afetadas por suas posturas ao criar e dar forma ao design; dessa forma, as contradições de um designer *freelance* que deseja produzir uma transformação na sociedade são evidentes. Como o design está ligado ao mundo dos negócios e da indústria desse modo, é difícil para o designer saber com antecedência se sua criação será usada para reforçar valores aos quais ele se opõe.

Os designers precisam trabalhar de duas maneiras. Precisamos criar designs visuais e físicos que deem projeção às formas sociais, porém, simultaneamente, precisamos criar as formas sociais que vão exigir novas manifestações visuais e físicas. Os designs de minha autoria que examinei são o resultado de situações em que fui chamada para materializar tentativas de criar outros contextos sociais. O principal objetivo, nesse caso, foi repensar pressupostos – não estava em questão o lucro, o orçamento era modesto e o público (infelizmente) limitado. Eu estava livre, portanto, das pressões que tornam difícil um projeto maior e lucrativo. Todavia, como tais situações são raras e como eu não conseguiria mais separar o design material do social, senti a necessidade de criar uma interface. Eu queria examinar a possibilidade de trabalhar com outras mulheres. Entreguei-me à ideia de que esse método libertaria os problemas e as soluções de design do sistema profissional no qual tanto os astros como os picaretas mercenários sempre se sujeitaram ao *ethos* do dinheiro. Além disso, tive de destruir rapidamente a ideia do design como atividade individual, sem abrir mão do contexto social implícito nessa atividade. Sempre acreditei que a natureza e a responsabilidade públicas do design são coisas positivas. Consequentemente, dei início ao Curso de Design para Mulheres no Instituto de Artes da Califórnia.

Pude explorar, nesse curso, a relação entre design e feminismo. O envolvimento pessoal e ideológico me deu a oportunidade de descobrir uma esfera de ação que permitia que esses valores sobrevivessem; eu queria dedicar mais atenção a uma ética prática do que àquilo que podia ser criado. Isso não quer dizer que não usaríamos modelos reais em nossa criação; apenas indica a necessidade de proteger essas ideias, impedindo que elas fossem soterradas por um processo de criação subserviente. O fato de trabalhar com informações, e não com a produção de objetos, facilitou a introdução dessas posturas dentro do design.

Para mim, era evidente que as designers só poderiam identificar e resolver os problemas da profissão com sensibilidade se, simultaneamente, pesquisassem a própria história, tentassem destacar os valores femininos e atuassem de forma cooperativa. Propus procedimentos e esquemas que poderiam reforçar a ideia de que o design é uma atividade social e de que as mulheres que trabalham com a arte do design precisam conhecer tanto os aspectos técnicos como os sociais das tecnologias dos meios de comunicação.

O projeto e a impressão de *Broadsheet 1* documentou essa pesquisa sobre design e feminismo. Embora diversos projetos iniciais registrados em *Broadsheet* pareçam ter, externamente, sobretudo objetivos técnicos, eles incorporaram outros valores. Com a simples manipulação de pontos vermelhos brilhantes sobre um fundo branco, as mulheres tomaram conhecimento da composição simultânea que permite que, por meio da técnica do meio-tom utilizado na maioria das publicações, as pessoas descubram uma imagem a partir dos pontos e intervalos. Elas aprenderam isso em uma atmosfera propositalmente divertida e descontraída. Na tentativa de recuperar uma ligação pessoal com o projeto, as mulheres pesquisaram as convenções tipográficas usando uma linguagem que tivesse forte significado pessoal para cada uma delas. Jogando com esses significados, elas manipularam as formas para criar a própria interpretação.

Assim como esses dois exercícios aparentemente técnicos baseavam-se em valores e conteúdos sociais, também o projeto de criar um ensaio fotográfico, tendo como tema outra mulher participante do curso, foi idealizado para ajudar cada uma das mulheres a adquirir o controle da fotografia como meio de expressão e para expressar uma relação entre a fotógrafa e o tema que refletisse a crescente compreensão que elas tinham umas das outras.

Fiz o esboço de um projeto de grupo para o Curso de Design para Mulheres: o problema teria de ser definido e explorado com base em nossas experiências como mulheres, e a solução deveria ser buscada em conjunto. Como resultado, sugeri que criássemos uma apresentação da menstruação dirigida às meninas. Embora tivéssemos examinado o material que estava em uso naquele momento, o verdadeiro ponto de partida para o grupo foi a análise de nossa experiência. Consideramos imprescindível produzir um material que servisse de alternativa aos filmes e brochuras que relacionavam menstruação com impureza e com incapacidade de autocontrole físico e emocional, enquanto os aspectos "positivos" eram relacionados ao casamento e à gravidez.

Gravamos em vídeo nossas discussões acerca desse material. Mais tarde, ao assistir às gravações, ficamos surpresas ao perceber como era importante conhecer as diversas experiências relacionadas com a menstruação no contexto da vida de pessoas de carne e osso. Decidimos que esse formato seria a solução para nosso projeto.

Convidamos grupos para virem ao estúdio e gravamos em vídeo suas discussões sobre a menstruação, denominando o projeto de *Aprendendo com a Experiência das Mulheres*. A competência técnica foi adquirida durante o processo de filmagem, já que cada mulher, alternadamente, assumia o papel de diretora, assistente de direção, *camerawoman* ou encarregada do som, da luz etc. Gravamos garotas novas falando sobre a falta de informação sobre a menstruação e sobre seus conflitos e problemas. A conversa variava – algumas queriam continuar sendo meninas sapecas, outras se sentiam pouco à vontade com os meninos que até então tinham sido seus amigos, e muitas, quando percebiam que eram muito jovens naquele momento ou que talvez nunca viessem a querer ter filhos, ficavam confusas acerca de sua capacidade de ser mãe. Tentamos gravar discussões com pessoas do sexo masculino, esperando que sua inclusão na conversa estimulasse o surgimento de públicos mistos em que meninos e meninas discutiriam abertamente seus sentimentos depois de assistir à gravação. Contudo, tanto as gravações de rapazes mais jovens como as dos mais velhos foram muito pouco espontâneas, em razão da dificuldade que eles encontraram para entender essa experiência, que era diferente de tudo o que existia em sua vida e diante da qual eles se sentiam excluídos, envergonhados, temerosos e, no entanto, curiosos.

Gravamos um grupo de mulheres mais velhas que recordaram a conspiração de silêncio em torno do assunto e de suas experiências, incluindo a menopausa. Essa gravação foi a mais estimulante, não apenas porque elas compartilharam generosamente a riqueza de vidas mais longas, mas porque a troca de experiências aberta e sincera revelou que a questão da menstruação é um *continuum* na vida das mulheres.

Mesmo nesse projeto tivemos de combater a ideia de ligar a emotividade às mulheres. Quando uma médica nos disse que a intensidade emocional que algumas de nós sentiam antes da menstruação tinha causas psicológicas, nossa primeira conclusão foi que essa reação emocional era desastrosa. Logo percebemos, porém, que isso era bom – talvez a condição menstrual não parecesse um desvio da norma em uma sociedade que não estivesse tão entregue a uma racionalidade contida. Durante esse projeto de criação do material educativo, percebemos como é importante oferecer uma alternativa aos materiais que existem hoje, que fazem da oposição à desvalorização das características "femininas" um instrumento da discriminação irracional contra as mulheres. Também estávamos proporcionando aos homens, talvez de forma indireta, maior liberdade emocional.

O projeto do Curso de Design para Mulheres representou, até certo ponto, um afastamento do conhecido universo do comércio e da indústria, onde a maior parte da atividade de design acontece. Nosso avanço fez com que eu percebesse quanto as mulheres são vulneráveis a esses valores, que se unem para nos negar, até mesmo em nossas esferas mais íntimas, a estima e a compreensão de nossa feminilidade. No início, eu me sensibilizara com o fato de os valores "femininos" estarem relegados ao lar, mas agora eu percebia que mesmo em seu espaço mais privado (seu corpo) a mulher não é capaz de viver de maneira livre e bem informada. Convenci-me de que, para libertar o eu individual, precisamos entender e transformar o espaço público.

Um meio que o design tem de transformar o espaço público é desenvolver imagens do futuro que incorporem valores femininos e que possam impregnar a sociedade atual. Para sermos bem-sucedidos nessa empreitada, precisamos identificar as formas que ainda transmitem a discrepância entre os valores masculinos e femininos, que desvalorizam a feminilidade e são incapazes de incorporar peculiaridades como emotividade, complexidade e atuação solidária.

A separação rígida entre trabalho e lazer, atitudes e valores, masculino e feminino – aqui mencionada – é reforçada pela tradição de simplificar da mídia de massa, agindo também no design de produto e ambiental. Nos anos 1960, surgiram algumas vozes originais que apreciavam não apenas a complexidade e a contradição, mas também a importância de participar do vernáculo popular. No entanto, quando sua postura se transformou em estilo e moda, a ligação com a multiplicidade do potencial humano, assim como a resposta a ele, se perdeu. [...]

*Publicado originalmente em* Icographic 6 *(Croydon, Inglaterra, 1973).*

# 1975
# BOM DESIGN É BOM NEGÓCIO
## *Thomas J. Watson Jr.*

DE TODOS OS PATRONOS DO DESIGN *corporativo do pós-guerra nos Estados Unidos, poucos foram mais admirados pela profissão do que Thomas J. Watson (1914-1993). A união da IBM, empresa que era praticamente sinônimo da hegemonia econômica norte-americana na segunda metade do século XX, com o compromisso pessoal de Watson com a qualidade do design arquitetônico, industrial e gráfico era amplamente percebida – especialmente pelos designers – como uma poderosa lição objetiva de que o bom design é inseparável do bom negócio. O próprio Watson defende essa definição, hoje lendária, neste ensaio, apresentado originalmente como uma conferência patrocinada pela Tiffany & Co. na Faculdade de Administração Wharton da Universidade da Pensilvânia, citando como exemplo o trabalho de um panteão de designers – incluindo Eliot Noyes, Charles Eames e Paul Rand – financiado pela IBM. É interessante, no entanto, que a justificativa aplica-se, na melhor das hipóteses, à compatibilidade entre design e negócios, uma vez que Watson nem afirma nem prova a relação de causa e efeito que o título do ensaio sugere. Não obstante, até hoje os designers invocam Watson, muitas vezes por ignorância, na tentativa de convencer clientes hesitantes a fazer do design um imperativo tanto comercial como estético. – MB*

Depois de entrar em uma empresa que, felizmente para mim, era dirigida por meu pai, acabei vendo o design se tornar uma das razões mais importantes para o sucesso da IBM Company ao longo dos últimos dezoito ou dezenove anos. Embora já tivéssemos um design de qualidade antes mesmo de eu entrar na empresa, uma noite, no início dos anos 1950, enquanto perambulava pela Quinta Avenida, fui atraído por máquinas de escrever montadas na frente da vitrine de uma loja. Elas estavam em cima de estrados, com rolos de papel enfiados para quem quisesse usar. Eram de cores diferentes e tinham um design bastante atraente. (Naquela época, a máquina de escrever da IBM podia ser de qualquer cor desde que fosse preta, como dizia Henry Ford referindo-se a seu "calhambeque".) Entrei na loja e descobri também móveis modernos e atraentes em cores surpreendentes, formando um conjunto. Na placa de identificação em cima da porta estava escrito Olivetti.

Na sequência fui para a Itália, onde conheci o Sr. Adriano Olivetti, um dos mais importantes líderes industriais do país. Ele tinha um programa de design perfeitamente organizado, que incluía prédios construídos pela empresa para servir de moradia aos empregados – algo visto com bons olhos na Itália de então –, bem como escritórios, produtos, cores, folhetos e anúncios da Olivetti.

Logo depois disso, em 1955, um grande amigo meu da IBM, gerente de nossa filial holandesa, enviou-me uma correspondência reservada em que dizia: "Tom, vamos entrar na era da eletrônica, e acho que os designs e a arquitetura da IBM são horríveis. Juntei um monte de folhetos da Olivetti e de fotos de seus edifícios, bem como folhetos e fotos da IBM. Ponha todos eles no chão, dê uma olhada nos dois conjuntos e veja se você não acha que temos de fazer alguma coisa." O material da Olivetti se encaixava como um belo quebra-cabeça. Naquela época, não tínhamos um tema de design ou um programa de cores consistente. Tudo o que tínhamos eram algumas máquinas eficientes, não muito bem acondicionadas, e certa competência na nova área de computação. Na verdade, estávamos formando nossa primeira família de computadores – a série 700. Eles funcionavam por meio de tubos acondicionados a vácuo, que, a julgar pelo design interior, pareciam a síntese da tecnologia moderna. Pensamos que já estava na hora de o exterior combinar com o interior. E isso significava um problema de design. Levamos toda a alta direção da IBM Company para um hotel nas montanhas Pocono, onde comparamos o design da IBM com o da Olivetti e com o de uma série de outras empresas. Queríamos melhorar o design da IBM, não apenas a arquitetura e a tipologia, mas também as cores e os interiores – o espectro todo.

Que eu soubesse, a única pessoa que conhecia algo de design era Eliot Noyes. Durante a guerra, eu tinha passado a me interessar por planadores. Eliot Noyes estava à frente do programa de planadores da Força Aérea, e havíamos voado juntos de planador algumas vezes. Depois da guerra ele se tornara um designer industrial de destaque e, por isso, pedi-lhe que se juntasse a nós nas montanhas Pocono. Ao cabo de três dias, ele havia nos convencido a fazer uma mudança de 180 graus em nosso estilo de design. Desde esse encontro, Eliot Noyes tem dedicado metade do tempo à IBM Company, nunca como empregado, sempre como consultor independente. Essa relação tem sido extraordinária.

Com a chegada de Eliot, organizamos nossos projetos de design. Naquela época, tínhamos só três fábricas. Hoje, todas as fábricas e laboratórios da IBM contam com um departamento de design, que tem liberdade para modificar a parte externa das máquinas – desde que isso não atrapalhe seu funcionamento –, para que elas se adaptem a um design coerente e atraente. Isso é feito de maneira independente em cada laboratório e em cada fábrica, mas sempre sob a supervisão geral de Eliot Noyes. Eliot também viaja, faz conferências e aconselha as pessoas a visitar os diversos centros de design daqui e do exterior e a manter suas ideias atualizadas e estimulantes. Além disso, enquanto desenhamos essas máquinas, estamos cientes de nossa posição de liderança na tecnologia eletrônica, que pode ser fisicamente bela. Como os próprios mecanismos compõem uma imagem adorável, acabamos introduzindo um vidro de segurança para que o cliente ou observador examine o mecanismo da máquina, em vez de tentar escondê-lo debaixo de um invólucro. Simultaneamente, começamos a desenvolver escritórios e interiores de salas de exposição de qualidade. Nos últimos vinte anos, devemos ter contratado centenas de decoradores de interior.

Depois de Eliot Noyes, contratamos Paul Rand para trabalhar com design e Charles Eames para produzir filmes, exposições e atividades de museu. Charlie produziu a exposição intitulada "Perspectiva do Computador", que foi montada no prédio onde fica nosso escritório em Manhattan. Ele sabe como explicar para o público o que é um computador. Charlie é capaz de pôr dentro de uma espécie de desenho animado curto o que o computador faz, e, passados doze minutos, fazer com que todos os presentes entendam suas principais funções, o que o mundo espera dos computadores e como eles funcionam.

Ao longo de quinze anos, de 1956 a 1971, construímos cerca de 150 fábricas, laboratórios e prédios de escritórios. Sempre que precisávamos construir um prédio, escolhíamos três arquitetos e pedíamos a nossa equipe de design que escolhesse um que atendesse a nossas necessidades. Os nomes escolhidos eram conhecidos: Mies Van Der Rohe; Breuer; Eero Saarinen; o recém-falecido Egon Eiermann, da Alemanha; Jacques Schader, da Suíça; Marco Zanuso, da Itália (que também é excelente decorador de interiores, bem como designer); Jorgen Bo, da Dinamarca;

Sten Samuelson, da Suécia; Shoji Hayashi, do Japão; e o recém-falecido Henrique Mindlin, do Brasil.

[...]

Qual a definição de bom design para a IBM Company? Achamos que o bom design deve, principalmente, servir às pessoas, e não o contrário. Ele tem de levar em conta os seres humanos, sejam eles nossos empregados ou os clientes que usam nossos produtos. Nossas máquinas devem ser apenas as ferramentas que ampliam a capacidade dos seres humanos que as utilizam. Consequentemente, a finalidade de nosso design, de nossas cores e do interior de nossos edifícios é complementar a atividade humana, não dominá-la. É óbvio que estamos interessados no custo do metro quadrado de uma fábrica que pretendemos construir, mas estamos igualmente interessados no bom design. Tentamos equilibrar os dois fatores. Também sabemos que o bom design implica pagar mais, porém essa diferença retorna na forma de vantagens diversas para as atividades da corporação.

O bom arquiteto deseja experimentar, agir como pioneiro. Sempre existe diálogo – e mesmo conflito – entre um bom e decidido arquiteto e uma boa e decidida empresa. Tivemos alguns conflitos profundos com alguns daqueles arquitetos mais conhecidos. Por exemplo, temos uma fábrica em Boca Raton, Flórida, planejada por Marcel Breuer. Foi o terceiro edifício que ele projetou para nós. Marcel possui uma personalidade absolutamente encantadora. Embora tenha uma aparência irresistivelmente afável, por dentro ele tem a dureza do aço. Ele havia incluído em seu projeto um grande lago na frente do edifício, com uma ilha no meio e, nela, alguns móbiles. Eu achava que era uma grande ideia, só que ela acrescentaria o equivalente a 600 mil dólares ao custo da obra, que já estava por volta de 40 milhões. Nessa época, o país também entrou na recessão econômica de 1969 e 1970. Tive, portanto, de eliminar a ilha, decisão que quase custou minha amizade com Marcel Breuer, que eu prezava imensamente. Prometi a ele que, no futuro, a ilha seria instalada com os móbiles. Se algum de vocês visitar aquela fábrica em Boca Raton, sinta-se à vontade para visualizar uma ilha no meio daquele lago. Um dia ela estará lá.

É inevitável que haja certo nível de conflito em tais questões, e temos de bajular, convencer e mesmo insistir para que o arquiteto avance apenas uma distância razoável além dos limites da última coisa excelente que ele viu ou fez. Acabei de voltar de Roma e descobri uma quantidade enorme de motivos históricos para não deixar que os arquitetos se distanciem muito de nós. Talvez vocês recordem que Júlio II, o papa do Renascimento, teve problemas com Michelangelo. (Também se pode argumentar que Michelangelo teve problemas com o papa.) Como o sarcófago que ele criou para o sepultamento de Júlio II fosse maior que a basílica de São Pedro, foi preciso projetar uma nova basílica. O prazo saiu completamente fora do controle, e Michelangelo perdeu parte do apoio do papa. Na IBM Company, chamaríamos isso de perda do controle tanto do custo como da prestação de contas.

Se uma corporação resolve ser líder em design, ela precisa contar com um bom consultor. É por essa razão que vocês estão ouvindo o nome "Noyes" ser citado com frequência ao longo de toda a conferência. Sem um bom consultor, o programa de design pode ficar espalhafatoso, ou o que os designers chamam de *kitsch*, como resultado da tentativa de ir um pouco longe demais. Quando é conduzido sem rigoroso controle, o design experimental muitas vezes se torna não funcional, perdulário e caro. O bom design tem de satisfazer as exigências funcionais; deve servir de pano de fundo e subordinar-se às atividades humanas e mecânicas que sustenta. Ele precisa criar uma atmosfera agradável, quer se trate de um edifício, um computador, uma peça de mobília ou o interior de um imóvel. Em todas as situações, o projeto de design só existe por causa das pessoas.

    Por exemplo, construímos em Endicott, Nova York, uma fábrica de circuitos integrados bastante moderna. Nela, a produção era extremamente automatizada, com poucos funcionários e linhas de produção mecanizadas. O interior da fábrica era quase igual a uma moderna sala de desenho. Durante a construção, chegamos à conclusão de que o restaurante de nossa antiga fábrica, também em Endicott, estava obsoleto e que instalaríamos um restaurante no térreo da nova fábrica. O belo motivo da produção de circuitos integrados foi realçado dentro do novo restaurante. Havia três fileiras de mesas e cores inusitadas nas paredes. O lugar parecia incrivelmente limpo. Em nossas outras instalações de Endicott, porém, existiam inúmeras máquinas cheias de óleo e de graxa em funcionamento. Quando o restaurante foi aberto, muitos dos empregados da antiga fábrica se recusaram a entrar e comer, com medo, e com vergonha, de que fossem sujá-lo. Tinha havido um exagero no design, e tivemos de "desembelezá-lo". Isso provocou uma gritaria. Muitos dos antigos empregados da IBM trabalham em Endicott e a maioria deles possui ações da empresa. Quando viram o dinheiro sendo desperdiçado, imediatamente vários deles me escreveram dizendo: "Alguém perdeu a cabeça aqui em Endicott. Estão arrancando a folhagem e as plantas desse adorável restaurante e derrubando as paredes." No entanto, finalmente trocamos o projeto por algo adequado, tornando o local confortável para as pessoas. Só então ele se tornou popular. Este é um bom exemplo de como o design exagerado desperdiça dinheiro.

    Na indústria, o projeto normalmente inclui uma combinação de praticidade e estética. Até a forma como uma organização é projetada pode determinar se ela será feia ou bonita. Se for bem projetada, será capaz de responder às exigências do futuro. Ela poderá mudar sua forma e continuar competitiva. Se, contudo, for projetada de maneira rígida e inflexível, a indústria correrá o risco de fechar as portas em poucas décadas. Um projeto de qualidade certamente acrescenta um tempero à relação da corporação com seus diferentes públicos – empregados, acionistas, clientes, críticos sociais e a enorme quantidade de analistas econômicos.

    Meu pai dirigiu a IBM de 1914 até morrer, em 1956. Como trabalhei vários anos para ele, posso transmitir a vocês algumas das metas que ele traçara para a IBM Company e que estão relacionadas com nosso programa de design. O mero crescimento da empresa estava longe de ser sua prioridade. Ele queria que a IBM conquistasse a estima das pessoas e percebeu que tínhamos de alcançar isso não apenas por aquilo que fazíamos, mas também pela imagem que transmitíamos. Portanto, usávamos camisa branca, terno escuro e até colarinho apertado. Meu pai achava que uma roupa indiscreta podia confundir o possível comprador, desviando sua mente, até mesmo de maneira invejosa, do produto que o vendedor estava tentando vender para o corte de seu paletó ou para o modelo de seus sapatos. Do colarinho apertado eu consegui me livrar, e hoje usamos colarinho mais folgado. As pessoas ainda sorriem diante de nossos ternos escuros e camisas brancas, mas nós, da IBM, devolvemos o sorriso. Os acionistas também sorriem, satisfeitos com nosso crescimento e nosso sucesso.

    Muito antes de dispor de recursos suficientes para lançar um programa de design, tentamos parecer mais bem-sucedidos do que realmente éramos. Por volta de 1926, tínhamos um *showroom* surpreendentemente elegante na Quinta Avenida. Lembro-me de ter assistido da sacada ao desfile em homenagem a Lindbergh, após seu voo para

Paris em 1927. Tenho certeza de que, se usássemos hoje o mesmo percentual do lucro que usamos naquele *showroom*, seríamos donos de dois quarteirões da Quinta Avenida. E, no entanto, o resultado era que as pessoas olhavam para cima e diziam: "O que significam as letras IBM?". As vitrines ajudaram a tornar nossos produtos conhecidos, o que, por sua vez, ajudou a vendê-los.

[...]

Penso que é relativamente fácil medir o impacto do design no produto. Como disse, só conseguimos tirar a divisão de máquinas de escrever do vermelho quando passamos a apresentar o produto de uma forma que fazia com que a datilógrafa quisesse usá-lo. Em vez dos 3,5 quilos de pressão exigidos pela máquina de escrever manual, suas mãos só tinham de fazer uma pressão equivalente a meio quilo. Entretanto, a máquina de escrever também tinha de ficar bonita na escrivaninha.

O design é bom negócio de inúmeras outras maneiras. Quantos novos negócios uma exposição bonita atrai para a IBM Company? Em que medida instalações bonitas fazem com que as pessoas queiram trabalhar na IBM? Acreditamos que esses elementos intangíveis representam dividendos reais de um bom programa de design.

Todo mundo quer participar de uma organização vencedora ou fazer negócios com ela. Se o bom design transmite boa imagem à organização, as pessoas começam a achar que a empresa sabe aonde quer chegar. Somente a história dirá o que é bom design. A única coisa que podemos fazer é agir com base em nossas preferências e intuições, acrescentar uma pitada de tino comercial e esperar pelos resultados positivos. As pirâmides do Egito sobreviveram por causa da qualidade da engenharia, mas acho que o que nos atrai nelas é o design – muito simples, atraente e agradável de ver.

As cidades mercantis de Veneza e Florença são lembradas por nós não por causa de sua sofisticação e riqueza, e sim pelos efeitos que isso teve nas artes e no design – na pintura, na arquitetura, na cerâmica e na escultura. Ninguém pode produzir design pensando na posteridade. Hoje, porém, cabe a cada empresário dedicar a máxima atenção à importância do design, desde que ele pretenda que sua empresa continue servindo ao país e ao mundo de todas as formas pertinentes que traduzem a sobrevivência do negócio.

Em diversas ocasiões, resumi assim minha crença no design como influência poderosa para o êxito da empresa: "Na IBM Company, não acreditamos que o bom design possa tornar bom um produto ruim, seja ele uma máquina, um edifício, um folheto promocional ou um empresário. No entanto, estamos convencidos de que o bom design pode ajudar consideravelmente um bom produto a alcançar seu pleno potencial. Em suma, acreditamos que bom design é bom negócio."

*Publicado originalmente em* The Uneasy Coalition: Design in Corporate America, *coordenado por Thomas Schutte (Filadélfia: University of Pennsylvania Press, 1975).*

## 1975
## EDUGRAFOLOGIA – OS MITOS DO DESIGN E O DESIGN DE MITOS
### Victor Papanek

No livro Design for the Real World, *Victor Papanek (1925-1998) sugere que só existe uma profissão "mais hipócrita" que a de designer industrial: a de designer publicitário. Com o subtítulo "Ecologia humana e mudança social", a crítica original de 1971 foi publicada em 21 idiomas e ele ganhou fama internacional – e o desprezo de muitos designers – como defensor apaixonado do "design em prol da necessidade". Publicado quatro anos mais tarde, "Edugrafologia" representa um resumo das principais queixas de Papanek a respeito do desperdício do design industrial, ao mesmo tempo que retoma as questões do design bidimensional, que seu livro só abordara de passagem. Com uma sensação palpável de exasperação e urgência, ele expõe minuciosamente e ridiculariza os "mitos" que a formação de design ajuda a instilar e que só servem a ela. O design é uma "capacidade humana básica", sugere ele, e, ao perpetuar esse mitos – o principal deles o de que, tal como exercido hoje, o design está voltado para as pessoas comuns –, os designers e os professores de design conspiram para isolar o design e deixar de fora quem não fizer parte da profissão. – RP*

> *Eles querem que a produção fique restrita a "coisas úteis", mas se esquecem de que a produção demasiada de coisas "úteis" resulta em quantidade demasiada de pessoas "inúteis".*
>
> Karl Marx

A filosofia do design e a autoimagem dos designers têm sido vítimas de uma série de golpes. Há cerca de vinte anos, os designers se viam principalmente como artistas capazes de preencher a lacuna entre tecnologia e mercado por meio de sua preocupação com a forma, a função, a cor, a textura, a harmonia e a proporção. O designer industrial e o arquiteto se preocupavam, além disso, com custo, utilidade e "bom gosto". Dez anos depois, o designer passou a ter um papel mais amplo, uma visão mais sistêmica, demonstrando maior interesse na produção, na distribuição, nas análises de mercado e nas vendas. Isso abriu as portas para o design em equipe, embora esta fosse composta, em grande medida, de tecnocratas, especialistas em venda e "formadores de opinião" em moda.

Mais recentemente, um pequeno grupo de designers tentou estabelecer uma nova associação de design em que usuários e produtores de ferramentas (leia-se: consumidores e operários) participassem da configuração do processo de design com antropólogos sociais, ecologistas e outros.

Mais recentemente ainda, círculos elitistas do design inventaram truques como a "Onda Nostálgica", o "Nouveau Kitsch" e outras modas cuidadosamente manipuladas para aumentar o etnocentrismo hedonista.

No Ocidente, a ideia de que "desenhar objetos" e "fazer objetos" são coisas diferentes surgiu apenas há 250 anos. Daí em diante, o conceito de design passou a se relacionar cada vez mais à apreciação dos objetos considerados "belos" por uma cultura das classes superiores que criara uma base moral e ética para o conceito de beleza.

A "Forma Segue a Função", de Louis Sullivan, a "Forma e Função são uma Coisa só" e a "Fidelidade à Matéria", de Frank Lloyd Wright, assim como a "Adequação ao Propósito" e a "Unidade na Diversidade", da Bauhaus, eram todas, basicamente, imperativos éticos e morais. Os imperativos morais muitas vezes expulsavam a realidade prática, como qualquer um que já se sentou em uma cadeira de Frank Lloyd Wright ou leu junto a uma *Kugellicht* da Bauhaus pode comprovar.

Essas transformações que o design experimentou tornaram mais fácil, não mais difícil, nossa futura tarefa de ensinar design, pois o que surge agora como o novo imperativo moral é a ligação entre o ser humano autônomo e o ambiente favorável.

O conceito formal de design como um todo é hoje objeto de crítica. Cresce o número de pessoas que sentem que o design não está mais a serviço delas; que os projetos e a arquitetura modernos as tornam indiferentes (tornam); que o design industrial tem um viés classista (tem); e que o design gráfico é vulgar e maçante (é). O design está cada vez mais distante das pessoas e do mundo real, e parece que "eles lá em cima" perderam contato com "a gente aqui embaixo" (e isso tudo é extremamente verdadeiro).

O ensino de design e o design como instituição reagiram a isso de duas maneiras:

1. Trocando os rótulos: uma frenética busca de palavras ou rótulos novos que mascarassem uma atividade que permanecia inalterada. "Arte Comercial" virou "Design Publicitário", depois "Design Gráfico", mais recentemente "Design Visual", "Design de Comunicação" e, ainda mais absurdo, "Comunicações Gráficas Ambientais", *ad absurdum*.

"Design Industrial" passou a ser rotulado de "Design de Produto", "Desenvolvimento de Produto" ou "Proposta de Forma", e, em uma tentativa desesperada de torná-lo aceitável à nova clientela: "Design Alternativo", "Design Opcional", "Tecnologia Adequada", "Design Social", "Tecnologia Intermediária" ou "Design de Apoio", *ad nauseam*.

Podemos dizer que trocar o rótulo não funciona: embora você possa chamar um crematório de "Derradeiro Saguão de Partida" ou um idiota de "pedagogicamente prejudicado", nada muda, exceto pelo fato de deixar patente a natureza manipuladora da linguagem.

2. Em certo nível, "a vida continua", com setores pouco significativos do design preocupando-se cada vez mais com o design de "Terceiro Mundo" criado de forma artificial, com os *playgrounds* planejados e com a ajuda aos deficientes ou a outras minorias.

A respeito da concentração em um Terceiro Mundo fictício e em outras "necessidades", pode-se dizer que isso tem a ver com aquilo que Freud chamava de *Verdinglichung* e que traduzo como "Coisificação". Ela implica passar do conhecimento que cada um tem de suas reais necessidades para a demanda por bens de consumo. Ela faz com que a sobrevivência de grupos ou países marginalizados ou oprimidos dependa do monopólio do conhecimento de uma elite profissional e do monopólio produtivo de especialistas.

Temos, assim, uma nova definição de "necessidades básicas": aquelas às quais só as profissões internacionalizadas podem atender. (Como a produção *local* de produtos internacionalizados é altamente lucrativa para as elites nativas muito bem preparadas, tais grupos defenderão isso como uma "luta legítima contra a dominação externa".)

Por fim, quando, de modo irracional, a corrente predominante do design cria *apenas* para minorias reais ou fictícias, ela fica à mercê das instituições e de sua avaliação.

O design gráfico e seu ensino normalmente parecem se pautar por seis orientações visíveis:

1. Convencer as pessoas a comprar coisas de que elas não precisam com um dinheiro que não têm para impressionar outras pessoas que não se importam.

2. Comunicar, de maneira convincente, os valores de classe de um produto, serviço ou experiência.

3. Embalar produtos, serviços ou experiências de forma perdulária e ecologicamente indefensável. (Basta olhar para os caixões que as funerárias oferecem!)

4. Oferecer satisfação ou catarse visual às classes que aprenderam a reagir "corretamente".

5. Desfazer com uma mão o que a outra fez. (Pôsteres contra a poluição, comerciais contra o cigarro.)

6. Examinar sistematicamente as práticas históricas, presentes e futuras, nos cinco campos anteriores.

Ao ensinarmos design, acolhemos os mitos que o povo tem com relação a ele, assim como inventamos novos mitos a respeito de nós mesmos.

Minha intenção agora é relacionar dez desses mitos, sugerindo também dez soluções:

1. O MITO DE QUE O DESIGN É UMA PROFISSÃO. Quanto mais se profissionaliza, menos o design satisfaz as pessoas, e só conseguirá satisfazê-las se puder ser novamente participativo. Esse mito específico é extremamente difundido pelas associações de profissionais de design, que muitas vezes se tornam clubes de idosos dedicados à evasão fiscal e a esquemas similares de autoajuda.

2. O MITO DE QUE OS DESIGNERS TÊM BOM GOSTO. Oficialmente, parece que os designers têm bom gosto (seja qual for o significado disso), mas somente com relação ao trabalho de alguns outros designers. Os alunos são expostos a "formalismo funcional", "*software* radical", "primitivismo romântico" ou "realismo socialista (ou imperialista)".

Em todos esses casos, o público se afasta dos designers, já que no final "bom gosto" é algo que sempre se pode manipular.

3. O MITO DE QUE O DESIGN É UMA MERCADORIA. Uma mercadoria existe para ser consumida. Quanto mais fizermos do design uma mercadoria, mais ele será destruído, medido, dividido, consumido, devorado.

Estilos, padrões, modas e excentricidades se sucederão uns após os outros em um ritmo cada vez maior, sujeitos às mesmas manipulações de mercado que regem as outras mercadorias.

4. O MITO DE QUE O DESIGN É FEITO PARA A PRODUÇÃO. Como vivemos uma situação de relativo desequilíbrio, podemos muito bem perguntar: Produção de Massa ou Produção por meio das Mássas?

Com mais de um terço da população mundial, os países industrializados representam uma ameaça para a economia de todo o planeta. A principal ameaça é contra as pessoas: por meio do trabalho não criativo; tornando as pessoas subservientes à tecnologia; e fazendo de conta que o "Crescimento" pode resolver os problemas. Em termos do meio ambiente: a produção (tal como viemos a conhecê-la) prejudica o meio ambiente ao concentrar as populações nas cidades e ao tratar os recursos (capital) não renováveis como se eles fossem renováveis (salário).

5. O MITO DE QUE O DESIGN É FEITO PARA O POVO. O design é feito essencialmente para os designers.

Todos os designers sabem como é difícil convencer o pessoal de marketing a aceitar suas criações. O pessoal de marketing, por sua vez, sabe como é difícil fazer as pessoas comprarem os produtos. Neste exato momento, milhões de pessoas continuam usando dispendiosas canetas-tinteiro, que precisam ser cuidadosamente lixadas de tempo em tempo para não perder a "beleza", só para que o designer que as criou possa ganhar um prêmio em Milão ou uma página de revista na Inglaterra ou ser condecorado pelo Museu de Arte Moderna de Nova York.

Se o design fosse feito realmente para o povo, ele permitiria que as pessoas participassem da criação e da produção, ajudaria a preservar os recursos escassos e minimizaria os danos ao meio ambiente.

6. O MITO DE QUE O DESIGN RESOLVE PROBLEMAS. Resolve, mas só aqueles criados por ele. O designer gráfico "resolve o problema" de anunciar a viagem de trem como ecologicamente mais razoável do que a viagem de automóvel, mas para isso omite a caminhada e o uso da bicicleta, *e, com isso, reduz as opções de que as pessoas dispõem.*

7. O MITO DE QUE OS DESIGNERS POSSUEM HABILIDADES ESPECIAIS E DE QUE ESSAS HABILIDADES SE DESENVOLVEM AO LONGO DE SEIS ANOS DE FORMAÇÃO ESPECIALIZADA. O que existe, *isso sim*, é a capacidade de transmitir ideias (por meio de pôster, filme, desenho técnico, representação, página impressa, texto falado ou protótipo) e de organizar as partes em um conjunto significativo.

No entanto, esses potenciais são próprios do ser humano. Os "truques da profissão", de outro lado, muitas escolas vocacionais ensinam em um ano.

8. O MITO DE QUE O DESIGN É CRIATIVO. Na verdade, as escolas de design (ao ministrarem disciplinas como "Criatividade 101") ensinam os alunos a pensar de maneira analítica e judiciosa, tolerando que o exercício da criatividade só aconteça dentro de limites institucionais rígidos. ("Como se soletra gato?" ou "Qual a raiz quadrada de menos um?" são perguntas analíticas; "Quem está com a razão?" é uma pergunta judiciosa; ao passo que a criatividade tem a ver mais com síntese do que com clonagem.) A educação tende a produzir consumidores competentes e competitivos, em vez de indivíduos independentes e criativos.

9. O MITO DE QUE O DESIGN SATISFAZ NECESSIDADES. É verdade, mas a um custo social elevado; além disso, as necessidades inventadas são artificiais. Um aerógrafo, por exemplo, é um instrumento caro, especializado e hierárquico. Aprender realmente a controlá-lo (ou ser controlado por ele) leva meses. Ele transforma quem o utiliza em um profissional especializado, ao passo que o simples pincel preto é barato, fácil de usar, acessível a todos, além de permitir que o usuário exerça sua criatividade de inúmeras formas.

10. O MITO DE QUE O DESIGN É DATADO. Grande parte do design diz respeito à criação artificial de obsolescência. A obsolescência, porém, sempre gera desvalorização, que leva à alienação e, finalmente, à *Angst* existencial.

Quando o design é feito para durar, seu horizonte de tempo é de cinco a dez anos, ao passo que, na verdade, uma boa ferramenta (digamos: uma bicicleta, um carrinho de mão motorizado, um congelador comunitário ou um machado) deveria durar, no mínimo, a vida inteira.

O design é uma capacidade humana básica que contribui para a autorrealização. Os designers e os professores de design estão empenhados em remover essa capacidade de todos, com exceção de um grupo cuidadosamente selecionado de pessoas, mitificando quem somos e o que fazemos. Precisamos desmitificar nosso trabalho e nossa formação e retirar deles o caráter de profissão.

Gostaria de apontar dez maneiras pelas quais podemos fazer com que o design volte a ocupar o centro da vida:

1. No futuro, alguns designers conseguirão se relacionar de forma diferente: por que milhares de nós trabalham para a indústria, mas quase ninguém para os sindicatos? Por que trabalhamos *ininterruptamente* para os fabricantes de cigarro ou de automóveis, mas quase nunca para os hospitais do câncer ou para grupos independentes, pedestres ou ciclistas?

2. Como mencionado anteriormente, os designers terão de se preocupar, de forma coerente, com as diferenças essenciais entre recursos não renováveis e renováveis.

3. O design deve permitir que as pessoas participem diretamente tanto de seu desenvolvimento como das etapas de produção dos objetos. Equipes interdisciplinares devem ser compostas de produtores e usuários.

4. Serão criadas novas alianças de designers com produtores e usuários, e novas alianças entre usuários e consumidores de produtos reciclados.

5. Uma tecnologia bem projetada precisa transmitir autoconfiança, isto é, tem de utilizar pouco capital (a palavra "capital" é empregada aqui para designar recursos não renováveis). Além disso, será uma tecnologia simples, de pequena escala e ciente das consequências ecológicas, sociais e políticas do processo de criação.

6. O design precisa curar as pessoas do vício do produto. Isso só pode ser feito desmitificando não apenas o design, mas também o próprio objeto.

7. Nas escolas, alguns de nós podem pôr os alunos em contato direto e contínuo com as necessidades reais de pessoas reais em um mundo real, em vez de inventar necessidades para elas.

8. As ferramentas continuarão sendo importantes para o design. Entretanto, elas serão tão diferentes dos produtos de hoje quanto for possível: produtos e ferramentas que nada mais fazem do que criar as próprias demandas que eles se especializaram em satisfazer, eliminando ou reduzindo, com isso, o trabalho, a participação e a capacidade do ser humano.

9. Como eu disse em outra ocasião: todos os seres humanos são designers. Tudo o que os seres humanos saudáveis fazem é design. Precisamos tomar nota disso e, por meio de nosso trabalho, permitir que mais e mais pessoas criem suas experiências, serviços, ferramentas e artefatos. *Os países pobres têm de agir assim para dar emprego a suas populações; os países ricos, para sobreviver.*

10. A tecnologia, como tal, não precisa ser temida; o alfabeto, os algarismos arábicos, o tipo móvel, a máquina de escrever, a máquina de fotocopiar, o gravador e a câmera fotográfica nos forneceram as ferramentas "ilimitadas" para fazer o design passar do mito para a participação e desta para uma forma alegre e independente de realização pessoal.

Permitam-me concluir citando um provérbio chinês que resume por que o design e o ensino de design precisam estar diretamente ligados a um trabalho que faça sentido e a uma vida participativa:

*Quando ouço eu esqueço,*
*Quando vejo eu me lembro,*
*Quando* faço *eu* entendo.

*Publicado originalmente em* Icographic, *n. 9 (Croydon, Inglaterra, 1975).*

# 1976
## ESSA TIPOLOGIA ESTÁ MUDANDO SUA VIDA
*Leslie Savan*

SE HISTORICAMENTE A CRÍTICA SEMPRE *teve pouco espaço nas revistas de design gráfico especializadas, na imprensa comum – em que o caráter efêmero dos logotipos, do layout da página e da tipologia parece ter desestimulado uma análise mais atenta – ela praticamente inexistiu. Uma autora que não tem medo de se concentrar naquilo que outros podem considerar os restos da mídia de massa é Leslie Savan (n. 1951), colunista de publicidade do* Village Voice. *Embora o tema principal de Savan tenha sido as implicações culturais e políticas da publicidade impressa e dos comerciais de televisão, ela também escreve sobre design gráfico, muito particularmente neste artigo, o primeiro que ela publicou no* Voice. *Esta reflexão a respeito da Helvética, tão onipresente por volta de 1976 a ponto de ser quase imperceptível para o público leigo, é uma demonstração improvável, mas convincente, do objetivo que Savan estabeleceu para si própria quando começou a escrever sobre mídia: deixar claro "como os valores mercantis se infiltram em nossas crenças e desejos". Tantos anos depois, este texto continua sendo um exemplo de como o universo do design gráfico, às vezes insuportavelmente esotérico, pode se tornar acessível e relevante para um público mais amplo. – MB*

Procurar por um banheiro público limpo é, em geral, uma tarefa inglória. Partimos do princípio de que esse tipo de banheiro é sujo e transmite um monte de doenças e nos contentamos com o que encontramos. Contudo, de vez em quando eu deparo com banheiros que, mesmo antes de entrar, suponho, aliviada, que vão estar limpos, não sujos. Percebo então que o que me fez esperar que o banheiro estivesse limpo foi a placa, com a palavra "mulheres" escrita em letras modernas e brilhantes como Teflon. Embora de fato ele fosse igual a qualquer outro banheiro, eu achava que ele tinha de estar mais limpo. O mesmo acontecia com um creme de limpeza que tivesse uma embalagem atraente, como o "Deep Cleanser", de Helena Rubinstein, que conseguia me convencer de que o que estava dentro do pote era o melhor creme do mundo. Tudo por causa das mesmas letras brilhantes e modernas na embalagem.

Essas letras parecem estar por toda parte. Elas nos dizem: "Espere pelo sinal da linha antes de discar", esta caixa é do "Correio dos EUA" e "Saboreie" a Coca, "Isso é que é".

Além da mudança do logotipo da NBC, bastante divulgada, as letras utilizadas em todos os programas e materiais impressos da emissora estão assumindo exatamente o mesmo estilo. Esse estilo de letras, ou tipologia, está reformando ou homogeneizando graficamente tudo, de jornais (incluindo o logotipo do *Village Voice*) a "novas áreas de comércio" e corporações multinacionais.

O tipo se chama Helvética. De um conjunto de mais de nove mil tipos extremamente diferentes, alguns poucos "modernos" se tornaram os favoritos dos designers. Entretanto, a Helvética é, de longe, o tipo mais popular e mais vendido dos últimos dez anos. Ele vem em diversos tamanhos, pesos e espaçamentos. A forma básica é a Helvética Medium, e ela se parece "bem ela mesma" nas letras minúsculas.

Os "sinais dos tempos" podem ser percebidos nos sinais literais dos tempos. O emprego da Helvética em tantos deles expressa nossa necessidade de segurança, de uma comprovação visual – se mais não for – de que o mecanismo continua funcionando. Subliminarmente, o equilíbrio perfeito entre impulsão e tração dos caracteres Helvética nos tranquiliza com relação aos problemas que ameaçam transbordar: eles estão sendo contidos.

A Helvética foi criada por um suíço, Max Meidenger, e produzida pela primeira em 1957, pela Fundição de Tipos Haas. Haas diz que o tipo foi criado especificamente para o mercado suíço ("Helvética" significa suíça) e que a intenção era que fosse um "tipo totalmente neutro, sem nenhum contorno excessivamente singular e sem idiossincrasias particulares".

A Helvética é "sem serifa", porque lhe faltam os pequenos traços complementares, chamados serifas, na extremidade dos traços principais de suas letras. Como as serifas guiam o olhar de uma letra para a outra, supõe-se que elas sejam mais legíveis, especialmente quando o corpo é pequeno. Todavia, a diferença é mínima com relação à maioria das letras em corpo grande, e muitos designers dizem que usam Helvética justamente por ser tão fácil de ler. Como afirmou Ed Benguiat, um designer de tipos muito importante e diretor de arte da Photo Lettering: "O que as pessoas registram é a força, não a palavra... Quando queremos dar destaque a uma mensagem com uma ou duas palavras, quando queremos transmitir solidez e energia, usamos sem serifa."

Mas por que a Helvética é o mais popular dos tipos sem serifa? "Ela é bonita", disse Benguiat. "É uma letra genuína."

Outros designers a definem como "contemporânea", "de fácil leitura", "prática", "neutra" e mesmo "fria". Contudo, a primeira palavra que lhes vem à mente é "limpa". Não surpreende, portanto, que, quando Walter Kacik redesenhou os caminhões de lixo da cidade de Nova York em 1968, ele tenha usado Helvética. Os caminhões são inteiramente brancos, com exceção de uma única palavra escrita com letras minúsculas pretas em Helvética: "sanitation" [lixeiro]. Eles tiveram suas fotos expostas no Louvre e no Museu de Arte Moderna. Kacik escolheu a Helvética porque, segundo ele, "era a melhor das letras sem serifa e não prejudicava a espécie de clareza que desejávamos". O resultado foi que as "pessoas confiavam naqueles caminhões".

De fato, limpeza sugere confiança. Fomos levados a associar as duas coisas ("Estou limpo, policial") e seus opostos ("Seu sujo, ordinário, duas vezes maldito!"). Limpar imagens é a principal tarefa de algumas empresas de marketing e de design. A mais influente delas provavelmente é a Lippincot and Margulies (L&M). Não se trata de uma agência de publicidade; ela se apresenta como "pioneira na arte da identidade corporativa".

Para descobrir a identidade de uma corporação, quase sempre é preciso redesenhar sua parte gráfica. (Às vezes, a mudança de nome propriamente dita é adequada – L&M tem o mesmo som de novilíngua de Amtrak, Pathmark, Cominco e Uniroyal.) Em seus folhetos (compostos em Helvética), a L&M nega que ofereça "plásticas" ou "soluções padronizadas", sustentando que seu trabalho é feito de fora para dentro. Levando em conta o gasto dos clientes ("A Coca-Cola gastou mais de um milhão de dólares por um risquinho", declarou um ex-diretor da empresa), a confidencialidade de sua sala à prova de som e sua capacidade científica, a L&M pode ser considerada um psiquiatra corporativo.

A lista da L&M com mais de quinhentos clientes que buscam uma identidade inclui: American Motors, General Motors, Chrysler, Exxon, Amtrak, Chase Manhattan, First National City Corporation, Bowery Savings Bank, Chemical Bank, American

Express, U.S. Steel, ITT, Internal Revenue Service, Bolsa de Valores de Nova York, RCA, NBC, MGM, J. C. Penney, Coca-Cola e Con Ed.

Somente algumas dessas empresas, como a Amtrak e a Con Ed, usam Helvética em seus logotipos – é quase obrigatório que o logotipo seja exclusivo, e muitos são criados sob medida. Entretanto, como tipologia auxiliar (e, na maioria dos casos, *a* tipologia auxiliar), quase todas as empresas citadas empregam alguma forma de Helvética – em tudo, de relatórios anuais a caixas de papelão.

Por exemplo, embora "Coca-Cola" tenha uma tipologia peculiar, "It's the real thing" ["Isso é que é"] está escrito em Helvética. O novo logotipo do American Express tem um traçado especial, mas o resto todo é em Helvética. (E, quando um alfabeto diferente do romano, como o chinês, não consegue absorver diretamente as letras em Helvética, ele é representado o mais próximo possível dela.)

Ray Poelvoorde, vice-presidente da L&M responsável pelo design, disse que a Helvética "já se tornou uma espécie de modelo não oficial". Perguntado se a utilização de um tipo tão difundido não enfraqueceria a valiosa identidade corporativa, ele respondeu: "O que oferecemos ao público leigo, bombardeado diariamente com enorme quantidade de mensagens e símbolos, é uma agradável gentileza. E, no que diz respeito a uma empresa pouco conhecida, pedir que o público memorize mais símbolos... é uma ilusão."

Porém, se ele estiver certo, então as empresas que são lembradas, que estão descobrindo sua identidade, estão conseguindo isso à custa de ficarem cada vez mais parecidas – quase como uma grande corporação. Uma aparência única para a Unicorp.

Alguns designers acreditam estar havendo exagero no uso da Helvética. Alguns até já enjoaram dela. Poucos, no entanto, acreditam que se trata de uma simples moda passageira. Em primeiro lugar, grande parte das empresas escolhe a Helvética porque espera que ela continue atual por um bom tempo. E a maioria não pode se dar ao luxo de trocar de identidade mais de uma vez. Isso vale especialmente para o Departamento de Transportes Metropolitanos de Nova York (MTA, na sigla em inglês).

Desde 1967, o MTA foi padronizando gradativamente sua comunicação visual, passando de uma dúzia de tipos para uma combinação de Helvética e Standard Medium. (Os dois são quase idênticos, mas este último estava mais ao alcance do MTA.)

Comparadas com a sujeira e o potencial de violência do metrô, as placas com letras bem-proporcionadas e nítidas transmitem uma sensação de autoridade. Elas representam a garantia de que o trem chegará e reduzirá o caos gerado pelas paredes cheias de grafites. (Não foi por acaso que o designer de *The Faith of Graffiti*, de Norman Mailer, marcou indelevelmente a capa do livro com Helvética.) A estimativa conservadora é que só o custo de reforma da sinalização do metrô – que até agora não chegou a um quarto do total – ficará entre 500 mil e 1 milhão de dólares.

Esse sistema de comunicação visual do MTA foi criado por Massimo Vignelli. Com Walter Kacik – o homem que redesenhou os caminhões de lixo –, ele fundou uma empresa de design adequadamente chamada de Unimark International, afastando-se dela posteriormente. Vignelli criou o logotipo da Bloomingdale's e, mais recentemente, a comunicação visual, em Helvética, do metrô da cidade de Washington, ainda em construção. Ele acredita que a Helvética não seja simplesmente moda passageira, mas que ela possa ser usada com esse caráter. "Por mais agradável que seja quando empregada da forma correta, ela se torna muito desagradável de olhar quando mal utilizada", como, sugeriu ele, em um convite de casamento.

Como usá-la corretamente? "Todo tipo de comunicação visual é bom." Na verdade, a intenção de Vignelli e de outros designers de ponta foi substituir os inúmeros sistemas de sinalização existentes no mundo inteiro por um sistema de "símbolos emblemáticos" baseado na tipologia Helvética. (O comitê de design tem à frente Thomas Geismar, cuja empresa, Chermayeff & Geismar, é a principal concorrente da L&M no mercado de identidade corporativa.)

Símbolos emblemáticos são silhuetas de imagens de fácil compreensão que funcionam como sinais indicativos: uma faca e um garfo significam restaurante; um ponto de interrogação, um balcão de informação. Os símbolos devem ser testados neste verão em diversos terminais de Nova York, Boston, Filadélfia e Williamsburg, na Virgínia, e no estado da Flórida. Embora a Helvética já seja utilizada nos aeroportos de Seattle, Dallas-Fort Worth e Kennedy, o sistema de símbolos pode introduzi-la em outros terminais de transporte.

Os símbolos geralmente precisam vir acompanhados de letras, porém, em consideração à diversidade de padrões culturais, o manual de normas do sistema não recomenda nenhuma tipologia específica. No entanto, quando as outras culturas estiverem buscando informações sobre os tipos, elas provavelmente serão influenciadas pelo exemplo empregado ao longo de todo o manual, aquele que é considerado "legível, harmonioso e compatível" com os símbolos: Helvética.

O Ministério dos Transportes dos Estados Unidos, que encomendou o sistema, exigirá que as outras agências federais e os governos estaduais o adotem. Em seguida, para que se transformem em padrão oficial, os símbolos serão submetidos a dois organismos de padronização – o Instituto Norte-Americano de Padrões Nacionais e a Organização Internacional de Padronização –, que certificam e promovem padrões de tudo, de abreviaturas a peças industriais. Pode ser que, a reboque de um símbolo, a Helvética transponha os bem protegidos baluartes dos padrões.

Enquanto isso, ela já se destaca em todas as publicações dos ministérios do Trabalho e da Agricultura, além de ser o único estilo oficial do Correio dos Estados Unidos. Ela aparece, ao lado da águia, na identificação das novas caixas de correio, com os dizeres: "U.S. Mail" e "Air Mail".

Os governos e as corporações confiam na Helvética em parte porque ela faz com que pareçam neutros e eficientes e em parte porque sua suavidade lhes dá aparência humana.

Esse ar elegante e amistoso que o tipo apresenta incomoda o designer James Wines. Diretor-adjunto do SITE* e vencedor do Prêmio Pulitzer em artes gráficas (essa categoria foi posteriormente extinta), ele disse o seguinte a respeito da Helvética: "Ela representa uma nova autoridade. Não o antigo governo, mas um novo governo." E não parou por aí: "A Helvética faz parte de uma escravidão psicológica. Ela significa um complô inconsciente: levar as pessoas a agir, pensar e dizer o que você quer... Ela *pressupõe* que você aceita um sistema. O que ela quer dizer é que o fato de você estar em seu caminho é algo predeterminado, que não lhe aconteceu por acaso."

Não é somente ao longo dos corredores dos prédios que as sinalizações em Helvética nos acalmam; isso também acontece ao longo dos corredores da mente. Quando, perdidos em um labirinto moderno, estamos prontos para fazer um gesto equivocado, uma placa nos acolhe no momento da decisão, soa uma campainha

---

* Sigla em inglês de Escultura no Ambiente. (N. do T.)

mental em sinal de reconhecimento e enveredamos pelo caminho certo! O símbolo de aparência agradável lubrifica as engrenagens do pensamento e do gosto, fazendo com que o produto cujo nome ele ostenta seja mais fácil de aceitar. Depois de transformar caminhões de lixo repulsivos em agradáveis veículos de limpeza, Walter Kacik devia saber do que estava falando quando disse: "A Helvética ressalta ideias que normalmente não funcionariam."

Ela serve para baixar o tom de mensagens potencialmente agressivas: "Jogar lixo na rua demonstra falta de educação e egoísmo, portanto não aja assim!". E a embalagem da autobiografia de Lenny Bruce vem escrita em Helvética.

A Helvética está presente em todas as classes de produtos, para identificá-los como "esterilizado", "neutralizado" e "autorizado". Retirado deles todo o excesso para que fique apenas um moderno clássico instantâneo, seus letreiros parecem dizer: "É inútil continuar procurando." Como disse Vignelli: "O que vemos não é o que entendemos. Quando vemos Helvética, traduzimos por ordem." Com uma tipologia menos comum, "a tradução é fantasia".

Sempre houve incompatibilidade entre fantasia e uma sociedade profundamente organizada. E, segundo James Wines, ao conspirar para que a fantasia fique fora da sociedade, estamos tomando um rumo perigoso. "Nosso mundo é projetado como um prolongamento do serviço militar", disse ele. "Outros mundos são um prolongamento estético do espírito."

O aviso está à vista de todos.

*Publicado originalmente em* Village Voice *(Nova York, 7 de junho de 1976).*
*Republicado em* The Sponsored Life *(Filadélfia: Temple Press, 1995).*

# 1977
# LAY IN – LAY OUT
## *Piet Schreuders*

PUBLICADO PELA PRIMEIRA VEZ EM UMA *edição de apenas 1.250 cópias, o livreto do holandês Piet Schreuders teve fama de* cult *entre os estudantes de design durante muitos anos. Esgotado havia bastante tempo, foi reeditado em 1997 em uma versão ampliada que continha outros materiais escritos pelo autor. Schreuders (n. 1951) chegou até o design gráfico como escritor, pesquisador e editor independente de revistas como* De Wolkenkrabber *e* Furore, *ávido por dominar todos os aspectos de sua produção. Alguns consideraram que seus primeiros trabalhos de design, com o uso abundante de estilos nacionais, eram ridículos; outros o viam como uma influente alternativa – até mesmo como um antídoto – ao dogma estético do design gráfico holandês, cujo epítome, na década de 1970, era Wim Crouwel e o Design Total. Schreuders sempre ressaltou que, para ele, o design gráfico derivava do próprio conteúdo. Crouwel é um dos ridicularizados, assim como outros designers holandeses de renome, em uma antologia eclética de comentários e apartes que amplia, de forma bem-humorada, a convicção de Victor Papanek, contemporânea a ela, de que a profissão de designer gráfico é indefensável ("criminosa", diz Schreuders) e não deveria existir. Esta é a primeira tradução integral para o inglês do conhecido texto de Schreuders, levemente condensada com o estímulo do autor. – RP*

> *Day in – Day out*
> *Same ol' hoodoo follows me about;*
> *Same ol' pounding in my heart*
> *Whenever I think of you,*
> *And Darling, I think of you,*
> *Day in and day out...*
> – Johnny Mercer, *Day In – Day Out*, 1939*

A profissão de designer gráfico é criminosa e, na verdade, não deveria existir. Dedicaremos esta brochura à questão.

Há cem anos, ela não existia; daqui a cem anos, provavelmente terá acabado há muito tempo. Mas agora ela está florescendo.

Qualquer um que escreva uma carta deixando uma margem de quatro centímetros está criando um design. Qualquer um que arrume a mesa de jantar de certa forma está fazendo um layout. Qualquer um que rabisque palavras provocativas em uma parede está aplicando tipografia. Nesse sentido, desde que o ser humano tomou consciência da forma, o design gráfico sempre existiu. Porém, como o "design" se transformou em um empreendimento comercial em que tempo é dinheiro e negócio é negócio, o design voltado para a impressão tornou-se mais uma questão de eficiência do que de clareza e beleza. Isso fez com que outros tipos fossem criados não por razões tipográficas, e sim comerciais. Fatos como esses só podem ser chamados de criminosos.

---

* *Dia após dia / O mesmo feitiço me segue para todo lado; / O mesmo e conhecido aperto no coração / Sempre que eu penso em você, / E, querida, eu penso em você, / Dia após dia...*

Os designers gráficos são criminosos na medida em que praticam uma profissão altamente especializada que o mundo poderia muito bem dispensar. Eles procuram vender seu trabalho utilizando expressões como "planejamento" e "objetividade", enquanto mergulham o conteúdo de suas ideias em um molho insosso. Em nenhum lugar o caos e a subjetividade são mais poderosos do que nos círculos de designers contemporâneos. Em nome do Design, inúmeros designs magníficos foram alterados ou substituídos por um "estilo da casa", uma "identidade visual" ou um "pictograma". Existe até uma organização de designers: é o crime organizado!

Creio que é justamente esse aspecto criminoso que torna os designers gráficos tão atraentes aos olhos do leigo, como os caubóis ou gângsteres de um passado recente. É mais que provável que daqui a trinta anos estaremos nos referindo a nomes com Jan van Toorn, Wim Crouwel e Pieter Brattinga com a mesma saudade com que hoje nos referimos a John Dillinger, Al Capone e "o Chefão".

Designers gráficos: recomenda-se não lidar com eles diretamente, mas eles podem ser bem divertidos se observados de certa distância.

*

O design gráfico tem o mesmo efeito nos materiais impressos que as lições de oratória no discurso de alguém. Acreditando que há algo errado com sua articulação, a pessoa realiza um esforço consciente para pronunciar as palavras com clareza, o que só piora as coisas. Combater o próprio objetivo – clareza e inteligibilidade – é, mais do que em qualquer outro lugar, uma prática do mundo dos designers.

Ao célebre ditado "A tipografia de qualidade é invisível", deveríamos acrescentar: "A tipografia de qualidade é secreta." Em razão de a tipografia e o design gráfico serem aplicados conscientemente na maioria dos casos, em razão de, diariamente, mais empresas se sentirem obrigadas a contratar um "designer" e em razão da crença de que qualquer coisa que não tenha sido "desenhada" não tem valor algum, a profissão realmente não deveria existir. Ela só deveria ser exercida em segredo, e apenas por pessoas modestas que nunca foram informadas do que é exatamente aquilo que estão fazendo.

*

Se um design for feio, não funcional, confuso, obscuro, desinteressante – em uma palavra, inadequado –, restará sempre a possibilidade de chamá-lo de "arte". Sempre haverá quem acredite. Entretanto, a questão de arte e design é repleta de dificuldades. De fato, o design às vezes pode ser arte. Vistos de maneira isolada, os produtos de design gráfico podem, na verdade, ser realmente belos. Não apenas isso, mas, se não tivesse nenhuma inspiração artística, o design gráfico não passaria de um amontoado de planos, molduras, margens, fios e linhas estranhos sobre o papel.

Existem designs "de qualidade" que são, para dizer a verdade, inadequados e mesmo desconcertantes. Um design, contudo, pode adquirir certa importância se for capaz de lançar uma nova luz sobre algo – por exemplo, sobre o próprio design. Nesse caso, os termos "inovação", "revolucionário" e "pioneiro" são pertinentes. E então é possível também chamar isso de "arte".

No entanto, a melhor arte geralmente tem sido produzida por pessoas que preferem morrer a serem chamadas de "artistas"; elas gostam mais da palavra "profissional". Trata-se de uma questão de terminologia. O profissional, tradicionalmente, é alguém que sempre vai um pouquinho além do mero exercício pleno de seu ofício. O designer gráfico, de outro lado, entra em transe diante do termo "artista". Por acaso, conheço dois designers gráficos que passaram anos discutindo a própria identidade, concentrando-se apenas neste ponto: para um designer gráfico, é preferível ser um membro "artista" ou um membro "amante da arte" da Arti et Amicitae, associação de artes de Amsterdã?

Pensando bem, não surpreende que haja tantos designers gráficos usando barba.

\*

As capas de revista são uma prova viva de que, quando tudo dá certo, a necessidade comercial de ficar expostas em uma banca de revistas pode, na verdade, vir acompanhada de alta qualidade tipográfica. Como acontece com todo design gráfico, primeiro a capa prende seu olhar (e o atrai), em seguida vem a possibilidade de que você a leia (e ela não o decepciona). A primeira etapa pertence à esfera do design, e a segunda depende da primeira. Se o leitor não "lê" o design, tudo vai por água abaixo.

Os rótulos artísticos das caixas de frutas, tal como foram preservados na célebre coleção particular de Gielijn Escher, são exemplos primorosos disso. Será que alguma vez se contrataram designers gráficos para "desenvolver" uma tipologia adequada para esses rótulos? Foram realizadas reuniões de design antes de sua criação? Não, os rótulos foram feitos com um único objetivo:

*Rótulos artísticos de caixas de frutas, c. 1925: nada de reuniões...*

serem expostos em uma loja. O fato de que eles também são bonitos e devem ter sido produzidos por artistas de talento é algo que só foi descoberto depois. Tarde demais: todo o mundo que tenta criar rótulos semelhantes hoje (e isso acontece) fracassa irremediavelmente.

\*

Com as ferramentas de sua profissão, o designer gráfico tem todos os ingredientes necessários para transformar qualquer coisa em material impresso. O design é o exercício do poder. Em termos ideais, deveria haver um equilíbrio de poder entre o designer e o leitor. Em princípio, o designer pode estender suas atividades até onde quiser, mas sempre chega o momento em que o leitor não aceita mais suas tentativas. O designer pode continuar criando para sua satisfação, porém o produto terá perdido sua função.

O que o designer e o leitor têm em comum são as convenções. Quanto mais o designer assumir certa modéstia e respeitar determinadas convenções, maior a chance de que o leitor compreenda sua obra.

Fazer design é brincar com as convenções. Podemos perceber isso claramente nos jornais norte-americanos, em que a linguagem e o layout das manchetes fluem sem problemas, além de produzirem um efeito muito bom. Nos Estados Unidos, fala-se uma variedade de inglês chamada "americano", a respeito da qual o escritor Raymond Chandler, de origem britânica, fez certa vez o seguinte comentário:

"É uma língua fluida, como o inglês shakespeariano, e que aceita sem dificuldade palavras novas. [...] Ela é mais sensível aos clichês. Seu impacto é mais emocional e sensorial do que intelectual. Ela expressa mais as coisas vividas do que as ideias.

"É uma língua da massa. [...] É uma língua que está sendo moldada pelos escritores para fazer coisas delicadas e, no entanto, permanecer ao alcance de pessoas cuja educação é superficial. [...] Comparado com ela em sua melhor forma, o inglês alcançou o estágio alexandrino do formalismo e da decadência."[1]

Não surpreende que a apresentação gráfica dos jornais norte-americanos pareça uma ducha refrescante. Ela pode ser definida em uma palavra norte-americana: "impacto". A apresentação gráfica do jornal – superior, em certo sentido, às outras formas de apresentação gráfica, porque seu objetivo é vender as coisas tais como elas são, em vez de torná-las bonitas, saborosas ou atraentes – alcançou o ponto mais alto nos Estados Unidos. A língua americana que desafia as regras da gramática e da apresentação gráfica está sendo utilizada nas manchetes dos jornais.

Manchetes em corpo 144, layout espalhafatoso e uso de gíria nas manchetes: a apresentação gráfica do jornal norte-americano consegue ir bem longe sem ofender o leitor, o que não se pode dizer dos tabloides ingleses. Jornais como o *Daily Mirror*, que se vangloriam de manchetes exageradas como seus congêneres norte-americanos, exalam vulgaridade. O 133º aniversário de uma japonesa foi apresentado com a seguinte manchete: "Parabéns, velha japa!". E mesmo isso é uma pérola de inteligência e bom gosto se comparado com os tabloides holandeses.

Esta foi a primeira página da "tiragem interna" do Chicago Sun-Times da quinta-feira, 3 de setembro de 1959. Cinco manchetes diferentes disputam a atenção. A primeira página foi mudada para a "tiragem de banca". O layout da primeira página alterada é tão simétrico que quase chega a provocar tédio, mas ele pode ser bastante eficaz se usado com parcimônia. (Extraído de: Quentin P. Gore, Chicago Sun-Times Type and Makeup Manual, 4.ª impressão, março de 1964.)

Em 1954, o *Chicago Sun-Times* (nascido em 1947 de uma fusão entre o *Sun* e o *Times* de Chicago) introduziu um modelo de apresentação gráfica de jornal que foi um pouco mais bem-visto do que o método de "grande e preto" anterior. A primeira página começou a ter mais de uma manchete; às vezes só tinha manchetes. Apesar do ótimo resultado, a prática foi abandonada posteriormente.

[...]

É possível fazer algo de qualidade com qualquer método de design, até mesmo a chamada tipografia "suíça", a invenção mais insípida desde o

---

1. "From Chandler's working notebook: notes on English and American style." Em: Dorothy Gardiner e Kathrine Sorley Walker (orgs.), *Raymond Chandler Speaking* (Londres: Hamish Hamilton, 1962, p. 80).

relógio-cuco. Levando ao exagero o simpático conceito de que o objetivo da tipografia e do design é organizar nossas ideias, os designers "suíços" acreditaram que uma espécie de método de design global, criada com base em um conjunto de elementos bastante limitado (um tipo, um modo de compor, um padrão de ilustração: a foto contrastante), seria benéfica para o mundo. Houve um ou dois designers suficientemente capazes de traduzir artisticamente esse absurdo de uma forma que, à época, teve seus méritos. Entretanto, o dogma "suíço" acabou atraindo uma multidão de vagabundos, motoristas de automóvel, executivos, retardados, contadores e imitadores servis, de modo que a tipografia "suíça", se é que alguma vez significou algo, logo evoluiu para uma pseudorreligião. Subitamente, a profissão das artes gráficas viu-se tomada por indivíduos de lábia envergando gravatas berrantes que, como se um centro gerador localizado em Zurique os ativasse por controle remoto, passaram a reestilizar aeroportos, programas de exposições, jornais e marcas. Nenhuma moda foi tão avassaladora como a moda de reestilizar; além disso, uma vez deflagrado o processo de reestilização, ficou cada vez mais fácil re-reestilizar as mesmas coisas infinitas vezes. Chegou-se ao ponto, por fim, em que todo design gráfico existente se viu reduzido a um ponto final, a uma linha ou a um clipe de papel.

*

Há muito tempo, na época em que o ano 2000 era popular, Wim Crouwel inventou o "tipo do futuro". Embora não tivesse nome, possuía um código numérico: 7/3/11/3/7. Ainda que fosse impossível de ler, seu acabamento seguia o chamado estilo marciano, que os desenhos animados haviam tornado conhecido: um estilo que parece sugerir que o homem finalmente foi derrotado pela máquina. É difícil dizer, analisando retrospectivamente, se Crouwel teve ou não a intenção de fazer uma "pegadinha" com o 7/3/11/3/7, mas, se teve, foi uma piada de extremo mau gosto. Trata-se de um dos poucos tipos no mundo que precisam de legenda.

*Tipo 7/3/11/3/7, de Wim Crouwel, criado para ser compreendido por máquinas - e só por elas?*

*

Como aqueles que fazem parte de grande número de profissões novas, os designers gráficos muitas vezes tentam atribuir a suas atividades uma importância exagerada. Como todo o mundo, eles sentem a necessidade de reforçar a autoestima, só que, para o homem comum, sua profissão nem mesmo existe. Isso explica sua tendência à ostentação, a criação de "escritórios" de design especiais, as roupas diferentes e os óculos de formato extravagante. O impulso involuntário frequentemente ofusca o conteúdo de seu trabalho. Esse é o tipo de designer que trata o texto com água e sabão, leva-o para o congelador, corta-o em fatias e, depois de envolvê-lo em uma massa caseira feita de regras, títulos e fotos de alto contraste, leva para fritar em bastante óleo.

É por isso que o design gráfico geralmente parece uma mistura instantânea de carne moída.

\*

Logo que ganhou força a teoria de que o designer podia trabalhar com a chamada "grade", a porteira se abriu.

Uma grade!

Ter de pensar uma única vez e depois poder cortar e colar texto, fotografias, anúncios, manchetes e ilustrações de acordo com um padrão preestabelecido!

A grade, na verdade, é a resposta para tudo: ela elimina a necessidade de pensar; o design parece "bem planejado"; e você ainda dispõe de mais uma gíria profissional para impressionar o cliente.

\*

É paradoxal: o Correio holandês tem um "departamento de estética" e, no entanto, esse núcleo nunca criou nenhum dos formulários postais que estão entre os pontos altos do design gráfico de sua época (meados da década de 1960).

O que é um formulário? Um pedaço de papel cuja parte da frente nunca é usada e cuja parte de trás só é utilizada raramente pelos funcionários do Correio para anotar resultados esportivos. Se você pedir um recibo referente à despesa com selos, não o receberá no formulário especialmente criado para esse fim, mas em um papel em branco com um carimbo. Esse pedaço de papel acaba sendo muitas vezes o verso do formulário P2201, "Comprovante de Postagem Registrada", uma obra de arte de composição e tipografia. Ele foi criado em 1962.

*Formulário 2201 do Correio holandês, tiragem de 1962: Comprovante de Postagem Registrada.*

O departamento de "estética" certamente foi o responsável pelo design dos selos holandeses; e a Holanda tem se destacado pela feiura de seus selos. Entre os selos holandeses bonitos encontra-se a série que reproduz números seguindo um padrão, criada por Jan van Krimpen entre 1946 e 1957. Há poucos anos, com receio de parecer antiquado, o Correio encomendou uma substituição para a série, escolhendo um design horroroso, se é que não foi o mais horroroso de todos.

Em 1960, Christian de Moor enumerou os "Doze mandamentos para o designer de selos postais"[2]. Talvez seja útil reproduzir aqui o primeiro e o segundo mandamentos:

1. Como símbolo do Estado, o selo deve ter um caráter nobre.
2. O selo postal é uma peça de arte gráfica que exige a máxima atenção aos detalhes, tanto técnica como artisticamente.

Eles não podem dizer que não foram avisados.

Nos velhos tempos, a tipografia era uma arte que começava e terminava no linotipo. Hoje em dia, na era da fotocomposição, das letras de decalque e do *paste-up*, a tipografia encontra dificuldade até para atingir o nível da linotipia. Já ficamos satisfeitos se o texto estiver alinhado, com espaçamento certo e com imagem nítida.

---

2. Christian de Moor, *Postzegelkunst* [A arte do selo postal]. Haia: Staatsbedrijf der Posterijen, Telegrafie en Telefonie, 1960.

*Selos postais como devem ser: série com números criada por J. van Krimpen, 1946-57.*

É claro que não se pode parar o progresso, e continuo grato por alguém ter um dia inventado a roda. No entanto, o modo como os impressores se bandearam para a fotocomposição e descartaram seus antigos linotipos faz lembrar o período de terror dos gângsteres norte-americanos, quando inúmeros cafés foram obrigados a instalar, sob ameaça, máquinas caça-níqueis. Da mesma forma, o desenvolvimento e a distribuição das máquinas de fotocomposição não partiram dos tipógrafos, e sim dos engenheiros eletrônicos, que tinham suporte financeiro das grandes empresas de eletrônica. Esse não é um bom presságio para a tipografia, mas, a bem da verdade, a impressão por linotipo ainda é muito mais bonita que a fotocomposição. A reprodução dos tipos metálicos existentes leva sempre à perda de qualidade. O holandês Gerard Unger é um designer de tipos que, partindo desse dilema, chegou a uma conclusão lógica. Ele prefere introduzir novas tipologias, especialmente criadas para levarem em conta as novas técnicas e para conviverem com a distorção fotográfica. Unger criou inúmeros tipos. Embora somente o tempo possa dizer se suas fontes são realmente úteis, devemos louvar aqui seu trabalho pioneiro.

*

Um bom método de produção de texto segundo as novas condições é pegar amostras de letras em um número grande de impressos, recortá-las e colá-las – como os sequestradores fazem seus pedidos de resgate com as letras das manchetes dos jornais. O resto é uma questão de perfeccionismo em busca do espaçamento perfeito: algo quase impossível com as letras de decalque. Além do mais, muitas vezes elas usam cópias malfeitas de tipos metálicos conhecidos.

[...]

Há quem diga que o design gráfico nunca deve ficar em primeiro plano, que o texto tem de ser o centro das atenções do material impresso e que qualquer influência que o designer venha a exercer certamente será prejudicial.

Será que o design deve se limitar simplesmente à apresentação do texto? Conseguirá deixar de ser inquestionavelmente atraente? Em uma peça de design perfeita, percebe-se a qualidade logo de cara. É como a música: você imediatamente a reconhece, basta ouvir o chamado "som". Da mesma forma que os escritores se comunicam com os leitores porque escrevem bem, também o design de boa qualidade aproxima mais os leitores do material impresso e o de má qualidade os afugenta.

As tentativas de encontrar critérios objetivos de julgamento levam à confusão. Assim como a literatura, o design gráfico é uma atividade extremamente individual. O escritor entra em contato com os leitores porque sabe escrever; se ele não souber escrever, o contato não acontecerá.

No ensaio "Desenho e impressão", Wim Crouwel propõe: "Especialmente na época de hoje, palavras como 'bonito' e 'feio' só podem ser empregadas de um ponto de vista meramente pessoal. Para uma mídia de massa como a impressão, é preciso haver 'regras objetivas'."[3] Nesta brochura, contudo, as regras objetivas estão totalmente ausentes, e tenho o maior prazer de usar palavras como "bonito" e "feio". A propósito, as próprias criações do Sr. Crouwel são bastante pessoais, bastante individuais e bem típicas de sua época – ah, sim, e são realmente feias.

Para que o design seja atemporal, todos os maneirismos presentes devem ser descartados. Em cada etapa do caminho, devemos ponderar: "Como isso será visto daqui a dez anos?". Para que o design tenha qualidade, ele precisa ser bem pensado e construído com bom gosto. Não sou capaz de revelar nada de útil a respeito de "bom gosto" agora, e mesmo o significado da expressão "bem pensado" é mais complexo do que parece. Isso porque, muitas vezes, uma peça magnífica de design que transmite equilíbrio e parece ter sido planejada nos mínimos detalhes de fato foi realizada quase por acaso. E o contrário também pode ser verdade.

*

Embora ninguém saiba de que é feita uma canção popular de qualidade, é bem provável que ela seja o resultado de uma feliz combinação entre letra, música, arranjo e interpretação. É muito raro que todos esses ingredientes funcionem tão bem juntos a ponto de a música se tornar mais do que a soma de suas partes (é o que chamamos de "suingue"). Todas as notas estão em seu lugar, as harmonias são perfeitas, os vocais e os acompanhamentos formam um todo. Poderia ser uma balada sentimental e romântica sendo posta na vitrola tarde da noite depois de limpar cuidadosamente o disco. Poderia ser uma música *pop* que estivesse no primeiro lugar das paradas de sucesso. "Sr. Tipógrafo, por favor, toque aquela canção para mim!" E assim somos capazes de identificar o design latino-americano (samba), o design das *big bands* ou o monumental design de Bach.

O que é design de qualidade? Não existe fórmula. Design é a soma de todas as decisões pequenas, mas importantes. As melhores peças muitas vezes surgem quando não estamos concentrados demais na tarefa, quem sabe ouvindo rádio. Design é como dirigir filme ou mixar faixas de disco: compor um todo a partir de diversos elementos.

Design gráfico! Embora não seja a mais antiga profissão do mundo, seguramente é a mais agradável.

Quais são, portanto, as regras básicas para fazer um design de qualidade?

1. Pegue um pedaço de papel.
2. Comece a fazer o layout.

*Publicado originalmente como* Lay In – Lay Out *(Amsterdã: Gerrit Jan Thiemefonds, 1977). Republicado em* Lay In – Lay Out (En Ander Oud Zeer) *(Amsterdã: De Buitenkant, 1997).*

---

3. "Ontwerpen en Drukken", primeira parte de uma série de ensaios sobre design publicados por Gerrit Jan Thiemefonds em 1975.

# 1983
# A ERA DO ROUBO
## Jon Savage

EMBORA CONTENHA MUITOS *detalhes que dizem respeito especificamente à sociedade britânica – particularmente nos parágrafos iniciais –, o artigo de John Savage, escrito para* Face *quando o impacto cultural dessa publicação estava no auge, é um dos comentários mais incisivos sobre o design gráfico do início da década de 1980. Os anos que se seguiram ao* punk *assistiram a uma febre de design no campo da música, e as imagens gráficas criadas no contexto subcultural da "nova onda" musical logo começaram a exercer poderosa influência sobre a tendência dominante do design internacional, que se ressentia, no final dos anos 1970, da falta de energia e de um pensamento inovador. Savage (n. 1953) escreveu como crítico musical com um conhecimento amplo do papel codificado do estilo na cultura popular e com uma percepção coerente dos significados políticos da forma visual. Mesmo pelos padrões dos textos mais recentes sobre design, seu artigo é implacavelmente direto na crítica aos designers que participam do assalto aos estilos históricos realizado pela pós-modernidade, destituindo-os de passagem de seus significados originais e reduzindo o passado a um* playground *de produtos de consumo. – RP*

Um LP dos Beatles aterrissa em minha escrivaninha, exibindo a foto cativante e colorida daqueles rostos familiares, com seus cordões de veludo e os célebres colarinhos cor-de-rosa de ponta virada. O disco traz seu primeiro – e não muito bom – *single*, "Love Me Do", acompanhado de um *material alternativo*. Comentários curtos na capa e um fac-símile do título original completam um produto que é absolutamente anacrônico (em 1962 não havia colecionadores de Beatles *nem* de LPs, mas essa é outra história). O objetivo é claro: escorado em uma campanha inteligente feita nos ônibus de Londres – fotos vibrantes do quarteto com as legendas "Faz 20 anos" e "Você sabia que John Lennon fazia parte dos Beatles?" –, o disco atingiu o quinto lugar das paradas de sucesso. Em 1964, achei aquilo uma porcaria, mas agora?!

O fato chama minha atenção, e começo a reparar em algumas coisas. Alguns dias depois, dou uma passada rápida em Manchester para ver as luzes de Natal serem acesas no centro da cidade. A cerimônia conta com alguns efeitos especiais: uma banda de metais, um órgão elétrico e a presença dos astros de *Coronation Street**. O que me impressiona é o tamanho da multidão e seu comportamento: afinal de contas, não se trata de um evento tão importante assim, mas o número de pessoas presentes ultrapassa em milhares o público esperado, e elas estão indóceis.

A multidão está encolhida e com frio, e é evidente que alguns de seus setores são compostos por pessoas muito pobres. À medida que elas se movimentam como uma onda, gritando, percebo, por baixo da aparente alegria, um tom de verdadeiro desespero e uma fúria aterrorizante que poderiam se transformar em algo imprevisível. As coisas estão quase saindo do controle. E, suprema ironia, essa multidão, que tem sido esmagada pelas políticas do Partido Conservador que reforçam a divisão entre os dois países, começou a cantar e a gritar, em meio às canções natalinas, *mú-*

---

* Um dos mais antigos e famosos seriados da televisão inglesa, no ar desde 1960. (N. do T.)

*sicas dos Beatles*, aquelas canções cheias de esperança de outra época: "She Loves You" e "A Hard Day's Night". Acho que "Help" seria mais adequado.

Elas jamais cantariam músicas infantis. Voltamos ao maravilhoso mundo do *pop*. Pego o *Daily Mail* de 16 de novembro. Uma manchete de página inteira anuncia bombasticamente Mari Wilson como "A Garota Responsável pela Volta do Penteado em Forma de Colmeia". A chamada acrescenta, de forma reveladora, que "Mari, de 25 anos... não se conforma com o fato de seu penteado sempre ter sido maior que seu sucesso musical". *Realmente*. Alguns dias antes, ela apareceu no *The Old Grey Whistle Test*: uma rápida entrevista revela que ela fez a lição de casa no que se refere aos penteados em forma de colmeia e ao final da década de 1950 e início da de 1960, que ela realmente quer imitar Peggy e Judy e que ela vai interpretar uma de suas canções favoritas, "Cry Me a River".

Ela se aboleta em um banquinho, rodeada por seus violinistas, os "Prawn Cocktails" – tão *Ealing**–, que, na verdade, pareciam *punks*. Não é ruim, mas nada que lembre Julie London. Mari, entretanto, também representa o ridículo exagerado, como é a tendência atual. Ela grava para um pequeno selo bastante afetado chamado Compact, que também fez a lição de casa obrigatória: comentários ridículos em linguagem codificada escritos por "Rex Luxore" na capa, estampas de cortina dos anos 1950 ilustrando as capas internas e um nome tirado de uma novela de TV nojenta do início dos anos 1960 que é melhor não mencionar.

O que realmente me deixa perplexo é que o mesmo *Daily Mail* de 16 de novembro traz uma pequena notícia: *Compact*, a série de TV de dois episódios por semana que se passa no escritório de uma rede de lojas femininas, vai ser reexibida pela BBC na primavera de 1984. A série original foi extinta há dezessete anos. Não há dúvida de que estamos lidando com algo bastante complexo, que ultrapassa os limites da paródia.

Estamos soterrados pelas imagens do passado, tomados pela nostalgia que se esparramou por toda a Grã-Bretanha thatcherista. Para onde quer que nos viremos, damos de cara com ela: filmes, séries de televisão de qualidade variada, roupas, guerras, ideologias, design, desejos, discos *pop*. Só mais alguns exemplos, para deixá-los cabelo em pé: a Guerra das Malvinas – *tão típica* do tempo do Império, tão parecida com um filme de guerra dos anos 1940; *Brideshead Revisited* e *A Kind of Loving*, duas novelas da emissora de TV Granada que apresentam as décadas de 1920 e de 1950, respectivamente, através de lentes cor-de-rosa, permitindo que os departamentos de design se esbaldem com toda essa bobagem de "época". O filme britânico de 1982 que mostra os ianques dizendo bobagens é *Carruagens de fogo*, um drama alegórico dos anos 1920. Jovens saídos da escola pública e da classe trabalhadora correm para entrar no Exército, algo impensável dez anos atrás, e há uma nova confiança nas classes médias, com o renascimento de revistas como *Tatler*, antes moribundas, e o sucesso incontestável do *Sloane Ranger Handbook*, exatamente como na década de 1950. Tudo isso escorado no fortalecimento da mesma camada social de sempre e nas divisões geográficas promovidas pelo governo mais direitista desde a guerra. Nem cheguei a *mencionar* os anos 1960.

---

* "Prawn Cocktails": Coquetéis de Camarão. Ealing: distrito que faz parte da Grande Londres, localizado a oeste da cidade; tornou-se conhecido pelo comércio, gastronomia, diversão e vida noturna. (N. do T.)

Embora a ânsia pela novidade possa perfeitamente acabar em barbárie, essa nostalgia ultrapassa qualquer respeito saudável pelo passado; é uma doença ainda mais ameaçadora porque não é reconhecida e, por último, um instrumento explícito do fortalecimento e do êxito da Nova Direita.

Isso é, em parte, uma resposta ao aumento do lazer. Como deixamos de produzir objetos concretos – com o declínio das indústrias de engenharia –, passamos todos a fazer parte do Clube da Cultura. O vazio deixado pelo colapso das indústrias antigas é ocupado pela Cultura como Mercadoria, o negócio que mais cresce no pedaço: a proliferação da televisão, do vídeo (especialmente nos grupos de baixa renda), do computador e da informação. No entanto, esse fluxo de informação não é ilimitado: é característico de nossa época deixar de transmitir grande quantidade de informações essenciais, que ficam ocultas por uma obsessão nacional com o passado que se alastrou como uma epidemia.

A música *pop* reflete, certamente, os interesses partidários que estão no poder, e é fascinante perceber como ela se enquadrou. Aqui e em todo lugar, 1982 tem sido o ano em que a nostalgia desenfreada virou fetiche: os consumidores agora são treinados – por meio de entrevistas intermináveis, artigos sobre moda, guias "refinados" como o "Artista como Consumidor" da *NME*\* ou nossa engenhosa "Desinformação" – a descobrir as referências e fazer com que essa descoberta se torne *parte da diversão*. Não, não basta ficar ouvindo "Just What I've Always Wanted"; você precisa saber que Mari fez a lição de casa e tem de ser capaz de dizer a data do penteado em forma de colmeia. Desse modo, o constrangimento crescente do *pop* se torna parte do produto, ocupando minuciosamente todo o espaço que as capas de disco, as revistas e os vídeos oferecem.

Hoje em dia, não basta lançar um disco. Ele precisa fazer parte de um mundo distinto, o som tem de receber o suporte de uma infraestrutura de promoção, vídeos e capas de disco que se tornou importantíssima e que agora arrisca desequilibrar o produto com as referências. Basicamente, é uma coroa querendo esconder a idade: será que o ABC precisa *realmente* se vestir (mal) como a nobreza rural para promover "All of My Heart"? É claro que não, mas isso vende o produto, da mesma forma que a embalagem de uma caixa de chocolates. Essa, porém, é a terceira ou quarta imagem do ABC: quando é que eles vão parar, e até quando o público vai aguentar?

As capas de disco têm sido parte integrante dessa tendência à mistificação e ao excesso de significado: nessa Torre de Babel, o designer também ganhou enorme importância. Os designers têm até dois livros para festejar seu papel – os *Album Cover Albums* – e eles recebem prêmios e coisas desse tipo. Se vocês se lembram – como eu – do tempo em que as capas de disco eram completamente brancas, é agradável observar as tentativas das pessoas, mas a coisa fica meio boba quando a capa passa a ser mais importante que o disco. Ou quem sabe não: talvez isso seja o reconhecimento final de quanto a *música pop* de hoje é descartável, a aceitação de que o estilo venceu a essência.

Como sempre, estamos nos referindo aqui ao *punk rock*, porque naqueles nove meses turbulentos é que se definiram as regras básicas. O *punk* sempre teve uma consciência retrô – propositalmente ignorada no stalinismo cultural vigente à época – que era disseminada, embora controlada. Havia os Sex Pistols fazendo *cover*

---

\* *New Musical Express*, revista semanal britânica sobre música publicada desde março de 1952. (N. do T.)

das apresentações do The Who e do Small Faces, vestindo roupas que seguiam todas as modas jovens desde os baderneiros antiguerra com alfinetes no corpo; The Clash usando botas de cano curto e bico fino e parecendo The Kinks e Mott the Hoople, só que mais *acelerado*; Vivienne e Malcolm comprando um monte de antigas gargantilhas Wemblex dos anos 1960 feitas de alfinetes para transformá-las em camisetas com a palavra Anarquia. Isso significou, em parte, o uso de pontos de referência escolhidos a dedo – uma época anterior ao *country rock*, aos músicos sem vínculos com esta ou aquela banda e ao gelo seco. Foi também um reflexo do princípio de revivificação que já havia sido lançado por selos como Stiff e Chiswick, que foram os primeiros a reintroduzir capas de disco ilustradas e títulos adaptados a cada caso, exatamente como os EPs* franceses ou portugueses dos Rolling Stones que encontrávamos em *Rock On*.

Assim, vemos peças como a capa de *All Aboard with the Roogalator*, à época muito mais interessante do que o próprio disco: uma cópia exata da famosa ilustração que Robert Freeman fez para *With the Beatles*. Ou, com um pouco mais de esperteza, os comentários que Paul Morley escreveu para a capa de *The Good Time Music of the Sex Pistols*, um cano de bota de 1977, surripiados palavra por palavra do álbum *The Pretty Things*, de 1965: "Há exatamente um ano, a contar do momento em que escrevemos, os Sex Pistols eram inexperientes e estavam reclusos e em estado de latência. Eram como o átomo, prontos para revelar ao mundo o *punk rock*, uma religião de indivíduos trepidantes..."

Nesse período, as capas ilustradas eram, como as "Edições Limitadas" dos compactos ou vinis coloridos de 12 polegadas, um elemento permanente do chamariz que a gravadora utilizava para atrair o consumidor e, graças a designers como Jamie Reid, para os Sex Pistols, e Malcolm Garrett, para os Buzzcocks, parte integrante da forma como o produto era imposto. Capas como a de *Holidays in the Sun* e a de *Satellite*, dos Sex Pistols, feitas por Jamie, e a de *Orgasm Addict*, dos Buzzcocks, criada por Garrett em torno de uma montagem de Linder, complementavam de maneira impecável o que havia dentro, enquanto se rasgavam elementos nostálgicos e moldados e se brincava com eles, para criar algo genuinamente novo.

A energia que dera origem ao *punk* e, como subproduto involuntário, revitalizara o mercado da música estava no fim: quando os canais ficaram inteiramente livres, na verdade não havia mais muito o que dizer. As estruturas relativamente meticulosas e instintivas do *punk* foram desconstruídas verso a verso em uma sequência de renascimentos, renovações e simples modismos, enquanto todas as modas jovens que se seguiram à guerra foram exibidas para serem copiadas e consumidas. As referências que haviam sido um instrumento para alcançar um fim tornaram-se um fim em si mesmas. Em vez de rejeitar o passado, a música *pop* começou a celebrá-lo – atitude antes impensável em um meio tão sórdido e efêmero. A Era do Roubo tinha começado: tantas capas para preencher, tantas imagens para construir – nada melhor do que ir buscá-las no rico passado do *próprio pop*.

Isso era, e é, algo bastante simples. As imagens do passado inconsciente do *pop* são invocadas como uma espécie de ritual ou de explicação para uma época em que o *pop* ainda estava forte e cheio de vida: dinheiro, sexo e fama à vontade. As ima-

---

* EP (*extended play*) era o disco de duração intermediária (de 10 a 20 minutos) entre o compacto simples e o LP. (N. do T.)

gens explicativas são recorrentes: assim, temos a capa que Ray Lowry fez para *London Calling*, de The Clash, que imita de modo evidente a capa do primeiro LP de Elvis Presley para a RCA; ou a capa de *Armaggideon Time*, que reproduz os alegres jovens dançarinos encontrados na capa de todos os compactos da RCA antes de 1958. A essas referências vêm se somar, mais tarde, novas reedições verdadeiras, como *It's Only Rock'n'Roll: 1957-62*, da própria RCA, que reproduz novamente os dançarinos, mas em um contexto diferente: no Canto do Colecionador.

Os Beatles também são um prato cheio para o roubo. A capa de *With the Beatles*, talvez a peça mais famosa e monolítica da arte de fazer capa – símbolo do momento exato em que o *pop* foi *de massa* pela primeira vez –, reaparece por toda parte. Pequenos truques de estilo, como a faixa branca no alto da parte da frente da capa, com o nome do grupo e uma indicação mono/estéreo, ou comentários bobos na capa rodeados por anúncios da "Emitex" e observações de que o disco tem "Microrranhuras" ou é um "Extended Play de 331/3", tornaram-se tão comuns a ponto de nem valer a pena comentar. O significado dos Beatles também se torna motivo de crítica: os Residents julgaram imprescindível grafitar a capa de *With the Beatles* visando a seus desprezíveis objetivos de defender o argumento do *Third Reich'n'Roll* de que a música *pop* da qual os Beatles são o exemplo perfeito tornou-se uma autoridade terrível e totalitária que controla a mente dos jovens. Talvez eles protestem demais, mas então um grupo como Haircut 100 invoca a contracapa de *Rubber Soul* para reforçar suas pretensões de um "*rock* puro" ao estilo dos Monkees.

Vale a pena apontar a diferença de significado entre o original e a cópia ou homenagem. Quando *Rubber Soul* ou *With the Beatles* surgiram, o design era inovador; talvez não fosse chocante, mas fazia pensar. A invocação feita pelo Haircut 100 ou mesmo pelos Residents revela como os Beatles adquiriram, com o passar do tempo, um significado bastante diferente do original e quanto é falsa a forma como as correntes do *pop* veem o passado, redefinindo-o de acordo com sua concepção atual. Igualmente, quando a capa do disco de Elvis pela RCA apareceu, ela foi ao mesmo tempo surpreendente e instintiva – não um motivo de comentário. A capa de Lowry capta bem a *sensação* – principalmente porque ele é um verdadeiro obsessivo –, mas não há como escapar do fato de que The Clash está se colocando dentro da "Grande Tradição do Rock'n'Roll", com tudo o que *ela* significa. É algo irônico para o grupo que tinha dito "Nada de Elvis, Beatles nem Rolling Stones em 1977", mas mesmo essa declaração atribuía ao passado uma importância um pouco exagerada.

Outro exemplo do modo como esse assalto funciona pode ser visto na capa do recente sucesso do Bauhaus, *Ziggy Stardust*. Embora as pretensões do grupo de ligar seu nome à corrente arquitetônica – especialmente quando se sabe que sua obra não faz a menor referência a ela – possam ser relevadas como mais um exemplo da pilhagem celerada da arte do século XX feita pelo *pop*, os mecanismos desse "renascimento" específico são bem interessantes. Como a própria banda admitiu, o disco foi uma homenagem descarada ao *glam rock*\* em geral e a David Bowie em particular e uma escolha esperta como o Grande Compacto que Bowie jamais lançara. A embalagem refletia isso: o logo "corporativo" da Bauhaus – outra tendência recente – estava coberto pelo clarão de *Aladdin Sane*, emblematicamente impreciso e

---

\* *Glam rock* (de *glamour*) ou *glitter rock*: corrente do *rock* que, a partir do início dos anos 1970, passou a investir nos elementos cênicos das apresentações (pirotecnia, luzes e roupas espalhafatosas). (N. do T.)

fora de registro, enquanto *Ziggy Stardust* saía de dentro do álbum anterior. Em seguida, na parte de cima da embalagem, o letreiramento reproduzia claramente a capa que Edward Bell fez para *Scary Monsters*, adaptando, assim, três períodos diferentes de Bowie em uma única embalagem "autêntica". Embora o grupo tivesse feito um trabalho muito bom com isso em *Top of the Pops* – todos os gestos que imitavam Bowie e os movimentos abruptos de "Ronno" –, naquela altura tudo aquilo era irrelevante. Isso e*ra* o *glam rock* de 1982.

O próprio passado do *pop* não tem sido suficiente: talvez a manifestação mais irritante do Clube de Cultura seja a forma como a arte do século XX em seu conjunto e – mais recentemente – qualquer porção de material étnico têm sido usadas de maneira cada vez mais desesperada para maquiar um produto que tem cada vez menos significado. Quanto a isso, os pecados cometidos pelo Bauhaus são veniais.

Vejamos, por exemplo, os pontas de lança da obsessão com estilo do ano passado: antes de cair em si e mudar de rumo, o Balé de Spandau foi conivente com as capas de Graham Smith que, claramente inspirado pelas litografias de John Flaxman, mercadejavam a pior espécie de afetação neo-neoclássica. Ou consideremos as imitações baratas de Picasso – do período cubista, por favor – que Chris Sullivan fez em qualquer capa do Blue Rondo à la Turk. Estes eram por demais evidentes e cometeram o erro de ser um exagero de "arte fina"; qualquer um que tivesse um pôster de Athena na parede poderia saber de onde eles vinham, exatamente como todos os grupos progressistas do início dos anos 1970 traduziam mal Dali. Muito mais inteligente e sistemática é a obra de Peter Saville, provavelmente o designer de capas mais conhecido hoje na Inglaterra, alguém cujo trabalho no novo álbum do Ultravox recebeu mais comentários que o próprio disco, algo muito pouco surpreendente.

Saville iniciou seu trabalho criando pôsteres e capas para a Factory Records; sua inspiração nos pôsteres futuristas e no tipógrafo Jan Tschichold se adaptou perfeitamente à imagem "industrial" e "mecânica" da gravadora. Tschichold publicou o livro que é considerado a base da tipografia moderna em 1928: *Die neue Typographie* propunha uma simplicidade nova, quase clássica, e a rejeição dos ornamentos vitorianos – assim como o movimento futurista italiano, ele era uma celebração da era da máquina. Portanto, não causa surpresa alguma que as magníficas capas que Saville fez para a Factory – *The Factory Sample, Movement*, do New Order, e *Everything's Gone Green* – reproduzam, de forma bastante aproximada, os designs futuristas e de Tschichold. Elas deram à Factory um dos mais elevados graus de visibilidade gráfica – se não o mais elevado – e consagraram o nome de Saville.

*Capa de Peter Saville para o LP* Movement, *do New Order, 1981.*

Se às vezes a capa virava uma prisão e não um adorno, isso ocorria porque o produto não atendia à

*Pôster futurista de Fortunato Depero, 1932.*

"especificação" da Factory: um bom exemplo disso acontece no álbum experimental do Section 25, o delicado *Always Now*, que praticamente desaparece sob o peso de uma capa de Saville que representa um exercício objetivo sobre o exagero do design e um sinal claro de que o designer tornou-se mais importante que o grupo.

Com o tempo, esse processo ficou evidente à medida que a importância e a influência de Saville cresceram: as recentes criações que ele fez para *Quartet* e *Hymn*, do Ultravox, são exemplos primorosos de uma arte de capa adaptada ao produto que vem dentro, de uma forma que está longe de ser lisonjeira. Como o Ultravox, essas capas são exercícios neoclássicos afetados e paródicos executados à perfeição para erguer falsos pilares de admiração. Como a capa do ABC para *All of My Heart*, que os faz parodiar o esplendor clássico de uma capa da Deutsche Grammophone, elas representam uma espécie de nadir do estilo sobre o conteúdo. Meus parabéns, meninos!

Por conseguinte, o passado está sendo saqueado pelo *pop*, como em todo lugar, a fim de construir uma totalidade inconsútil, que não possa ser rompida. É típico de nossa época que haja tão pouco sentido de comunidade, de um *verdadeiro* sentido de história, já que o presente é a única coisa que importa. Quem quer saber de jornal velho? Ao remodelar o passado a nossa imagem, ao adaptá-lo a nossos preconceitos, o passado é restaurado: em vez de uma porta que leva para fora de nosso tempo, ele conduz simplesmente a mais um cômodo abafado.

O passado é transformado então no mais descartável dos bens de consumo e, assim, pode ser deixado de lado: as lições que ele é capaz de nos dar são consideradas sem importância e jogadas no lixo. Não obstante, uma análise correta do passado pode revelar anseios e forças que não estão totalmente de acordo com a ideologia hipócrita da Sra. Thatcher – espalhando-se como uma espuma pestilenta que procura preencher todos os espaços disponíveis –, e cabe a nós ocuparmo-nos deles.

*Publicado originalmente em* Face, *n. 33 (Londres, janeiro de 1983).*

# 1983
# CONVITE À CRÍTICA
## Massimo Vignelli

É IMPOSSÍVEL DEIXAR *de associar Massimo Vignelli (n. 1931) à popularização do modernismo suíço nos Estados Unidos ao longo dos anos 1960. De fato, acredita-se que seus projetos para a American Airlines, a Knoll International e o Departamento de Transportes Metropolitanos de Nova York, entre outros, tenham firmado a Helvética como a tipologia-padrão das corporações norte-americanas por volta de 1970. Vignelli, porém, formado em arquitetura, sempre se impressionou com o que ele considerava o nível superior de discurso da arquitetura, bem como com o respeito profissional que o pensamento crítico parecia gerar. Nos anos 1980, era impossível para ele, colaborador frequente de Michael Graves e Robert A. M. Stern, ignorar o avanço do pós-modernismo e as semelhanças óbvias entre a banalidade das caixas de vidro arquitetônicas do mundo corporativo e as limitações dos tipos sem serifa compostos na grade de três colunas. O convite de Walter Herdeg para escrever o prefácio da edição de 1983-1984 do* Anuário Graphis *proporcionou a Vignelli um espaço para exigir que os críticos de design gráfico adotassem uma abordagem mais rigorosa. Ele antecipou o que aconteceria: os anos seguintes assistiram ao gradativo aumento do número de textos bem elaborados sobre design gráfico. – MB*

O comportamento extremamente estimulante, sedutor e perigosamente questionador dos anos 1980 provocou em nós um desejo ávido de repensar a filosofia de nossa profissão, suas origens e seu significado tal como ela se encontra hoje.

Sentimos enorme necessidade de investigar as raízes históricas de nossa profissão, não somente do movimento moderno, mas antes mesmo da Revolução Industrial. Precisamos redescobrir a natureza amistosa do design anterior à Revolução Industrial. Precisamos compreender as motivações das mentes criativas que precederam o movimento moderno. Todos nós somos fruto desse movimento e queremos conhecer mais a respeito de nossos antepassados intelectuais. Precisamos de nossas raízes. Precisamos saber quem foram os protagonistas, o que os levou a agir do modo como agiram, quem foram seus clientes e como a relação entre eles gerou uma atmosfera de criatividade que influenciou outras pessoas.

O conhecimento histórico, a introspecção e a interpretação estão praticamente ausentes de nossa profissão, e creio que sentimos enorme necessidade de preencher esse vazio.

O avanço teórico do design gráfico no século XX é um corolário do avanço das artes mais importantes. Essa situação humilhou culturalmente nossa profissão. As consequências são o vazio teórico absoluto e o excesso de modas superficiais passageiras. Está na hora de externar e debater as questões teóricas para proporcionar um espaço de tensão intelectual a partir do qual os significados ganhem vida. Imagens bonitas não podem mais ditar a forma segundo a qual nosso ambiente visual será moldado. Está na hora de debater, de investigar os valores, de examinar as teorias que compõem nossa herança e de verificar sua eficácia para expressar nossos tempos. Está na hora de dar ouvidos ao mundo. Está na hora das Palavras e da Visão.

O surgimento da semiótica pode ter, e terá, grande impacto em nossa profissão. Estabelecerá uma disciplina de consciência e de expressão que não foi alcançada antes. As implicações teóricas das novas tecnologias com relação ao modo como concebemos e expressamos a palavra impressa e a imagem gráfica representam um imenso campo de exploração que ainda está por ser desbravado. Além disso, a falta de publicações profissionais adequadas priva todos nós do estímulo que poderia surgir do diálogo.

Não causa surpresa que, além da deficiência histórica e teórica, a crítica esteja completamente ausente. A principal função da crítica não é escrever resenhas lisonjeiras ou humilhantes, e sim fornecer interpretações criativas da obra, do período ou da teoria em análise. Com base nessas interpretações criativas, os objetos são vistos de um novo ângulo, fazendo-nos perceber nuances e reflexos novos.

Por meio da crítica, os designers terão a possibilidade de interpretar a obra de outros designers de diversos pontos de vista ou a oportunidade de se concentrar no significado de movimentos expressivos específicos. A crítica evitará, em grande medida, a propagação leviana das modas passageiras ou, de todo modo, fornecerá a base para que elas sejam avaliadas no contexto adequado. Enquanto não houver crítica, o design gráfico não será uma profissão.

A necessidade de reavaliar exige documentação. Estamos ávidos por uma documentação que nos proporcione fontes de informação para que possamos reavaliar períodos, indivíduos ou acontecimentos. As publicações sobre design gráfico que existem no mundo são boas fontes documentais, embora na maioria das vezes de forma muito dispersa.

Precisamos despertar a consciência de que cada gesto do presente representa um documento para o futuro e de que nosso presente será julgado apenas por esses gestos.

*Publicado originalmente em* Graphis Annual *n. 83-84 (Zurique, 1983).*

# SOBRE OS ORGANIZADORES

MICHAEL BIERUT, sócio da Pentagram, empresa internacional de consultoria em design, é um dos organizadores das coletâneas *Looking Closer 2* e *Looking Closer*. Mora em Nova York.

JESSICA HELFAND, sócia da William Drenttel/Jessica Helfand, empresa de multimídia e mídia impressa, é coautora de *Six Essays (to 12) on Design and New Media*. Mora em Falls Village, Connecticut.

STEVEN HELLER, diretor de arte sênior do *New York Times* e editor do *AIGA Journal of Graphic Design*, é autor ou organizador de mais de setenta livros sobre design gráfico, entre eles, *Design Dialogues*, *Design Literacy* e *Paul Rand*. Mora em Nova York.

RICK POYNOR, editor-fundador da revista *Eye*, escreve sobre design e artes visuais. Entre seus livros estão *Typography Now: The Next Wave*, *The Graphic Edge* e *Design Without Boundaries: Visual Communication in Transition*. Mora na Inglaterra.

# ÍNDICE REMISSIVO

*Os números das páginas em itálico referem-se a ilustrações*

adereço, uso do
  em marcas registradas, 195-6
  na arte publicitária, 18
  na Nova Tipografia, 22, 34-5, 41-3,
    48-50, 132-4
  no design de livro, 1-5
Agha, M. F., 55-7, 125
Aldridge, Alan, 208
Aldus Manutius, 133
alfabeto universal, 62-4
anúncios, ix
apresentação da página. *Ver* design da
  página
Arabian Airlines (logotipo), *249*
arquitetura, e efeito sobre o design, 273, 298
  nas fábricas da IBM, 268-71
  *Ver também* design industrial *versus*
    design publicitário
*Ars Typographica*, 36
*Art in Advertising*, ix
Art Nouveau, 209, 214, 223
*Art of Layout in Advertising, The*, 89
arte abstrata, 135, 184-5
  *versus* design gráfico, 126, 139
arte de rótulo de caixa de frutas, 285
arte do pôster, 34, 245, *296*
  clareza de ideia na, 75-6
  como arte publicitária, ix, 66, 210-7
  como capas de revistas, 212
  como forma de arte, 212-4
  como objeto de coleção, 213-5, 231-5
  consumismo na, 210-2, 216-7
  e o *pop underground*, 206-9
  e o tipofoto, 26
  efeito da fotografia sobre a, 23
  efeito da Revolução Russa sobre a, 30-1
  evolução na, 71-2
  função da, 118-9, 212-6, 221, 232
  política. *Ver* pôsteres políticos
  Spencer sobre a, 118-9
  *versus* arte da revista, 65-6, 125
  *versus* comunicados públicos, 210-2,
    214-5
arte em jornal, 66, 125
arte não objetiva, 83

arte publicitária, ix, xvi, 51-4, 61, 70-8, 134-5
  clareza de ideia na, 70, 76-8, 123-4
  e diretores de agência, 87-8, 112-4,
    159-61
  e experimentação, 129-31
  e tipologia de jornal, 285-6
  expressionismo abstrato na, 126, 139-40
  grande arte como, 44-5
  "Grande Ideia" na, 129, 146
  influência europeia sobre a, 41-3, 146
  limitações da, 65, 171, 174-6
  modernismo na, 51-4, 65-9, 70-8,
    99-100, 146-53
  pôster como, ix, 210-7
  responsabilidade social na. *Ver*
    responsabilidade social, design como
*Ascensão e queda do Terceiro Reich*, 191
Associação dos Diretores Tipográficos,
  118, 123, 129, 132
Avalon (arte do pôster), 214, 223
Avis Rent-A-Car (campanha publicitária),
  161

Bachs, Eduardo, 222-3
Banham, Reyner, 115, 191
Bass, Saul, 139, 223, 233
Baudelaire, Charles-Pierre, 173
Bauhaus, 70, 79, 125, 248
  Bayer na, 62
  Bonsiepe sobre, 171-3
  e o Estilo Tipográfico Internacional,
    142
  imperativos da, 273
  influência sobre a arte do pôster, 214
  Moholy-Nagy na, 22, 25
  Sontag sobre a, 231
Bauhaus, Chicago, 104
Bauhaus (grupo de música *pop*), 295
Bauhaus russa, 28
Bayer, Herbert, 22, 62-4
Beardsley, Aubrey Vincent, 206, 213-4
Beatles, 207, 291-25, 295
Beaujon, Paul. *Ver* Warde, Beatrice
Beggarstaffs, 212, 214
*Beginnings of Architecture, The*, 185

Benguiat, Ed, 279
Benjamin, Walter, 213
Bernbach, William, 159-62
Bernhardt, Sarah, 212, 215
Berté, Jean, 73
Bíblia de 1462 de Schoeffer, 1, 3
Bill, Max, 248
*Billposter and Distributor, The*, ix
Black, Misha, 115-7
Blackletter (tipo), 62
Blake, Peter, 207
Blanco, Hugo, 219
Bodoni (tipo), 2, 47
Bonsiepe, Gui, xviii, 248
    sobre a responsabilidade do design, 171-6
    sobre o uso da retórica, 177-83
Borden's (marcas registradas), 194
Breuer, Marcel, 268
*Broadsheet 1*, 264
Brodovitch, Alexey, xvi, 51-4, 125
Burtin, Will, 101-3, 126, 139

caligrafia, 189
Calkins, Earnest Elmo, xvii, 65-9, 99
Carey, Joyce, 149
Carlu, Jean, 71, 75
Cartazes. *Ver* arte do pôster
Caslon (tipo), 3
Caxton, William, 211
CBS (Columbia Broadcasting Company), 123, 137, 152
    marca registrada, *193, 196*
Chandler, Raymond, 286
Chaplin, Charlie, 204
Chéret, Jules, 212, 214-5, 218
Chermayeff & Geismar, 154, 281
*Chicago Sun-Times*, 286
Chiswick (selo musical), 294
clareza de ideia, 283-4
    efeito do modernismo na, 258-62, 264
    na arte publicitária, 70, 76-8, 123-4
Clarke, Rene, 66
Cleland, T. M., 60, 79-88
Coca-Cola, 196-7, 249, 279
Cohen, Arthur, 112
colotipia, 29
*Commercial Art* (revista), 46
comunicação visual, 112-4

clareza de ideia na. *Ver* clareza de ideia
realidades básicas da, 101-3
*Ver também* semiótica; sintaxe, uso da
comunismo, design gráfico e, 13-4
concursos de design, 98, 125, 140-2
Condé Nast, 55
Conferência Internacional de Design (Aspen), 99, 159, 260
construtivismo, 28, 33, 133
    e o construtivismo russo, 13, 172
    e o movimento da poesia concreta, 154-8
    *Ver também* Nova Tipografia
consumismo, 87-8, 161, 206-9, 270
    e a arte do pôster, 210-2
Container Corporation of America, 99-100, 152
cor, uso da, 47, 61, 125, 268
    características associativas do, 102
    como forma de design, 134
    e "Impressão Artística", 167
    e espaço em branco, 51, 55, 143, 238
    e tipos de símbolo, 193
    em formas de livro, 61, 107
    na Nova Tipografia, 49, 133-4
    na publicidade, 66, 76
    na Tipografia Suíça, 142-5
Correio dos Estados Unidos, 281
Correio holandês, 288
Crouwel, Wim, 283-4, 287, 290
Cruz Vermelha (marca), 197

dadaísmo, 48, 155
*Daedalus* (revista), 146
De Bretteville, Sheila Levrant, xviii, 258-66
Depero, Fortunato, xvi, 6
    pôster futurista, 296
design comercial. *Ver* arte publicitária
design da página, 1-5, 143-4
    espaço branco no, 51, 55, 143, 238
    formas, 288
    grades, 144, 187-90, 288, 298
    layout assimétrico no, 118, 120-1
    legibilidade no. *Ver* legibilidade, design da página
    margens, 2, 4, 58, 72, 85
design de capa de álbum. *Ver* design de capa de disco
design de capa de disco, 291, 293-7

design de cartão de felicitações (Carlu), 76
design de selo postal (Moor), 288
design gráfico
  como arte, 44, 61, 126, 284.
    *Ver também* arte publicitária
  como comunicação visual.
    *Ver* comunicação visual
  como reforçador de estereótipos,
    258-66
  mitos, 273-7
  princípios de, 134
  responsabilidade do. *Ver* responsabilidade
    social, design gráfico como
  Schreuders sobre o, 283-90
  uso da crítica no, 191, 299
design industrial *versus* design publicitário,
  272-7
Design Research Unit, 115
designers gráficos, 191
  diretores de arte de publicidade como,
    112-4
  e o relacionamento com o cliente.
    *Ver* relacionamento com o cliente
  e o relacionamento com o escritor, 70,
    72, 111, 159
  e os consumidores, 206-12, 216, 270-1
  função dos, 99-103, 126-7, 137, 147-53,
    157
  *versus* artistas, 171, 173-4
desmaterialização, a forma do livro e a,
  28-32
Dexel, Walter, 33-5
*Die neue Typographie*, 28, 33, 41, 46, 296
diferencial semântico (marcas registradas),
  196
*Dinamo*, 44
diretores de arte das agências, 87-8, 112-4,
  159-61
Doblin, Jay, 191-8
*Dot Zero*, 177, 183-4, 191, 197
Doyle Dane Bernbach, 159
Dubonnet (pôster), 214
Dürer, Albrecht, 63
Dwiggins, W. A., xvi, 89-98
  sobre os artistas publicitários, 15-9

Eames, Charles, 267, 268
Egípcio (tipo), 34, 49
*Eine Stunde Druckgestaltung*, 46, 134
El Lissitzky, Lasar, 155, 216

sobre a desmaterialização, xvii, 28-32
sobre a "eletrobiblioteca", 24
Elementare Typographie, 33, 46, 48
Ellis, Fred, 208
Elzeviers (tipo), 3
emblemas. *Ver* marcas registradas
English, Michael, 207-8
English black-letter (tipo), 3
ensino do design gráfico
  Bonsiepe sobre o, 172-6
  Froshaug sobre o, 189
  Havinden sobre o, 70
  Papanek sobre o, 272-7
  Spencer sobre o, 120, 165-6, 168
  Weingart sobre o, 238, 242-57
escala de ambiguidade (Doblin), 194-5
Escher, Gielijn, 285
espaçamento da palavra, 2
espaçamento entre as letras, 2
espaço em branco (design da página), 51,
  55, 143, 238
estereótipos, design de (De Bretteville),
  258-62, 264
estilo, definição de (Dwiggins), 92
Estilo Tipográfico Internacional. *Ver*
  Tipografia Suíça
estrutura da grade (design da página), 144,
  187-90, 288, 298
exposições, design. *Ver* concursos de
  design
*Exposition Internationale des Arts
  Décoratifs et Industriels Modernes de
  1925*, 41

famílias
  Univers, 142
  *Ver também* tipos
fascismo visual (De Bretteville), 258, 260
feminismo, De Bretteville sobre o, 260,
  262-6
Fillmore (arte do pôster), 214, 223
Finlay, Ian Hamilton, 154, 156
fluidez (princípio de design), 134
Ford, Henry, 267
forma (princípio de design)
  Dwiggins sobre a, 92
  Houédard sobre a, 157
  Ruder sobre a, 142-5
  Sutnar sobre a, 134
forma do livro

El Lissitzky sobre a, 28-32
Havinden sobre a, 70-1
Kepes sobre a, 106-11
Morris sobre a, 4-5
Ruder sobre a, 142-3
Spencer sobre a, 120-1, 167
Sutnar sobre a, 133-4
Warde sobre a, 59
formalismo, 47, 133-4, 224, 286
formas da letra. *Ver* logotipos
formatos (papel). *Ver* design da página
fotografia
   e design de livro, 72
   e fotomontagem, 29-31. *Ver também*
      fototipo
   e Nova Tipografia, 48-50, 133-4
   e tipofoto, 25-7
   progressos tecnológicos na, 28, 71
   uso da, *versus* uso do texto, 22-3
fotograma, 50
fotomontagem, 29-31
   *Ver também* tipofoto
fototipo, 121-2, 129
Froshaug, Anthony, 187-90
Fuller, Buckminster, 205
Fuller, Loïe, 215
função (princípio de design), 134, 143
funcionalismo
   Cleland sobre o, 81-2, 85-6
   Golden sobre o, 123-8
   Kepes sobre o, 104-11
   Sutnar sobre o, 133-4
   *Ver também* modernismo
Futura (tipo), 55
futurismo, 224
   e Maiakovski, 30-1, 155, 216, 220, 224
   Houédard sobre o, 155
   influência sobre Saville, 296
futurismo italiano, 6, 9-12, 44

Galbraith, John Kenneth, 191
Galeria A-D (Nova York), 101
Garland, Ken
   manifesto do design, 163-4
   sobre a responsabilidade do design,
      199-205
Garnier, Pierre, 155
Garretto, Paolo, 55
Geismar, Thomas, 154, 281
Giedion, Siegfried, 185

Gilbert e Sullivan, 214
gill sans. *Ver* sem serifa, uso de
*Gismonda*, 212
Glazer, Milton, 223
Golden, William, xvii
   e a marca registrada CBS, 137-41, *193*
   sobre a responsabilidade do design,
      xvii, 123-8, 137-41
Gomringer, Eugen, 154-8
Gossage, Howard Luck, 253
Goudy, Frederic, W., 36
Grade de Comunicação (Doblin), 192
Gramsci, Antonio, 227
"Grande Ideia" (publicidade), 129, 146
*Graphis* (revista), 101, 142, 298
Grasset, Eugene, 212
Graves, Michael, 298
Greenough, Horatio, 133
Grimbly, Brian, 187
Gropius, Walter, 25, 171-2
Gropper, William, 218
Grosz, Georg, 218
Grupo Novembro (artistas do pôster),
   216
Guilbert, Yvette, 215
Gutenberg, Johann, 16, 26, 28, 31, 36,
   187-8
Guttuso, Renato, 217

"Hapshash and the Coloured Coat", 207-8
Hardy, Dudley, 214
*Harper's Bazaar*, 51
Havinden, Ashley, 70-8
Heartfield, John, 218
Helvética (tipo), 278-82, 298
hieroglifos *versus* letras, 29
Hitler, Adolph, 191
Hochschule für Gestaltung (Ulm), 171-7,
   187
Hofmann, Armin, 236-7
Houédard, Sylvester, xix, 154-8
Howarth, Jan, 207
Hutchinson, Harold F., 211-3, 222
Huxley, Aldous, 37-40

IBM Company, 267-71
"Impressão Artística", 167
indústria gráfica, classificações da obra de
   arte na, 16
Inkhuk, 13

Instituto de Artes da Califórnia, 258, 261, 264
Instituto de Tecnologia de Illinois, 191

Jenson, Nicholas, 1, 3-4

Kacik, Walter, 279
Kauffer, McKnight, 75
Kefauver, Estes, 200
Kelmscott Press, 1
Kepes, György, xvii, 104-11
Klee, Paul, 33, 145
Kono, Takashi, 217
Krampen, Martin, 194
Krimpen, Jan van, 288, *289*
Künstgewerbeschule (Basileia), 33, 142, 236-40, 248
Künstgewerbeschule (Magdeburgo), 33

layout assimétrico, 112, 120-1
layout da página. *Ver* design da página
legibilidade do design da página
    Morris sobre a, 1-5
    Ruder sobre a, 143
    Tschichold sobre a, 46
    Weingart sobre a, 238
legibilidade do tipo
    Bayer sobre a, 62-4
    Dexel sobre a, 33
    Havinden sobre a, 70
    Huxley sobre a, 37-40
    Kepes sobre a, 107-8
    Lubalin sobre a, 130-1
    McMurtrie sobre a, 41-3
    Melly sobre a, 207-8
    Moholy-Nagy sobre a, 22
    Morris sobre a, 2-3
    Ruder sobre a, 142-3, 253
    Savan sobre a, 281
    Spencer sobre a, 120-1
    Tschichold sobre a, 46
    Warde sobre a, 58-61
    Weingart sobre a, 238
Lenin, Vladimir Ilitich Ulianov, 224
Lennon, John, 207
Lichtenstein, Roy, 214, 223, 233
linguística. *Ver* comunicação visual
Lionni, Leo, 139
Lippincott and Margulies (L&M), 191, 279
litografia, 211, 260

livros de poesia
    efeito da Nova Tipografia sobre os, 30
    sintaxe nos, 7, 155-6
logotipos, 252, 279-80, 295
    Doblin sobre os, 191-4, 196-7
Lönberg-Holm, K., 134
lorde Kitchener (pôster), 216, 219
Lubalin, Herb, 129-31
Ludlow Typograph Company, 41, 72
Lustig, Alvin, 112-4

Maiakovski, Vladimir, 30-1, 155, 216, 220, 224
Maldonado, Tomás, 171, 174, 177, 248
Mallarmé, Stéphane, 10, 188
manifesto do design (Garland), 163-4
marcas, 191-8
    *Ver também* marcas registradas
marcas registradas, 191-8, 249-50
    *Ver também* marcas; logotipos
margens da página. *Ver* design da página
Marinetti, F. T., 6-12, 155
Marx, Karl, 199, 272
Masaryk, Jan, 135
Max, Peter, 215
McLuhan, Marshall, xvii, 184-6
    e a "noiva mecânica", 218
    sobre meio *versus* mensagem, 184, 199-202
McMurtrie, Douglas C., 41-3
Medalha de Ouro Bok, 66-7
Melly, George, 206-9
Mencken, H. L., 149
*Merz* (revista), 24, 28
Meynell, Francis, 20-1
Michelangelo, 88, 147, 269
Mills, C. Wright, 204
Ministério dos Transportes dos Estados Unidos, 280
MIT (Instituto de Tecnologia de Massachusets), 104, 159-60
modernismo, xvi
    claridade da forma no (De Bretteville), 258-62, 264
    e a arte não objetiva (Cleland), 83
    e funcionalismo, 59, 104, 133-4
    e o design do tipo, 22, 41-4, 62-4
    e o modernismo suíço, 142, 298-9
    e o tipofoto, 25-7
    e o uso da cor, 66

limitações do, 258-66
mudanças na percepção do, xvi-xviii
na arte publicitária, 51-4, 65-9, 70-8,
  99-100, 146-53
no design de revistas, 55-7, 125
*versus* classicismo, 79-86
modernismo suíço, 142, 298-9
Moholy-Nagy, László, 70, 78, 104
  sobre a Nova Tipografia, 22-3, 134
  sobre o tipofoto, 25-7, 172
Monk, Thelonius, 159, 162
Moor, Christiaan de, 288
Morris, William, 106, 167, 224
  sobre o layout da página, 1-5, 143
  sobre o renascimento do gótico, 1, 70-1
movimento da poesia concreta
  Houédard sobre o, 154-8
Movimento de Artes e Ofícios, ix, 1, 46,
  79, 187
movimento De Stijl, 62, 172
MTA (Departamento de Transportes
  Metropolitanos de Nova York), 280
Mucha, Alphonse, 212-5, 233
mulheres, e estereótipos do design, 258-6
Mumford, Lewis, 201
Museu Victoria e Albert, 206

"Nações Unidas" (série de anúncios
  publicitários), 99-100
negrito sem serifa (tipo), 59
Neue Grafik. *Ver* Tipografia Suíça
*Normandie* (pôster), 214
Nova Tipografia, xviii
  características da, 50
  definição, 133
  e a "eletrobiblioteca", 24, 28-32
  e os tipos, 49-50, 85, 118-22
  efeito sobre os hábitos de leitura,
    120-1
  efeito sobre os livros de poesia, 30
  influência do dadaísmo sobre a, 48
  objetivo da, 22-3, 33-5, 46-50, 133-5
  papel da fotografia na, 48-50, 133-4
  uso da cor na, 49-50, 133-4
  uso do adereço na, 22, 34-5, 42-3,
    48-50, 132-4
  *versus* tipografia tradicional, 47-8, 55,
    85-7, 118-22, 132-4
  *Ver também* construtivismo
Noyes, Eliot, 159, 267-71

Ogilvy, David, 159
Olivetti (máquinas de escrever), 267-9
Olsson, Sigvaard, 217, 219
Ortega y Gasset, José, 88

Padilla, Hubert, 225
Paepcke, Walter P., 99-100
Paica (tipo), 3
*palavras em liberdade* (Marinetti), 6-12
Papanek, Victor, xviii, 272-7, 283
Pechstein, Max, 216
Pelican Press, 20
Pevsner, Nikolaus, 1
Picasso, Pablo, 149, 214
Plantin (tipo), 3
Poelvoorde, Ray, 280
*pop art*, 206, 223
  *Ver também* design de capa de disco
pós-modernismo, xviii, 291, 296, 298
  e a Tipografia Suíça, 236-57
pôster publicitário, ix
*Poster, An Illustrated History from 1860,
  The*, 211
*Poster, The* (revista), 212
pôsteres políticos, 208, 212, 216-35
  como objeto de coleção, 233, 235
  crescimento dos, 216
  cubanos, 210, 217-31, 234
  imagens agonísticas nos, 219
  para propaganda, 217-8
  temas dos, 215-6
  uso do texto em, 219
prêmios de design. *Ver* concursos de
  design
Primeiro o mais importante [First Things
  First] (Garland), xviii, 163-5, 199
produção em massa, 104, 273-4
  e o efeito sobre a tipografia, 132, 167
  *Ver também* tecnologia, e o
    impacto sobre o design
  na arte do pôster, 211, 217
Püterschein, Hermann. *Ver* Dwiggins, W. A.
Puvis de Chavannes, Pierre-Cécile, 214

Rádio Colônia, 155, 158
Rand, Ann, xvii, 146-53
Rand, Paul, xvii, 146-53
  com William Bernbach, 159
  e a IBM, 267-9
  forma da letra da Westinghouse, *193*

Rauschenberg, Robert, 158, 214
Read, Herbert, 117
Real Academia de Arte, 115, 187
Reboiro, Tony, 222-3
relacionamento com o cliente
    Bernbach sobre o, 160
    Black sobre o, 115-7
    Cleland sobre o, 87-8
    Dwiggins sobre o, 89-98
    Golden sobre o, 125
    Lubalin sobre o, 130-1
    Paepcke sobre o, 99-100
    Papanek sobre o, 273-4
    Rand sobre o, 148-53
    Sontag sobre o, 213
    Watson sobre o, 267-71
responsabilidade do design. *Ver* responsabilidade social, design como
responsabilidade social, design como, xvii
    Bonsiepe sobre o, 171, 174-6, 177-8, 181-3
    De Bretteville sobre o, 258, 260, 263-6
    Dwiggins sobre o, 15-9
    Garland sobre o, 163-4, 199-205
    Golden sobre o, xvii, 123-8, 137-41
    Lustig sobre o, 112-4
    Paepcke sobre o, 99-100
    Papanek sobre o, 272-7
    Rand sobre o, 146-53
    Teige sobre o, 133-4
retórica, uso da, 177-83
revistas, ix, 135
    arte publicitária em, 55, 65-9, 141
    designs de capa de, 212, 285
    e layouts, 55-7, 125, 143, 202
    e tipografia, 85-6, 143
    influência do modernismo nas, 55-7, 125
Richter, Hans, 216
Rivers, Larry, 214
Rockefeller Center, 83
Rodchenko, Alexander, 13-4, 31, 216
Roger, W. S., 213
Rolland, Romain, 81
Rolling Stones (capa de disco), 239
ROSTA (artistas do pôster), 216
Rostgaard, Alfredo, 221, 223
Rowntree's Cocoa (pôster), 212
Ruder, Emil, 142-5, 236-7, 253
Rupf, Hermann, 145
Ruskin, John, 1, 71, 172

Savage, John, 291-7
Savan, Leslie, 278-82
Saville, Peter, 296
Schreuders, Piet, xviii, 283-90
Schwitters, Kurt, 24, 28, 155, 158
seleção de tipos
    Marinetti sobre a, 10-1
    McMurtrie sobre a, 41-3
    Meynell sobre a, 21
    Savan sobre a, 278-82
sem serifa, uso de, 298
    em Helvética, 279, 298
    na Nova Tipografia, 86
    na Tipografia Suíça, 142
    no alfabeto universal, 62-4
semântica. *Ver* semiótica
semiótica
    Bonsiepe sobre a, 177-9
    Doblin sobre a, *196*
    Froshaug, sobre a, 185
    Savan sobre a, 280
    Vignelli sobre a, 298-9
    Weingart sobre a, 241, 249-57
    *Ver também* simbolismo, uso do
*Sergeant Pepper*, 207
Shakespeare, William, 135
Shaw, George Bernard, 149
Shirer, William L., 191
signos simbólicos, uso dos, 280
    *Ver também* marcas registradas
simbolismo, uso do, 191-8
    *Ver também* semiótica
sintaxe, uso da
    Bonsiepe sobre o, 178-9, 182-3
    e poesia, 7, 155-6
    estilos de tipos e, 11
    Froshaug sobre o, 189
    na Tipografia Suíça, 241, 245-8, 251-7
    Weingart sobre o, 236, 241, 245-57
sistema Univers (família), 142
SITE (Sculpture in the Environment [Escultura no Ambiente]), 281
Sontag, Susan, 210-35
Spencer, Herbert, xvii, xix, 154
    sobre a Nova Tipografia, 118-22
    sobre a responsabilidade do design, 165-70
*Staatliches Bauhaus in Weimar, 1919-1923*, 22
Stepanova, Varvara, 13-4, 31

Stermer, Dugald, 210, 225
Stern, Robert A. M., 298
Stiff (selo musical), 294
Stuyvesant, Peter, 240
Sullivan, Louis, 105, 272
suprematismo, 28, 155-8
surrealismo, 155, 172, 206
Sutnar, Ladislav, 132-6, *193*

*Taça de cristal, A*, 58
Teatro Savoy (pôsteres), 214
tecnologia, e o impacto sobre o design
    Cleland sobre a, 79
    Golden sobre a, 124-5
    Havinden sobre a, 70-8
    Kepes sobre a, 104, 107-8
    Lubalin sobre a, 219
    McLuhan sobre a, 185-6
    Paepcke sobre a, 99-100
    Rand sobre a, 147
    Schreuders sobre a, 289
    Sontag sobre a, 212-4
    Spencer sobre a, 118-9, 121-2, 167-8
    Sutnar sobre a, 132, 134
    *Ver também* produção em massa
Teige, Karel, 50, 133-4
televisão, como comunicação visual, 129-31, 185-6
*Thoughts on Design*, 146
tipo condensado, 2
tipo de metal, uso de, 121, 124, 129, 289
tipo sem serifa, uso de, 49, 86
tipofoto, 25-7, 50, 172
    *Ver também* fotomontagem
tipografia
    assimétrica, 118, 119-21
    desenvolvimento da, 46-7
    e a estrutura de grade, 144, 187-90
    e a impressão de qualidade, 61
    e fototipo, 129
    efeito da tecnologia sobre a.
        *Ver* tecnologia e o impacto sobre o design
    elemento artesanal na, 142
    em jornais, 285-6
    experimentação na, 129, 167, 184
    função da, 41, 58-61, 142, 243
    influenciada pela tradição, 120-1
    invisível, 60-1, 284
    linear, 26
    na arte publicitária, 18-9, 21
    *Ver também* Nova Tipografia; Tipografia Suíça
tipografia funcional. *Ver* Nova Tipografia
Tipografia Suíça, 298-9
    definição (Weingart), 236-9
    e Helvética, 279
    e o sistema Univers, 142-5
    mensagem isenta de valor na, 253
    Schreuders sobre a, 286
    semiótica na, 241, 249-57
    sintaxe na, 241, 245-8, 251-7
tipografia transparente ou invisível, 60-1, 284
tipos
    antigos, 39, 49
    condensados, 2
    design dos, 120, 283-90
    e a família Univers, 142
    e a Nova Tipografia, 49-50, 85.
        *Ver também* Nova Tipografia
    e letras grotescas, 49
    e letras sem serifa, 86
    e o alfabeto universal, 62-4
    espaçamento dos, 2
    espessura dos, 2
    legibilidade dos. *Ver* legibilidade do tipo
    manuscritos, 145
tipos góticos, 1, 3-4, 60, 62-3
tipos manuscritos, 145
tipos romanos, 2-4, 63
tipos sem serifa, uso de, 49, 86
Toulouse-Lautrec, Henri, 212-5
transporte público de Londres, 115, 215
Tschichold, Jan, 70, 296
    sobre a Nova Tipografia, 28, 33, 41, 46-50, 134
    sobre a tipografia elementar, 33, 46
    sobre o uso da grade, 187
*typestracts* (Houédard), 154
*Typographica* (revista), xvii, 154, 165
*Typographica: A Pamphlet Devoted to Typography and Letter Design* (Goudy), 36
*Typographie* (Ruder), 142
*Typographische Mitteilungen* (revista), 46, 48
*Typography* (Meynell), 20

*Ulm* (revista), 177, 248
Ulm Ptolemy (tipo), 3
Unger (tipo), 47
Unger, Gerard (designer de tipos), 289
Unimark International, 191, 280
Universidade de Yale, 112, 258

*Vanity Fair*, 55
*Veshch* (revista), 28, 31
Vhkutemas (Bauhaus russa), 28
Vignelli, Massimo, 191, 280-1
   design do MTA, 280
   signos simbólicos, 280
   sobre a crítica do design gráfico, 298-9
Village Press, 36
*Village Voice*, 278
*Visual Design in Action*, 132

W. S. Crawford (agência), 70
Walbaum (tipo), 47, 49
Walker, Emery, 1
Warde, Beatrice, 58-61
Warhol, Andy, 223, 233
Watson, Thomas J., Jr., 267-71
Waymouth, Nigel, 207-8
Weingart, Wolfgang, 142, 236-57
Whitehead, Alfred North, 146
*Whole Earth Catalog, The*, 260-1
William H. Weintraub (agência), 159
Wines, James, 280
*Wired*, 184
"Woman's Building, The", 258
Wright, Frank Lloyd, 272
Wright, Raleigh, 17

Zachrisson, Bor, 197
zincografia, 22, 26